戦国武将列伝❖11

九州編

新名一仁 編

戎光祥出版

はしがき

九州の戦国時代というと、大友《おおとも》・龍造寺《りゅうぞうじ》・島津《しまづ》の三つの戦国大名が鼎立《ていりつ》しているイメージが大きい。ただ、この三氏鼎立の状況は、天正六年（一五七八）の高城《たかじょう》・耳川《みみかわ》合戦で、大友氏が島津氏に大敗を喫して以降のものであり、豊臣秀吉《とよとみひでよし》が九州に進攻し、島津氏が降伏する天正十五年（一五八七）まで、戦国最末期のわずか九年間にすぎない。

十六世紀に入ってから、一五七〇年代までの八十年弱、九州でもさまざまな勢力が激しい抗争を繰り広げていた。その前半期は、博多《はかた》を中心とする北部九州の支配権をめぐる、周防・長門の大内《おおうち》氏と、豊後の大友氏・肥前の少弐《しょうに》氏の対立を軸とし、肥後菊池《きくち》氏や中小国衆《くにしゅう》（戦国領主）が両勢力と合従連衡して一進一退の攻防が続いていく。九州南部では、島津氏の分国内で抗争が始まり、有力一族・国衆の自立化が進むとともに、もともと島津氏から自立していた日向伊東《いとう》氏の支配権が強まっていく。

十六世紀後半になると、主役たちが次々と交替していく。大内氏は天文二十年（一五五一）に当主義《よし》隆《たか》が陶晴賢《すえはるかた》のクーデターにより没し、大友義鎮《よししげ》（宗麟《そうりん》）の弟義長《よしなが》が擁立されるも、弘治三年（一五五七）に毛利元就《もうりもとなり》によって滅ぼされ、九州北部での抗争は、毛利氏対大友氏へと変わる。九州の守護家も、永禄二年（一五五九）、少弐冬尚《ふゆひさ》が龍造寺隆信《たかのぶ》に滅ぼされ、肥後守護家である菊池氏も永正元年（一五〇四）に能運《よしかず》を最後に嫡流が途絶えると、庶子家や阿蘇大宮司《あそだいぐうじ》家、大友氏が次々と家督を継承するも、安定的支配を確立できず、天文二十三年に滅亡している。こうした間隙を縫って、肥前では、高来《たかき》郡南部の国衆有馬《ありま》氏が、天文年間（一五三二～五五）から永禄初頭にかけて肥前西部全域を勢力下に納め、晴純《はるずみ》・義貞《よしさだ》父子は幕府から守護家待遇を受けるなど、全盛期を迎える。肥後でも球磨《くま》郡の国衆相良《さがら》氏が一族間の抗争を経て、天文年間には相良義滋《よししげ》が球摩・芦北《あしきた》・八代《やつしろ》の三郡を制圧し、全盛期を迎えている。

残る室町期以来の守護家は、大友氏が一族間の抗争を克服し、義鎮（宗麟）・義統《よしむね》のときに全盛期を迎える。毛利氏との抗争は、永禄十二年（一五六九）に巧みな外交力で筑前・豊前制圧に成功する。義鎮は九州のうち北部六か国の守護職を兼帯し、九州探題《きゅうしゅうたんだい》にも任じられ、九州の覇者となった。のちに戦国大名化する龍造寺隆信や相良氏も大友氏の従属国衆にすぎない。九州南部の島津氏は、天文八年（一五三九）までに庶子家出身の島津貴久《たかひさ》が抗争を制して守護家の継承に成功するものの、薩摩・大隅・日向三か国の制圧は貴久の子義久《よしひさ》の代、天正六年の高城・耳川合戦までかかっている。

本書では、戦国大名化を遂げた大友・龍造寺・島津の三氏を中心に、その家臣や各国の有力国衆をとりあげ、各武将の列伝というかたちで、わかりやすくその動向をまとめた。ただ、肥前や豊前、九州南部など必ずしも全域をカバーできなかったことは、ご容赦いただきたい。

九州の戦国期は、大内氏や大友氏、博多を中心とする対外関係史を除くと、東国や中国地方に比べて著しく研究が遅れていたが、二十一世紀に入る頃からようやく、戦国大名を中心に一次史料に基づく研究が進みつつある。さらに、自治体史の編纂が進むなかで、従来軍記物などでしか語られなかった国衆たちの実像もあきらかになりつつあり、中世史研究者が豊富な熊本県では、相良氏の論集が編纂されるほど研究が進展してきた。平行して、中世城郭の縄張り調査や発掘調査が進み、政治史との連携も進んできている。本書では、こうした研究の進展も反映しており、変わりつつある九州の戦国時代像の一端を学べるだろう。

本書をきっかけに、各地域の戦国史が見直され、手薄な地域の研究を志す人が現れることを期待したい。

二〇二三年三月

新名一仁

目次

凡例

一、本書では、戦国時代に主に九州地方を基盤として活躍した武将六十人を取り上げ、各武将の事蹟や個性、そして彼らは何のために戦っていたのかをまとめた。

一、人名や歴史用語には適宜ルビを振った。読み方については、各種辞典類を参照したが、歴史上の用語、とりわけ人名の読み方は定まっていない場合も多く、ルビで示した読み方が確定的なものというわけではない。また、執筆者ごとに読み方が違う場合もあり、本書で立項した武将名以外のルビについては、各執筆者の見解を尊重したことをお断りしておきたい。

一、用語についても、それ自体が論点となりうるため、執筆者間で統一をしていない。

一、掲載写真のうち、クレジットを示していないものについては、戎光祥出版編集部撮影のものである。

戦国時代の九州関係図(北部)

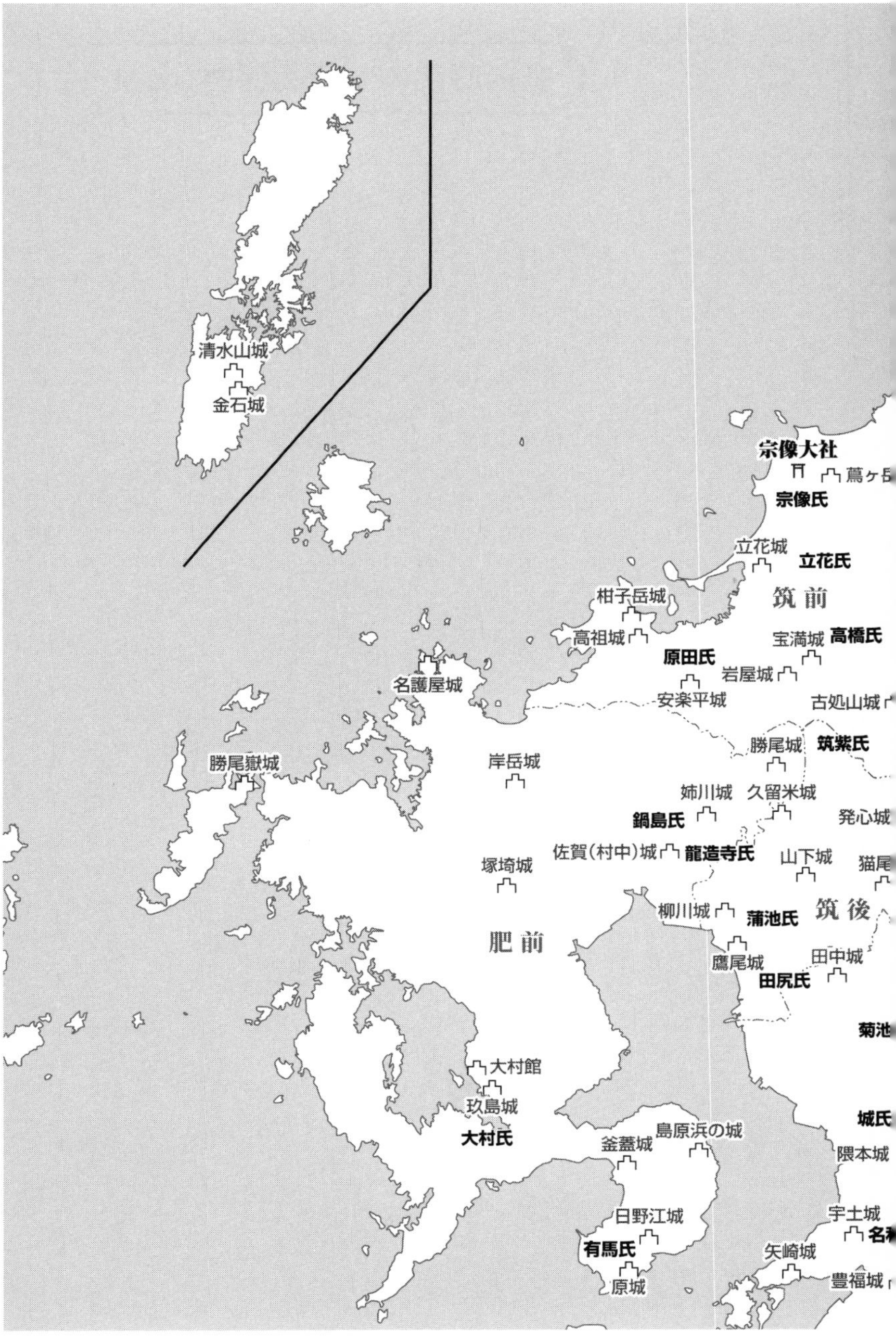
清水山城
金石城
宗像大社
宗像氏
立花城
立花氏
筑前
柑子岳城
高祖城
宝満城
高橋氏
原田氏
岩屋城
名護屋城
安楽平城
古処山城
勝尾城
筑紫氏
岸岳城
勝尾嶽城
姉川城
久留米城
鍋島氏
発心城
佐賀（村中）城
龍造寺氏
山下城
塚崎城
柳川城
蒲池氏
筑後
肥前
鷹尾城
田中城
田尻氏
大村館
玖島城
大村氏
島原浜の城
釜蓋城
城氏
隈本城
日野江城
有馬氏
原城
宇土城
矢崎城
豊福城

戦国時代の九州関係図（南部）

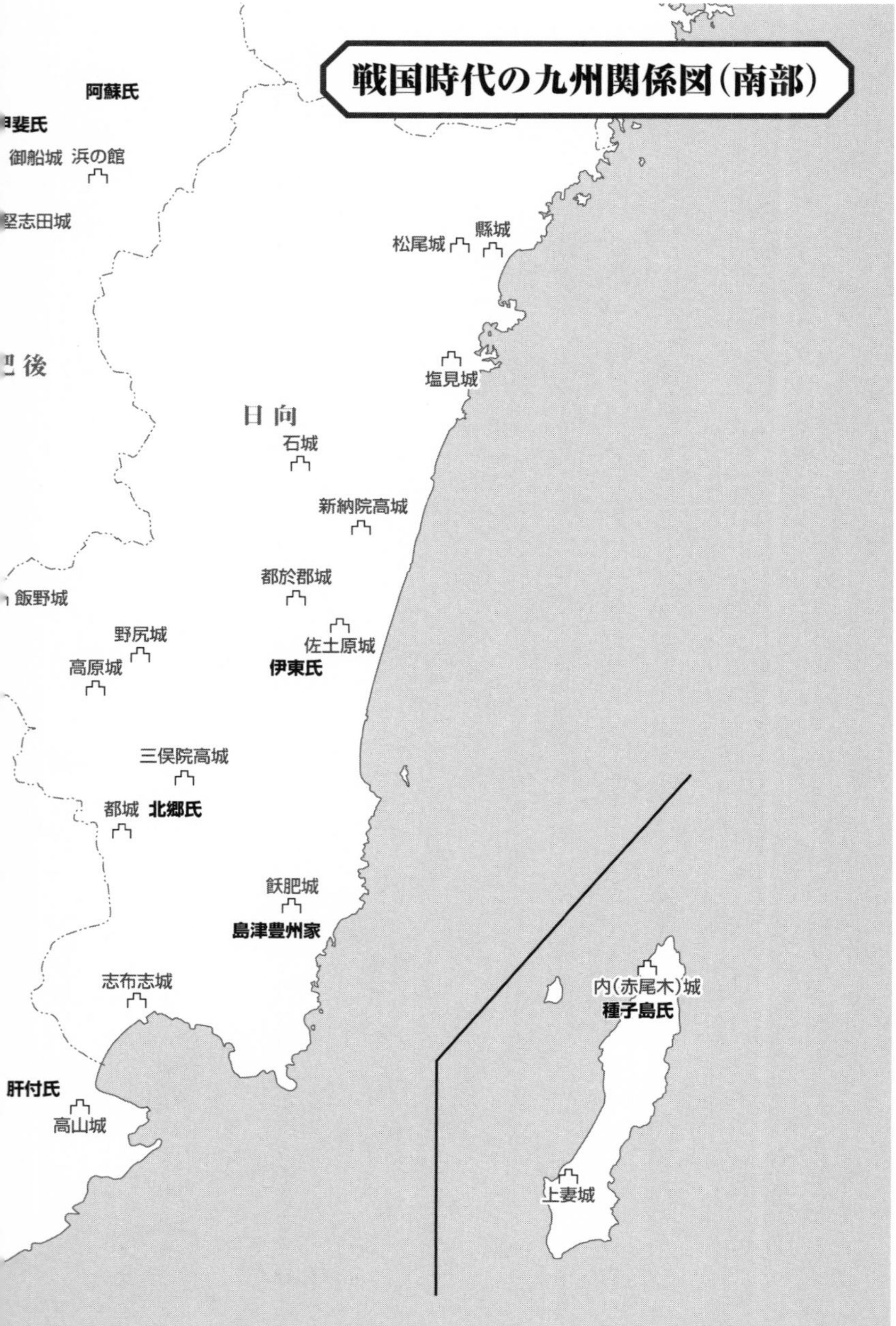

玖島城
大村氏
城氏
島原浜の城
釜蓋城
隈本城
日野江城
宇土城
有馬氏
矢崎城
原城
豊福城
古麓城
志岐城
栖本城
水俣城
大口城
出水城
薩摩
百次城
清色城
串木野城
岩剣城
市来城
島津氏
内城
南郷城
伊作城
加世田別府城
知覧城
頴娃城

大友義鑑——西国の覇者大内氏と張り合った戦国大名

大友家二十代家督の相続と朽網親満の乱

大友《おおとも》氏は、鎌倉期以来の豊後国守護を出自とする。大友氏の戦国時代は、明応五年（一四九六）に不仲であった十七代義右《よしすけ》が五月二十七日に病死し、直後に筑前に向かった父十六代政親《まさちか》が大内《おおうち》氏に捕縛され自害させられるという波乱から始まった。この混乱を収拾したのが政親の弟十八代親治《ちかはる》だが、まもなく親治は子義長《よしなが》に家督を譲る。文亀元年（一五〇一）、義長は室町幕府十一代将軍足利義澄《あしかがよしずみ》から家督相続、豊後・筑後・豊前三ヶ国の守護職、将軍義澄の「義」の偏諱《へんき》授与を認められた。翌二年十二月、義長の長子として誕生したのが義鑑《よしあき》である。戦国大名としての基礎を固めつつあった義長は、永正十五年（一五一八）に死去した。

死去する数年前、義長は義鑑に家督を譲与している。時期は、義長から義鑑へ家督相続に際しての心構えを記した条々が送られた永正十二年十二月頃とされる。数え年十四歳の若年当主の誕生である。なお、義鑑の初名は親安《ちかやす》である。後に親敦《ちかあつ》・義鑒《よしあき》・義鑑と改名するが、ここでは義鑑の名で統一する。

その翌年、永正十三年八月に直入《なおいり》郡の国衆で年寄《としより》（加判衆《かはんしゅう》）であった朽網親満《くたみちかみつ》が蜂起した。親満の乱そのものは、翌年に玖珠《くす》郡での攻防が行なわれたぐらいで、それほど大規模な反乱には発展していない。蜂起の理由は、はっきりしない。親満は、大友氏当主の座をねらう十三代親綱《ちかつな》の子大聖院宗心《だいしょういんそうしん》、国東《くにさき》郡の有力国衆田原親述《たわらちかのぶ》、宇佐宮《うさぐう》の永弘氏輔《ながひろうじすけ》と結びついていたとされる。大聖院宗心は大内氏の庇護を受けていた。そしてこの頃、田原親述は筑前立花《たちばな》城（福岡県新宮町・久山町・福岡市）を拠点としていた。彼らの動きに直接的ではないにしろ、大内氏が間接的な影響を及ぼしていた可能性は高い。

朽網親満の蜂起、大永二年（一五二二）に年寄大神親照《おおがちかてる》の粛正、同七年に栂牟礼《とがむれ》城（大分県佐伯市）の有力国衆佐伯惟治《さいきこれはる》の謀殺など、義鑑は重臣・国衆の掌握に苦労しているように見える。後世の編纂物は色々と脚色するが、いずれの反乱もさほど大規模な争乱には発展していない。鎮圧に成功した義鑑は、実力で権力を確立している。なお、父義長が死去した後、義鑑を後見していたとされる祖父十八代親治は、大永四年に没した。

大内義興との関係修復と室町幕府・朝廷との関係

明応七年（一四九八）～文亀二年（一五〇二）にかけて、義鑑の祖父親治・父義長と大内義興《よしおき》とは豊前において紛争状態にあった。その後、大友・大内の関係は小康状態が続き、永正十八年（一五二一）に義鑑と大内義興《よしおき》の娘との婚姻が成立した〔木砕之注文〕。しばらくは良好な関係が続いており、義鑑は大永三年（一五二三）、同五・六年に行われた大内氏の安芸・石見出陣に援軍を派遣している。

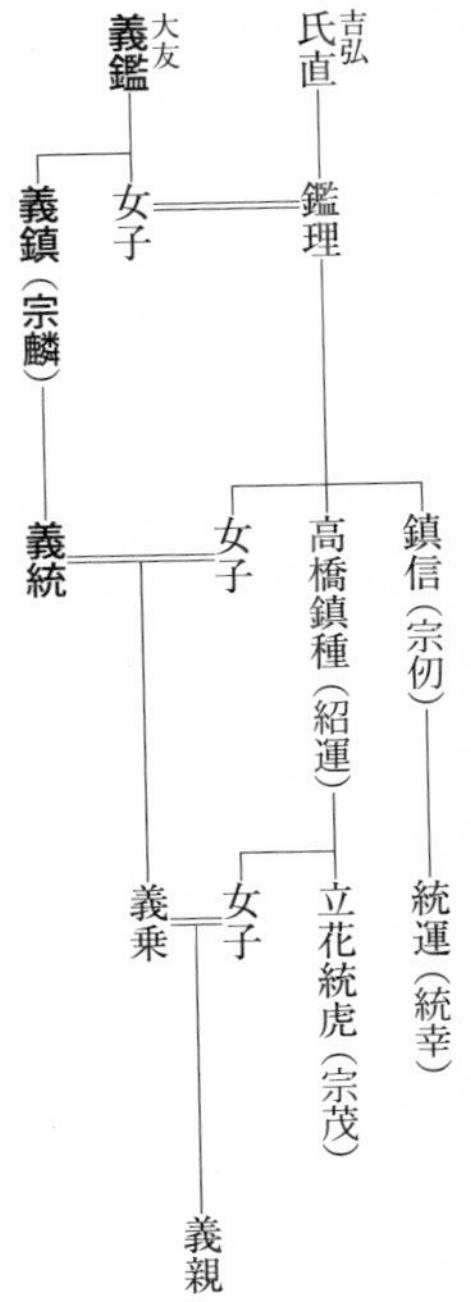

大友氏・吉弘氏関係系図

大内氏との関係が修復した後、大永四～六年にかけて、義鑑は室町幕府と交渉し栄典を獲得した。大永四年三月には「修理大夫《しゅりだいぶ》」に任官し、十二代将軍足利義晴《よしはる》から「義」の偏諱を授与され、「義鑒」と改名した。

義鑑元服時の将軍は、大友氏と対立関係にあった大内氏が擁する十代将軍義稙《よしたね》であった。そのため、偏諱授与の申請はしたくてもできなかったのであろう。この時期に義鑑が幕府と交渉を開始できたのは、足利義晴が上洛し将軍に就任したことと、大内氏との友好関係が成立したことによる。翌年十二月には「御紋之儀《ごもんのぎ》」（着衣に「桐紋《きりもん》」を付すこと）を認められた。さらに、大永六年には「従四位下《じゅしいのげ》」の位階を獲得した。

この「従四位下」叙位には、次のような経緯があった。当初、義鑑が望んだのは「三位《さんみ》」だった。幕府を通して朝廷に申し出たところ、四位を通り越して三位に叙位された先例がないとの理由で却下された。そもそも義鑑は無位であった。幕府側からは、来年申請があったならば「三位」昇進を考えようと前向きな回答があったが、これ以降に義鑑が昇進申請を行った形跡は確認できない。義父の大内義興が「従三位」であったことへの対抗と憧れであろうが、どこまで本気だったのかは疑わしい。義興は享禄元年（一五二八）に死去し、大内家では義隆《よしたか》が当主となった。

天文元年（一五三二）七月四日、義鑑は「従四位上」に昇進した。叙位伝達の使者として将軍義晴が派遣したのが、公家東坊城長淳《ひがしぼうじょうながあつ》である。この昇進は義鑑側から申請した形跡がないため、義鑑を味方に付けたい将軍義晴の主導で与えられた可能性が高い。注目したいのは、使者東坊城長淳である。この時期、義鑑と最も親しかった公家が長淳である。なぜ親しかったのか。それは、義鑑の嫡男義鎮《よししげ》（宗麟《そうりん》）・二男晴英《はるふさ》（後の大内義長）の生母が長淳の近親者であったからだ。義鑑の正妻は大内義興の娘であった。ただし系図には、義鎮の母を坊城氏の娘と記すものもある。長淳の近親者が義鑑側室におり、義鎮・晴英の生母になったと考えたい。

東坊城長淳の下向には別の目的があった。それは義鑑を上洛させることであった。これを受けて、大友勢は豊前・筑前へと出兵するが、それが大内氏との抗争を勃発させた。

大内義隆との抗争と弟菊池義武との対立

天文元年（一五三二）、義鑑は将軍義晴の上洛要請を大内義隆が妨害したことを大義名分として挙兵した。さらに尼子経久《あまごつねひさ》、安芸の武田《たけだ》・熊谷《くまがい》、伊予の河野《こうの》・宇都宮《うつのみや》、瀬戸内海の村上水軍《むらかみすいぐん》などに大内氏包囲網への参加を呼びかけた。実際の出兵理由は、貿易港博多（福岡市博多区）を含む筑前をめぐる領土紛争と、大内氏が豊後国衆の田原親董《ちかただ》や大友氏年寄であった小原右並《おばらすけなみ》・隆元《たかもと》（後の鑑元《あきもと》）父子など亡命者を「撫育《ぶいく》」していたことである。

筑前では、大友・大内両軍の軍事衝突が繰り広げられたが、陶隆房《すえたかふさ》率いる大内勢が九州に渡海したことにより、天文二年四月には大友方の拠点立花城と柑子岳《こうじだけ》城（福岡市西区）が落城した。八月までには博多湾岸一帯も大内勢が制圧し、肥前・筑後に戦線は拡大した。同じ頃、大内氏に呼応した肥後の菊池《きくち》義武《よしたけ》（義鑑実弟）が挙兵した。

室町期の肥後守護家は菊池氏であったが、戦国初期から当主の座をめぐる内紛が続いていた。大友義長の時代に、二男菊法師丸《きくほうしまる》（義武）を養子入りする話があったが、立ち消えとなった。亡父義長の意向もあり、永正十七年（一五二〇）に義武の肥後入国が実現した。しかし、義武は菊池氏が伝統的に影響力を及ぼしていた筑後国衆と結んで、筑後守護であった義鑑に反抗してきた。義武の反大友の動きは、義鑑に討伐された栂牟礼城の佐伯惟治との結びつきがみられた大永七年（一五二七）には確認できる。

義武の蜂起は天文二年秋である。肥後南部の国衆相良《さがら》氏、三池《みいけ》氏・西牟田《にしむた》氏などの筑後国衆が支持した。天文三年三月、義武は豊後国玖珠郡まで進軍するが、大友勢に侵攻を阻まれた。筑後・肥後では、おおむね大友勢が優勢であったが、筑前・豊前においては大内勢との抗争が激化した。

大友・大内の抗争で最も有名な合戦は、「勢場ヶ原《せいばがはる》の戦い」であろう。天文三年四月六日、豊後に侵入した大内勢と速見《はやみ》郡大牟礼山《おおむれさん》（大分県杵築市）で激突した。大友勢では部将吉弘氏直《よしひろうじなお》が戦死するなど、両軍に多数の犠牲者が出た。なんとか大内勢を撃退したが、全体的にどの戦線においても大内勢に押され気味であった。

天文三年十二月、将軍義晴が命じた大友・大内の和平を両家がひとまず受け入れ、停戦が成立した。しかし、筑前の大友領を大内氏が占領した状態が続いた。筑後に関しては、菊池義武が撤退したことで大友氏の支配が回復した。正式な和平成立は天文七年である。条件は、大内氏が筑前の大友領を返還すること、その見返りとして大友氏が大内氏の上洛に協力すること（尼子攻めへの援軍派遣）、であったと推測される〔吉良二〇一二〕。和平成立によって、菊池義武の影響力を排除した筑後の支配は安定し、さらに筑前の大友領を取り戻したことで義鑑の領国支配は確実に強化された。

肥後守護職補任と九州探題的立場としての自負

大友・大内の和平交渉が進んでいた天文四年（一五三五）末、菊池義武は逃亡先の肥前高来《たかき》（長崎県諫早市）から相良氏の本拠地八代《やつしろ》（熊本県八代市）に赴いていた。亡命生活を送っていたが、その間も義武は肥後国衆から「屋形《やかた》」と呼ばれ、肥後・筑後において一定の影響力を保持していた。

肥後の直接支配に乗り出した義鑑は、幕府に申請し、天文十二年五月七日付で肥後守護職に補任された。義鑑が守護職補任の根拠として主張したのは、延文四年（一三五九）に大友氏八代氏時《うじとき》が肥後守護職に補任された先例と、現在肥後を支配している事実であった。わざわざ大昔の先例を持ち出したのは、これ以外に補任の正当性を主張すべき理由がなかったからであろう。そこまでして義鑑が肥後守護職に

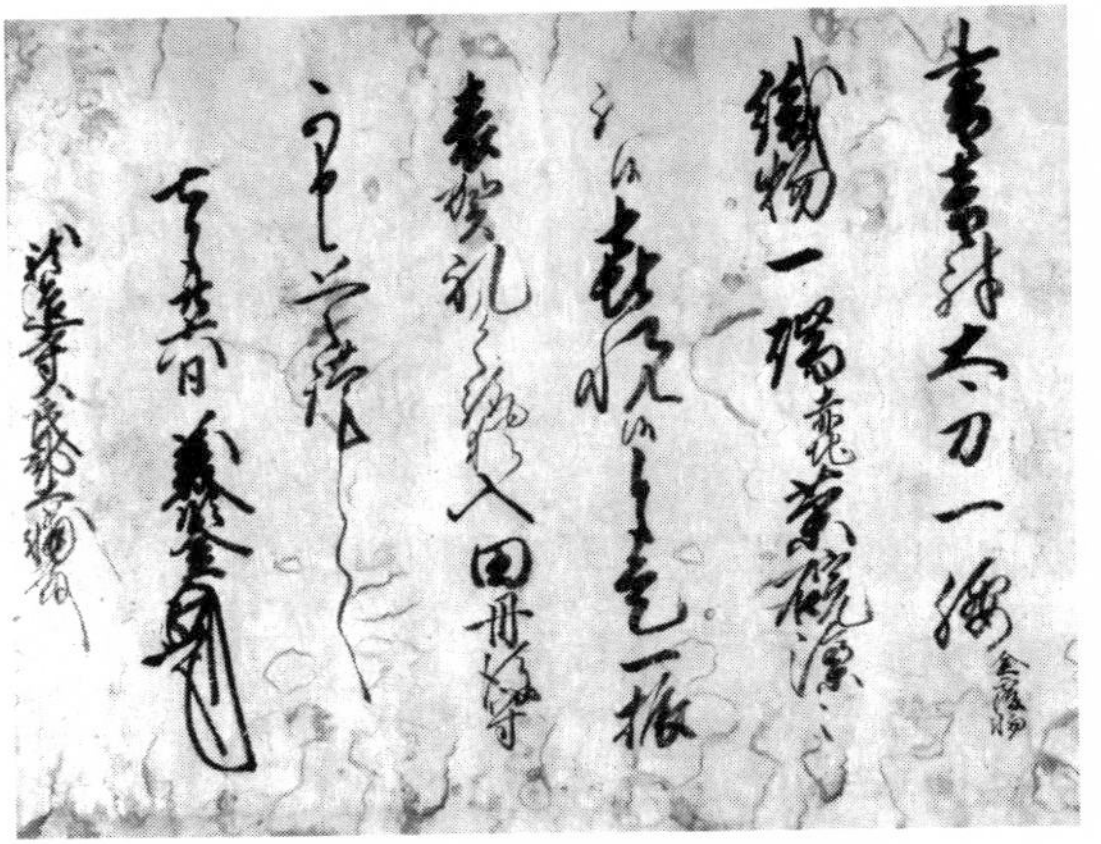
大友義鑑書状　「龍造寺家文書」　佐賀県立図書館蔵

こだわったのは、菊池氏の正統な後継者である義武が持つ肥後への影響力を払拭するためであった。義鑑は、豊後・筑後に加えて肥後の支配権を得たのである。

同じ頃、義鑑は「探題職御礼」、すなわち九州探題職補任の任命料に関する問い合わせを幕府に行っていた。幕府の回答は、「お気持ち次第です」というものだった。この少し前の天文五年、大内義隆は「大宰大弐《だざいだいに》」に任官している。これは代々「大宰少弐《しょうに》」を称してきた少弐氏を官職で上回ろうとする意図が指摘される。大内義隆の大宰大弐という朝廷官職に対して、義鑑は九州探題という幕府官職を得ようとした。ただし、義鑑による九州探題の申請は、その後の動きがみられないことから、問い合わせだけに終わったものと思われる。もっとも、義鑑のこの行動からは、彼の九州探題的立場にあるという自負をみてとれる。

かつて大友氏・大内氏と並ぶ勢力であった九州探題渋川《しぶかわ》氏と少弐氏は、大友氏や大内氏の支援を受ける肥前東部の局地的な勢力となっていた。天文八年比定の十二月五日付の大友義鑑手日記《てにっき》〔大友家文書録」では、義鑑による九州の秩序認識が述べられている。西国の家格秩序は、頂点に大友・大内が位置し、次に島津《しまづ》・菊池・千葉《ちば》・少弐の四家がおり、それら以外の伊東《いとう》・有馬《ありま》は「被官並」、という三階層であった。大友と大内は別格だとの主張である。そして「西国之事」は「大概存知」するという、守護の立場を逸脱した義鑑の自己認識を述べる。義鑑のこの認識は、祖父親治・父義長以来、大友氏が九州の地域権力の取りまとめ役的立場を幕府から期待されたことに起因し、さらに後年、息子義鎮の九州探題補任へとつながる。

ただし、あくまでも義鑑の一方的な主張である。現実的な大友・大内の力関係は、大内氏だけが義鑑に援軍派遣を求めるなど、大内氏のほうが優越していた可能性が指摘される〔山田二〇一九〕。

豊後府内の整備と京都・周辺勢力との積極的外交

義鑑時代には、本拠地豊後府内《ふない》（大分市）は戦国城下町として繁栄しつつあった。町の中心に位置した「大友館」は、天文十年代に大規模な整備をされた。天文十六年（一五四七）に筑後国衆の田尻親種《たじりちかたね》・鑑種《あきたね》父子が府内に参府しているが、在府中に多くの大友家臣たちと交流している。府内には家臣たちが滞在しており、すでに義鑑の頃、府内は当該期有数の都市規模を誇っていた。大友館と府内の町並みは、京都を意識して形成されたことが指摘される。もっとも実際にどの程度、京都を意識していたのかは、検討の余地がある。

歴代大友氏当主の中で義鑑の時代は、飛躍的に幕府とのさまざまな交流が行われた。先に紹介したように、獲得に失敗したとはいえ、義鑑は大友氏では前例のない高位高官である「三位」昇進申請と九州探題補任の問い合わせを行っていた。天文九年には、嫡男五郎（義鎮）と二男八郎（晴英）への将軍義晴の偏諱授与を申請している。享禄三年（一五三〇）生まれの義鎮は、数えで十一歳であった。晴英の生年は不明だが、当時の一般的な元服年齢に比べればかなり幼い。息子たちの偏諱授与申請を行った行動から、義鑑が将軍・幕府とのつながりを重視していたことが読み取れる。さらに、正確な婚姻時期は不明だが、嫡男義鎮の正妻に丹後一色義清《いっしきよしきよ》の娘を迎えている。義鑑が都への憧れを抱いていたのは間違いない。

周辺勢力とも積極的な婚姻関係を築いている。系図によれば、薩摩島津氏と妹との婚約（妹が早世し破談）、娘（二階崩《にかいくず》れの変で横死）と公家「近衛殿《このえどの》」との婚約を成立させたほか、伊予河野通宣《みちのぶ》、土佐一《いち》条房基《じょうふさもと》に娘を嫁がせている。義鎮・晴英の母は公家東坊城氏の娘であり、義鎮の正妻には丹後一色義清の娘を迎えた。また、天文十二年の出雲出兵中に養子晴持《はるもち》（大内義興娘と土佐一条房冬《ふさふゆ》との子）を失った大内義隆は、翌年義鑑（正妻は大内義興の娘）の二男晴英を養子に迎えるという話を進めていた（義隆に実子義尊《よしたか》が生まれたため破談）。

弟義武の肥後菊池氏継承と、二男晴英の大内氏への養子入りを決めたのは義鑑の政策である。結果としてだが、両者は不幸な最期を遂げた。おそらくは、両者が引き起こした問題が、後に息子義鎮の外交政策に大きな影響を与えている。

二階崩れの変

義鑑の領国支配は安定するかにみえた矢先、天文十九年（一五五〇）二月十日に事件が起こった。いわゆる「二階崩れの変」である。

義鑑には三人の息子がいた。嫡男義鎮、二男晴英、三男塩市丸《しおいちまる》である。近世の編纂物によれば、事件の大筋は次のようになる。義鑑が塩市丸に家督を譲りたいと年寄斎藤長実《さいとうながざね》、重臣津久見《つくみ》美作守・田口《たぐち》新蔵人《くろうど》・小佐井《こざい》大和守に諮ったところ、斎藤・小佐井は異を唱えたため上意討ちされ、自身の身に危険が及ぶと察した津久見・田口は義鑑を襲撃し、重傷を負った義鑑は十二日に死去した。享年は四十九である。現場が「二階座敷」であったことから〔大友興廃記〕、この事件を「二階崩れの変」と呼ぶ。殺害されたのは、義鑑夫妻、義鑑の子女四名（男子一名、女子三名）の六名であった〔吉良文書〕。

「常楽寺蔵本大友氏系図」は天文十七年生まれの男子を記載するが、天文十二年に将軍義晴父子に「塩市」が贈答品を献上している。男子の年齢は不明だが、元服前であったことは確かである。すでに将軍偏諱を授かった義鎮・晴英を差し置き、義鑑が幼少の末子を跡継ぎにしようとしたという話は現実的ではない。真相は藪の中であるが、後世に創られた俗説である。

西国の覇者大内氏との対決では、義鑑のほうが押され気味であった。大内氏との和平成立後は、豊後・

筑後に加えて肥後の三ヶ国を支配する戦国大名としての基盤を盤石にした。九州最大の戦国大名大友宗麟(義鎮)誕生の土台は、義鑑時代に築かれたのである。

(八木直樹)

【主要参考文献】

鹿毛敏夫『大友義鎮』(ミネルヴァ書房、二〇二一年)

吉良国光「天文年間前半における大内氏と大友氏の抗争について」(『九州史学』一六二、二〇一二年)

藤井崇『大内義隆』(ミネルヴァ書房、二〇一九年)

松原勝也「天文期肥後国情勢と相良・名和・阿蘇三氏盟約―大友氏による肥後国支配との関連―」(『九州史学』一四一、二〇〇五年)

八木直樹『戦国大名大友氏の権力構造』(戎光祥出版、二〇二一年)

山田貴司「西国の地域権力と室町幕府―大友氏の対幕府政策(関係)史試論―」(川岡勉編著『中世の西国と東国　権力から探る地域的特性』戎光祥出版、二〇一四年)

山田貴司「大友氏からみた大内氏」(大内氏歴史文化研究会編『室町戦国日本の覇者　大内氏の世界をさぐる』勉誠出版、二〇一九年)

『大分県史』中世篇Ⅲ(大分県、一九八七年)

[付記]本稿は、JSPS科研費(JP二一K〇〇八七三)の助成を受けたものである。

大友宗麟・義統
——運に恵まれた宗麟と運に見放された義統

大友・大内連合の成立と臼杵への本拠地移転

享禄三年（一五三〇）、豊後・筑後守護であった大友《おおとも》家二十代義鑑《よしあき》の長子として塩法師《しおほうし》は誕生した。天文九年（一五四〇）、十一歳のときに室町幕府十二代将軍足利義晴《あしかがよしはる》の偏諱《へんき》を受け「義鎮《よししげ》」（仮名《けみょう》は五郎《ごろう》、後に新太郎《しんたろう》）と名乗る。「義鎮」の実名よりも、永禄五年（一五六二）に入道した後の法名「宗麟《そうりん》」の名前のほうが有名であろう。

家督相続は天文十九年、二十一歳のときである。父義鑑が重臣により殺害されたことによる、思いがけない相続であった（二階崩《にかいくず》れの変）。この混乱に乗じて亡命中だった肥後の菊池義武《きくちよしたけ》（義鑑の実弟）が蜂起するが、軍勢を派遣し肥後・筑後を鎮圧した。義鎮にとって幸運だったのは、当時大友氏と対抗できる大名が近隣にいなかったことである。大内《おおうち》氏とは父義鑑が結んだ和平が続いていた。さらに、義鑑死去の翌年九月に大内義隆《よしたか》が重臣陶隆房《すえたかふさ》のクーデターにより自害した。大内側の要請により天文二十一年、義鎮の弟晴英《はるふさ》が山口に迎えられた。大内氏を継承した晴英は、「義長《よしなが》」と改名した。

西日本随一の大名大内氏を実弟義長が継承したことは、義鎮の領国拡大にプラスに働いた。この時期、

大友宗麟画像　東京大学史料編纂所蔵模写

大内領国の筑前では、大内氏の支配が継続する中で虫食い的に大友氏の支配が拡大していった〔堀本二〇一二〕。事前に大内氏の合意を取り付けた上で、天文二十三年には義鎮が肥前守護に補任された。かつて肥前守護は九州探題が兼任するものだと認識されていた。その肥前守護を義鎮が獲得したのは、肥前を足掛かりに、北部九州に勢力を拡大しようとする彼の意欲の表れである。

弘治元年（一五五五）と翌年に、倭寇《わこう》の禁圧を求める明《みん》の使節として鄭舜功《ていしゅんこう》、蔣洲《しょうしゅう》が豊後に来た。明使の要求に義鎮は応じた。義鎮の倭寇禁止令は、大友領国のみならず、大内氏・島津《しまづ》氏にまで及んだ〔黒嶋二〇一六〕。同じ頃、義鎮と義長は遣明船派遣を試みている（結局、書類の不備を指摘され、入貢は認められなかった）。大友・大内の兄弟戦国大名連合による全盛期の到来であった。

領国外勢力との関係は順調であったが、本拠地豊後府内《ふない》（大分市）では二度、重臣の謀叛が発覚した。天文二十二年閏正月には、謀叛を企てた一万田《いちまだ》弾正忠・宗像《むなかた》民部少輔・服部《はっとり》右京亮を成敗した。弘治二年五月には府内の本庄《ほんじょう》新左衛門尉・中村《なかむら》新兵衛尉、肥後にいた元年寄《としより》（加判衆《かはんしゅう》）の小原宗惟《おばらそうい》（鑑元《あきもと》）

とその与党を鎮圧した。謀叛の規模はたいしたことはなかったが、二階崩れの変も含め、関係者はいずれも古くからの守護被官であった。そして本庄・中村などの謀叛の混乱を避けるために、義鎮は臼杵《うすき》（大分県臼杵市）に本拠地を移した。

当該期有数の戦国城下町であった豊後府内の人口は八千人とも言われる。一方、臼杵の人口は二千人程度と推測される。都市規模で大きく劣る臼杵を本拠地としたのは変わっていよう。臼杵移転を積極的な外交・貿易政策の一環としてとらえる見解もあるが、よほど臼杵の居心地がよかったのかもしれない。

九州六ヶ国守護・九州探題

天文二十四年（一五五五）十月、陶晴賢《はるかた》が厳島《いつくしま》の戦いで毛利元就《もうりもとなり》に敗れた。翌弘治二年（一五五六）、毛利氏による大内領国への侵攻が始まった。義鎮は、大友・大内の「御両家御一体」の理念を掲げて豊前への進出を開始した。翌年四月、大内義長が自刃し大内氏が滅亡すると、本格的に豊前・筑前両国の制圧に乗り出した。七月には、筑前国衆秋月文種《あきづきもんしゅ》の古処山《こしょさん》城（福岡県朝倉市）を落とし、文種を自害させた。永禄二年（一五五九）までには北部九州一帯を制圧し、支配下に治めることに成功した。

軍事制圧と同時に、支配の正当性を獲得するため、義鎮は室町幕府とも交渉していた。弘治四年に、豊前・筑前両国守護職獲得の意向を固め、獲得交渉を指示している。両国守護職は、永禄二年六月二十六日付で足利義輝《よしてる》により補任された。従来の豊後・筑後・肥後・肥前に加えて六ヶ国守護職を保有した義鎮は、九州最大の戦国大名となった。さらに同年十一月九日には「九州探題職」と「大内家督」が与えられた。九州探題は、義鎮の申請に加えて、将軍義輝の意向が大きく働いた可能性が高い。他に、幕府・朝廷から与えられた栄典には、翌三年に父義鑑がかつて認められた桐紋《きりもん》の使用許可と「左衛門《さえもんの》督《かみ》」の官職を与えられた。この頃、相伴衆《しょうばんしゅう》にもなっている。左衛門督などの栄典は、将軍御所造営料の進上などに対する褒美として将軍義輝から与えられたものである。ただし、相伴衆は、同時期に毛利元就・隆元《たかもと》父子、日向の伊東義祐《いとうよしすけ》もなっており、義鎮だけが特別扱いされたわけではない。

この頃、旧大内領国に対する支配の正当性をめぐり、大友義鎮と毛利元就との間で駆け引きが繰り広げられていた。毛利も旧大内領国の守護職補任を申請し、毛利隆元（元就の長男）が永禄三年に安芸、永禄五年に備中・備後・長門の守護職に補任された。義鎮が「大内家督」にこだわったのは、それを毛利に利用させないためであった。そして、毛利による九州進出が本格化し、豊前・筑前をめぐって大友と毛利は全面戦争へと突入した。

門司城争奪戦と豊芸和平

最初に争奪戦の対象となったのは、九州の入り口に位置した門司《もじ》城（北九州市門司区）であった。永禄二年（一五五九）に大友勢が門司城を落とすが、翌年には毛利方に奪還された。同四年十月、大友勢が門司城に総攻撃をかけたが、落城させることができず、十一月に大友勢は犠牲を払いながら撤退した。

永禄五年六月、義鎮は剃髪し「宗麟」と号した。門司城敗戦のショックを出家の理由とする説もあるが、根拠はない。同年、三度目の門司城攻めに出兵した大友勢は、十月十三日の柳浦合戦では大勝利を収めたが、結局門司城は攻略できなかった。同年末には、宗麟が任命した岩屋《いわや》・宝満城督《ほうまんじょうとく》（福岡県太宰府市）の高橋鑑種《たかはしあきたね》が裏切り毛利氏に一味した。鑑種は豊後国衆一万田氏の出身であった。秋月・筑紫《つくし》などの国衆も同調し、各地で反大友の動きが起こり、大友勢は長期間在陣を余儀なくされた。

同じ頃、室町幕府が仲介した大友・毛利の和平調停が始まった。毛利氏は、西では大友氏と、東では出雲尼子《あまご》氏と争っており、両面作戦を避けたい毛利が和平に応じ、永禄七年七月に豊芸和平が成立した。和平の条件は、門司城周辺を残した毛利勢の九州撤退、豊前の松山城《まつやま》（福岡県苅田町）・香春岳城《かわらだけ》（同香春町）の破却、豊前・筑前の諸牢人（国衆たち）が大友氏に服従すること、大友・毛利両家の縁組であった。

永禄六年比定の五月二十四日付の宗麟書状では、「侍は一度交わした約束は違えるべきではないのに、これまで毛利家には裏切られ困った。「毛利きつね」には十分に思い知らされた。無念である」と述べている〔大友家文書録〕。かつて大内氏滅亡の際に、毛利が中国地方を、大友が豊前・筑前の支配をと交わした約束を破り、毛利が反大友の国衆と結び、九州に進出してきたことを指しているのであろう。宗麟は毛利を信じてはいなかった。両家の縁組条件は、元就の孫輝元《てるもと》に宗麟息女が嫁ぐことであったと思われる。が、豊芸和平の交渉が行われていた最中、輝元と宍戸隆家《ししどたかいえ》（妻は元就娘）の娘との婚約が調っている〔五條二〇二〇〕。毛利側も和平は本気ではなかった。

積極的に外交政策を展開した父義鑑とは異なり、宗麟は意外と大名間外交を行っていない。系図に拠れば、土佐一条兼定《いちじょうかねさだ》、公家久我晴通《こがはるみち》の子三休、小早川秀包《こばやかわひでかね》（豊臣政権下）を除けば、奈多鎮基《なたしげもと》、臼杵統尚《うすきむねひさ》、一万田氏、大津留《おおつる》氏といった家臣に娘を嫁がせている。実現したかは不明だが、天正三年（一五七五）頃に肥後阿蘇《あそ》氏との「重縁」（阿蘇文書）、同七年に筑後蒲池鎮運《かまちしげゆき》と「御料人様《ごりょうにんさま》」（十五歳）の婚姻（蒲池文書）を約束している。たまたまタイミング的に必要がなかったのか、それとも叔父菊池義武・弟大内義長の件で懲りたのか、宗麟は大名間の閨閥政策には消極的であったようだ。

和平成立後も高橋鑑種、秋月種実《たねざね》など反大友の国衆の動きは収まらず、毛利がそれを支援したことから、まもなく和平は破綻した。

立花城をめぐる毛利氏との総力戦

永禄九年（一五六六）、尼子義久《よしひさ》が毛利氏に降伏した。余裕のできた毛利本隊がついに九州に渡海する。今回の争奪戦の対象は、筑前立花《たちばな》城（福岡県新宮町・久山町・福岡市）である。同十一年、大友方の立花城督・立花鑑載《あきとし》が謀叛したが、すぐさま大友勢が攻城し七月四日に落城させた。一方、九州に渡海した毛利本隊は、豊前長野《ながの》城（北九州市小倉南区）を落とした。

同十二年、これまで年寄たちに軍勢を率いさせ、自ら出陣することのなかった宗麟がついに動いた。初めての国外出陣である。肥前龍造寺隆信《りゅうぞうじたかのぶ》攻めのために、筑後高良山《こうらさん》（福岡県久留米市）に在陣した。

四月中旬、毛利本隊が立花城を包囲したため、その後詰として臼杵《うすき》鑑速《あきすみ》・戸次《べっき》鑑連《あきつら》・吉弘《よしひろ》鑑理《あきただ》率いる大友勢が毛利勢と対陣した。閏五月三日、城は毛利勢に明け渡されたが、大友勢は撤退せず対陣を継続した。

　このときの対陣では、立花城南方の三日月山では総延長約三キロにも及ぶ地域が城塞化された。三日月山より南方の城ノ越山にも総延長約二キロに及ぶ城郭遺構が確認される。三日月山は大友本隊を迎え撃つために毛利勢が築いた陣城《じんじろ》であり、城ノ越山は後詰に来援した大友勢の陣城と想定されている〔藤野二〇一五〕。約半年間続いた立花城争奪戦は、戦国合戦でも有数の規模の大軍勢が動員された総力戦が展開された。

　同時期、毛利領国東部では、六月に出雲・伯耆で尼子の残党が蜂起するなど反毛利の動きが活発化していた。さらに十月、宗麟の支援を得た大内輝弘《てるひろ》（父は大内政弘《まさひろ》の子高弘《たかひろ》、五十一歳）が山口に上陸した。退路を断たれることを恐れた毛利本隊は、十月十五日に撤退した。立花城に籠城する毛利勢は十一月二十一日に下城した。毛利勢に攻められた輝弘は十月二十五日に自刃したが、輝弘の渡海が毛利を九州から撤退させたといっても過言ではない。宗麟の人生で最も成功した戦略であった。

　この頃、宗麟は反毛利勢力との連携を図っている。宗麟の呼びかけに応じたのが備前の浦上宗景《うらがみむねかげ》、美作の三浦貞広《みうらさだひろ》、出雲の尼子勝久《かつひさ》、瀬戸内海の能島村上《のしまむらかみ》氏である。天正初年には、備中の三村元親《みむらもとちか》も加わった。毛利包囲網を形成した宗麟は彼らを支援し、毛利の視線をそらすため、伊予や赤間関《あかまがせき》（山口県下関市）への出兵を企てた〔山本二〇〇七〕。毛利勢は門司城を残して九州から撤退し、宗麟の全盛期が訪れた。

ただし、大友勢が実力で毛利を撤退させたわけではない。毛利を取り巻く環境が変化し、毛利が九州に目を向ける余裕がなくなっただけで、全盛期到来は結果にすぎない。宗麟は毛利の撤退という幸運に救われたのである。

立花城には、年寄吉弘鑑理の子宗鳳《そうほう》が入った。同じ頃、宗鳳の実弟高橋紹運《じょううん》（鎮種《しげたね》）が岩屋・宝満城督となった。吉弘氏と宗麟は姻戚であった。元亀二年（一五七一）には歴戦の勇将戸次鑑連を立花城督に任じている。現役の年寄を現地に赴任させるほど、対毛利戦の最前線となる立花城を重要視していた。高橋鑑種・立花鑑載の謀叛に懲りたのか、城督の人選は、姻族吉弘氏を中心に最も信頼できる人物を登用している。

義統への家督相続と高城・耳川合戦

毛利勢が撤退した翌元亀元年（一五七〇）、再び宗麟自ら出陣し、筑後高良山に在陣した。筑後・肥前の主だった国衆も参陣し、龍造寺隆信を包囲したが、八月二十日の戦いで大友勢は敗北した（今山《いまやま》合戦）。この今山合戦は、かつては戦国大名龍造寺氏が自立した画期として評価されてきた。しかし、大友本隊は参戦しておらず、あくまでも局地的な戦いであった〔堀本一九九八〕。龍造寺隆信は降伏し、宗麟は所領を安堵し赦免した。二度も宗麟自らの出陣の攻撃目標となった隆信は、恐怖を抱くと同時に復讐心を秘めたことであろう。

この国外出陣から帰陣した元亀元年末から翌年七月までのどこかで、宗麟は嫡男義統《よしむね》に家督を譲った。宗麟が四十一、二歳、義統が十三、四歳であった。といっても宗麟は完全に隠居したわけではない。当主義統、隠居宗麟による二頭政治は、宗麟の死まで行われた。家督譲与の理由は、初めての国外出陣を経験した宗麟が、自身に万が一のことがあった場合を考えての対応策であろう。二頭政治は、天正四年（一五七六）までは宗麟主導で、以降は義統が主導する体制となった。天正五年が画期となった理由はわからない。宗麟の父義鑑が殺害されたのは四十九歳であった。天正六年に亡父と同じ四十九歳を迎える宗麟の心境が影響しているのかもしれない。

領国南方でも政治・軍事情勢に動きがあった。天正五年十二月、大友氏と縁戚であった日向伊東氏が、薩摩島津氏に敗れ豊後に亡命してきた。日向北部の国衆土持親成《つちもちちかしげ》は島津氏に従属した。天正六年春、当主義統が土持氏討伐に出陣し、難なく快勝した。すでにこの段階で秋の宗麟出兵は決まっていたが、出兵の前に宗麟の人生にとって一大転機となる出来事があった。七月二十五日、ついに宗麟が受洗《じゅせん》（洗礼名ドン＝フランシスコ）したのである。従来、宗麟の日向出兵は、キリスト教的理想国の建設が目的だと説明されることが多い。しかし、宗麟が受洗を考え始めたのは、天正六年になってからであり〔神田二〇一四〕、受洗と日向出兵計画とは関係性が薄い。出兵の目的は、島津領国との境目地域となった高《たか》城《じょう》（宮崎県木城町）をめぐる争奪戦であり、典型的な境界紛争であった。

九月四日に出陣した宗麟は、務志賀《むしか》（宮崎県延岡市）に本陣を置いた。大友勢は高城を包囲し、十一

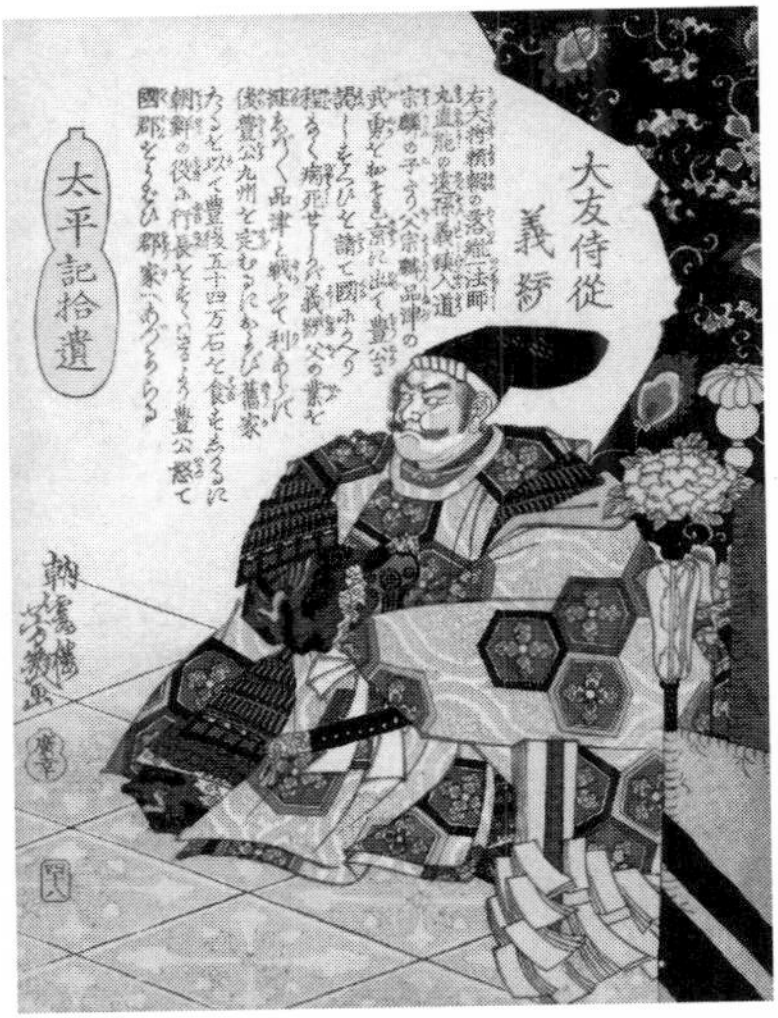

「太平記拾遺」に描かれた大友義統　東京都立中央図書館蔵

月十二日に起こった決戦で大敗北を喫した（高城・耳川《みみかわ》合戦）。この大敗を義統のせいとする見解も多いが、現地にいない義統に責任を擦り付けるのは適当ではない。

大敗後の義統と宗麟の関係

大敗直後、龍造寺隆信と秋月種実が離反した。龍造寺氏は戦国大名化を遂げ、九州戦国史は大友・島津・龍造寺の三氏鼎立状況となる。龍造寺・秋月の離反は、従属国衆離反の雪崩現象を引き起こした。そもそも戦国大名大友氏の領国支配体制は、「方分《ほうぶん》」（権力中枢にある年寄が国単位で務めた地域別担当者）が担当国の国衆との取次役を担ったが、現地における地域支配機構は、筑前の立花城督、岩屋・宝満城督などを除き設置していない。求心力を失った戦国大名大友氏から国衆が離反するのは必然であった。

豊後でも天正七年（一五七九）末に国東《くにさき》郡の田原親貫《たわらちかつら》が、翌年閏三月には重臣田北紹鉄《たきたじょうてつ》が蜂起した。紹鉄は四月に討ったが、親貫の乱は十月まで長引いた。紹鉄・親貫の蜂起は個別の蜂起であり、諸勢力が連携した反乱には発展していない。耳川大敗後、一気に領国が瓦解していない点は、もっと評価されてもよい。

大敗後の義統と宗麟との関係は、イエズス会宣教師の史料によれば、①キリスト教信仰をめぐる義統と宗麟の確執、②義統と重臣たちが隠居宗麟に復帰を要請し二頭政治が復活した、とされる。しかし、両者の確執は国内史料ではまったく読み取れず、宗麟の政務への関与はかなり限定的であった。そもそも宣教師の史料は、キリスト教を保護する宗麟とそれを妨害する義統という構図で叙述されている。そのため、義統に関しては必要以上に悪く描いており、その記述を鵜呑みにするのは危険である。

この時期の両者の関係を考える上で重要なのが、彼らは異なる地で居住していた点である。弘治二年（一五五六）以降、本拠地は臼杵であったが、天正七年末～十年初めの期間、混乱への対処のため義統は府内に本拠を移した。この間、宗麟は臼杵か隠居地の津久見《つくみ》（大分県津久見市）に居住していた。さらに彼らは、豊後国内でたびたび在陣を繰り返している。特に義統の玖珠郡在陣は、天正九年九・十月、同十二年九～十二月、同十三年六・七月、同年閏八・九月の計四回は確認できる。普段出陣しない義統が国境付近に動座するだけで示威的効果があったのかもしれないが、それにしても妙な行動である。そして宗麟は義統の陣所を訪れ、重要事項を協議するために義統の居所へと赴いている。宗麟は政務とは一定の距離をとっていたが、義統に絶えず協力していた。

豊薩合戦と「臆病者」吉統の改易

耳川大敗後、織田信長の仲介により天正九年（一五八一）に豊薩（大友・島津）和平が成立したが、その後も島津の勢力は拡大した。中央では関白《かんぱく》に任ぜられた豊臣秀吉が大友・島津両氏に対して、天正十三年十月二日にいわゆる「惣無事令《そうぶじれい》」（九州停戦令）を発令した。これを受けた大友氏では、翌十四年に隠居宗麟自らが大坂の秀吉の許に赴いた。事前の交渉が確認できないので、まさかの宗麟上坂に秀吉側も驚いたのではないだろうか。

劣勢を挽回できなかった大友氏は、天正十四年十月、ついに島津勢の豊後侵入を許した。臼杵丹生島《にうじま》城（大分県臼杵市）に籠城した宗麟は、かろうじて島津勢を退けた。十二月十二日、義統は府内近郊にて豊臣派遣軍の長宗我部元親《ちょうそかべもとちか》・仙石秀久《せんごくひでひさ》と共に戦うが大敗した（戸次《へつぎ》川《がわ》の戦い）。義統は龍王《りゅうおう》城（同宇佐市）まで逃亡したが、秀吉本隊の九州渡海により島津勢は撤退した。

天正十五年五月二十三日、津久見にて宗麟は五十八歳の生涯を終えた。博多（福岡市博多区）滞在中の秀吉が伴天連追放令《ばてれんついほうれい》を出したのは六月十九日であった。豊薩合戦では秀吉に助けられ、キリシタンであった宗麟は伴天連追放令を知らずに亡くなった。とにかく最期まで運に恵まれた人生であった。

九州平定後、義統が安堵されたのは豊後一国のみであった。ここから数年間、吉統《よしむね》（天正十六年に改名）は豊臣大名として奉公を尽くし、豊臣政権による朝鮮出兵（文禄の役）でも渡海した。だが、文禄二年（一五九三）正月に持ち場の鳳山を放棄し戦線離脱したこと、さらに先年の豊薩合戦でも逃亡したことを理由に同年五月一日に改易された。

秀吉は吉統の行動を「豊後の臆病者」と酷評した。しかし、朝鮮在陣中の天正二十年八月晦日に家臣に宛てた吉統の書状では、詳細かつ冷静に戦況を分析し伝えている〔佐田文書〕。敵前逃亡と評された吉統の行動は、むしろ現地の戦況を的確に判断して動いた可能性が指摘される〔櫻井二〇一七〕。吉統改易は、当初の目的である明の征伐を果たせなかった責任を負わされたのが実際であった。運に恵まれた父宗麟とは異なり、吉統は運に見放された。

改易後は、山口の毛利輝元、常陸の佐竹義宣《さたけよしのぶ》に預けられた。この頃、吉統が記したとされる「当家年《とうけねん》中作法日記《ちゅうさほうにっき》」は、さまざまな儀礼について書かれた貴重な史料である。大友氏の事績を後世へと伝えたことは、彼最大の功績と言ってもよいだろう。

慶長五年（一六〇〇）の「関ヶ原の戦い」に際しては、西軍毛利輝元の支援を得た吉統は旧臣を率い石垣原《いしがきばる》（大分県別府市）にて東軍方の黒田如水《くろだじょすい》と戦い敗戦した。晩年は出羽の秋田《あきた》氏に預けられ、秋田氏の転封先である常陸にて慶長十年七月十九日に死去した。享年四十八。江戸牛込《うしごめ》（東京都新宿区）にて死去したとの説もある。

大友家を滅亡させた吉統には、マイナスの評価がつきまとう。特にキリスト教に対して保護と弾圧という一貫性のない態度をとった彼に対する宣教師たちの評価は手厳しい。一方で、宣教師の主張には、宗教的観点から彼を叙述している問題がある。近年、同様の立場にある今川氏真《いまがわうじざね》・武田勝頼《たけだかつより》が再評価されている。義統の発給文書数は、千五百通以上の発給文書を残した父宗麟に匹敵する。義統の実像も十分に再検討の余地はある。

（八木直樹）

【主要参考文献】

鹿毛敏夫『大友義鎮』（ミネルヴァ書房、二〇二一年）

神田千里「大友宗麟の改宗―その実態と背景―」（『東洋大学文学部紀要』史学科篇四〇、二〇一四年）

黒嶋敏『琉球王国と戦国大名　島津侵入までの半世紀』（吉川弘文館、二〇一六年）

五條小枝子『戦国大名毛利家の英才教育　元就・隆元・輝元と妻たち』（吉川弘文館、二〇二〇年）

櫻井成昭「大友吉統書状について―戦国時代の記録と記憶―」（『東京大学史料編纂所研究紀要』二七、二〇一七年）

藤野正人「三日月山と城ノ越山の大規模城砦について」（『九州の城』北部九州中近世城郭研究会、二〇一五年）

堀本一繁「龍造寺氏の戦国大名化と大友氏肥前支配の消長」（『日本歴史』五九八、一九九八年）

堀本一繁「一五五〇年代における大友氏の北部九州支配の進展―大内義長の治世期を中心に―」（『九州史学』一六二、二〇一二年）

八木直樹『戦国大名大友氏の権力構造』（戎光祥出版、二〇二一年）

山本浩樹『戦争の日本史12　西国の戦国合戦』（吉川弘文館、二〇〇七年）

『大分県史』中世篇Ⅲ（大分県、一九八七年）

［付記］本稿は、ＪＳＰＳ科研費（ＪＰ二一Ｋ〇〇八七三）の助成を受けたものである。

志賀道輝・道易・親善
——豊薩合戦で分裂した一族

道輝の実名

豊後国大野《おおの》郡大野荘志賀《しが》村（大分県豊後大野市）を名字の地とする志賀氏は、大友《おおとも》氏初代能直《よしなお》の八男能郷《よしさと》から始まる大友有力庶家である。大野・直入《なおいり》二郡を本拠とする国衆、いわゆる「南郡衆」七家の一家であり、分家の「南志賀」と区別され「北志賀」と呼ばれる。戦国期には直入郡岡《おか》城（同竹田市）を本拠とした。ルイス・フロイスの『日本史』大友宗麟《そうりん》篇五五章に「豊後の国に、家柄、収入、身分において、二位か三位を占める国衆《クニシュウ》」とあるように、志賀氏は豊後屈指の有力国衆であった。志賀道輝《どうき》は、戦国末期に大友宗麟（義鎮《よししげ》）・義統《よしむね》父子の年寄《としより》（加判衆《かはんしゅう》）として活躍した。

道輝の実名は親守《ちかもり》説と親度《ちかのり》説（木村一九八三）があるが、親守とされることが多い。道輝の名は、天正五年（一五七七）頃から確認できる。そして天正二十年の豊臣政権による朝鮮出兵時まで活動している。親守の初見は、次郎九郎某に居屋敷を預け置いた「大永三年」（一五二三）の付年号《つけねんごう》が附された九月五日付志賀親守預ヶ状案である（志賀文書）。永禄五年（一五六二）に主君大友義鎮が出家し宗麟と号した際に、親守も出家し「道珠《どうしゅ》」と名乗った。道珠は永禄六年頃を境に活動がみられなくなる。

大永三年から天正二十年までは約七十年間ある。道輝＝親守説は、両者の活動時期があまりに乖離しており無理がある。本稿では、道輝＝親度説をとる。筆者の考える志賀氏の系譜は左の略系図になる。

親守（道珠）――親度（道輝）┬親孝（道易・道益）――親善
　　　　　　　　　　　　　└林ゴンサロ

大友氏年寄としての親度（道輝）の活動

親度の初見は、志賀安房守（親守）と志賀民部太輔（親度）に宛てられた天文十九年（一五五〇）二月二十一日付の大友義鎮起請文である〔志賀文書〕。父義鑑《よしあき》の横死（二階崩《にかいくず》れの変）により家督を相続した直後の義鎮が、混乱の最中に忠節を尽くすことを申し出た親守・親度父子に書いた起請文である。大友氏当主が起請文を書くのは非常に珍しい。それだけ義鎮は志賀氏を重要視していた。同年末には、親守が年寄に就任している。この頃、親守から息子親度への家督相続も行われた。親度は、弘治二年（一五五六）に起こった重臣の謀叛鎮定に活躍し三十貫、永禄元年（一五五八）の筑前国衆秋月文種《あきづきもんしゅ》討伐では百五十町の所領が与えられた。所領規模から、志賀氏が豊後屈指の有力国衆であったことがわかる。

元亀三年（一五七二）頃、親度は年寄となり、天正年間には肥後「方分《ほうぶん》」（権力中枢にある年寄が国単位で務めた地域別担当者）を務めた。この頃、親度は息子「太郎」に家督を譲与している。従来、この「太郎」は親次《ちかつぐ》（親善《ちかよし》）と理解されてきた。しかし、永禄末年頃の生まれとされる親次は、どう考えても幼すぎる。

この「太郎」は、親次とは別人物である。なお、系図では「親次」と記されるが、一次史料では「親善」である。本稿では史料上の実名「親善」を用いる。天正五年（一五七七）に親度は出家し「道輝」と称す。

天正六年十一月の大友氏と薩摩島津《しまづ》氏との直接対決（高城《たかじょう》・耳川《みみかわ》合戦）の際には、道輝は南郡衆と一緒に肥後に在陣中であった。耳川大敗の知らせを受けた南郡衆は、慌てて豊後に引き上げた。大敗前には六名いた年寄のうち佐伯宗天《さえきそうてん》・田北鎮周《たきたしげかね》・吉岡鑑興《よしおかあきおき》は戦死し、田原紹忍《たわらじょうにん》は権力中枢を離れた。残されたのは、道輝と朽網宗歴《くたみそうれき》の二人だけである。相次ぐ国衆たちの離反、天正七年末〜翌八年十月にかけての田原親貫《ちかつら》の乱など、大敗後の混乱への対応に道輝も忙殺された。

こうした大友領国の混乱を見かねた筑前立花《たちばな》城（福岡県新宮町・久山町・福岡市）にいた戸次道雪《べっきどうせつ》は、天正八年の二月十六日付で道輝父子など南郡衆十三名に宛てて書状を送る（立花文書）。その中に道雪から道輝に向けた一条がある。筑前国衆原田親種《はらだちかたね》の「進退御調略《しんたいごちょうりゃく》」をめぐり両者に諍いがあり、道輝が道雪に「恨言」を持って以降、両者の仲は絶えていた。その後、道輝の息子が仲介したが道雪は取り合わなかったのを、「御国家御一大事」なので再び「和睦」することを道雪は呼びかけている。両者の関係が修復されたのかはわからないが、両者の再会がなかったことは確かである。

親善の家督相続と受洗をめぐる争い

天正十二年（一五八四）九月、親孝《ちかたか》（道輝の息子）から息子「太郎」（親善）への家督相続が行われた。

年寄となった道輝（親度）とは異なり、親孝（道易《どうえき》）の活動は目立たないが、この時点の志賀家当主は親孝であった。また、道輝にはもう一人息子がいた。キリシタンとなった「林ゴンサロ」である。林ゴンサロは、甥親善の人生に大きな影響を与えた。親孝は宗麟正妻（奈多《なた》氏、義統の母）と前夫との娘と〔『日本史』五五章〕、「林ゴンサロ」は宗麟後妻（ジュリア）と前夫との娘と結婚していた〔『日本史』五三章〕。志賀氏と大友氏は親戚であった。

十二、三歳の頃、親善はキリスト教と出会った。大友義統夫人に仕えていたキリシタンの女性が暇を出され父親孝の屋敷に来た際に、彼女が十字を切り祈りを捧げる様子を目撃し、キリスト教に興味を持ったことに始まる。親善の信心は募るばかりであったが、祖父道輝と両親は反対した。天正十年初め頃、父親孝が重要な協議のため臼杵《うすき》（大分県臼杵市）を訪れた際に親善を同伴した。親善は家臣たちの目を盗み、夜間に教会を訪れキリスト教の教理を聴聞したが、「今はそのときではない」という大友宗麟の判断により受洗は見送られた〔『日本史』五五章〕。

親善が受洗したのは、天正十三年である。すでに志賀家当主となっていた親善は、義統・宗麟父子、重臣たちとの協議がある府内《ふない》（大分市）に出向いた。ある晩、密かに学院を訪れた親善は、ペドゥロ・ゴーメス師からドン・パウロの洗礼名を授けられた〔『日本史』六一章〕。また、親善の妻（マグダレナ）と生まれたばかりの男児も受洗した〔『日本史』六三章〕。

親善の受洗を知った祖父の道輝は激昂し、大友義統に親善を厳罰に処すことを求めた。義統は直ちに使者二名を派遣し、棄教と神社仏閣を破却しないことを命じた。義統の命を拒否した親善は、自分を告発した道輝に抗議し、志賀家の家督を自分と弟の二人で分割すると主張した。その主張に道輝は渋々折れた〔『日本史』六二章〕。

　道輝は親善の受洗を認めたことを義統に報告したが、義統の憤慨は収まらなかった。宣教師による脚色の可能性が高いが、親善受洗の背後に宗麟がいると見た義統は、宗麟に対して今後の政務への口出しを慎むよう求め、両者の関係は冷え切ったという。最大の妨害者となったのは両親であった。特に奈多八幡宮の出身である宗麟正妻（奈多氏）の娘だった親善の母が強く反対した。たまたま受洗の数日後に親善の一人息子が疱瘡にかかり息を引き取ったことも、キリスト教信仰への不信感を増大させた〔『日本史』六三章〕。

　『日本史』六三章によれば、親善の受洗に激怒した道輝が家督を剥奪し、親善の弟か父親孝に与えようと試みるが、それを聞きつけた大友宗麟が道輝に「道輝への伝言。貴殿はよもや数年前の次のことを忘れはしまい。時に嫡子（大友義統）は年寄一同の同意のもとに、貴殿の処刑、および志賀家の断絶を決したるが、予ひとりこれに反対し、その恩恵により、貴殿、ならびに貴殿一門は生くるを得、かつ志賀家も滅亡することなく今に至れるなり」と告げさせたという。このエピソードから天正五年頃に権力闘争に敗れた親度が失脚したとする見解がある〔福川一九八二〕。

　しかし、天正初め頃に志賀氏が断絶の危機を迎えた状況は確認できない。志賀家断絶の危機は、宣教師による創作（もしくはかなりの誇張）であろう。キリシタンになろうとする孫親善の妨害者として道輝を悪く描く宣教師史料については、十分に注意して使用したい。

道輝の宇目派遣と道易の蟄居・島津氏への内通

織田信長《おだのぶなが》の仲介により天正九年（一五八一）に大友・島津の和平が成立し、両者の直接戦争は回避された。しかし、勢力を拡大し北上してくる島津氏との間では徐々に緊張が高まっていた。天正十三年閏八月十三日に大友宗麟が息子義統に宛てた書状には、日向国境近くまで島津勢が出没したという風聞に備えて、親善が宇目村《うめ》（大分県佐伯市）に滞留したとある（西寒田神社文書）。宇目村には志賀氏の所領があった。一五八五年十一月十三日（天正十三年九月二十二日）発信のルイス・フロイス書簡によれば、宇目にいた道輝に島津勢侵攻の情報が入ったため、「その報せが入ると彼は多大の恐怖にとりつかれ、部下と協議もせずに突然逃げ出し、婦女子が後に続いた」とある。道輝逃亡を聞きつけた親善は、「家臣三千から四千名を集め、彼の祖父が捨てた城に立てこもりに行った」という。宗麟書状で述べられているのは、このことを指すのであろう。

天正十三年末、島津氏の北上に備えるため、宗麟は道輝を再び宇目に派遣することにした。十二月二十四日に宗麟が義統に宛てた書状では、「先日、宇目村に道輝を派遣し、万が一のために要害などを調査させた。しかし、火急の知らせがあったので、速やかに道輝を宇目に派遣し、現地で越年させるように手配してください。知ってのように道輝は「女房衆」が同心しないと在村しないだろうから、今回は夫婦一緒に在村するのがよいのではないか。道輝の奥方は「大簾中」（宗麟正妻、奈多氏）がしきりに留めようとしているという。「国家」のためなのだから、義統からもよく申し聞かせてください」と指示する〔大友松野文書〕。

いくら重臣とはいえ、家臣を在番させる際にその家族関係にまで言及しているのは珍しいだろう。渡辺澄夫氏は、道輝夫人と「大簾中」との親密な血縁関係を推測し、家臣に対してこのような配慮をしなければならなかったことを異常と指摘する〔渡辺一九八二〕。それだけ志賀家は宗麟一家と親密な関係にあったのだ。なお、フロイス『日本史』六一章では、道輝がキリシタンに対して暴言を吐いたことにより「国主の感情を損ね、今は、豊後の果てなる宇目の城で流謫《るたく》の境遇をかこつ身となった」とあるが、事実ではない。

翌年、島津側の『上井覚兼日記《うわいかくけんにっき》』天正十四年二月五日条は、「志賀道輝が勘気を蒙って迦住城の遠方に「隠住」している。なので入田《にゅうた》氏と一緒に島津に従う」という情報を記す。同年六月一日付の大友氏年寄連署状〔加藤文書〕の署判者に道輝は名前を連ねているので、道輝が勘気を蒙っていたとは考えられない。これは、道輝の息子道易（親孝）の情報と間違って記された可能性がある。

『上井覚兼日記』天正十四年二月十六日条によれば、すでに島津側に通じていた直入郡の国衆入田宗和《そうわ》がもたらした情報として、志賀道易が義統の侍女「一之対」を盗み取ったことにより勘気を蒙り、菅《すが》迫《さこ》（大分県竹田市）に蟄居させられた。そのため入田氏と一味して島津に内応を申し出てきたという。同日記の三月二十日条には、道易が起請文を提出してきたとある。道易の内通は疑いない。

豊薩合戦における親善の奮闘

確実に島津に内通した道易に対して、道輝は島津に内通したのだろうか。道輝が内通したとする見解もある。確かに、島津側が道輝にアプローチしてきた事実はあるようだ。島津側の史料には、天正十四年（一五八六）九月付で道輝に宛てた案文が二通残されている。一通は、内通した暁には、本領は道輝の望みのままに、それ以外も要相談で領地を保証することを誓った島津義珍（義弘）の証文である〔島津家文書〕。もう一通には、「初めて連絡しますが、道択（道易）とは熟談していますので、その関係で不躾《ぶしつけ》ですが書状を送ります。去年の書状でこちらの考えを送りましたが、仲介者がどうかしたのか、届かずに戻ってきました。そのときと考えは変わりません。親子が一致して協力していただければ幸いです。ご覚悟を承りたいです。もし条件があれば、腹蔵なくお示しください」とある〔旧記雑録後編〕。

島津側からは天正十三年段階で内応を誘っていたが、道輝は応じなかったのである。

『上井覚兼日記』十月八日条には、十月四日に道輝が矢野内蔵助《やのくらのすけ》という者に対して、縣《あがた》（宮崎県延岡市）の国衆土持久綱《つちもちひさつな》に豊臣の援軍襲来が近いことを伝え、大友方に付くよう誘ったとある。十月中頃、日向口から島津家久《いえひさ》が豊後に侵入し、十月二十六～二十八日に宗麟が籠城する臼杵丹生島城《にうじま》（大分県臼杵市）

を包囲した。道輝も一緒に籠城していた〔『日本史』六八章〕。宣教師史料には、道易が内通した記述はみられるが、道輝の内通はまったく記述がない。道輝は島津に内通していないのである。

父道易が島津に内通し、祖父道輝が丹生島城にいた頃、親善は居城岡城に籠城し島津勢に抵抗した。多くの国衆が島津に通じた豊後南部において、明確に島津勢と抗戦したのは、志賀親善と栂牟礼《とがむれ》城（大分県佐伯市）の佐伯惟定《これさだ》の二人だけである。岡城を死守した親善の働きは豊臣秀吉の耳にも届いており、秀吉から直接感状を与えられた。その褒賞として、詳細は宗麟と相談した上で親善と佐伯惟定に知行を与えると秀吉は約束したが、宗麟の死去により実現しなかった。ちなみに、系図、フロイス『日本史』によれば、親善の姉妹は佐伯惟定と吉弘統幸《よしひろむねゆき》に嫁いでいる。

丹生島城（臼杵城）　大分県臼杵市

島津勢は肥後の天草《あまくさ》五人衆《ごにんしゅう》に一万田《いちまだ》氏の城を守らせていた。豊後から島津勢が撤退した後、親善はこの城を奪還しようと試みた。天草五人衆の一人は、キリシタンであったドン・ジョアンである。親善は同じキリシタンという理由で、彼だけ助命するという降伏勧告を行った。しかし、ジョアンは、自分たち五人は天草で古くからの近隣かつ親戚なので、全員助命してほしいと求めた。それに感じ入った親善は全員の降伏を認めたという〔『日本史』七十章〕。

豊薩合戦の最中、あれほど親善の受洗に反対していた祖父道輝夫婦が丹生島城にて受洗した（『日本史』六八章）。さらに高田《たかだ》領の国衆清田《きよた》氏の養子となった親善の弟も受洗した。洗礼名はドン・ペドロである。『日本史』七一章は、黒田孝高《くろだよしたか》の勧めにより、天正十五年三月二十日に義統が妙見岳城《みょうけんだけ》（大分県宇佐市）で受洗した記事を載せる。同時に多くの重臣たちも受洗したが、道輝とその長男（道易？）も受洗したという。後世の編纂物には、道易は息子親善に切腹させられたとあるが、この『日本史』の記事が正しければ道易は生きていたことになる。

豊薩合戦後、棄教を迫る義統と抵抗する親善に関するエピソードを『日本史』は載せるが、『日本史』の内容は話半分ぐらいで理解したほうがよいだろう。文禄二年（一五九三）、朝鮮出兵における失態を理由に大友義統は改易された。改易後の親善は、同五年に豊臣秀吉より豊後国日田《ひた》郡で千石を与えられた。関ヶ原の戦いの後は、慶長六年（一六〇一）には安芸・備後の大名福島正則《ふくしままさのり》に、同七年には備前・美作の大名小早川秀秋《こばやかわひであき》に仕えた。確実な史料からは親善の最期はわからないが、子孫は肥後細川《ほそかわ》家に仕えている。

（八木直樹）

【主要参考文献】

芥川龍男編『大友宗麟のすべて』（新人物往来社、一九八六年）
木村忠夫「耳川合戦と大友政権」（同編『戦国大名論集7九州大名の研究』吉川弘文館、一九八三年、初出一九七二年）

福川一徳「豊後水軍についての一考察」(川添昭二編『九州中世史研究』第三輯、文献出版、一九八二年)
八木直樹『戦国大名大友氏の権力構造』(戎光祥出版、二〇二一年)
渡辺澄夫「島津軍侵入と豊後南郡衆の内応」(同『増訂豊後大友氏の研究』第一法規出版、一九八二年、初出一九七五年)
『大分の歴史　第四巻　キリシタン大名大友宗麟』(大分合同新聞社、一九七八年)
松田毅一・川崎桃太訳『完訳フロイス日本史』大友宗麟篇(中央公論新社、二〇〇〇年)

[付記]本稿は、JSPS科研費(JP二一K〇〇八七三)の助成を受けたものである。

田原紹忍
――大友政権最大の権力者の実像

親賢の出自とその活躍

田原紹忍《たわらじょうにん》（実名は親賢《ちかかた》）は、豊後国国東《くにさき》郡の奈多《なた》八幡宮《はちまんぐう》（大分県杵築市）の大宮司奈多鑑基《あきもと》の子として生まれたが、同郡の有力国衆田原氏の庶家武蔵田原氏の養子となった。養父親資《ちかすけ》は、豊後の戦国大名大友義鑑《おおともよしあき》の側近として活躍した。経緯は不明だが、親賢の実姉妹は大友宗麟《そうりん》（義鎮《よししげ》）の二番目の正妻である。そして二人の間に生まれた義統《よしむね》が大友氏当主となったことで、伯叔父の親賢は義統政権における最大の権力者となった。

宗麟に重用された親賢は、大友氏の勢力拡大にともない軍事出兵も増えていく。弘治三年（一五五七）四月に大内《おおうち》氏が滅亡した後、大友勢は旧大内領国に進出した。親賢は、六月一日には大内氏の豊前国宇《う》佐《さ》郡支配の拠点であった妙見岳《みょうけんだけ》城（大分県宇佐市）を接収し、木付鎮秀《きつきしげひで》と共に城番として入城した。正式な妙見岳城督就任の時期はわからないが、以降、親賢は妙見岳城を拠点に宇佐郡の支配にあたった。

永禄年間には、毛利《もうり》氏と結び反大友の動きをみせる国衆を鎮圧するため出陣を重ねた。永禄二年（一五五九）には田原本家の親宏《ちかひろ》と共に豊前に出陣した。七月一日には「小倉《こくら》津」（北九州市）に立て籠もった敵数百人を討ち取っている。九月末には、九州の入り口に位置した門司城《もじ》（同門司区）を落とした。豊前の鎮圧はおおむね成功したかにみえたが、翌年には門司城が毛利方に奪還された。

永禄八年・十一年には豊前長野城《ながの》（北九州市小倉南区）の攻防戦に参陣した。永禄八年六月には、長野筑後守の里城を包囲した。八月十三日の総攻撃により長野筑後守は降伏した。永禄十一年には大友方の長野城に毛利勢が攻め寄せた。籠城して抗戦する長野氏を救援するため、親賢・田原親宏率いる大友勢も出兵し、毛利方の城を攻城している。しかし、九月に渡海した毛利本隊により長野氏の城々は落城させられた。

永禄十二年、大友・毛利による筑前立花城《たちばな》（福岡県新宮町・久山町・福岡市）争奪戦の際には、親賢は豊前に出兵し毛利勢に備えた。閏五月二十二日に毛利の警固舟百艘が中津川《なかつがわ》（大分県中津市）に出現し近隣を焼き払った際には、親賢は宇佐郡から出撃したが船がなかったため対戦できなかったという〔到津文書〕。大友・毛利の総力戦は、九月に大内輝弘《てるひろ》が山口《やまぐち》（山口市）に侵攻したことに慌てた毛利勢が九州から撤退し、ひとまず終結した。

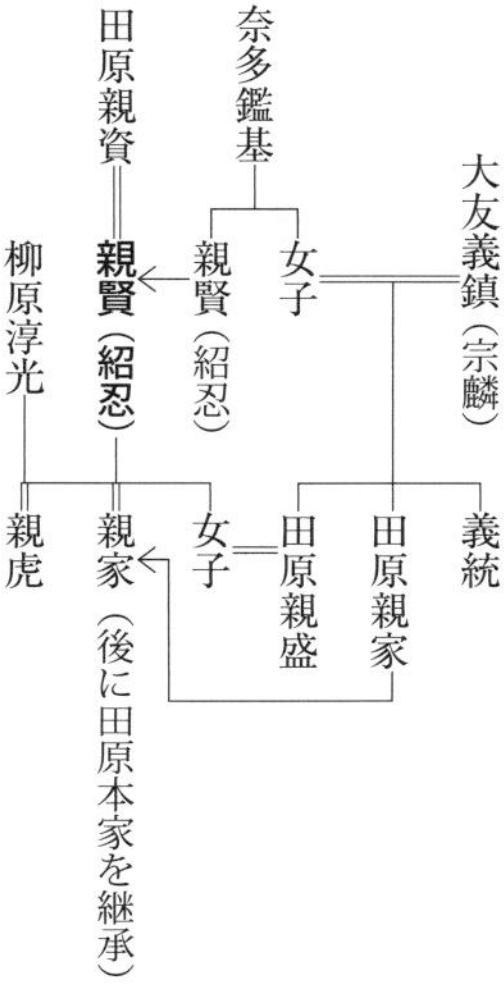

田原紹忍関係系図

親賢の権勢と気苦労

甥義統が大友家二十二代当主となった元亀・天正年間には、親賢に権力が集中した。元亀三年（一五七二）頃には年寄《としより》（加判衆《かはんしゅう》）に登用され、さらには最大で筑後・肥前・豊前三ヶ国の「方分《ほうぶん》」（権力中枢にある年寄が国単位で務めた地域別担当者）を務め、大友家臣最大の権力者となった。同年に計画された備前の浦上宗景《うらがみむねかげ》と能島村上《のしまむらかみ》水軍を援護するための赤間関《あかまがせき》（山口県下関市）出兵計画では、総大将として親賢が大友勢を率いることが触れられた。三月に筑前国衆の麻生隆実《あそうたかざね》討伐に出陣した後、親賢は妙見岳城にて赤間関出兵の準備をしていたようだが、出兵は実現していない〔松原二〇〇五〕。

こうした親賢の権勢についてルイス・フロイスの『日本史』大友宗麟篇三四章は、「その国の宿老であり、同国の大部分の監督・管理権を有しており、ことに訴訟とか豊後に服従している諸国において豊後国主と交渉されねばならない種々の用件は、親賢の許にもたらされた。彼は四、五千の兵を有する富裕かつ貪欲な殿」と記す。年月日未詳の某目安状案でも、親賢被官を訴えようとしたが、「親賢家威勢つよく」、そのため断念したとある〔湯屋文書〕。

しかし、権勢者ならではの苦労もあった。さまざまな階層の人々から、時にはほとんど面識のない相手から頼まれごとをされたのである。少し時期は古いが、永禄四年（一五六一）、門司城の毛利勢を攻略するため大友勢は出陣した。親賢は妙見岳城の城番を命じられ出陣していないが、戦陣に向かう大友勢が事件を起こした。九月十五日に親賢の実父であり社奉行を務める奈多鑑基の雑兵が、宇佐宮の到《いとう》津《づ》大宮司の所領で略奪を行い、挙句の果てに到津屋敷を破壊するという狼藉行為を働いたのである。大友勢を率いていた吉岡長増《よしおかながます》・臼杵鑑速《うすきあきすみ》の「二老」（大友氏年寄）と国衆たちは、この件に関知していないと宇佐宮側に回答している。宇佐郡を管轄していた親賢は、十月六日付で奈多鑑基を処罰してほしいという宇佐宮側の訴えを、大友義鎮に取り次ぐことを求められた〔宮成文書〕。このトラブルは、翌年になっても解決していない。この後も実父鑑基が起こしたトラブル（神領の押領など）が原因で、たびたび宇佐宮から訴えられた親賢は対応に苦労している。

前年の門司城攻めが失敗に終わった大友勢は、翌永禄五年、再び門司城攻略に出陣した。親賢は出陣していないが、昨年の出兵に続く連年の出陣負担の軽減を求める宇佐郡衆と、速やかな参陣を催促する出陣勢の部将との間で板挟みになった。このときの親賢の立場は、大友氏が宇佐郡に設置した現地における出先機関の責任者である。上（権力中枢・重臣）からの命令と下（管轄する地域の領主層）からの要望を調整する立場にあった。さまざまな問題の調整に気を遣うわけだから、さぞストレスがたまったことだろう。特に頻繁に起こされた宇佐宮関係の訴訟事には、うんざりしていたのではないだろうか。権力が集中した時期には、宇佐郡時代以上に仕事が増え、気苦労も多かったことが想像される。

養子親虎事件

親賢の実姉妹奈多氏（宗麟の正妻）は、キリスト教を嫌悪し敵視したことから宣教師たちから「イザベル」（イスラエル王アハブの妃で預言者を追放した悪名高い女性）というあだ名を付けられていた。宣教師史料では、奈多氏と共にキリシタンの布教事業を敵視し妨害した人物として、親賢の人物評はかなり酷い。もちろんそのまま鵜呑みにはできない。

男子に恵まれなかった親賢は、元亀元年（一五七〇）頃に九歳か十歳であった公家柳原淳光《やなぎわらあつみつ》の子（後の親虎《ちかとら》）を京都から「猶子《ゆうし》」として迎えた。親虎は大友宗麟の娘の許嫁に見込まれるほど、将来を嘱望されていた。天正三年（一五七五）、十四歳になった親虎は臼杵（大分県臼杵市）の教会を訪れ、キリスト教の教えに心酔し洗礼を希望するようになる。親虎の受洗を阻止したい親賢は、彼を所領に送り家臣たちに監視させた。

天正四年、親賢は出家し「紹忍」と号した。この頃、被官四名に宛てた九月九日付の紹忍書状では、「南蛮宗体」に「執心」の親虎に対する指示が与えられている〔長谷雄文書〕。天正五年、臼杵に戻った親虎は、フランシスコ・カブラル師に洗礼の意志を伝えた。その熱意に負けたカブラルは、四月八日（三月二十日の説も）、親虎に「シモン」の洗礼名を与えた〔『日本史』三四章〕。

洗礼を知った奈多氏は激怒し、紹忍と共に親虎に迫害を加えた。彼女は紹忍に迫り、娘と親虎との婚約の破棄を通告してきた。このとき、大友宗麟と義統は臼杵から離れた場所で狩りを行っており、カブラル師から問題の解決を求められたが、結局事態を収拾できず、親虎は廃嫡された。

廃嫡された親虎は教会に匿われていたが、天正六年、受洗した宗麟に仕えた。秋の宗麟による日向出兵（高城《たかじょう》・耳川《みみかわ》合戦）の際には、宗麟の軍船に乗り日向国無志賀《むしか》（宮崎県延岡市）に向かった。『日本西教史』によれば、親虎は最前線で活躍し、自身は重傷を負いながらかつての養父紹忍の危機を救い、紹忍の胸に抱かれながら戦死したという。しかし事実は、親虎は戦死しておらず、敗戦後しばらく臼杵で過ごした後、伊予に渡りそこで妻を迎えている（『日本史』三五章）。

高城・耳川古戦場　宮崎県木城町

高城・耳川合戦と大敗後の所領没収

天正六年（一五七八）、大友勢は二度日向に出陣した。春の当主義統による松尾《まつお》城（宮崎県延岡市）の国衆土持《つちもち》氏討伐と、秋の隠居宗麟による出兵である。どちらの出陣にも紹忍は従軍している。

十一月十二日の決戦で大友氏は薩摩島津《しまづ》氏に大敗を喫した（高城・耳川合戦）。宣教師史料は、紹忍がこの合戦で大友勢を率いた総司令官と記し、大敗の責任者として酷評する。だが、誇張表現はなはだしい宣教師史料をそのまま信頼することはできない。ただし、『日本史』四五章の次の記述は興味深い。「彼は巨体の持主で、すでに四十歳を越えているのに、あたかも足に羽が生えたように驚くほどの軽快さと敏捷さをもって、空を切って逃走し、その年若い家来たちがやっと付いて行けるほどであった」とある。逃げるように逃亡した紹忍への揶揄は誇張表現にしろ、紹忍が「巨体の持主」であり、年齢が「四十歳を越えている」という情報は古文書に記されておらず貴重である。逆算すれば、紹忍の生年は一五三〇年代の半ば頃となり、一五三〇年生まれの宗麟より少し年下である。

大敗直後、紹忍の生死は定かでなかったが、『日本史』四七章には臼杵の「自宅が他人の手に渡ってしまった数日後、多くの人々に嫌われながらもひょっこり姿を現わした。彼は当初、敵を怖れるのあまり幾日かは身を潜めていたが、その後、徐々に、かつ極秘裡に〔一同が彼は死んだものと思いこみ、大喜びしていた時に〕豊後にたどり着いた」とある。

紹忍は総司令官であったとされるが、根拠はすべて後世の編纂物、宣教師の史料であり、一次史料からは確認できない。一緒に出陣した他の年寄三名が戦死したことにより、生き残った紹忍一人が大敗の責任を押し付けられた可能性が高い。

大敗後、戦死した年寄の後任に田原本家の宗亀《そうき》（親宏）が就任した。しかし、十二月中に宗亀は旧領返還を要求し、大友氏の城下町臼杵から無断で帰宅した。この一件は、翌年正月に大友義統が宗亀の要望を受け入れ旧領を返還したことにより解決した。問題は、このとき返還された旧領に紹忍の所領が含まれていたことである。

妙見岳在城と養子親家・親盛

紹忍は、天正六年（一五七八）十二月半ばには自身が城督を務める豊前国宇佐郡の妙見岳城に移った。先行研究では、紹忍は耳川敗戦の責任を負わされて失脚し、また所領の大部分を田原宗亀に返還したため妙見岳城に蟄居したと評価されている。ただし、こうした理解には、フロイス『日本史』五一章が述べる「収入も名誉も凋落してしまい、それに加え、日向における敗北の全責任を負わされ」、「こうして彼は政庁を出、多くの侮辱、不名誉、貧困、零落を背負いながら、ある自領に引き籠る道を選んだ」のような宣教師史料の影響を考慮する必要がある。

宣教師史料では、紹忍は彼らの布教活動にとって最大の妨害者としてかなり脚色された叙述がなされている。大敗後、紹忍は自身が方分を務める国衆との連絡を行っており、また戦死者の相続問題など戦後処理も行っている。宣教師史料による先入観を排除すれば、紹忍の妙見岳在城は、豊前方面への備えとして領国北部の防衛を固めるためだった。引き続き、大友義統書状の文末に「詳しいことは田原近江入道（紹忍）が伝えます」と、紹忍が取次担当者を務める旨が記されている。権力中枢から離れても、紹忍は決して失脚したわけではない。

妙見岳に在城した時期に、紹忍は新たな養子を迎えた。最初、紹忍が迎えたのは公家柳原氏出身の親虎であったが、キリシタンとなったことで養子縁組を解消した。迎えたのは、親虎が伯叔父紹忍の養子入りしたことを妬み、自身の養子入りを懇願した宗麟二男の親家《ちかいえ》である〔『日本史』三五章〕。親家は、当初譜代の重臣林《はやし》家の養子に出されていたが、天正六年春の土持氏討伐以降のどこかの時点で紹忍の養子となった。しかし、天正七年末に田原宗亀の養子親貫《ちかつら》が蜂起し、親家は田原本家の家督を相続するため天正八年二月には紹忍家を離れた。

正確な時期はわからないが、遅くとも天正十一年には三度目の養子として宗麟三男の親盛《ちかもり》を迎えている。年月日未詳の大友宗麟書状では、「親盛は紹忍が強く望んだので養子に出したが、近日はしっかりと妙見岳に在城しているという。若輩なので前後を弁えず、万事紹忍も苦労していることだろう。愚老の心配も察してほしい」と、宗麟は親盛を心配する親心を見せている〔佐田文書〕。天正十四年比定の九月二日付の紹忍書状では、「直接お会いしてお話したいと思っていますが、自分は「隠居人」なので「不自由」しています」と述べており〔仲間文書〕、家督は親盛が相続している。

親盛は養子入り前に受洗し、「パンタリアン」の洗礼名を授かった〔『日本史』五三章〕。さらに紹忍が強く反対したにもかかわらず、親盛と結婚した紹忍の娘までもが妙見岳城で「マルタ」の洗礼名を授かった〔『日本史』五七章〕。最初の養子親虎の養子縁組解消の理由は、キリシタンになったことであった。養子親盛のみならず、娘までが受洗したのは皮肉な結果といえよう。

紹忍の最期

天正末年、再び年寄として権力中枢に復帰した紹忍は、大友義統の子義述《よしのぶ》が上洛し豊臣秀吉《とよとみひでよし》に謁見を果たした際にも随伴している。ところが、文禄二年（一五九三）に義統は朝鮮出兵における失態を理由に豊臣秀吉により改易された。改易後、同年閏九月に秀吉より直入《なおいり》郡内で約三千石を与えられた紹忍は、岡《おか》城（大分県竹田市）中川《なかがわ》家の与力となる。

慶長五年（一六〇〇）の「関ヶ原の戦い」の際には、西軍方として挙兵し豊後入りした甥義統に従った。かつて共に年寄を務め、中川家の与力となっていた宗像鎮続《むなかたしげつぐ》と一緒に大友勢の部将として参陣した。決戦は九月十三日の「石垣原《いしがきばる》の戦い」（大分県別府市）である。大友旧臣たちは、東軍方の中津《なかつ》城（同中津市）の黒田如水《くろだじょすい》勢と戦い惨敗。宗像鎮続・吉弘統幸《よしひろむねゆき》は戦死し、義統は降伏した。戦場から逃亡した紹忍は、再び中川家に身を寄せることを願った。与力の紹忍・鎮続が義統の挙兵に従ったことで、西軍方とみなされた中川氏も窮地に立たされていた。東軍方であることを証明するため、中川勢は西軍方の臼杵城の太田《おおた》氏攻めを決意する。臼杵に向けての途中、十月三日・四日の両日に出撃してきた太田勢と衝突した。後世の編纂物では「佐賀関の戦い」（大分市）と呼ばれる。討ち取られた中川勢の首二百四十余りの中に紹忍がいた。

紹忍の人物像は、宣教師史料と後世の編纂物により義統政権最大の権力者として誇張された姿で描かれている。実際の紹忍は、宣教師が蔑むように小心者であったかもしれないが、義統政権を地道に支えた数少ない重臣であったと評価できる。

（八木直樹）

【主要参考文献】

木村忠夫「田原紹忍の軍事力(一)・(二)・(三)」(『九州史学』二七・二九・三二、一九六四・一九六五年)
木村忠夫「耳川合戦と大友政権」(同編『戦国大名論集7九州大名の研究』吉川弘文館、一九八三年、初出一九七二年)
松原勝也「元亀年間における大友氏の政治的・軍事的動向―元亀三年伊予出兵の検討を中心として―」(『大分県地方史』一九四、二〇〇五年)
光成準治『シリーズ・実像に迫る018　九州の関ヶ原』(戎光祥出版、二〇一九年)
八木直樹『戦国大名大友氏の権力構造』(戎光祥出版、二〇二一年)
『大分県史』中世篇Ⅲ(大分県、一九八七年)
松田毅一・川崎桃太訳『完訳フロイス日本史』大友宗麟篇(中央公論新社、二〇〇〇年)

[付記]本稿は、JSPS科研費(JP二一K〇〇八七三)の助成を受けたものである。

田原宗亀・親貫

——反乱を起こした豊後最大の国衆

亡命生活からの帰国

田原《たわら》氏は、大友《おおとも》氏初代能直《よしなお》の末子泰広《やすひろ》に始まる豊後国国東《くにさき》郡田原別符《べっぷ》（大分県杵築市）を名字の地をする大友庶家である。ルイス・フロイスの『日本史』大友宗麟篇四八章に「国主の近親に当り、権力、眷属、家臣において豊後きっての大物」とあるように、豊後最大の国衆として理解される。戦国期の親《ちか》宗《むね》—親述《ちかのぶ》—親董《ちかただ》・親宏《ちかひろ》（宗亀《そうき》）兄弟—親貫《ちかつら》は、山口《やまぐち》（山口市）の大名大内《おおうち》氏のもとに亡命したり、謀叛を企てたり、大友氏との関係は悪化していた時期のほうが長い。

親宗は、明応三年（一四九四）五月に大友氏の本拠府内《ふない》（大分市）を襲撃するが失敗し、その帰路の箕崎（大分県杵築市）において敗死したという〔入江家蔵大友田原氏系図〕。その子親述は、大友氏家督をねらう大聖院宗心《だいしょういんそうしん》（大友氏十三代親綱《ちかつな》の子）と結び、大友氏に敵対するようになる。永正十六年（一五一九）には筑前立花《たちばな》城（福岡県新宮町・久山町・福岡市）で亡命生活を送っており、詳細は不明だが立花城で自害したらしい。こうした謀叛を企てた田原氏の行動を、大友氏十九代義長《よしなが》は、息子義鑑《よしあき》への訓戒状で「田原親述兄弟三人のことは、子々孫々に及ぶまで許してはいけない」と注意している〔大友文書〕。

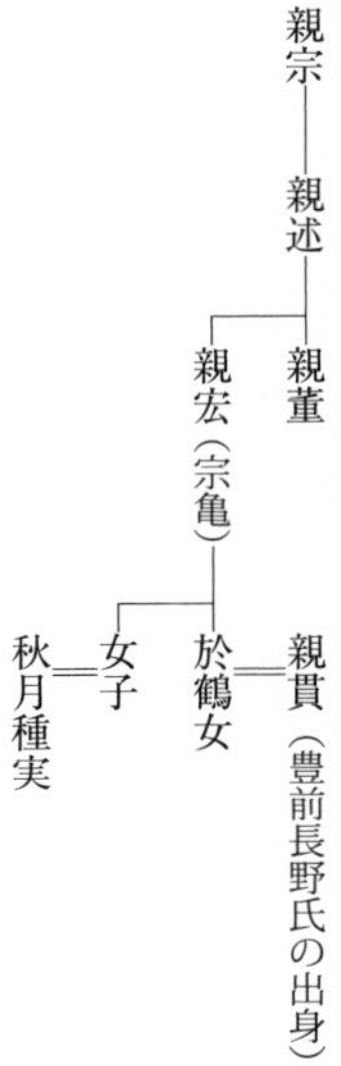

田原本家関係系図

親述の子である親董・親宏（宗亀）兄弟も、一時期大内氏の庇護を受けていた。親宏の初見は、大内勢が尼子《あまご》領国に侵攻した際に、被官津崎四郎《つざきしろう》の出雲在陣を賞した天文十二年（一五四三）二月二十日付の田原親実《ちかざね》感状である〔碩田叢史所載津崎文書〕。この頃の親宏は初名の親実を名乗っている。天文初年に兄親董が大内氏のもとに亡命しているので、親実も同行したのだろう。

親実の帰参が許されたのは、天文十九年二月に大友義鑑が家臣に殺害された「二階崩《にかいくず》れの変《へん》」の後である。家督を相続した大友義鎮《よししげ》（宗麟《そうりん》）の年寄《としより》（加判衆《かはんしゅう》）たちが、大内氏重臣に送った三月十五日付の連署状では、大内氏の扶助を受けていた「田原次郎」（親実）の帰参が許されたので、しかるべきように取り計らうよう要請している〔荒巻文書〕。

帰国の翌年か翌々年に、大友義鎮は親実に国東郡内の「安岐郷・国東郷両政所職」、武蔵郷の田原親《ちか》資《すけ》などが返上した所領、筑後で百町を与えた。親実の旧領を領有していた田原親資は、田原氏の分家で武蔵田原氏と称される。豊後に帰国し旧領を回復したが、この旧領問題は後年に大事件へとつながるので覚えておいていただきたい。

部将としての活躍

帰国後まもなくして、「親実」から「親宏」へと改名し、「次郎」の仮名《けみょう》から「常陸介《ひたちのすけ》」の受領《ずりょう》名を称している。弘治三年（一五五七）四月に毛利《もうり》氏の侵攻を受けた大内義長が自刃した後、混乱する旧大内領国に大友氏は進出した。出兵を命じられた親宏は、六月十八日に国東郡衆と共に豊前国上毛《こうげ》郡の山《や》田《ま》氏・仲八屋《なかはちや》氏の鎮定に出陣し、六月二十一日には山田城（福岡県豊前市）を落城させた。山田隆朝《たかとも》は落ち延びたようだが、親宏の調略により隆朝の子万千代《まんちよ》を討ち取っている。山田山に逃げ延びた上毛郡の人々八百人が大友勢に討ち取られた。このときの戦いで「上毛郡四分一男女」が失われたという〔永弘文書〕。仲八屋英信《ひでのぶ》は六月二十七日に親宏に降伏を申し出た。さらに七月四日には馬岳城《うまがだけ》（同行橋市）を落城させた。

翌永禄元年（一五五八）には、親宏勢は豊前国京都《みやこ》郡から規矩《きく》郡小倉《こくら》（福岡県北九州市）に進出し、六月二十九日に「地下仁」二百八十人を討ち取って帰陣している〔到津文書〕。翌二年にも再び小倉に出陣し、七月一日に分家の田原親賢《ちかかた》と共に敵数百人を討ち取った。七月二十二日には、西郷《さいごう》遠江守要害（同みやこ町）を攻撃する。九月末には門司《もじ》城（北九州市門司区）を落とし、豊前の鎮圧はおおむね成功した。しかし翌年、門司城は毛利方に奪還された。

永禄四年、門司城攻略に親宏勢も出陣した。しかし、大友勢は十一月五日の戦いで敗北し、その夜に撤退を開始した。六日午後二時頃、規矩郡黒田原から中津《なかつ》郡国分寺原にかけての場所（福岡県みやこ町）

で能島《のしま》・来島《くるしま》の村上《むらかみ》水軍や小早川《こばやかわ》の乃美《のみ》水軍など毛利勢数百人の追撃を受け、親宏自身も戦うほど激戦となり、親宏勢に多くの戦死者がでた。

永禄八年には、毛利に通じた国衆を討伐するため豊前に出陣した。攻撃目標は長野《ながの》氏である。八月十三日の総攻撃により、長野筑後守は降伏した。永禄十一年五月、長野筑後守は宇佐宮《うさぐう》の到津《いとうづ》大宮司の手の者に殺害された。長野一族の三岳《みつだけ》城（北九州市小倉南区）の兵部少輔弘勝《ひろかつ》と等覚寺《とかくじ》城（福岡県苅田町）の三河守助守《すけもり》は、大友方として攻め寄せる毛利勢に抵抗した。長野氏を救援するため、親宏・田原親賢の大友勢も出兵した。五月二十日には毛利勢に奪われた西大野《にしおおの》の宮山《みややま》城（北九州市小倉南区、長野城の支城）を取り返し、さらに京都郡大坂山《おおさかやま》（福岡県香春町・みやこ町）の杉《すぎ》因幡守・西郷氏を攻め降伏させた。しかし、九月に渡海した毛利本隊により長野氏の城々は落城させられた。このとき、三岳城にいた「男女数千人」が殺されたという〔到津文書〕。

永禄十二年の毛利勢との立花城争奪戦では、立花城に近い「遠天原」で起こった八月七日の合戦で親宏勢も活躍しているが、親宏勢は豊前に転戦する。八月二十九日には田川《たがわ》郡香春岳麓千飯村（福岡県田川市糒）で、十月九日には規矩郡東小倉（北九州市）と小田村《おだむら》備前守宅所において親宏勢が交戦している。十月に毛利本隊が撤退した後は、豊前北部において毛利勢力の掃討戦と国衆対策に奔走している。

翌十三年正月には、岩屋《いわや》・宝満《ほうまん》城（福岡県太宰府市）から小倉に転封された高橋鑑種《たかはしあきたね》が入城する鷲岳《わしがだけ》城（同北九州市小倉南区）の普請を行っている。同年（一五七〇、元亀に改元）、大友勢は肥前の龍造寺《りゅうぞうじ》隆信《たかのぶ》討伐に宗麟自ら出陣しているが、親宏・親賢は豊前に在陣し毛利勢に備えた。

無断帰宅事件と大友宗麟との密約

天正年間に入ると、親宏は出家し法名「宗亀」を名乗った。男子のいなかった宗亀は、天正三年(一五七五)頃に娘「於鶴女」への家督相続を大友宗麟に承認された。「於鶴女」の婿として迎えられたのが親貫である。親貫の出自は、豊前国衆長野氏という説が有力である。現八坂《やさか》神社(大分県国東市)が天正四年五月二十日に再建された際の棟札《むなふだ》には、宗亀と並び「源親貫朝臣」の名が見える。このとき、親貫はすでに養子入りしていた。

天正六年の大友氏は、春に当主義統《よしむね》が日向国衆土持《つちもち》氏討伐に出陣し、秋には隠居宗麟が日向に出兵した(高城《たかじょう》・耳川《みみかわ》合戦)。確実な史料では、宗亀・親貫の出陣は確認できない。高城・耳川合戦の結果、大友氏は薩摩島津《しまづ》氏に大敗を喫し、大友領国は大混乱に陥った。戦後処理の最初に、大友義統は戦死した三名の年寄の後任補充を行った。宗亀・一万田《いちまだ》宗慶《そうけい》・木付《きつき》宗虎《そうこ》の三名が年寄に任命された。宗亀に「加判」就任を要請する大友義統書状は、十二月九日付で出された〔小田原文書〕。ところが、年寄に就任してからさほど時間がたっていないにもかかわらず、宗亀は所領に無断帰宅した。

宗亀に宛てた十二月二十六日付の大友氏年寄連署状は、「突然ご帰宅されたので、面会できないのは心外です。しばらく休息されて明春早々に参上されてください」と伝える〔荒巻文書〕。フロイス『日本史』五一章によれば、宗亀の要求は田原紹忍《じょうにん》（親賢）などが所有しているかつての旧領を回復することであった。この問題は、宗亀の要求を大友義統が受け入れたことで翌年正月には解決した。宗亀は国東郷・安岐郷の旧領を回復できた。ここで注意しておきたいのは、大内氏のもとでの亡命生活から帰参した際に、宗亀は「安岐郷・国東郷両政所職」を安堵された。それから二十数年経た天正七年においても、郷内の所領を回復できていなかった点である。これまで田原本家は、豊後最大の国衆として評価されてきた。しかし、それは過大評価であった可能性があり、その実像は再検討の余地がある。

宗亀は旧領を回復した際、それと引き換えに大友宗麟とある密約を結んだ。二月二日に宗麟が宗亀に宛てた書状には、「親家《ちかいえ》の進退について、お心添えいただきとても満足しています」、「しばらくは「密々」にするのが重要です」と、宗麟二男親家の件で、何事かが密かに話し合われていた〔入江文書〕。田原親貫が蜂起した後、田原本家の家督を親家が継承したことから推測すると、この密約は親家の養子入りであった可能性が高い。

宗亀は謀叛したのか？

宗亀の無断帰宅は、これまで謀叛と認識されてきた。しかし、それを謀叛と断言するのは疑問である。謀叛と認識されてきた背景には、①田原本家は代々反大友の家系であること、②宗亀の養子親貫が反乱を起こしたこと、③宗亀の娘婿・筑前国衆の秋月種実《あきづきたねざね》が耳川大敗直後に反旗を翻したこと、が挙げられる。しかし、①と②は宗亀自身の問題ではない。ここでは、③の秋月種実との関係をみてみよう。

「大蔵姓秋月氏末葉記録」によれば、永禄八年(一五六五)に宗亀の娘が秋月種実に嫁いでいる。おそらく前年に成立した大友・毛利の和平を受けて、反大友方の頭目である種実の懐柔をねらった大友宗麟の命によるものであろう。反大友の行動をとった歴代田原氏当主とは異なり、宗亀にとって宗麟は亡命生活からの帰参を許してくれた恩人である。帰参後の宗亀は、多大な犠牲を払いながら宗麟のためたびたび出兵した。宗亀と宗麟との関係が良好だったからこそ、宗麟は宗亀の娘と秋月種実の婚姻を認めたのである。

この種実との縁戚関係に、宗亀は苦悩することになる。永禄十年比定の宗亀に宛てた十月晦日付の大友宗麟書状では、「秋月種実の思いがけない逆心はどうしようもないことです。あなたの憂鬱はお察しします。この件でもし根拠のない噂が広まったとしても、気にしないで忠儀に励んでくれればうれしく思います」と述べている〔大友家文書録〕。娘婿の秋月種実が大友氏を離反し、毛利方に一味したのである。

耳川大敗直後、秋月種実はすぐさま反旗を翻した。娘婿の蜂起に、舅であった宗亀も与同するのでは、と疑惑の目が向けられた。しかも、養子親貫は、その秋月氏と姻戚にある豊前国衆長野氏の出身であった。宗亀は大友方に留まるか、娘婿種実に与同するかの決断を迫られた。宗亀が選んだのは、大友方に留まることであった。

天正七年（一五七九）二月二十八日、豊前に出兵した宗亀は、毛利氏を離反した杉重良《すぎしげよし》と共に大橋《おおはし》・蓑嶋《みのしま》（福岡県行橋市）で豊前国衆の高橋《たかはし》勢・長野勢と交戦するが敗退している。この合戦後の三月十九日付で秋月種実は舅宗亀に宛てた書状を送っている。「お手紙を拝見しました。こちらからは取り立てて申すことはありません。今後は連絡を承ることはありません。後悔されないように」と伝える〈稙田文書〉。種実からの決別の通知であった。宗亀は種実に与同しなかったのである。

四月には、田原紹忍の後任として宗亀が豊前方分《ほうぶん》に就任した。方分とは、権力中枢にある年寄が国単位で務めた地域別担当者である。宗亀は年寄を解任されず、豊前の担当者を任された。大友義統は宗亀を信用したのである。

その後も宗亀は反大友勢力の鎮定のため、豊前に出兵しようとしていた。しかし、九月十六日に死去した。フロイス『日本史』五二章によれば、宗亀は「すでに七十歳を越える身」であり、死因は「彼の背に、ある種のきわめて悪性の癌が発生」したことによる。後世の評価はともかくとして、最期まで大友方として活動した宗亀は、謀叛を起こしたとまではいえない。

親貫の乱

宗亀の没後、養子親貫は蜂起した。直接的な戦闘行為は、天正七年（一五七九）比定の十二月二十七日付の親貫書状にみられる「武蔵要害」（大分県国東市）と「福寿院切寄《ふくじゅいんきりよせ》」を攻撃した同年十二月末が最初である〔片山文書〕。実際の蜂起もそれほどさかのぼらない時期であったと思われる。重臣如法寺藤《にょほうじとう》五郎親武《ごろうちかたけ》に宛てた十二月二十三日付の親貫書状では、「鞍懸《くらかけ》の普請については、当家が「熟談」した上で下知したことです。親武の才覚によって一城の普請が完成しました。この要害を預けますので、妻子と共に在城してください」と述べる〔草野文書〕。親貫が籠もった田原の本城鞍懸城（大分県豊後高田市）を防御するための「要害」を如法寺親武が築いたのである。おそらくは、蜂起の覚悟を決めたのも、これをそう遡らない時期であったのだろう。

鞍懸城跡の石積み　大分県豊後高田市

蜂起の理由は、宗亀・宗麟の間で密約された宗麟二男の親家問題だと考えられる。天正八年二月に大友義統は親貫の討伐令を発令した。同じ頃、田原家中の懇願により親家が田原本家の家督を相続することが発表された。田原家中は、親貫に付いた如法寺一派と、親家を迎えることを選んだ大友派に分裂したのである。二月末に親家が国東半島に入部し雄度牟礼《おどむれ》城（大分県国東市）を拠点としたが、まもなく安岐郷で親貫派が蜂起した。親貫方は、親貫が拠った鞍懸城とその与党が拠った安岐切寄（同国東市）の二城に籠城した。

三月には討伐軍が派遣され、国東半島の付け根に位置した辻間《つじま》村（大分県日出町）を本陣とした。親貫の乱は、天正八年閏三月に蜂起した重臣田北紹鉄《たきたじょうてつ》とも連携していたといわれる。紹鉄は、四月十三日に日田《ひた》郡にて討たれた。紹鉄の乱の期間を考えると、あらかじめ親貫と示し合わせた上での蜂起であったとは思えない。また、毛利氏が親貫を支援したとされる。確かに、八月には親貫の重臣田原左近大夫親武（如法寺藤五郎から改名）が毛利のもとに赴き交渉した結果、支援の約束を取りつけている。そして八月に毛利の兵船が出没したが、大友水軍に撃退されている。たいした規模ではなかったらしい。

反乱はあっけなく収束した。十月六日に安岐切寄が開城し、鞍懸城は十月九日に落城した。親貫は落ち延びたらしい。田原本家を継承した親家は、天正十四年の島津氏侵入の際には内応したらしく、豊薩合戦後は「門司勘解由允」を名乗っている。田原本家は絶えた。

戦国武将の人物像は古文書からはわからない。最後に、それが少し垣間見える宗亀と家臣との交流を紹介したい〔入江文書〕。如法寺式部少輔に宛てた九月七日付の宗亀書状では、「思いがけず縮《ちぢみ》をいただきました。遠慮すべきなのでしょうが、法体は初めてのことですので、着用することにしました」と、縮を贈られた礼を述べる。如法寺藤五郎（式部少輔の息子）宛の七月二十六日付の宗亀書状では、「あなたの病気を心配しています。神仏のご加護できっと快気するでしょうから、いよいよ療治と祈念することが大事です。特にあなたは幼少の頃より親しく仕えていますので、なおさら不憫に思います」と、病気の藤五郎を気にかけている。そして八月二十二日には、「病気は快気したとのこと、何よりです。日が良いときにお越しください。何度も申していますが、「夜鑓」は停止することが大事です」と、快気した藤五郎の健康を気づかい、「夜鑓」の禁止を命じている。主従の微笑ましい日常の光景が目に浮かかんでこよう。もっとも、親貫蜂起の張本は、この如法寺父子である。

（八木直樹）

【主要参考文献】

芥川龍男編『大友宗麟のすべて』（新人物往来社、一九八六年）
佐藤凌成「十六世紀後半の大名領国周縁における国人の動向―豊前長野氏を事例に―」（『九州史学』一九〇、二〇二二年）
竹本弘文「中世」（『犀川町誌』犀川町、一九九四年）
八木直樹「耳川大敗と大友領国」（黒嶋敏編『戦国合戦〈大敗〉の歴史学』山川出版社、二〇一九年）
『大分県史』中世篇Ⅲ（大分県、一九八七年）
松田毅一・川崎桃太訳『完訳フロイス日本史』大友宗麟篇（中央公論新社、二〇〇〇年）

［付記］本稿は、ＪＳＰＳ科研費（ＪＰ二一Ｋ〇〇八七三）の助成を受けたものである。

戸次道雪・高橋紹運・立花統虎

――孤軍奮闘した猛将たち

立花宗茂（統虎）の二人の父

柳川藩《やながわ》（福岡県柳川市）の初代藩主立花宗茂《たちばなむねしげ》は、朝鮮出兵において明《みん》の大軍を撃破した猛将として、また関ケ原の戦いで改易された後、再び旧領に復帰した大名として知られる。最も知られた実名は「宗茂」であろうが、彼はその生涯で正成《まさなり》、親成《ちかなり》、尚政《なおまさ》などたびたび改名している。初名「統虎《むねとら》」は、豊後の戦国大名大友義統《おおともよしむね》の偏諱《へんき》を授与された。彼の二人の父、実父の高橋紹運《たかはしじょううん》（鎮種《しげたね》）と養父の戸次道雪《べっきどうせつ》（鑑連《あきつら》）は、大友宗麟《そうりん》・義統父子の重臣であった。

高橋紹運は、大友義鎮《よししげ》（宗麟）の年寄《としより》（加判衆《かはんしゅう》）を務めた豊後国国東郡《くにさき》の国衆吉弘鑑理《よしひろあきただ》の二男として生まれた。実名「鎮種」は義鎮の偏諱である。天正元年（一五七三）頃に出家し「紹運」と号した。紹運が継いだ高橋家は、筑後国御原郡《みはら》高橋（福岡県大刀洗町）を名字の地とする。高橋家嫡流が途絶えた後、高橋家は豊後国衆一万田《いちまだ》氏出身の鑑種《あきたね》が継ぐ。岩屋《いわや》・宝満《ほうまん》城督（同太宰府市）となった鑑種は、毛利《もうり》氏と結び叛くが、永禄十二年（一五六九）、宗麟に降伏した。高橋氏の重臣たちは、鑑種の助命と高橋家の家名存続を宗麟に嘆願した結果、鑑種は豊前小倉《こくら》（福岡県北九州市）に移され、岩屋・宝満城督は紹運が継いだ。

「大友吉弘氏系図」によれば、紹運の父鑑理の夫人は大友義鑑の娘（紹運の実母かは不明）である。さらに紹運の妹（鑑理の娘）は宗麟の嫡子義統に嫁いでおり、紹運の娘も義統の子義乗《よしのり》夫人となっている（関係系図は20頁に掲載）。元亀元年（一五七〇）頃、宗麟は鑑理の子鎮信《しげのぶ》（宗仞《そうじん》、紹運の実兄）を筑前立花城督（福岡県新宮町・久山町・福岡市）に任じた。最も信頼できる吉弘兄弟を中心に、筑前支配の要である立花城、岩屋・宝満城を固め、毛利氏に対する備えを盤石にしようとした。元亀二年、鎮信に代わり立花城督に赴任したのが戸次鑑連である。

部将鑑連の活躍

戸次氏は、大友氏二代親秀《ちかひで》の二男重秀《しげひで》が豊後国大分郡戸次荘（大分市）を領したことに始まるが、後に大野《おおの》郡大野荘の鎧岳《よろいだけ》（大分県豊後大野市）を居城とする。鑑連の生年は、永正十年（一五一三）説が有力である。初見は、天文七年（一五三八）三月十八日に大友氏家臣たち三十名が大内《おおうち》氏との和平成立を祈願した連署願文《がんもん》に「戸次左衛門大夫鑑連」と見える〔大友家文書録〕。実名の鑑連は、大友義鑑の偏諱である。天文十九年二月に義鑑が家臣に殺害された「二階崩《にかいくず》れ

大友義鑑娘
＝吉弘鑑理
　├吉弘鎮信（宗仞）——吉弘統幸
　└高橋鎮種（紹運）——戸次統虎（立花宗茂）
　　　　　　　　　　　　＝
戸次鑑連（道雪）——闇千代

戸次道雪・高橋紹運・立花統虎関係系図

の変《へん》」の翌月、新当主となった大友義鎮から三月二日付で鑑連は息子「戸次千寿《せんじゅ》」への家督相続を承認された〔立花文書〕。その後、「千寿」に該当する人物の活動は確認できないので、彼は夭逝したのであろう。

同年、混乱を衝いて蜂起した義鑑の実弟菊池義武《きくちよしたけ》を討伐するため、鑑連は肥後に出陣した。蜂起が失敗した義武は亡命生活を送るが、最終的には豊後に引き渡されることになる。義鎮の命を受けた鑑連と朽網鑑康《くたみあきやす》（宗歴《そうれき》）は、天文二十三年十一月二十日に豊後国直入《なおいり》郡木原《きばる》（大分県竹田市）にて義武を殺害した〔八代日記〕。

弘治三年（一五五七）の大内氏滅亡後、大友氏は旧大内領国に進出した。鑑連も大友勢の部将として、七月には筑前国衆の秋月文種《あきづきもんしゅ》の古所山《こしょさん》城（福岡県朝倉市）を、八月には肥前の筑紫惟門《つくしこれかど》を攻める。翌年、活躍の恩賞として、鑑連には百五十町の所領が与えられた。

永禄五年（一五六二）、鑑連は大友宗麟の年寄に就任した。さらに筑後の「方分《ほうぶん》」（権力中枢にある年寄が国単位で務めた地域別担当者）を務めた。この頃から北部九州をめぐる大友宗麟と毛利元就《もとなり》の抗争は激化する。同五年九月、鑑連は吉弘鑑理と共に出陣し、十月十三日の門司《もじ》柳浦合戦（福岡県北九州市）では大勝利を収めるが、結局門司城は攻略できなかった。同年末、岩屋・宝満城督高橋鑑種の毛利方一味が発覚し、筑紫良祝などの国衆も同調した。鑑連たちは筑前にて越年した。同じ頃、室町幕府が仲介した大友・毛利の和平調停が始まり、永禄七年には豊芸和平が成立したが、まもなく破綻した。

毛利氏と通じ挙兵した高橋鑑種・秋月種実《たねざね》を鎮圧するため、大友勢は出兵した。永禄十年七月七日には、高橋鑑種の宝満城「九ノ峰」を攻撃している。特に激戦となったのが九月三日の秋月種実勢との休松《やすみまつ》（福岡県朝倉市）における合戦である。筑後国衆の草野鑑員《くさのあきかず》・五条鎮定《ごじょうしげさだ》・田尻鑑種《たじりあきたね》・三池鎮実《みいけしげざね》は国衆自身が参戦した。田尻勢は鑑種の弟式部少輔を含む戦死者五十九名、負傷者二十九名、討ち取った首十五、三池勢は鎮実の父上野介・叔父紀伊介を含む戦死者四十六名、負傷者十五名、討ち取った首二十一、という多大な犠牲を払った。戸次勢では、鑑連の弟中務少輔・兵部少輔のほか隼人佐・右京亮の一族、被官数十人が戦死した。大友勢の大敗であった。

立花城争奪戦

永禄十一年（一五六八）、宗麟に叛いた立花鑑載《あきとし》を攻め、七月四日に立花城を落城させた。九月には九州に渡海した毛利本隊が立花城に迫って来た。同じ頃、毛利氏に与した肥前龍造寺隆信《りゅうぞうじたかのぶ》の離反が明確になった。十月には臼杵鑑速《うすきあきすみ》も参陣したが、彼らは陣中にて越年した。

永禄十二年、ついに宗麟が初めて国外に動座し、筑後高良山《こうらさん》（福岡県久留米市）に在陣した。鑑連等は三月に肥前神埼郡《かんざき》にて龍造寺勢と戦ったが、吉川元春《きっかわもとはる》・小早川隆景《こばやかわたかかげ》率いる毛利本隊が立花城を包囲したため、その後詰として筑前に転戦した。五月十八日の長尾《ながお》合戦は大激戦となった。戸次勢は敵の首十二を討ち取ったが、戦死者十五名、負傷者五十一名の犠牲を払った。道雪譲状によれば、各地の合戦で「随身」し娘誾千代《ぎんちよ》に譲った「長光《ながみつ》」の「長刀」は、長尾の敵陣を攻撃した際は、鑑連自らが「手を砕き」高名を極めたとある〔立花文書〕。「大友興廃記」は、若年の鑑連が落雷にあった際、稲妻にむかい愛刀「千鳥《ちどり》」で切りかかったという逸話を載せる。後世の編纂物によれば、それ以来足が不自由となった鑑連は輿《こし》に乗り戦陣に赴いたという。この話は後世の創作であろう。

長尾合戦の奮戦空しく、閏五月三日に城は毛利勢に明け渡された。大友勢は撤退せず立花城の包囲を継続した。十月に宗麟の支援を得た大内輝弘《てるひろ》が山口《やまぐち》（山口市）に上陸したため、毛利本隊は九州から撤退する。その後開城交渉を続けた結果、十一月二十一日に毛利勢は立花城を下城した。平和的な開城のはずであったが、鑑連と臼杵鑑速は納得しなかったらしい〔山田二〇〇九〕。開城予定が迫った十一月十五日に鑑連・鑑速・吉弘鑑理（鑑理は「当病」のため署判していない）が山鹿《やまが》城（福岡県芦屋町）の麻生《あそう》隆実《たかざね》に宛てた連署状では、何らかの密命を含めた使者毛利勘解由允の派遣を伝えている〔麻生文書〕。別の書状断簡から、その内容が立花を下城し本国に撤退する毛利勢を山鹿の蘆屋にて討ち取れ、という指示だったようだが、麻生隆実はこのことを毛利側に密告している〔麻生文書〕。

鑑連の立花城督就任と娘誾千代への家督相続

元亀元年（一五七〇）、龍造寺隆信を討伐するため、再び大友宗麟が筑後高良山に動座した。十月に隆信は降伏したが、六月七日に陣中にて吉弘鑑理が病死した。鑑理の子息鎮信は立花城に入っていた。

対毛利戦の最前線に立つ立花城を若い鎮信に任せるのは荷が重すぎたのか、翌二年、鑑連が「立花西城督」に任ぜられた。豊後を離れた鑑連は年寄の職からも外れた。豊後の本領は甥鎮連《しげつら》が相続し、再び彼が豊後の地を踏むことはなかった。

立花城に赴任した鑑連は、三番目の妻として宗像大社《むなかたたいしゃ》（福岡県宗像市）大宮司宗像氏貞《うじさだ》の妹を迎えた。「宗像記追考」は元亀二年のこととし、鑑連五十九歳、氏貞妹を二十五歳とする。同史料には、氏貞が大友氏に従属する際の条件であったとし、氏貞には臼杵鑑速の娘が宗麟の養女として嫁いだ〔桑田二〇一六〕。ちなみに、鑑連の最初の妻は大友氏年寄であった入田親廉《にゅうたちかかど》の娘、二番目の妻は筑後国衆問注所鑑豊《もんちゅうじょあきとよ》の娘である。

天正二年（一五七四）、鑑連は剃髪し「道雪」と号した。「立花道雪」と表記されることが多いが、彼は生涯戸次苗字を名乗った。翌三年五月十日の大友義統・宗麟連署状では、男子のなかった道雪が甥戸次鎮連の子息の一人に「立花城家督」を与えたいという希望を認め、子供が成人するまでは鎮連の立花城在番を命じる〔立花文書〕。だが、五月二十八日に道雪が書いた譲状は娘「きんちよ女」に宛てられた〔立花文書〕。譲状では、「立花東西・松尾・白岳御城督」と所領、太刀などが誾千代に譲られた。六月十八日には誾千代への譲状を義統・宗麟父子が安堵している〔立花文書〕。永禄十二年（一五六九）生まれとされる誾千代は、数えで七歳であった。立花城に赴任して三年も経っていないが、道雪は六十歳を越えていた。譲状では「自分は「老衰」で思うようにはできないので、ただ病死を待つのは仕方がない。

義統様の御下知に従って一度も奉公できなかったのは無念至極である」と述べる。甥鎮連の子息から娘誾千代への相続者変更の事情はわからないが、この後も道雪が立花城督を務めている。

秋月種実・宗像氏貞との抗争と統虎の養子入り

宗麟が家督を相続して以降、戦国大名大友氏は全盛期を迎えていた。しかし、天正六年（一五七八）十一月の高城《たかじょう》・耳川《みみかわ》合戦にて大友氏は島津《しまづ》氏に大敗し、すべては一変した。国衆たちは次々と大友氏から離反し自立化の動きをみせた。十二月十三日には宇美表《うみおもて》（福岡県宇美町）を巡回中だった戸次勢が敵軍と交戦している。翌年正月には、秋月種実・筑紫広門《ひろかど》自らが岩屋城を攻撃するが、高橋紹運が撃退した。

立花城周辺では、道雪と縁戚であった宗像氏貞も不穏な動きを見せる。天正六年八月には、「不通」であった氏貞と筑紫鎮恒《しげつね》（広門）の仲を道雪が媒介するほど、氏貞と道雪の仲は良好であった。天正七年二月二日には秋月氏重臣が宗像氏重臣に接触し、大友氏に叛き毛利に通じるよう誘ってきた（宗像大社文書）。八月十四日には戸次勢と原田了栄《はらだりょうえい》勢が生松原《いきのまつばら》（福岡市西区）で衝突し、戸次勢に甚大な犠牲がでた。戸次勢は柑子岳《こうじだけ》城（福岡市西区）に兵糧を届けたその帰路を原田勢に急襲されたといわれる。同年九月、柑子岳城を下城した木付鑑実《きつきあきざね》は立花城に身を寄せた。小田部統房《こたべむねふさ》が拠った安楽平《あらひら》城（福岡市早良区）も、龍造寺勢の攻撃により天正八年七月に落城した。残った筑前における大友方の拠点は、道雪の立花城と高橋紹運の岩屋・宝満城だけである。道雪と紹運の孤軍奮闘が始まった。

高橋紹運との結びつきの強化を図った道雪は、『豊前覚書』など後世の編纂物によれば、天正九年八月十八日に娘誾千代の婿養子として紹運の子統虎を迎えた。生涯戸次苗字を名乗った道雪とは異なり、統虎は「立花」苗字を使用している。二人は子宝に恵まれず、慶長七年（一六〇二）、誾千代は統虎の牢人中に肥後で亡くなった。

天正九年十一月六日の潤野原《うるのばる》合戦（福岡県飯塚市）では、戦死者三名、負傷者二十九名の犠牲を払ったが、秋月勢の首五十七を討ち取っている。統虎の初陣とされる。十一月十三日には清水原《しみずばる》（同宮若市）で宗像勢と大激戦となった。道雪が大友義統に提出し証判を得た着到状《ちゃくとうじょう》では、十五名の戦死者と百十八名の負傷者を出しながら、百六十四名の宗像勢を討ち取った戦功が書き上げられている〔立花文書〕。戸次勢の圧勝であった〔桑田二〇〇三〕。これらは戸次勢が味方の毛利鎮真《しげざね》の鷹取山城《たかとりやま》（同直方市）へ兵粮を輸送する往路・復路で起こった一連の合戦であり、道雪勢は見事任務を完了させ、しかも秋月氏・宗像氏に大打撃を与えた〔竹川二〇一二〕。

天正十一年十月初めには、高橋氏の米ノ山城《こめのやま》（福岡県飯塚市）に秋月方が忍び入り焼き払われた。即時に秋月勢二千が襲来したが、自ら防戦に駆け付けた紹運の奮戦もあり、午後三時頃に秋月勢は撤退した。敗走する秋月勢を四キロほど追撃し七十人余りを討ち取り大勝利を収めた。立花城に知らせが届いたのは翌日午前十時である。すぐさま宇美村（福岡県宇美町）にいた二、三百人が駆け付け秋月勢数人を討ち取ったが、遠方の者たちが駆け付けたのは合戦終了後であった。戸次・高橋両家はうまく連携できていた。

この頃、道雪・紹運は、大友義統に何度も援軍を要請している。天正十一年に比定の十月三日付の道雪・統虎連署状では、一年前から毎月使者を派遣し援軍要請を行っていたところ、ようやく義統が軍勢を国境に集結させたにもかかわらず、その軍勢を豊前に転戦させたことに不満を述べる〔伝習館文庫〕。書状では、「義統様の御命令は一から百まで嘘ばかり」であるが、「敵になるわけにはいかないので、行動は起こしません。昨日の上意が今日には変わり、朝の命令が夜には変わるようでは、人々は何を頼りにして良いのかわかりません。何もかもが空しくなります」とやり場のない気持ちを漏らし、それを朽網宗歴《そうれき》・桜井紹白《さくらいじょうはく》にそっと伝えてほしいと使者に頼んでいる〔山田一九九六〕。敵領をくぐり抜け使者は命がけの往来をした。「出兵する」と言いながら、実行しない義統の行動はいつものことであるが、不満を漏らすのも無理はない。ちなみに、天正十二年四月十六日付の戸次道雪・高橋紹運連署状で「宗歴とは、互いに若輩の頃からよく知っている」と道雪が述べるように、宗歴は大友政権で道雪が頼りにできる数少ない人物であった〔五条家文書〕。

筑後出兵と道雪の死

天正十二年（一五八四）二月八日午前四時頃、筑紫広門の手の者が岩屋城に忍び入った。敵数十人を討ち取ったものの岩屋城は焼き払われた。そのため紹運は宝満城に移る。翌月、高城・耳川合戦と並ぶ衝撃的な出来事が起こる。三月二十四日に龍造寺隆信が島津勢との戦いで戦死したのである（沖田畷《おきたなわて》の戦い）。二十七日には、龍造寺父子の生死は不明だが龍造寺勢の大敗情報が届き、道雪は出陣する意思を固める。この勢力挽回の機会を逃さず、「明国《あきこく》」となった筑後への出陣を豊後勢と連携し企てた。しかし、相変わらず大友義統の動きは鈍く、朽網宗歴率いる豊後勢の出陣は七月十九日であった。攻撃目標は黒木《くろき》氏の猫尾《ねこお》城（福岡県八女市）である。

七月二十日には、筑後国衆たちが猫尾城の里城・籠屋を攻略し、水の手を押さえた。七月二十六日、道雪・紹運勢は出陣した。その途次、七月二十九日付の高橋紹運書状には、紹運が戦況を報告し道雪の心を読み取ろうとしたところ「いつもの大なる目をはられ」たので、何も言えなかったとある（立花文書）。道雪肖像では福厳寺《ふくごんじ》（福岡県柳川市）所蔵のものが著名であろうが、まさに目を見開いたその肖像そのままの光景である。また、八月二十九日付の道雪・紹運連署状では、道雪が「最近腫物を患い手が思うように動かないので、花押

戸次道雪画像　福岡県柳川市・福厳寺蔵　画像提供：柳川古文書館

が崩れている」と述べる〔蒲池文書〕。歴戦の勇将とはいえ、七十二歳の道雪はかなり無理をしての出陣であったのだろう。

八月十九日に猫尾城攻めに参陣し、九月一日に黒木氏が降伏した。出陣してから九月三日までに道雪・紹運勢は二百余りの首を討ち取ったという。次々と筑後国衆が帰参し、再び勢力を盛り返すことに成功した。

九月二十八日には高良山に在陣した。同じ頃、道雪・紹運は、和平中であった島津氏と交渉し、大友・島津が協力して龍造寺を討伐することを提案している。しかし、すでに島津・龍造寺の和平は成立しており、道雪が島津を利用して龍造寺勢力を排除しようとした目論見は外れた。逆に島津側からは筑後撤退を強く求められたが、筑後への在陣を継続したまま越年した。

この在陣中、留守の家臣たちとの間で年頭祝儀のやり取りをしている。薦野増時《こものますとき》からは大きな鯉二匹を、屋山中務少輔からは樽二個、鴨ひとつがいが贈られた。これらは義統・宗麟に進上された。戦陣中の日常が垣間見えようが、高齢の道雪には病魔が忍び寄っていた。五月六日付の立花統虎書状には、道雪が一両日ひどく煩ったという知らせに仰天したが、少しは回復し安堵したとある〔立花文書〕。八月、道雪・紹運勢は御井《みい》郡北野《きたの》（福岡県久留米市）に陣を移すが、発病した道雪は快方に向かうことなく、天正十三年九月十一日に陣没した。七十三歳であった。道雪の喪を伏したまま軍勢は陣を後にした。

奇しくも道雪死去の翌十二日、紹運留守の隙を突き、子息高橋統増《むねます》が守る宝満城が筑紫広門に奪われた。その後、広門は娘を統増に嫁がせることを条件に大友方に寝返る。広門との和平締結に成功し、宝満城は広門の娘婿統増と紹運の妻子が入ることになった。

岩屋城に散った紹運と大名立花統虎の誕生

島津勢の北上は止まらず、天正十四年（一五八六）七月十四日、島津勢は岩屋城を包囲した。島津勢は降伏を求めたが、二十六日に紹運は「下城はしない。在城のままなら降伏する」と、事実上降伏を拒否した。七月二十七日未明、総攻撃が始まった。七百余名とも伝えられる籠城勢は奮闘し、寄せ手の島津勢にも戦死者・負傷者が多く出た。島津勢を苦しめたのは「石打」であった。島津氏老中の上井《うわい》覚兼《かくけん》も顔面に鉄砲が当たり負傷した。だが、所詮多勢に無勢。正午～午後二時頃、岩屋城は落城し城兵は玉砕した。紹運の享年は三十九歳と伝わる。

立花宗茂（統虎）画像　福岡県柳川市・福厳寺蔵　画像提供：柳川古文書館

八月六日、宝満城の高橋統増も開城した。島津勢は立花城の統虎も下城させようと交渉した。捕らえた紹運の妻子に、降伏を促す書状を書かせたという。立花城では島津の調略に応じた部将もいたようだが、統虎は交渉に応じなかった。下城すれば安楽平城を与えるという条件を提示されたが、統虎は「立花は羽柴秀吉殿に申し入れ「立花」の苗字を名乗るように言われた地である。毛利に人質も差し出し、鉄砲も多く給わったので、今さら下城はできない」と降伏を拒否した〔上井覚兼日記〕。

八月末、岩屋城攻めで大きな犠牲を払った島津勢は、筑前から撤退した。反撃に転じた統虎は八月二十四日に高鳥居《たかとりい》城（福岡県篠栗町・須恵町）を落とし、籠城していた筑後国衆の星野鎮胤《ほしのしげたね》兄弟ほか数百人を討ち取った。このときの戦功は、後に豊臣秀吉から「九州の一物」と賞された。そして岩屋・宝満城も奪回した。

天正十五年、秀吉が九州に上陸し、四月五日に統虎は秀吉への謁見を果たした。九州平定後、六月二十五日付の豊臣秀吉朱印状にて筑後に知行を与えられた統虎は、独立した大名となった。以降の活躍は、冒頭で述べた通りである。その最期は近世大名として江戸屋敷にて迎えた。寛永十九年（一六四二）十一月二十五日、享年七十六歳であった。

（八木直樹）

【主要参考文献】
岡松仁「戦国の動乱」（『飯塚市史』上巻、飯塚市、二〇一六年）
川添昭二「高橋紹運・岩屋城合戦小考」（同『中世九州の政治・文化史』海鳥社、二〇〇三年、初出一九九九年）
桑田和明「天正九年の合戦と戸次・宗像両氏の文書」（同『中世筑前国宗像氏と宗像社』岩田書院、二〇〇三年、初出一九九四年）

桑田和明『戦国時代の筑前国宗像氏』（花乱社、二〇一六年）
竹川智美「戦国期嘉穂地方における大友氏と秋月氏の攻防—八木山・大日寺合戦を中心に—」（『嘉飯山郷土研究会会誌』二六、二〇一二年）
中野等『立花宗茂』（吉川弘文館、二〇〇一年）
中野等・穴井綾香『柳河の歴史4 近世大名立花家』（柳川市、二〇一二年）
新名一仁『島津四兄弟の九州統一戦』（星海社、二〇一七年）
八木直樹『戦国大名大友氏の権力構造』（戎光祥出版、二〇二一年）
山田邦明「戸次道雪と大友宗麟」（『戦国史研究』三一、一九九六年）
山田邦明「戸次道雪の花押について」（皆川完一編『古代中世史料学研究』下巻、吉川弘文館、一九九八年）
山田邦明「筑前立花城の開城」（『戦国史研究』五七、二〇〇九年）

［付記］本稿は、ＪＳＰＳ科研費（ＪＰ二一Ｋ〇〇八七三）の助成を受けたものである。

吉弘鑑理・宗仞・統幸
——大友宗麟・義統に最も信頼された姻戚

大友氏年寄兼肥前・肥後・筑前方分としての鑑理

吉弘《よしひろ》氏は、南北朝期に豊後国国東《くにさき》郡の有力国人田原直貞《たわらなおさだ》の子正堅《まさかた》から始まった大友《おおとも》庶家である。永享九年（一四三七）に都甲荘《とごうのしょう》（大分県豊後高田市）内で所領を与えられて以降、着実に都甲荘支配を進め、また六郷山執行職《ろくごうさんしぎょうしき》にもなり勢力を拡大した。鑑理《あきただ》・宗仞《そうじん》・統幸《むねゆき》は、大友宗麟《そうりん》・義統《よしむね》父子の重臣として活躍した。鑑理の父氏直《うじなお》は、天文三年（一五三四）四月六日、豊後に侵入した大内《おおうち》勢と戦い討ち死にした（勢場ヶ原《せいばがはる》の戦い）。

最初に鑑理の活躍が確認できるのは、弘治二年（一五五六）五月に小原宗惟《おばらそうい》（鑑元《あきもと》）・本庄《ほんじょう》新左衛門尉・中村《なかむら》新兵衛尉が起こした反乱の鎮定である。翌年には、大友氏年寄《としより》（加判衆《かはんしゅう》）に就任し、以降、同僚の臼杵鑑速《うすきあきすみ》・戸次鑑連《べっきあきつら》・吉岡長増《よしおかながます》と共に大友宗麟の全盛期を支えた。

弘治三年の大内氏滅亡後、大友氏は旧大内領国に進出する。永禄元年（一五五八）六月二十九日の筑前国衆秋月《あきづき》氏の里城攻めでは、鑑理勢に八十人もの負傷者がでた〔到津文書〕。翌年には吉岡長増・田《た》北鑑生《きたあきなり》と共に大友勢を率いて筑前・肥前に出陣し、大友氏に出仕してきた肥前国衆の服属を取り次いでいる。そして肥前の「方分《ほうぶん》」（権力中枢にある年寄が国単位で務めた地域別担当者）を担当するようになる。永禄年間半ば頃からは、筑前と肥後の方分も兼任し、担当国の国衆と大友宗麟との間を仲介する取次役を担った。

毛利《もうり》氏の九州進出が本格化した永禄半ば以降は、戸次鑑連・臼杵鑑速と共に大友勢を率いて豊前・筑前へと出陣した。彼らは史料上「三老《さんろう》」と称されることもあるが、これは在陣中の三名の年寄を意味するだけで、特別な呼称ではない。永禄五年には、九州の入り口に位置した毛利方の門司《もじ》城（北九州市門司区）攻略に出陣した。十月十三日の柳浦合戦では大勝利を収めたが、門司城を落とすことはできなかった。そしてそのまま筑前にて越年し在陣は長期間に及んだ。永禄七年、室町幕府の仲介により大友・毛利の和平が成立し、しばらくは所領関係の訴訟対応に忙殺されたようである。しかし、すぐに和平は破綻した。

永禄末年には毛利と結び蜂起した国衆討伐に忙殺された。永禄十年、離反した岩屋《いわや》・宝満《ほうまん》城（福岡県太宰府市）の高橋鑑種《たかはしあきたね》討伐に臼杵鑑速・戸次鑑連と出陣した。同十一年、立花《たちばな》城（福岡県新宮町・久山町・福岡市）の立花鑑載《あきとし》を戸次鑑連と共に攻め、七月四日に落城させた。しかし、毛利本隊が九州に上陸し、豊前北部を制圧しながら大友方の立花城に迫ってきた。当時、豊後国日田《ひた》郡に在陣していたと思われる鑑理・鑑連は、立花城の救援に赴く許可を宗麟に求めるが、宗麟は許さなかった。十月には臼杵鑑速が参陣するが、「三老」に命じられたのは、筑前秋月方面への通行路を確保するため、小石原《こいしわら》（福岡県東峰村）

に城を築くことであった。同じ頃、毛利に与した秋月種実《たねざね》や肥前の龍造寺隆信《りゅうぞうじたかのぶ》の離反が明確になったことが宗麟の判断には影響していよう。

立花城をめぐる攻防戦と開城交渉

鑑理の在陣は長引き、そのまま越年した。永禄十二年（一五六九）正月、ついに大友宗麟自ら出陣し、筑後高良山《こうらさん》（福岡県久留米市）に在陣した。宗麟が国外に出陣するのは、初めての出来事であった。三月には肥前国神埼郡《かんざきぐん》にて龍造寺勢と交戦した。

宗麟襲来に危機を感じた龍造寺隆信は、隣国筑後の国衆田尻鑑種《たじりあきたね》を頼り、宗麟に詫言《わびごと》を申し入れることを試みた。この年と考えられる田尻鑑種に宛てた三月十一日付の龍造寺隆信書状には、「こちらに大友勢が攻めてくるというので、吉弘鑑理に詫言を申し入れましたが、その甲斐もなく面目を失いました。今となっては家の滅亡も覚悟しています。内々に聞き及んだところ、御屋形様は我らに対してそれほど悪くは思っていないそうです。戸次鑑連は頼もしき人だと聞きましたので、鑑連の取り成しで御屋形様の上意を伺いたく存じます。鑑連のおかげで詫言が叶えば、今後は鑑連の「脇鑓《わきやり》」となり御用に立ちたいと思います。しかるべきよう鑑連にお取り成しください」とある（田尻家譜）。田尻鑑種は、筑後方分を務める戸次鑑連とは面識があった。追伸には、「鑑連の噂を聞いてますので、ぜひご指南を得たいです。鑑理のように頼みがいのない人は「いやいや」とある。鑑理は肥前方分であったが、龍造寺隆信の交渉に応じなかったらしい。

まもなく、毛利本隊に包囲された立花城の救援に向かうため、鑑理・臼杵鑑速・戸次鑑連は筑前に転戦し、毛利本隊と対陣した。五月十八日の長尾《ながお》合戦では両軍に多数の死傷者がでる激戦となったが、その甲斐なく閏五月三日に城は毛利勢に明け渡された。大友方の城将立花親続《ちかつぐ》・田北鑑益《あきます》は吉見正頼《よしみまさより》の差配により大友陣まで無事に送り届けられた。立花城には乃美宗勝《のみむねかつ》・桂元澄《かつらもとずみ》が入城した。

大友勢はその後も撤退せず立花城を包囲した。この頃、尼子勝久《あまごかつひさ》が出雲に攻め入り、また九月に大友氏の支援を受けた大内輝弘《てるひろ》が海路山口《やまぐち》（山口市）に上陸し、毛利領国を攪乱した。退路を断たれることを恐れた毛利本隊は十月十五日に九州から撤退した。撤退する毛利勢に追い討ちをかけた大友勢は、多くの毛利勢を討ち取っている。立花城に残された毛利勢は抗戦の構えを見せたが、大友勢は開城交渉を行った。

交渉は、かつて立花城を下城した際に命を助けられた立花親続・田北鑑益、そして鑑理により行われた。鑑理は、毛利本隊の撤退により次々と毛利方の城が従属を申し出ている状況を伝え、いたずらに籠城する無意味さを説いた。大友方から吉弘・臼杵・戸次の三老が人質を出すこと、大友勢は城の包囲を解き籠城勢の安全を保証すること、を三老が起請文を書き誓ったことで、十一月二十一日に毛利勢は下城した。平和的な開城のはずであったが、それに納得しない戸次鑑連・臼杵鑑速は本国に撤退する途中の下城勢の襲撃を企てたようである〔山田二〇〇九〕。

宗鳳（鎮信）の立花城督就任

鑑理は永禄十二年（一五六九）十一月には発病しており、元亀元年（一五七〇）六月七日に龍造寺隆信討伐の陣中にて病死した〔堀本一九九五〕。鑑理は、死の直前に「左近大夫《さこんたいふ》」の官途名から「伊予守《いよのかみ》」の受領《ずりょう》名に変更している。

鑑理死去の翌日、大友宗麟は息子宗鳳《そうほう》（鎮信《しげのぶ》、宗仞）にその死を悔やむ書状を書いている〔吉弘文書〕。宗鳳は幼少の頃から宗麟の近辺で奉公していたこともあり、残された吉弘一家が心配だったのであろう。宗鳳の生年は不明だが、天念寺《てんねんじ》（大分県豊後高田市）に奉納された大般若経《だいはんにゃきょう》の奥付《おくづけ》には永禄七年七月十八日の日付と「大檀那吉弘太郎鎮信公法名宗鳳生年廿才」と見える。逆算すれば天文十四年（一五四五）の誕生である。永禄十年に比定される九月八日付の大友宗麟書状の文末には、「詳しいことは宗鳳が伝えます」とある〔立花文書〕。かなり若くして法体になっており、「太郎入道《たろうにゅうどう》」、次いで「新介入道《しんすけにゅうどう》」、後に「加兵衛入道《かひょうえにゅうどう》宗仞」と称した。

永禄十二年、宗鳳は大友宗麟の国外出陣に従軍した後、父鑑理と合流し筑前立花城攻めに加わった。翌元亀元年の龍造寺隆信討伐の際には、一万田《いちまだ》民部少輔・田北刑部少輔と共に「奉行」として軍勢に鉄砲・火薬の配布を命じられた。この頃、正確な赴任時期はわからないが、宗鳳は立花城督《じょうとく》に任じられた。

立花城は、「その堺においては第一」と宗麟が評すほど重要な拠点である。永禄十一年七月の立花鑑載討伐後にこの要衝にある立花城督をどうするか、豊後の宗麟と現地の鑑理・戸次鑑連とで意見が食い違った。同月、宗麟は「悪逆《あくぎゃく》」を企てた立花苗字の者が城督となることに難色を示し、以前に立花城将であった怒留湯融泉《ぬるゆゆうせん》の子主殿助《とのものすけ》を派遣するが、鑑理たちは立花一族が城督となることに抵抗はなかったようである。結局、鑑理らの主張が通り、九月に主殿助は立花城を下城し、鑑理・鑑連の軍勢が暫定的に入城する方針となるが、宗麟は豊後には適当な人物がいないので、城督は筑後・筑前衆で在城すべき者から選ぶようにと命じる。最終的には、立花一族の立花親続が城督となった〔桑田二〇一六〕。このように現地の部将と豊後の宗麟との間で意見が異なることはしばしばみられた。

宗鳳が立花城督となったほぼ同じ時期に、宗鳳の実弟である高橋紹運《じょううん》が岩屋・宝満城督となっている。この人選には、吉弘氏と大友氏との密接な関係が影響している（関係系図は20頁に掲載）。吉弘氏は、三世代にわたり大友氏当主と姻戚であった。鑑理は元服時に大友義鑑《よしあき》の偏諱《へんき》を受け「鑑理」と名乗り、主君義鑑の娘を正妻に迎えた。さらに鑑理の娘は大友義統に嫁いでいる。鑑理の二男が、岩屋・宝満城督高橋紹運（鎮種《しげたね》）である。紹運の娘（鑑理の孫）も義統の息子義乗《よしのり》（母は鑑理の娘）の妻となり、義親《よしちか》を儲けた。このように数世代にわたり大友氏と姻戚関係を築いた鑑理父子は、もともと一門の少なかった宗麟・義統にとって最も信頼できる重臣であった。宗麟は岩屋・宝満城督の高橋鑑種、立花城督の立花鑑載の謀叛に懲りたのであろう、最も信頼できる吉弘兄弟を中心に筑前の支配体制を再構築したのである。

しかし、宗鳳の立花城在城は一年ほどで終わった。元亀二年七月十三日付の大友宗麟書状は、宗鳳に対して「立花西城督」を戸次鑑連に与えたので、城の道具・置物・城米に封をし鑑連に引き渡し、家臣を連れて城を出ていくよう命じる〔吉弘文書〕。わずか一年ほどで城督交代を命じたことをみると、もともとは吉弘鑑理が立花城に赴任予定だったが病死したため、暫定的に宗鳳が赴任したかたちになったのではないだろうか。宗鳳は宗麟の側近くに仕えることが多く、宗麟に代わって大友勢を率いた父鑑理のような重責を担うにはまだ若く、経験があまりに足りなかったのであろう。ちなみに、後年、鑑理の孫統虎《むねとら》（二男紹運の子）は、立花城督戸次道雪《どうせつ》（鑑連）の娘婿となるので、吉弘家と立花城との縁は続いた。

茶人としての側面と高城・耳川合戦における宗仞（鎮信）の戦死

立花城を離れた宗鳳だが、その後も筑前とは関わりがあった。天正初年に彼は博多津御取次を務めていた〔堀本一九九七〕。理由は不明だが、この時期に法名ではなく「加兵衛鎮信」の仮名《けみょう》・実名を使用している。職務柄の関係で、大友義統・宗麟と博多商人たちを媒介する立場にあり、博多の豪商島井宗室《しまいそうしつ》とも交流があった〔荒木二〇一八〕。

宗麟が島井宗室のために堺の天王寺屋津田道叱《てんのうじやつだどうしつ》に注文した「風炉」（茶釜を火に掛けて湯をわかすための炉）の調達を鎮信が行っている。また、宗室所持の名物「楢柴肩衝《ならしばかたつき》」を宗麟が所望した際には、銀四十貫目と「志賀柴ツホ」を代償として譲り渡すよう、鎮信が再三にわたり交渉している（結局、失敗した）。鎮信自身も、宗室や津田道叱から茶の湯の席に飾る「一幅」を入手しており、数種の名物を所有していた。天正元年(一五七三)比定の十月晦日に豊後にいた鎮信が博多の島井宗室に送った書状には、「そちらは新茶の時分ですので、さまざまな遊宴が催されていることでしょう。こちらは「大風」以降取り乱しており、茶湯はたるんでいる状態です。しかし、今朝津田道叱のところに参り、お茶をいただきました。この面白さは言葉では言い表せません。あの墨蹟も拝見しました」とある〔島井文書〕。鎮信は茶の湯を楽しみ、名物を収集する文化人であった。

天正六年、大友勢による二度の日向出兵に宗仞（鎮信）も従軍した。春の国衆土持《つちもち》氏討伐と、秋の高《たか》城《じょう》・耳川《みみかわ》合戦である。十月二十日には島津方の高城（宮崎県木城町）を攻撃し、小屋を焼き払っている。しかし、十一月十二日の決戦で大友氏は島津氏に大敗を喫し、加兵衛入道宗仞は戦死した。跡を継いだのは、当時十代半ばにすぎなかった息子太郎統幸（初名は統運）である。

翌天正七年末には、国東郡の有力国衆田原親貫《ちかつら》の反乱が起こった。親貫が籠もった鞍懸《くらかけ》城（大分県豊後高田市佐野）は、吉弘氏の屋山《ややま》城（豊後高田市長岩屋）から西に約十キロの距離にあった。統幸は屋山城に籠城し、鞍懸城包囲網に加わった。その後、目立った活躍は確認できないが、天正十三年に朽網宗《くたみそう》歴《れき》などの豊後勢と筑前の戸次道雪・高橋紹運が共同して行った筑後出兵では統幸も出陣したようである。

大友氏改易後の統幸の動向

天正十七年（一五八九）か十八年頃に、統幸は家督を息子「松一」（後の政宣《まさのぶ》）に譲った。統幸はまだ

吉弘統幸の墓　大分県別府市・吉弘神社

二十代半ばであった。統幸にとって、叔母が嫁いだ大友義統は叔父にあたる。しかし、若年だったこともあってか、義統政権における統幸の活躍はほとんどみられないまま、文禄二年（一五九三）五月に義統は豊臣秀吉に改易された。

改易後は、豊臣大名となっていた筑後国柳川《やながわ》城主（福岡県柳川市）の立花統虎のもとに身を寄せた。統幸と統虎は従兄弟である。「文禄五年朝鮮御陣御家中軍役高付騎馬并鉄鉋付之覚」によれば、慶長の役の際、統幸は矢島左介《やじまさすけ》と四番組三百四十七人を率いて出兵している。当時の知行高は二千石であった。大友一家、旧臣のなかには立花家を頼った者も多い。統幸は彼ら、また立花統虎と旧主義統とを仲介する役割を担った。統虎にとっても義統は旧主であり、かつ叔母が嫁いだ叔父であった。統虎は叔母（義統の正妻）とその娘の面倒もみていた。

慶長五年（一六〇〇）の「関ヶ原の戦い」の際には、西軍方として挙兵し豊後入りした旧主義統のもとに統幸は参陣した。九月十三日の「石垣原《いしがきばる》の戦い」（大分県別府市）で、東軍方の中津《なかつ》城（同中津市）の黒田如水《くろだじょすい》勢と戦い惨敗した。統幸は、黒田家の重臣井上之房《いうえゆきふさ》に討ち取られた。享年は三十七という。

氏直、宗仞・高橋紹運兄弟、統幸が大友義鑑・宗麟・義統のため戦場に散り、鑑理も陣中にて病没した。吉弘氏四代は大友氏当主に最も尽くした一族であった。

（八木直樹）

【主要参考文献】

荒木和憲「大友氏領国における茶の湯文化」（鹿毛敏夫・坪根伸也編『戦国大名大友氏の館と権力』吉川弘文館、二〇一八年）
桑田和明「立花城城督立花鑑載・親続について」（同『戦国時代の筑前国宗像氏』花乱社、二〇一六年、初出二〇〇六年）
堀本一繁「大友氏加判衆吉弘鑑理の没日」（『戦国史研究』三〇、一九九五年）
堀本一繁「戦国期博多の防御施設について―「房州堀」考―」（『福岡市博物館研究紀要』七、一九九七年）
八木直樹『戦国大名大友氏の権力構造』（戎光祥出版、二〇二一年）
山田邦明「筑前立花城の開城」（『戦国史研究』五七、二〇〇九年）

［付記］本稿は、ＪＳＰＳ科研費（ＪＰ二一Ｋ〇〇八七三）の助成を受けたものである。

秋月種実 ——戦国北部九州を動かすキーパーソン

戦国大名が覇権を争い、国衆が割拠した北部九州において、秋月種実《あきづきたねざね》の存在はひときわ大きい。九州戦国史を語るうえで欠かすことのできないキーパーソンの一人である種実だが、その具体的な活動についてはあまり知られていないのではなかろうか。

そもそも、秋月氏は筑前国夜須《やす》郡秋月（福岡県朝倉市）を本貫とする一族で、祖は天慶二年（九三九）の藤原純友《ふじわらのすみとも》の叛乱平定に功のあった大蔵春実《おおくらのはるざね》とされる。歴代秋月氏の動向は史料的制約から必ずしも明らかでないが、種実の父種方《たねかた》（文衆・文種《ぶんしゅ もんしゅ》）は、天文元年（一五三二）以来、北部九州において抗争を続けていた大内《おおうち》・大友《おおとも》両氏の和平に奔走し、同七年には秋月における和平会談を結実させるといったように、北部九州政治史上注目される活動を見せる。

毛利領国への亡命と本領帰還

天文二十四年（弘治元年、一五五五）十月、毛利元就《もうりもとなり》が陶晴賢《すえはるかた》を厳島《いつくしま》合戦にて破り、弘治三年四月に大内氏を滅亡させる。このような大内氏の衰滅と毛利氏の台頭という政治情勢のなか、北部九州でもこれに連動した国衆の自立的動向がみられるが、この中心にあったのが秋月種方であった。毛利氏と通じ

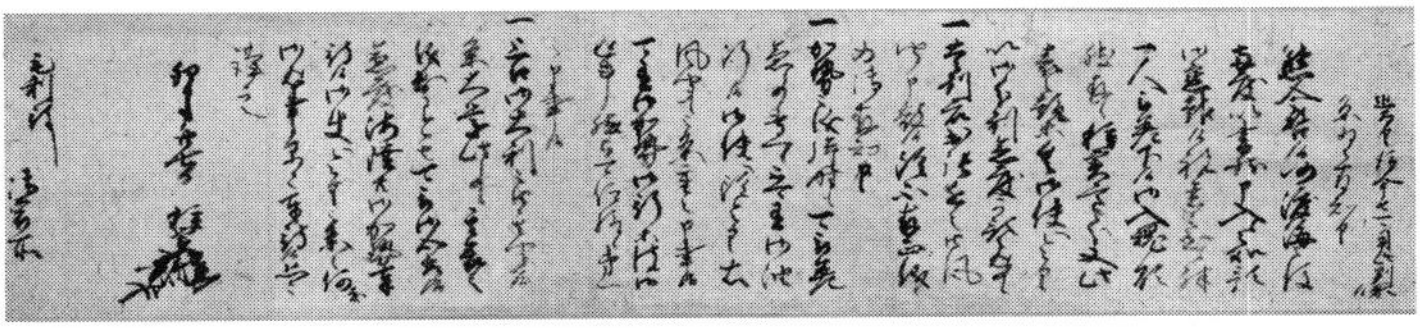

秋月種実書状　東京大学史料編纂所蔵

て挙兵した種方だったが、弘治三年七月、大友氏に攻められ本拠古処山城《こしょさん》（福岡県朝倉市）にて敗死した。このとき、種実は家臣に伴われて秋月を脱し、毛利領国へ亡命したのである。

毛利領国逗留期の種実の動向は明らかでないが、このころ毛利隆元《たかもと》と兄弟契約を結んでおり〔毛利家文書〕、毛利氏との関係を深めつつ本領帰還の機をうかがっていた。そしてついに毛利氏の後援をうけて九州へ渡海、本領帰還を果たすのだが、その時期については諸説ある。しかし、豊前国田河《たがわ》郡の春日《かすが》神社に伝わる「春日神社宮帳」に、永禄二年（一五五九）の春に秋月・千手《せんじゅ》両氏の軍事行動により春日宮の御神体・宝物がことごとく焼失したという記述がみられることから、永禄二年初頭には九州へ渡海していたことが判明する。九州への渡海直後の種実の活動を示す貴重な記述である。また、本領帰還直後に毛利氏へ宛てた書状（東京大学史料編纂所蔵）では、一刻も早い加勢を求めると同時に、花押《かおう》を変更したことを報じている。これは本領帰還を契機とした花押の変更であり、種実にとって本領への帰還がいかに重大な意義をもつ出来事であったか如実に示している。

また、宣教師の書簡によると、永禄二年二月に「豊後の国主（大友氏：筆者註）の家臣なる一大身がほかの大身らと組んで」反旗を翻し、博多を襲撃したという。

この博多襲撃が筑紫《つくし》氏によるものであることはすでに知られているが、これに加えて、このころには種実も九州へ渡海していることから、実際には種実も博多襲撃に加担していた可能性が高い。

種実のほかにも、この時期には豊前・筑前の領主らが毛利氏の後援をうけ本領帰還を果たしたり軍事活動を起こしたりしている。彼らは毛利氏の九州進出の先鋒としての役割を担っており、これから本格的に開始する北部九州をめぐる抗争の鍵となる。

反大友国衆の挙兵

永禄二年(一五五九)初頭に本領帰還を果たした種実だったが、帰還後は古処山城を拠点に大友氏へ抵抗するも、ほどなくして降伏しており、目立った活動はみられない。

永禄五年七月、高橋鑑種《たかはしあきたね》が毛利方一味の意志を表明し、これについて毛利方と交渉を重ねた結果、同年十一月に毛利方として挙兵した〔荒木一九九〇〕。このとき種実は、鑑種との関係は良好ではないとしながらも、鑑種が毛利方として挙兵するならば自身も毛利方へ一味する意向を示している〔山田文書〕。このように永禄五年七月頃から、種実は毛利氏と交渉を行っていたが、大友氏も種実の不穏な動向を察知していたのか、大友氏家臣の戸次鑑連《べっきあきつら》(道雪《どうせつ》)は筑後国衆田尻《たじり》氏に対して種実への対応を念押ししている〔田尻家文書〕。そして、種実は鑑種に与同して同年十一月、大友氏からの離反を明らかにし、嘉麻《かま》郡の千手隆惟《たかこれ》を殺害した〔山田文書〕。このような経緯のもと大友氏に叛旗を翻した種実だったが、翌年七月には大友氏により鎮圧された〔立花文書〕。以降、永禄十年四月頃まで大友氏に服属していたようだが、史料の欠如によりその間の動向は詳らかでない。

一方、大友氏、毛利氏、そして室町幕府（将軍足利義輝《あしかがよしてる》）に目を向けると、それぞれの目的は異なるものの北部九州における抗争の鎮静化、すなわち「豊芸《ほうげい》和睦《わぼく》」の締結を望んでいた。和睦交渉は将軍義輝の斡旋というかたちで進められ、永禄六年七月には大友・毛利氏間で和平条件の調整がなされ〔毛利家文書〕、翌年正月にはこれに基づいて毛利元就が香春岳《かわらだけ》城（福岡県香春町）を破却するよう指示を出した〔閥閲録・巻三三〈粟屋〉〕。しかし、ここで問題が発生する。香春岳城破却が迫った段階で、毛利方の赤間関衆《あかまがせきしゅう》が破却に反対したのである〔閥閲録・巻一三八〈兼重〉〕。この背景には高橋氏や宗像《むなかた》氏、杉《すぎ》氏ら筑前国衆による赤間関衆への抗議があったのだが、赤間関衆の懸念の一つに秋月氏の動向があった。すなわち赤間関衆は、筑前国衆らの問題が解決しない不安定な状況のままに和睦を結べば、大友勢が出陣せずとも、秋月勢や豊前長野《ながの》氏らが門司《もじ》城下（北九州市門司区）まで攻め寄せることは目に見えていると主張したのである。赤間関衆は、国衆らの問題を根本的に解決しないことには、彼らが大友氏の先兵として毛利領国を脅かす存在になりかねないと認識しており、その筆頭に秋月氏の名が挙げられているという事実は、万が一、大友方に転じたならば脅威となる存在として警戒されていたということでもあろう。こうした問題を含みながらも、永禄七年七月、大友・毛利両氏は起請文を取り交わして豊芸和睦を締結し、北部九州は小康期を迎えた。

周辺勢力との連携

　しかし、こうした小康状態も永くは続かなかった。永禄十年（一五六七）七月、高橋鑑種が再び大友氏から離反し、これに続くかたちで種実も永禄十年九月までに離反した。これをうけて、大友方は戸次鑑連を筆頭とする軍勢を秋月領へ進軍させ、秋月氏が抱える休松《やすみまつ》城（福岡県朝倉市）を攻略した。続けて古処山城の攻略を図るも攻めあぐね、撤退を選択するが、九月三日、秋月勢は撤退する大友勢を急襲した。さらに翌日には大友勢の陣に夜襲をかけ、この後も秋月勢は筑後方面へ撤退する大友勢を追撃した。最終的に、鑑連の弟らをはじめ多くの者が討ち死にあるいは負傷し、従軍していた筑後国衆にも甚大な被害が生じた。この休松合戦で秋月勢は圧勝を収めた。

　そして、永禄十一年五月に発生した豊前長野氏をめぐる事件を契機に毛利氏が長野氏を討伐、規矩《きく》郡を公領化し九州進出を再開した〔佐藤二〇二二〕。以後、永禄十二年十月の毛利氏の九州撤退まで、毛利・大友両氏は筑前立花《たちばな》城をめぐって攻防戦を繰り広げた。毛利氏は秋月氏や高橋氏ら筑前国衆に対して兵粮支援を行うほか、嘉麻・夜須両郡境の馬見《うまみ》城（茅城。福岡県嘉麻市）などを造営・維持することで国衆との連携を図った。古処山城へと運び込まれるのであろう「古所兵粮」と称される兵粮米も確認され〔佐藤文書〕、毛利氏が秋月氏への支援を重視していたことがうかがえる。こうした毛利氏と種実ら国衆との連携に阻まれ、大友氏は思うように軍事活動を展開できずにいた。

　また、時期を同じくして、秋月種実・高橋鑑種両名は肥後の菊池《きくち》氏（当時の当主は則直《のりなお》）にも接近している〔幸谷文書〕。両名は菊池氏に対して「貴家御再興《きけごさいこう》」を促し、毛利氏の九州派兵に乗じた挙兵を助言している。実際に永禄十一年九月には則直は菊池家再興を図り、相良《さがら》氏を通じて毛利氏に援助を求めている。秋月種実・高橋鑑種・龍造寺隆信《りゅうぞうじたかのぶ》らもこれを支援する姿勢を示している。こうした毛利氏や毛利方国衆が菊池家再興へ積極的に支援した理由は、やはり大友氏への対策にあった。このことは、小早川隆景《こばやかわたかかげ》が菊池則直に対して、肥後・筑後両国を支配下に収め、両国の勢力が反大友方として蜂起するよう調略を要請していることに端的に表れている。毛利氏や国衆らは、肥後・筑後両国の反大友勢力糾合の役割を菊池氏に期待したのである。

このように毛利氏や周辺国衆、さらには菊池氏との周到な連携を見せた種実だったが、永禄十二年頃から大友氏は馬見城をはじめ毛利方の拠点を攻略し、圧力を強めた。抵抗を続けた種実も、ついに同年四月頃、大友氏に降伏した。閏五月頃には、種実が降伏したことにより、大友氏より問注所《もんちゅうじょ》氏に与えられていた筑前国上座郡の杷木一六〇町が種実に還附された〔木下文書〕。同地は父種方の時期には秋月氏の所領であったという由緒をもつとともに、筑前・筑後・豊前の国境に位置する重要地域だった。

永禄十二年十月、大友氏が大内輝弘《てるひろ》を山口《やまぐち》（山口市）に派兵すると、背後を突かれた毛利氏は九州からの撤退を余儀なくされた。こうして毛利氏が門司城を残して九州から撤退すると、北部九州の毛利方国衆は大友氏に降伏することとなった。このとき、種実は宗像氏貞《うじさだ》の助命を大友氏に嘆願したという〔無尽集所収文書〕。

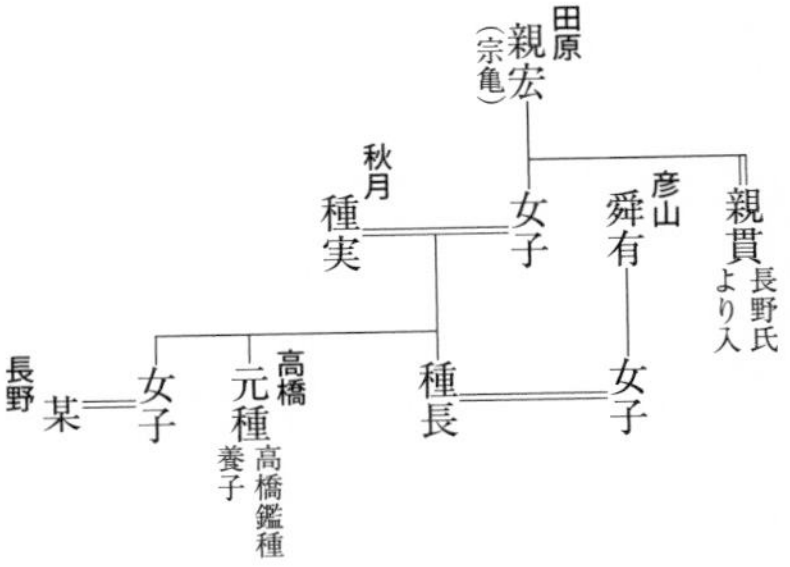

秋月氏関係系図

北部九州の毛利方国衆として中心的役割を果たしてきた種実だったが、毛利氏が九州から撤退して以降、天正六年（一五七八）までは大友氏のもとで雌伏の時期を過ごすこととなる。

なお時系列が前後するが、系図等によると、永禄八年、種実は大友氏家臣の田原《たわら》親宏《ちかひろ》（宗亀《そうき》）の娘を迎えたとされている。種実が親宏の娘と婚姻関係を結んだことは、宣教師の報告書において、種実が「親宏の娘を娶った婿」、「己れ（親宏：筆者註）の婿」といった表現がされていることからも裏付けられるほか、永禄十年に種実が大友氏から離反した際に、大友宗麟が親宏を気遣う書状を送っていることや〔大友家文書録〕、のちの天正七年に種実が再度大友氏から離反した際には、親宏が種実を調略すれば、種実の「内儀《ないぎ》」（奥方）が悲嘆し、その結果懐柔が成功すると大友氏が見込んでいる〔入江文書〕ことからも看取される。

《国衆連合》の盟主

天正六年（一五七八）十一月、日向国衆の伊東《いとう》氏の本領帰還を支援する大友氏は日向に出兵し、島津《しまづ》氏と衝突して大敗を喫する。この耳川《みみかわ》合戦の敗戦で大友氏は多くの重臣を失っただけでなく、これまで表面上は大友氏に従っていた国衆らの離反という事態をも招いてしまった。こうした反大友氏を掲げる国衆の中心にあったのがやはり秋月種実である。耳川合戦後の秋月氏は、大きく二つの側面をもっている。ひとつは、豊前方面でのいわば《国衆連合》の盟主としての側面であり、もうひとつは筑前・筑後方面での島津氏傘下の国衆としての側面である。まずは、このうち前者について見てみたい。

天正年間の豊前において中心的立場にあったのが、規矩郡小倉《こくら》城を本拠とする高橋氏（のちに本拠を田河郡香春岳城に移す）、京都《みやこ》郡馬ヶ岳《うまがたけ》城（福岡県行橋市）を本拠とする長野氏であるが、この両氏を統括し、《国衆連合》の盟主にあったのが種実であった。種実から宇佐《うさ》郡の土豪萩原《はぎわら》氏に対して、「香春・馬岳」（＝高橋氏・長野氏）に相談のうえで軍勢を派遣する旨を伝えていたり、種実から高橋氏の当主元種《もとたね》を通じて萩原氏に対して手火矢を遣わしていたりすることが確認できる。こうした種実と高橋氏・長野氏との関係は、血縁関係によるところが大きい。

後世の系図によると、秋月氏は豊前国衆の高橋氏や長野氏と縁戚関係にあったとされる。高橋氏との関係についていては、種実の弟あるいは息子が高橋鑑種の養子となり、その跡を継いだとされる。フロイスの『日本史』の記述によれば、種実の息子が高橋氏を継ぎ元種と名乗ったと見てよいだろう。秋月氏と長野氏についていては、系図上では種実の娘が長野氏に嫁いだとされる。

このように、種実を頂点とした血縁関係をもとに、豊前国では《国衆連合》がその影響力を拡大させていたが、その結束は堅固なものではなく、ときに内訌が露呈することもあった。それを象徴するのが、天正十年三月に秋月・高橋両氏が長野氏の当主統重《むねしげ》を馬ヶ岳城に攻めた事件である。結果として、この事件は二日間にわたり馬ヶ岳城を防衛した長野氏が勝利するが、事件の原因は、高橋・長野両氏間の不和と、秋月・長野両氏間の「縁色」の相違にあった〔無尽集所収文書〕。特に、高橋氏は豊前中部から南部へ勢力を拡大させるにあたり、長野氏と対立を深めたと考えられる。秋月・長野両氏の「縁色」の相違とは、先述の縁戚関係をめぐって何らかの問題が生じたものと推測される。この事件は宗像氏貞から小早川隆景へ、「一味中《いちみちゅう》の干戈《かんか》」であり「朋食《ともぐい》」であると報告されている。外部から見れば毛利方国衆同士の抗争であり、まさに共食いの体であった。

しかし、このとき長野氏陣営に属した城井鎮房《きいしげふさ》・毛利鎮真《しげざね》・坂本栄仙《さかもとえいせん》は当時大友方として活動している面々であり、このことから、長野氏も一時的に大友方に転じていたことが明らかである〔佐藤二〇二二〕。つまり、《国衆連合》の一角を担う長野氏さえも、秋月・高橋氏と対立を深めた結果、一時的とはいえ大友方に転じてしまうことがあったのである。天正十年の内訌は、血縁的結合による《国衆連合》の脆弱性が露呈した事件だったといえよう。

島津氏への接近

では、もう一つの側面である、島津氏傘下の国衆としての種実に目を向けたい。

天正年間になると、毛利氏は織田《おだ》政権との抗争が本格化したことで中国戦線に釘付けとなり、永禄年間のような九州方面への本格的な軍事支援が困難になった。したがって、永禄年間に毛利方として活動していた北部九州の国衆には、新たな後ろ盾として龍造寺氏や島津氏へ接近するものが多かった。種実もそのひとりである。これより先、豊臣秀吉《とよとみひでよし》による九州平定まで、秋月氏と島津氏・龍造寺氏との関係が北部九州における勢力関係に大きな影響を及ぼすのである。

耳川合戦直後、種実は龍造寺隆信・鎮賢《しげかた》（政家《まさいえ》）父子と起請文を交わし、龍造寺父子への相談なしに大友氏に一味しない旨を誓約している。これ以降、種実と龍造寺氏は動向を共にしている。また、種実と島津氏との関係は天正七年（一五七九）頃から確認でき、そこでは豊前の彦山《ひこさん》から島津氏への嘆願を種実が取り次いでいる〔旧記雑録後編〕。なお、秋月氏と島津氏との関係において、彦山は非常に重要な役割を果たしている。種実の息種長《たねなが》は彦山座主《ざす》舜有《しゅんゆう》の娘を迎えたとされており、両者の密接な関係がうかがえる。

北部九州に勢力を拡大させる龍造寺氏と、北上する島津氏は肥後の支配をめぐって対立関係に陥った。この状況を解消すべく、秋月氏は天正十一年から翌十二年にかけて、両氏の和平仲介役を買って出た。交渉の様子は『上井覚兼日記《うわいかくけんにっき》』に詳しいが、なかでも天正十一年九月二十七日の記事は注目される。そこでは、種実が島津氏に対していくつかの進言をしているが、特に重要なのが、島津氏から龍造寺・秋月両氏へ大友氏退治の命令を下してくれれば、秋月氏らは島津氏を「九州の守護」と仰ぎ奉る、というものである。このほかにも、龍造寺氏の所領の扱いや肥後における支配領域の境界についても言及しているが、いずれも島津氏の意のままに、というのが種実が提示した和平条件であった。ここに龍造寺氏の同意があったかは定かではないが、種実は「九州の守護」島津氏と、その幕下に属する秋月氏・龍造寺氏という構図を想定していたのである。

島津氏側では、この和平仲介を受け容れる決定が下された。しかし折悪く、肥前の有馬晴信《ありまはるのぶ》が龍造寺氏から離反し、島津氏に救援を要請するという事件が起きた。この結果、沖田畷《おきたなわて》合戦にて龍造寺隆信が戦死し、和平は成立目前で破談することとなった。窮地に立たされたのは仲介に奔走していた種実である。種実は島津氏に対し和平不成立の不首尾を詫び、他意はないと弁明するも、島津方の不信感はなかなか拭えず、上井覚兼による詰問や、さらには種実の謀略を疑う声までも上がっていた。

このころの大友氏家臣戸次道雪の書状によると、島津氏は大友氏のもとへ使僧を遣わし、秋月・龍造寺氏を「豊薩」（豊後・薩摩＝大友氏・島津氏）で相談のうえ「御誅伐」する計画を持ち掛けたという（薦野文書）。この直後に龍造寺氏が島津氏の「御幕下」になるという従属の誓約をしたこともあり（上井覚兼日記）、この「御誅伐」は実行には移されなかったが、こうした計画が持ち上がるほどに、島津氏から種実や龍造寺氏への不信感は強かったのである。龍造寺氏の降伏後も島津氏から両氏への猜疑心は依然として強く残っていた。

ところで、種実はなぜこのように島津氏と龍造寺氏との和平を成立させようと奔走したのであろうか。その理由を探るためには、天正八年頃まで話を遡る必要がある。

天正八年から翌年にかけて、織田信長の仲介により大友・島津両氏は和平を結んだ。これは信長と大友・島津両氏との協同で毛利氏を挟撃することを企図したものであったが、このとき、信長から島津氏に対して、秋月・龍造寺両氏が企図に反する動きを見せた場合には大友氏と協同で討伐することが求められていた。

すなわち、大友・島津両氏の和平は、場合によっては種実自身が討伐対象となることを意味していた。そのような事態を避けるためにも、種実は島津氏へ接近し、島津氏の矛先を大友氏へ向けさせる必要があったのだと考えられる。

九州平定、日向高鍋への転封

耳川合戦以来、島津氏の攻勢や周辺国衆の勢力拡大により窮地に立たされていた大友氏は、羽柴（豊臣）秀吉に救援を求めた。天正十三年（一五八五）八月頃に秀吉は大友氏に対して九州派兵を約束し、同年十月には九州停戦令を出した。これにより秀吉の下向と九州派兵の風聞が流布している〔上井覚兼日記〕。こうして島津氏と秀吉との間の緊張感が高まるにつれ、島津方勢力に動揺が広がり、瓦解の兆候が表れる。

例えば天正十四年正月、島津氏は諸国衆より人質徴収の決定を下し、秋月・龍造寺両氏はこれに応じるも、同じく島津方として活動をともにしていた筑紫氏は拒否して大友方に一味した〔上井覚兼日記〕。

筑紫氏の離反は、秀吉による島津氏討伐を危惧してのものであったと推察される。当然、島津方としては、こうした筑紫氏の動向は許容されるものではなく、同年六月、秋月・龍造寺両氏は筑紫氏討伐の必要性を進言し、実際に島津氏はこれを認めている。討伐後、筑紫氏は再び島津氏の軍門に降ったが、ほどなくして再度離反した。

また、龍造寺氏は天正十四年二月までに小早川隆景より二度の停戦勧告を受けており〔尾下二〇一〇〕、家臣を大坂へ派遣し秀吉に接近しながら、一方では引き続き島津氏へ従属する姿勢を見せていた。こうした両属的立場を察知してか、島津氏も龍造寺氏の動向を注視していた。

こうしたなか、秋月氏は一貫して島津方として活動した。天正十四年七月に筑紫氏を討伐した秋月氏は、ほかの島津勢とともに大友氏の拠点である筑前岩屋《いわや》城を攻め、これを落城させ家臣を入城させた〔上井覚兼日記、豊前覚書〕。また、島津氏家臣の伊集院忠棟《いじゅういんただむね》が筑後国衆の星野《ほしの》氏に対して、秋月氏とともに島津氏への忠節に励むことを求めているように〔旧記雑録後編〕、島津氏は北部九州経略において、秋月氏を筑前国における島津方国衆の中心として位置づけていた。

情勢は島津方の優勢に見えたが、翌月に豊臣秀吉の九州平定軍の先遣隊として毛利勢が九州へ向けて進発すると、徐々に島津方の劣勢となっていった。態勢を整えることを意図してか、種実は島津勢の帰陣を勧め、筑前立花城攻略は秋月氏以下筑前・筑後の諸氏が請け負うと申し出るが〔上井覚兼日記〕、結局秋月氏らのみでは立花城攻略は果たされなかった。

九州平定において、秀吉は秋月氏をどのように処分する方針で臨んでいたのか。天正十四年十二月の段階で、秀吉は「嶋津さへ討果候へハ、諸事入らざる事に候間、秋月もゆるし置、」〔小早川家文書〕と述べているように、この段階では、秀吉の目的はあくまでも島津氏討伐であり、秋月氏は赦免する方針であった。高橋元種が抱える諸城が九州平定軍に攻撃されるにともない、同年十二月初旬に秋月氏は降伏を申し出ているが、実際にこのとき秀吉は、家臣の森吉成《もりよしなり》（毛利勝信《かつのぶ》）からの秋月氏の助命嘆願を承認している〔黒田家文書〕。しかし、同月下旬になると、秋月氏は一転して日和見的な態度を示すようになり、これをうけた秀吉は、自身の出馬までに帰順の意思を明確に示さなければ秋月氏を許容しないとする意向を示している〔黒田家文書〕。このような秋月氏の変心は、同年十二月十二日の豊後戸次川《へつぎがわ》合戦における九州平定軍の大敗により、島津方の勢力挽回の兆しが見えたことによると推測される。そしてこの直後、秋月氏は島津方に復帰し、種実の息種長は島津方に対して軍事的進言を行っている〔旧記雑録後編〕。

このように一度の降伏を経て、再度島津方としての活動を開始した秋月氏だが、天正十五年三月末に秀吉が九州へ渡海し、秋月氏の重要拠点である田河郡岩石城《がんじゃく》（福岡県添田町）が落城すると、種実・種長父子は再び降伏した。このとき、父子は秀吉へ諸物を差し出したが、そのなかには、俗に天下三肩衝《さんかたつき》のひとつに数えられる楢柴肩衝《ならしばかたつき》（「日本ニ其の隠れ無きならしばと云かたつき」）もあった〔九州御動座記〕。また、降伏に際して種実は出家し、宗誾《そうぎん》と号した。

以上のように、九州平定が進行し諸氏が降伏するなか、秋月氏も一度は降伏するが、情勢の推移により降伏を撤回し、再び島津方として活動した。これにより、当初は秋月氏の宥免を考えていた秀吉も方針を転換した。最終的に秋月氏は降伏を認められるが、九州国分《くにわ》けにより日向財部《たからべ》（高鍋《たかなべ》。宮崎県高鍋町）を宛行われ、先祖より承け継いできた秋月の地を去ることとなった。文禄五年（一五九六）九月二十六日、種実は没した。法名は西林院殿笑翁宗誾大居士。死没地は高鍋とも伏見、あるいは大坂ともいわれ、墓は西林寺《さいりんじ》（宮崎県串間市）と大徳寺《だいとくじ》（京都市北区）にある。

なお、近世期に高鍋藩主として存続した秋月氏からは、米沢《よねざわ》藩主として著名な上杉鷹山《うえすぎようざん》（高鍋藩六代藩主秋月種美《たねみつ》の次男）を出している。

（佐藤凌成）

【主要参考文献】
荒木清二「毛利氏の北九州計略と国人領主の動向―高橋鑑種の毛利氏方一味をめぐって―」（『九州史学』九八、一九九〇年）
有川宜博「第四編 中世」（『甘木市史 上巻』一九八二年）
岡松仁「第三編 中世　第四章戦国の動乱」（『飯塚市史 上巻』二〇一六年）
尾下成敏「九州停戦命令をめぐる政治過程―豊臣「惣撫事令」の再検討」（『史林』九三―一、二〇一〇年）
佐藤凌成「十六世紀後半の大名領国周縁における国人の動向―豊前長野氏を事例に―」（『九州史学』一九〇、二〇二二年）
中村知裕「秋月種実考―秋月種実発給文書の分析」（『戦国史研究』八〇、二〇二〇年）
新名一仁『島津四兄弟の九州統一戦』（星海社新書、二〇一七年）

高橋鑑種・元種
——常に自立と勢力拡大を目指した国衆

高橋氏継承と大友氏重臣としての活動

大友《おおとも》氏庶流の一万田《いちまだ》氏に生まれ、筑後国の名族高橋《たかはし》氏を継いだ高橋鑑種《あきたね》、そしてその跡を継いだ元種《もとたね》は、戦国期の北部九州の政治情勢に大きな影響を与えた人物といえよう。

鑑種ははじめ一万田親宗《ちかむね》と名乗っていたとされる。父は親泰《ちかやす》、兄は鑑実《あきざね》である。官途は左衛門尉《さえもんのじょう》、三河守《みかわのかみ》を名乗っていることが確認される。また、入道して宗仙《そうせん》と称する。明確な時期は不明だが、天文十九年（一五五〇）頃に高橋氏を継いだと推測される〔木村一九六八〕。高橋氏は大蔵《おおくら》一族である原田《はらだ》氏の一門であり、筑後国御原《みはら》郡高橋（福岡県大刀洗町）を本拠とした領主である。俗に「筑後十五城」のひとつ、高橋城を本拠としたことで知られる。

天文二十年九月、陶隆房《すえたかふさ》（晴賢《はるかた》）は長門国大寧寺《たいねいじ》（山口県長門市）に主君・大内義隆《おおうちよしたか》を滅ぼすと、翌二月、大友家より当主義鎮《よししげ》（宗麟《そうりん》）の弟晴英《はるふさ》（大内義長《よしなが》）を迎えた。このとき、鑑種は晴英に同行して山口《やまぐち》（山口市）へ赴いており、弘治三年（一五五七）の大内氏滅亡まで大内氏重臣として活動している。

大内氏の滅亡後、鑑種は九州へ戻り大友氏家臣として活動する。ここで特筆すべきは、筑前宝満《ほうまん》城・

岩屋《いわや》城(福岡県太宰府市)の城督《じょうとく》就任である。大内氏滅亡と前後して、北部九州では秋月《あきづき》氏や筑紫《つくし》氏といった国衆の挙兵が相次いだ。彼らは毛利《もうり》氏に与同して反大友方として挙兵したが、大友氏は戸次《べっき》鑑連《あきつら》(道《どう》雪《せつ》)らを派遣することでこの動乱を鎮圧した。鑑種はその後の筑前経営の要として宝満・岩屋城督に任命されたのである。このように、大友氏の領国支配の要所を担うこととなった鑑種であったが、永禄五年(一五六二)になると新たな動きを見せる。大友氏から離反し、毛利方に一味したのである。

毛利氏への与同と挙兵

鑑種の毛利方一味については荒木清二氏の研究に詳しい〔荒木一九九〇〕。以下、経過を、氏の研究に拠って見てみる。

永禄五年(一五六二)七月、鑑種から毛利方へ味方したいという意志が密かに伝えられた。これ以前に毛利氏から鑑種へ何らかの働きかけがあったとは思われるが、毛利氏が「存じも寄らざるの儀」(思ってもいなかったこと)と述べているように、鑑種は主体的に毛利方一味を決断したのである。毛利氏は使者を筑前に派遣し、鑑種ほか筑前国衆らと連絡を取り筑前経略を進めた。また、赤間関《あかまがせき》(山口県下関市)に駐在する毛利氏の赤間関衆も彼らと相談して経略を進めていた。

毛利氏中枢は、鑑種が味方すれば筑前一国の平定が達成され、ひいては大友氏への「大勝」につながると考えていた。まさに鑑種の一味は毛利方にとって願ってもない申し出であったが、同時に問題が生じた。鑑種は毛利方一味の条件として筑前十四郡のうち糟屋《かすや》郡など六郡を要求したが、これを認めた場合、同じく毛利方である杉連緒《すぎつらつぐ》の「知行分」が相違するという問題である。連緒は大内氏時代に筑前守護代を務めた家系の人物であるが、大内氏滅亡後は本拠の糟屋郡若杉《わかすぎ》・高鳥居《たかとりい》城（福岡県須恵町）周辺を拠点として毛利方国衆として活動していた。この問題は毛利氏にとって重大で、これが解決されなかった場合、連緒が大友方に転じてしまうことが懸念された。当時、毛利氏は連緒に交通の要衝であり、毛利氏の北部九州経略における最前線基地でもある豊前国田河《たがわ》郡の香春岳《かわらだけ》城（同香春町）を預けており、連緒が変心すれば松山《まつやま》城（同苅田町）などを掌握して門司《もじ》城（北九州市門司区）までも攻め寄せることが危惧されたのである。北部九州経略の根幹に関わるこの問題に毛利氏は苦慮したが、鑑種が連緒に対する譲歩をみせ、毛利氏も連緒の懐柔に尽くしたことで、結果的に鑑種は予定通り毛利方として挙兵し、連緒も毛利方に留まった。

以上のような経緯のもと鑑種は大友氏から離反するが、これを象徴するのが、永禄六年三月の鑑種による太宰府天満宮《だざいふてんまんぐう》の留守職《るすしき》補任である。当時、社官の大鳥居《おおとりい》氏と小鳥居《ことりい》氏が留守職をめぐって対立しており、大友氏は大鳥居氏を留守職に補任していた。しかし、鑑種は自身に好意的な小鳥居氏を留守職に補任し、大友氏による補任を否定したのである。もとは宝満・岩屋城督という大友氏の出先機関〔木村一九七五〕であった鑑種が、大友氏からの離反を契機に、独立した地域公権力として支配の深化を図ったのである。

毛利方に一味し自立化を進める鑑種だったが、一方で大友氏と毛利氏は将軍足利義輝《あしかがよしてる》の斡旋のもと和睦交渉を進めており、永禄六年七月には和平条件の調整がなされていた〔毛利家文書〕。翌正月には毛利氏が条件の一つである香春岳城破却を指示したが、ここでもまた問題が発生した。これまでの交渉および決定はあくまでも毛利氏ら上位権力によるものであり、筑前の高橋鑑種、宗像氏貞《むなかたうじさだ》、杉連緒らが赤間関衆へ抗議に出たのである〔吉川家中并寺社文書ほか〕。

鑑種ら北部九州の国衆にとって、香春岳城は交通の要衝であるのみならず、大友氏の侵攻を防ぐ防堤でもあった。したがって、香春岳城破却の有無は、毛利氏撤退後の国衆の存亡に直結する重要問題であった。そこで彼らは、毛利領への敵対勢力の侵攻や将来的な軍事基盤の喪失、周辺への外聞など、毛利氏の抱える懸念事項を訴えかけ、このなかに自らの存在を組み込むことで破却を回避しようと試みた。鑑種は、交通の結節点である香春岳城が破却されればすぐさま往来が困難となり不都合であると使者を介して述べたが、こうした主張も受け容れられないままに永禄七年七月、大友・毛利両氏は豊芸和睦を締結した。

このような問題も含みつつ結ばれた豊芸和睦であったが、その均衡も長くは続かず、鑑種は永禄九年頃より再び大友氏から離反の動きを見せ始め、翌年七月には宝満城付近で大友氏と合戦に及んでいる。実は豊芸和睦締結後も、毛利氏は豊筑国衆との接触を続けており、特に鑑種については、大友方が毛利氏に対して、いまだに鑑種らに対して助力しているとの風聞があるとして糾弾したほか、将軍家に対しても、毛利氏が鑑種らとの接触を絶たないことは「再乱の基」で言語道断であると訴えている〔小寺文書〕。ここで特に鑑種の名が挙げられていることも、毛利氏と鑑種との結びつきや、鑑種に対する大友氏の警戒を示しているといえよう。また、先に鑑種と太宰府天満宮社官の小鳥居氏との関係に触れたが、この挙兵に際しても社官たちが鑑種とともに宝満城に籠城している。

永禄十一年五月、豊前国衆の長野《ながの》筑後守が到津《いとうづ》氏の被官に暗殺されるという事件が起きた。この事件を発端に毛利氏は九州再進出を開始する。五月から九月にかけて毛利氏は「長野退治」と称して長野氏を攻撃し、壊滅的な被害を与えた。長野氏を規矩《きく》郡から逐った毛利氏は同郡を公領化し小倉《こくら》城（北九州市小倉北区）を築城した〔佐藤二〇二二〕。小倉城は毛利氏の軍事拠点であり、当時大友氏との間に繰り広げられていた立花《たちばな》城攻防戦への支援の中継基地でもあった。本格的に九州再進出を果たした毛利氏は、秋月種実《たねざね》や高橋鑑種ら国衆へ兵粮支援を行うほか、軍事拠点を造営・維持することで国衆との連携を図っていた。

また当時、秋月種実・高橋鑑種両名が肥後の菊池《きくち》氏に接近していることも注目される。両名は菊池氏に対して菊池家再興を促し、毛利氏の九州派兵に連動した挙兵を助言している〔幸谷文書〕。こうした菊池氏との連携は、菊池氏の旧領としての由緒がある肥後・筑後両国における反大友勢力糾合の役割を期待したものだった。鑑種は毛利氏や周辺国衆、さらには菊池氏と連携することで、大友氏に対抗したのである。

立花城攻防戦を繰り広げる大友・毛利両氏であったが、ここで大友氏は秘策を繰り出した。かねてより大友氏のもとに身を寄せていた大内輝弘《てるひろ》（大内義興《よしおき》の弟高弘《たかひろ》の子）を山口へ侵攻させたのである。その目的は毛利氏の後方攪乱に他ならない。永禄十二年十月、周防国秋穂浦（山口市）に上陸した輝弘は山口まで侵攻し、この報を受けた毛利氏はやむなく九州から撤兵した。まさに大友氏の狙い通りの展開となったのだが、これで窮地に立たされたのが北部九州の毛利方国衆である。毛利氏の撤兵により彼らは大友氏へ帰服せざるをえなくなったが、鑑種も例外ではない。なおこの頃、毛利氏から鑑種へ起請文が提出されている〔毛利家文書〕。それによると、毛利氏は大友氏との和睦後も鑑種を見捨てないこと、大友氏と友好関係を結ぼうとも、鑑種を大友氏のもとへ返さず、毛利氏の与力として抱え置くことを誓っている。毛利氏としては、やむをえず撤退するが、再び九州へ進出することを見据えて鑑種を味方として留めておきたかったのであろう。

筑前から豊前小倉へ

大友氏に降った鑑種へ下された処分は、豊前小倉への移封であった。先に述べたように、小倉には永禄十二年（一五六九）に毛利氏が築いた小倉城がある。大友氏はここに鑑種を入れることで、毛利氏との間に緩衝地帯を形成する目的があったと推測される。「大友家文書録」によると、このとき鑑種へは規矩一郡が与えられたという。

鑑種の小倉移封が影響した事例として、毛利氏による門司氏の所領安堵を見てみたい〔佐藤二〇二二〕。元亀二年（一五七一）、門司余七《よしち》（慰親）は父親胤《ちかたね》からの相続安堵を毛利氏に申請したが、これを取り次いだ市川経好《いちかわつねよし》は余七が人質として山口に在るため、現時点での毛利氏当主への申請は行わない旨を告げた〔門司文書〕。これだけを見ると、文字通り余七の山口滞在が理由であるように思えるが、実はこの裏では毛利輝元《てるもと》と市川経好との間で取り決めがなされていた。輝元は、門司氏への相続安堵は忘却していないと述べたうえで、いま安堵すれば「高橋への聞へ」が如何であろうかと憂慮し、結果として門司氏の所領安堵を行わない決定を経好へ伝えていたのである〔閥閲録・巻一四〇〈市川〉〕。先述のように、鑑種は大友氏から規矩一郡を与えられていた。ここで規矩郡内に所領をもつ門司氏へ所領安堵を行えば、所領をめぐって鑑種と衝突する可能性もあり、ひいては後の九州再進出を見据えた鑑種の繋ぎ止めが失敗に終わることも想定される。輝元はこの危険を考慮して判断を下したのである。

将来のために鑑種を繋ぎ留めておきたい毛利氏であったが、大友氏はその意図を把握して、あえて鑑種を小倉に入れることで緩衝地帯を形成しようとしたのであろう。毛利氏が九州から撤退したとはいえ、門司城はいまだ毛利氏が押さえており、門司を含む規矩郡は地理的にも依然として両大名の「境目」としての性格を有していた。鑑種の小倉移封は毛利氏の活動を牽制する意図があったと思われるが、門司氏への所領安堵の例からも、これには一定の効果があったといえるであろう。

こうした事例から、規矩郡という地域の重要性、そして鑑種が小倉へ移封された意義が推察されるところであるが、小倉時代の鑑種の足跡はほとんど残されていない。数少ない例として、同郡に所在する大興善寺《だいこうぜんじ》（北九州市小倉南区）の木造釈迦如来立像（福岡県指定文化財）の元亀四年修理銘に、「大旦那高橋三河守」とあることが挙げられる。同寺は鎌倉時代に、謡曲「鉢木《はちのき》」で著名な佐野常世《さのつねよ》が時の執権《しっけん》北条時頼《ほうじょうときより》の命により創建したと伝わる律宗《りっしゅう》（のちに曹洞宗《そうとうしゅう》）寺院である。同寺は鷲峰山という小高い丘の麓にあるが、この鷲峰山は鑑種とも関わる場所である。鑑種の小倉移封に際して、大友氏は鷲岳城を築城しており、そこに鑑種配下の「足弱《あしよわ》」（老人や女子供）が入城している〔堀立家証文写〕。鷲岳城が築かれた地には諸説あるが、一説には大興善寺背後の鷲峰山とされる。これが事実とすれば、大興善寺に鑑種の足跡が見られるのも、こうした背景があるためかもしれない。

また、天正三年（一五七五）に伊勢参詣のため薩摩国を発した島津家久《しまづいえひさ》は、往路で小倉を通過して「高橋殿の館」を一見したと記録している〔中務大輔家久公御上京日記〕。小倉時代の高橋氏に関わる貴重な記録だが、これ以上の情報がないことが惜しまれる。

天正六年十一月の耳川《みみかわ》合戦後、鑑種（入道宗仙）は毛利方の内藤《ないとう》氏や信常《のぶつね》氏と連絡を取っており〔閥閲録・巻四四〈信常〉、閥閲録・巻九九―二〈内藤〉〕、天正七年四月二十四日の宗仙死去の報も比較的早い段階で毛利氏にもたらされた。

なお、小倉の安全寺《あんぜんじ》は鑑種の菩提寺として創建されたという寺伝があり、鑑種一族の肖像画と鑑種の位牌が伝わっている。肖像画は秋種（鑑種）・力姫（鑑種息女）・鎮種《しげたね》（紹運《じょううん》）・氏種《うじたね》（元光《もとみつ》）を描いており、鑑種の面影を偲ぶことができる貴重な作品である。ただし、高橋紹運は実際には鑑種と一族ではない点は付言しておきたい。鑑種の小倉移討後、高橋旧臣らが大友氏に嘆願して、筑前における高橋氏の後嗣として迎えたのが、鎮種（吉弘鑑理の次男）である。したがって、今日では鑑種の系統、鎮種の系統をそれぞれ一万田系高橋氏、吉弘系高橋氏と区別することもある。

また、高橋文書（宮崎県総合博物館蔵）には高橋鑑種の作成という置文《おきぶみ》が伝わる。年月日不詳だが、内容は「豊筑の諸家」が劉《りゅう》氏の旗のもとに結集するよう呼びかけるものである。豊筑＝豊前・筑前地域には、原田氏や秋月氏など、本姓を大蔵と称する一族が多く存在した。高橋氏も大蔵一族の一員である。置文の呼びかけは、大蔵一族はその祖を漢の皇帝劉氏に求めたことに由来する。この置文は偽文書の可能性も高い

法輪山安全禅寺開基公尊像図　北九州市小倉北区・安全寺蔵　画像提供：北九州市立自然史・歴史博物館

が、高橋氏をはじめとした大蔵一族の自己認識がうかがえると同時に、鑑種の名で置文が偽作されたこと自体も、北部九州における鑑種の存在感を反映しているようで興味深い。

高橋元種とその活動

鑑種の死後、その跡を継いだのが筑前国衆秋月氏に出自をもつ元種である。元種は秋月種実の弟とも子息ともいわれるが、宣教師の記録によると種実の子息であるという。大友氏のもとで規矩郡を支配した高橋氏は、天正六年（一五七八）十一月の耳川合戦後に大友氏から離れ、支配域拡大の動きを見せる。ここで重要なのが、田河郡の要衝である香春岳城の獲得と、秋月氏・長野氏と連携した軍事行動である。

香春岳城については、天正七年九月廿八日付の長野助守《すけもり》覚書（神代長野文書）に「香春両岳慮外の事」とある。翌年には香春岳麓で高橋氏と宗像氏貞の軍勢が合戦に及んでいることから（竹井文書）、「香春両岳慮外」とは高橋氏の香春岳城獲得を指している可能性がある。交通の要衝である香春岳城を確保し、規矩・田河両郡を支配下に収めた高橋氏は、ここから急速に周辺地域への支配拡大の動きを強めるが、そこに密接に関わるのが秋月氏や長野氏といった周辺国衆との関係である。

先に述べたように、元種は秋月種実の子息（あるいは弟）であり、また種実の娘が長野氏に嫁いだとされる。すなわち、この三家は縁戚関係にあり、共同して敵に対処することもあった。また、種実が宇《う》佐《さ》郡の土豪萩原《はぎわら》氏に対して、「香春・馬岳」（＝高橋元種・長野氏）と相談のうえで軍勢を派遣することを伝えていたり、元種を仲介として手火矢を送ったりするといったように、三氏の間には秋月氏を頂点とした協力体制が築かれていたことが推察される。このように三氏は密接な関係のもと反大友方国衆として活動し、勢力を拡大させていた。しかし、彼らの結束は決して盤石なものではなく、時には内在する問題が表面化することもあった。元種が関わる事例を二つ挙げてみたい。

まず一つ目は、天正九年十月頃、長野氏が突如として高橋氏が抱える松山城を攻撃した事件である。この報を受けた毛利輝元はその理由に見当がつかず、両者の間に何らかの遺恨があるのではないかと推測している。先にも挙げた長野助守覚書によると、毛利氏はこの直前に松山城を普請しており、普請の完了後、高橋氏に与えたものと思われる。しかし、松山城が位置する京都《みやこ》郡は長野氏の支配領域であり、同覚書において毛利氏へ安堵を求めている。ここに矛盾が生じたことが、長野氏による松山城攻撃につながったと推測される。

長野氏との対立は元種による所領宛行からも看取される。元種は豊前国内の土豪層に対して所領の安堵や宛行を行っているが、その時期は天正九年から翌十年に集中している。その多くは上毛《こうげ》郡・下毛《しもげ》郡・宇佐郡の土豪に対するもので、長野氏が支配する京都・仲津《なかつ》両郡を避けて支配域を拡大させていったものと考えられる。一方で、安東《あんどう》氏に対して仲津・京都両郡内の本領を安堵している事例も確認される。安東氏の所領は長野氏が在城する馬ケ岳《うまがたけ》城（福岡県行橋市）周辺に位置しており、長野氏との確執のなかで安東氏が高橋方に身を投じたのか、あるいは安東氏の長野氏からの離反を促すために高橋氏が画策したものと推測される〔有川二〇〇八〕。いずれにせよ、高橋氏の勢力拡大に際して、長野氏との確執は避けられないものであった。

二つ目は天正十年三月の出来事である。前年十月の長野氏による松山城攻撃以後、高橋氏と長野氏との不和は解消されないままでいた。加えて、秋月氏と長野氏との間にも確執が生じていた。このような三氏の関係に起因して、天正十年三月、秋月・高橋両氏は長野氏（当時の当主は統重《むねしげ》）の本拠馬ヶ岳城を攻撃した。筑前国衆毛利鎮真《もうりしげざね》や豊前国衆城井鎮房《きいしげふさ》・坂本栄仙《さかもとえいせん》が長野氏に味方するなど、周辺国衆をも巻き込んだ事件であったが、結果的に二日間にわたる防戦のすえ長野氏陣営が勝利を収めた。この様相を宗像氏貞は「一味中《いちみちゅう》の干戈《かんか》」であり「朋食《ともぐい》」と評している〔無尽集所収文書〕。翌十二年には城井・長野・高橋三氏が穂波表に在陣していることが確認でき〔薦野家譜〕、一応不和は解消されたようである。

九州平定とその後

天正六年（一五七八）以降、島津氏の攻勢や周辺国衆の勢力拡大により窮地に立たされていた大友氏は、羽柴《はしば》（豊臣《とよとみ》）秀吉《ひでよし》に救援を求めた。天正十三年八月に秀吉は大友氏に対して九州派兵を約束し、十月に大友・島津両氏へ停戦を命じた。しかし、島津氏がこれに従わなかったことで秀吉の九州派兵が決定的となった。

九州出兵が始まると、豊前北部から中部を勢力圏とする高橋氏は、真っ先に九州平定軍の攻略対象となった。まず標的となったのは、当時高橋氏の支城となっていた小倉城である。天正十四年十月四日、小倉城が九州平定軍に包囲されると、城主は助命を乞うたが、認められなかったため高橋元種自らが降伏を申し出た〔吉川家文書〕。このとき、元種は本城である香春岳城にいたものと思われる。しかし、島津氏が豊後へ侵攻すると、元種は再び島津方に転じ、九州平定軍による十一月の宇留津《うるつ》城（福岡県築上町）攻め、十二月の香春岳城包囲により再度降伏した〔山本二〇一四〕。元種は再降伏後、島津氏討伐に従軍し、九州国分《くにわ》けでは日向国県《あがた》（宮崎県延岡市）が与えられた。

日向移封後の元種は、文禄・慶長の役（朝鮮出兵）に従軍したほか、慶長五年（一六〇〇）の関ヶ原合戦に際しては、西軍として大垣《おおがき》城（岐阜県大垣市）に籠城したのち東軍に内応したことで所領は安堵された。県藩主としては、縣城（延岡城）を築城し城下町を形成するなど、所領経営にも着手したが、慶長十八年に改易され、陸奥国棚倉《たなくら》（福島県棚倉町）の立花宗茂《たちばなむねしげ》のもとに預けられ、翌年、同地で没した。

一万田氏から高橋氏へ養子入りした鑑種、秋月氏から高橋氏へ養子入りした元種と、二代続けての養子入り当主であった。宝満・岩屋城督に任じられるほどに重用されていた大友氏重臣の立場から毛利方への一味を決断した鑑種、秋月氏・長野氏と連携しつつ、その内部摩擦を乗り越えて豊前国内に支配を広げた元種と、筑前・豊前の地域の違いはあれども、常に自立と勢力拡大の志向を強くもち続けた二代であったと評価できるだろう。

（佐藤凌成）

【主要参考文献】

荒木清二「毛利氏の北九州計略と国人領主の動向―高橋鑑種の毛利氏方一味をめぐって―」(『九州史学』九八、一九九〇年)
有川宜博「豊前時代の高橋元種とその花押」(『北九州市立自然史・歴史博物館 研究報告 B類 歴史』五、二〇〇八年)
木村忠夫「高橋鑑種考」(『日本歴史』二四〇、一九六八年)
木村忠夫「中世末期の天満宮―大名領国との関連から―」(太宰府天満宮研究所編『菅原道真と太宰府天満宮 下』吉川弘文館、一九七五年)
佐藤凌成「十六世紀後半の大名領国周縁における国人の動向―豊前長野氏を事例に―」(『九州史学』一九〇、二〇二二年)
山本浩樹「戦国期西日本における境域と戦争」(『史学研究』二八五、二〇一四年)

原田了栄——原田氏の最盛期を築いた大蔵一族嫡流

原田《はらだ》了栄《りょうえい》は、筑前国怡土《いと》郡の高祖《たかす》城（福岡県糸島市・福岡市西区）を拠点に、戦国期の筑前西部で勢力を拡大した原田氏の当主である。通称は五郎《ごろう》、実名は隆種《たかたね》、官途は弾正少弼《だんじょうしょうひつ》、入道して劉雲軒《りゅううんけん》了栄と名乗る。

大蔵一族の嫡流

北部九州、特に筑前・筑後には、天慶二年（九三九）の藤原純友《ふじわらのすみとも》の乱鎮圧のために派遣された大蔵《おおくらの》春実《はるざね》を祖とし、本姓を大蔵氏とする一族が多く存在する。なかでも原田氏は、春実が筑前国御笠《みかさ》郡原田に城を築きその地名をもって原田氏を名乗ったことに始まる、北部九州に広がる大蔵一族の嫡流にあたる一族とされている。

鎌倉時代以来、高祖城を拠点に活動を展開した原田氏は、戦国期には大内《おおうち》氏との関係を深め、原田氏当主は大内氏当主より偏諱《へんき》を与えられていた。隆種も大内義隆《よしたか》の偏諱を受けている。

戦国末期の原田氏は、本拠である高祖城が所在する筑前国怡土郡に加え、隣接する志摩《しま》郡、早良《さわら》郡にまで勢力を拡大させた。しかし、こうした最大版図を築く過程にはさまざまな障壁が存在した。その最たるものが大友氏《おおとも》である。大友氏は鎌倉時代後期以降志摩郡を統治しており、同郡支配の拠点として柑《こう》子岳《じだけ》城（福岡市西区）に城督《じょうとく》を設置し、加えて早良郡安楽平《あらひら》城（同早良区）にも城督を設置するなど、強固な支配体制を構築していた。また、肥前方面では龍造寺《りゅうぞうじ》氏の台頭もあり、原田氏はこちらへの対応にも迫られた。原田氏の勢力拡大の軌跡は、大友氏や龍造寺氏との抗争の軌跡でもある。

天文元年（一五三二）十月、大内義隆は大友義鑑《よしあき》・少弐資元《しょうにすけもと》の討伐のため九州へ軍勢を派遣した。原田氏も大内方に与し、肥前方面に出陣し軍功を挙げた。こうして大友・少弐勢の攻略はおおよそ達成されたが、大友氏が永く統治してきた志摩郡には大友方に与する在地勢力もいたようで、翌二年正月には志摩郡の勢力が怡土郡へ攻め寄せている。また、同年に大内勢は、大友勢が守備する柑子岳城を攻略するが、同七年には再び大友氏が奪還するなど、糸島《いとしま》地域の情勢は不安定だった。こうした情勢下においても、隆種は領内経営の安定化に努め、家臣への所領宛行のほか、菩提寺である金龍寺《きんりゅうじ》への禁制《きんぜい》発給や高祖宮の大菩薩宝殿再興などを行っている。

天文二十年（一五四二）九月、大内義隆は家臣陶隆房《すえたかふさ》（晴賢《はるかた》）に攻められ自害し、隆房は大友義鎮《よししげ》（宗麟《そうりん》）の実弟晴英《はるふさ》（大内義長《よしなが》）を新たな大内氏当主として嗣立した。これにより、大内領国の在地領主らは大内氏に服属すると同時に、大友氏へも服属することとなった。天文二十一年六月には大友義鎮から原田三郎（親種《ちかたね》カ）へ、加冠《かかん》の祝儀を謝した書状が確認できることから、原田氏もこの頃は大友氏と良好な関係を築いていたようである。しかし、これからほどなくして隆種は怡土郡内の還補地を寺家へ早急に打ち渡すよう大内氏より催促されている。隆種が本拠地周辺の荘園を侵略していることがうかがえると同時に、大内氏による支配からの脱却の兆候を見せ始めるのである。こうした隆種の反抗的態度もあり、天文二十二年四月、大内氏は高祖城を攻撃した。この攻撃には原田氏との地縁が深い怡土郡の在地領主らも討伐軍として動員されており、彼らが大内氏からの恩賞を期待して地縁的結合を脱した動きを見せている。

大内氏からの大規模攻撃により高祖城は陥落し、隆種は没落した。没落後の隆種の動向は判然としないが、早くも天文二十四年（弘治元年）には被官への所領宛行が見られるなど勢力回復の兆しが表れる。高祖城への復帰もこの頃とされるが、こうした変化は同年十月に大内氏の実権を握っていた陶晴賢が毛利元就《もとなり》に攻められ自害したことと無関係ではないと思われる。

弘治三年（一五五七）四月、毛利氏により大内氏が滅亡すると、北部九州の支配は大友氏が継承した。しかし、北部九州の国衆らのなかには大友氏の進出に抵抗する者も多く、彼らは大内氏に代わって台頭した毛利氏に接近して軍事活動を展開した。特にその中心的役割を担っていたのは、筑前国衆の秋月《あきづき》文種《ぶんしゅ》（種方《たねかた》）や筑紫《つくし》良薫《りょうくん》（惟門《これかど》）である。原田氏も反大友氏の姿勢を取っていたらしく、『歴代鎮西要略《れきだいちんぜいようりゃく》』によると、弘治三年七月、大友氏は高祖城の隆種を攻撃している。ここでは特に隆種の子息の種門《たねかど》・種繁《たねしげ》兄弟が奮戦したというが、その甲斐虚しく両人は討ち死にし、隆種は肥前草野《くさの》氏の本拠である鏡《かがみ》城（佐賀県鳥栖市）に逃れたのち、大友方に降ったという。肥前草野氏は筑後草野氏と同族といわれる。戦国期の当主草野鎮永《しげなが》（いずれも当主は鎮永だが、ここでは肥前草野氏の当主）は隆種の息であるとされていることから、隆種はこれを頼ったのである。これ以降、隆種は「弾正（少弼）入道」や「了栄」などと称しており、大友氏への降伏を機に出家したものと考えられる。

大友氏との抗争と勢力拡大

大内氏の滅亡後、大友氏の北部九州進出に対抗して挙兵した国衆らはことごとく鎮圧された。しかし、彼らは九州進出を図る毛利氏の後援を得て、永禄二年（一五五九）頃から再び北部九州にて活動を展開する。毛利氏は国衆らの本領帰還を支援すると同時に北部九州へ使者を派遣し、連絡工作を行っていた。了栄のもとにもその使者は到来しており、了栄は「種門以来」の「御入魂」を根拠に毛利方への与同を表明している〔毛利家古文書〕。種門は弘治三年（一五五七）七月の大友勢による高祖城攻略の際に討ち死にした了栄の息だが、「種門以来」の「御入魂」と述べていることから、大内氏の滅亡前後から毛利氏と原田氏は関係を築いていたことが推察される。

こうして毛利方一味の姿勢を明確にした了栄だが、毛利方としての目立った活動は確認できず、ほどなくして大友氏へ降伏したと見られる。永禄四年には了栄は早良郡の在地領主小田部《こたべ》氏を討ち捕り、大友氏への忠節を示している〔原田文書〕。ここから数年間、了栄の軍事的動向は見られなくなるが、それに代わって領内経営に関する史料が確認される。永禄五年に怡土郡三坂村の天神社社殿を造立したほか、永禄五年八月から翌六年閏十二月にかけては本領周辺の諸氏に対して加冠状や官途状を発給している。大友方麾下にありながらも、基盤を盤石にするべく奔走していたのであろう。

次に原田氏の挙兵が確認されるのが、永禄十年である。同年七月に高橋鑑種《たかはしあきたね》が毛利方として挙兵しており、これに連動した挙兵である。「大友家文書録」によると、同年八月に了栄の息親種が柑子岳城督臼杵《うすき》鎮賡の留守を突いて同城を攻略するも、引き返した臼杵勢が高祖城へ帰還した親種を攻め、親種は筑後へ敗走したという。このときの了栄の立場は不明だが、翌十一年には了栄も毛利方として挙兵した。了栄の挙兵に対して七月十九日、大友氏は柑子岳城督の臼杵新介をはじめ、志摩郡の諸氏を中心とする軍勢を催して高祖城麓まで攻め寄せた。第一次池田河原《いけだがわら》合戦あるいは池田河原前合戦として知られるこの合戦では、了栄は大友勢の撃退に成功している。

また、やや前後するが、永禄十一年四月に親種は立花鑑載《たちばなあきとし》救援のために立花城へ籠城したという。立花鑑載は大友氏家臣だが、高橋鑑種の調略に応じて毛利方として挙兵した人物である。しかし、大友勢の包囲により立花城は落城、鑑載は討ち死にし、親種は名島へ敗走し立花城奪回を図るも叶わず高祖城へ撤退した。了栄は弟の親秀入道を派遣し、撤退してくる親種の救援に当たった。八月二日、追撃してくる戸次《べっき》勢との間で合戦となったが、原田勢はこれを退けた。戦地より第一次生《いき》の松原《まつばら》合戦として知られる合戦である。

以上のように大友氏に勝利を重ねるなかで、原田氏は在地の領主らに所領宛行や加冠を行っている。

所領宛行状のなかには志摩郡の青木村内五町地を宛行ったものもあり〔児玉韞採集文書〕、大友氏が押さえる志摩郡にまで原田氏が勢力を拡大させたことが看取される。しかし、同郡の領主である波多江《はたえ》氏との関係を見ると、所領を宛行う一方で、親種から波多江氏に対して合力を謝したうえで「各御助成頼み存じ候」というように、完全な被官化には至っていないようである。両氏は「一定の所領宛行を媒介としながらも、〔中略〕同族的紐帯を基幹とする主従的盟約関係にあったと見るべき」という指摘もある〔丸山一九九七〕。波多江氏に限らず、ほかの領主とも同様の関係性であったと考えられる。

大友氏との関係修復と親種の死

元亀二年（一五七一）冬に志摩郡政所職《まんどころしき》となった大友氏家臣臼杵鎮氏《しげうじ》は、翌年正月、了栄の今津毘沙門《いまづびしゃもん》（福岡市西区）参詣の帰途を襲撃した。了栄はこれを返り討ちにしたうえ、同月末、第二次池田河原合戦において鎮氏を自害にまで追い込んだ。この混乱は大友方では鎮氏の「短慮」と捉えられているが、これは肥前方面で台頭する龍造寺氏への対応を考慮して、原田氏とは穏便な関係を築きたいという方針によるものであろう。大友氏は原田氏との関係修復のために働きかけを行うが、これに対して親種は否定的な立場をとる一方で、了栄は好意的であった。了栄・親種父子は大友氏との関係をめぐる方向性が異なっていたようである。この方向性の違いは後にも影響してくるが、ともかくこのときは大友氏との和解で落ち着いた。

大友氏との関係は修復されたものの、肥前方面からは龍造寺氏の脅威が迫っていた。『北肥戦史』によると、天正二年（一五七四）正月、了栄の子息で肥前草野氏を嗣いでいた鎮永が龍造寺隆信《たかのぶ》に対して挙兵するも反撃に遭って肥前鏡城を逐われ、高祖城へ退避した。また、同時期に原田親種が龍造寺隆信らに与同して大友方に叛旗を翻し討伐対象とされ〔鶴田文書、大坪文書〕、了栄・鎮永は大友氏への忠貞を改めて示す必要が生じた。最終的に親種は自害したとされているが、史料の書きぶりからしても了栄によって追い込まれた可能性が高いとみてよいだろう。先に触れた了栄との方向性の違いが表面化した事件だったといえる。親種の自害にともない、了栄の跡継ぎが不在となったことから、鎮永の息信種《のぶたね》（龍造寺隆信の偏諱を受けている）を原田氏の跡継ぎとして迎えた。なお、後に了栄は親種の菩提を弔うために怡土郡内の極楽寺《ごくらくじ》という寺を龍国寺《りゅうこくじ》（曹洞宗）として再興している。

天正二年三月、大友氏は龍造寺氏討伐に乗り出した。また、大友氏は鎮永の肥前入部（本拠地復帰）を後押ししており、筑紫氏ら周辺領主へも助力を要請した。鎮永の肥前入部に際しては了栄も肥前方面に出陣している。大友氏の後援のもと無事に本拠地復帰を果たした鎮永だったが、天正三年正月に龍造寺隆信・鎮賢《しげかた》父子に対して起請文を提出し忠誠を誓った〔永野御書キ物抜書〕。その起請文のなかで、「了栄御料人《ごりょうにん》」を鎮永が請け取り、隆信へ渡すことが誓約されている。「御料人」とは子女の意味であるが、ここでは具体的にどのような人物を指すのかは不明である。ともかく、了栄の龍造寺氏への服属が明確となった。

志摩郡支配の獲得と龍造寺氏への服属

天正六年（一五七八）十一月、日向耳川《みみかわ》合戦にて大友氏が島津《しまづ》氏に大敗を喫すると、大友氏へ一応は従属の姿勢を見せていた国衆らが相次いで離反した。了栄もその例に漏れず挙兵し、大友勢との戦闘を繰り広げる。

天正七年七月から九月にかけて、了栄は大友方の戸次・立花勢と衝突を繰り返した。七月には戸次・立花勢が高祖城攻略に出陣したが、原田勢はこれを撃退した。このときの軍忠を賞した宛行状によると、「鉢窪・生松原・姪浜所々」など、志摩・早良両郡の境が主戦場だったようである（第二次生の松原合戦）。続いて原田勢は、木付鑑実《きつきあきざね》が籠城する柑子岳城を包囲した。八月に兵粮支援のため戸次道雪が出陣し、再び生の松原にて衝突し一進一退の攻防を繰り広げた〔豊前覚書〕。結果、戸次勢による柑子岳城への兵粮支援は達成されず、同城は開城し鑑実は立花城へ退いた。ここに大友氏による志摩郡支配が終焉し、同郡は原田氏の支配下となった。これを示すように、九月に了栄は武運長久を祈念して高祖宮へ志摩郡内五町地を寄進しているほか、この時期の了栄による宛行状の多くが志摩郡内の所領を宛行っている。これ以降、九州平定まで怡土・志摩両郡が原田氏の支配するところとなる。

長きにわたった大友氏の志摩郡支配に終止符を打ち、志摩郡・早良郡方面へと勢力を拡大させる了栄だったが、肥前方面からの龍造寺氏の急速な勢力拡大には抗えなかった。天正八年閏三月三十日、了栄は龍造寺隆信・鎮賢父子に起請文を提出し、了栄・信種は龍造寺父子へ謀略を構えることなく、また原田家中の内通者は誅伐することを誓った〔永野御書キ物抜書〕。原田家中には龍造寺氏への降伏に賛同しない勢力が少なからずいたことが推察される。また、これと前後して龍造寺氏へ高祖城を明け渡したとあることから〔永野御書キ物抜書〕、龍造寺氏との同盟というよりは、むしろ龍造寺氏の軍門に降ったと捉えてよいだろう。

ここからさらに勢いをつけた龍造寺氏は、天正八年七月、大友氏の早良郡支配の拠点である安楽平城を落城させた〔小田部文書〕。原田氏もこれに従い早良郡の過半を手に入れたうえ、那珂《なか》郡にまで進出したという〔蔦野家譜〕。実際に、天正十年四月には龍造寺・秋月・筑紫・原田の四氏がともに御笠・那珂・糟屋《かすや》三郡へ麦薙に及んでいる〔無尽集所収文書〕。

天正十二年七月、了栄は秋月種実へ書状を遣わした〔山前文書〕。これによると、立花・宝満《ほうまん》（福岡県太宰府市）両城の大友勢が夜須《やす》郡方面へ出陣の風聞があることをうけ、事実ならば了栄が早良郡へ軍勢を遣わすと述べている。また、「肥薩一和」すなわち龍造寺・島津両氏の和平についても言及している。天正十一年から翌十二年にかけて、種実は両氏の和平成立に向け奔走していたが、了栄からも佐賀・柳川《やながわ》へ家臣を派遣して和平成就へ向け活動していたという。紆余曲折を経ながらも、天正十二年九月には秋月・龍造寺両氏が島津氏の「御幕下」となることで決着がついた〔上井覚兼日記〕。龍造寺氏の影響を強く受ける原田氏にとっても、龍造寺・島津両氏の和平は大きな関心事であったことがうかがえる。

天正十三年三月、了栄と信種の連署で、龍造寺政家《まさいえ》へ起請文を提出し、政家および鍋島信生《なべしまのぶなり》（直茂《なおしげ》）、そのほか龍造寺氏の家来衆に対して忠誠を誓った〔龍造寺家文書〕。依然として龍造寺氏とは緊張関係が続いているようである。

了栄の没年は不詳であるが、天正十四年九月末には知行預ヶ状を発給していることから〔庄崎家文書〕、遅くともこれ以降に没したようである。大名勢力との絶えぬ抗争や周辺在地勢力の掌握など、多くの困難を抱えながらも、半世紀以上の長きにわたり原田家を率い、その最盛期を築いた了栄は、まさに戦国期糸島地域を象徴する人物であったといえよう。

原田氏のその後と原田氏家臣団

最後に、その後の原田氏と家臣団との関係について触れておきたい。

了栄の没前より、信種は毛利輝元《てるもと》を通じて九州平定軍への服属を示し、羽柴《はしば》（豊臣《とよとみ》）秀吉《ひでよし》への取り成しを依頼していた。了栄の没後、信種は去就に迷いながらもこの事前交渉の通り、最終的に九州平定軍に加わった。しかし、天正十五年（一五八七）六月の国分《くにわ》けでは小早川隆景《こばやかわたかかげ》与力として筑後四百町ばかりを与えられたのみであり、同八月には肥後に入部した加藤清正《かとうきよまさ》の与力とされ、原田氏は肥後に移った。こののちも筑前以来の家臣らに対して官途状や加冠状、所領宛行状などを発給しており、緊密な関係が維持されていた〔丸山一九九七〕。

また、慶長三年（一五九八）九月に朝鮮蔚山《ウルサン》城の攻防で信種が戦死したのち、原田氏は唐津《からつ》寺沢《てらさわ》氏、その改易後は会津保科《あいづほしな》氏に仕えた。筑前時代の家臣らは原田氏に随行した者、他家へ仕えた者のほか、怡土・志摩地方で帰農した者も多かった。しかし、東西を遠く隔てながらも、原田氏と旧家臣との関係は途絶えていなかった（中村一九七一）。江戸時代後期の文政年間、当時すでに会津藩の老中職として重用されていた原田氏だったが、怡土郡高祖の金龍寺を介するかたちで筑前の旧領・旧臣末孫となおも一定度の結びつきを保っていた。一例として、志摩郡の百姓となっていた元重臣鬼木《おにき》氏は、すでに断絶してしまった会津鬼木家（鬼木氏の直系）を再興させたいという原田氏の誘いに応じて一族の者が会津へ下向し、会津鬼木家の再興を果たしたことが明らかにされている。紆余曲折を経て遠く会津の地に移りながらも、中世を通して築き上げた旧領との絆は断絶しなかったのである。戦国時代の国衆がいかにその地に根付いた存在であったかをうかがわせる好例である。

（佐藤凌成）

【主要参考文献】

中村正夫「主従の絆」（『社会学研究年報』四、一九七一年）
広渡正利『大蔵姓原田氏編年史料』（文献出版、二〇〇〇年）
丸山雍成「中世後期の北部九州の国人領主とその軌跡―原田氏とその支族波多江氏を中心として―」（広渡正利『大蔵姓原田氏編年史料』、初出一九九七年）
『新修志摩町史　上巻』「第四編　中世」（二〇〇九年）

宗像氏貞——宗像社を守り抜いた大宮司にして国衆

家督争いと大宮司就任

海上交通の要地である宗像《むなかた》地域では、古くから宗像神が海上神として信仰されてきた。宗像三女神が祀られる宗像大社（福岡県宗像市）は現在も交通安全の神様として親しまれている。戦国期にこの宗像社の大宮司《だいぐうじ》に就いたのが宗像氏貞《うじさだ》である。氏貞（幼名鍋寿丸）は第七十六・七十八代大宮司を歴任した黒川隆尚《くろかわたかひさ》（宗像正氏《まさうじ》）の実子であり、天文十四年（一五四五）に周防国黒川の館にて生まれた。母は陶晴賢《すえはるかた》（隆房《たかふさ》）の姪という。

このように、氏貞の生まれは筑前宗像ではなく周防だが、この理由は父隆尚の経歴にある。隆尚は一度大宮司を務めたがこれを辞して大内義隆《おおうちよしたか》に仕えるため山口《やまぐち》（山口市）に出仕し、周防国吉敷《よしき》郡黒川郷と義隆の偏諱《へんき》を与えられ、黒川隆尚と名を改めた。天文元年に九州において大内氏と大友《おおとも》氏の戦闘が激化すると、翌年、隆尚は宗像へ戻り大宮司に復任し、大内方として戦った。同五年五月には甥の氏男《うじお》（黒川隆像《たかかた》）を猶子《ゆうし》として迎えて大宮司の座を譲り、自身は再度中国地方へ戻り、各地に出陣するとともに吏僚的活動も行っている。

　天文十六年閏七月十五日に隆尚が没すると、鍋寿丸と氏男の間で家督争いが生じた。鍋寿丸の家督継承が決定的なものとなったのが、天文二十年九月の陶隆房の謀叛である。隆房に攻められた義隆は長門大寧寺《たいねいじ》（山口県長門市）で自刃したが、このとき山口に出仕していた氏男も同じくここで自刃した。また、これとほとんど時を同じくして宗像地域でも「宗像四郎」なる人物が同地域に乱入するなど動乱が起こっていた。この「宗像四郎」は氏男側の後継者とされるが（異説あり）、一方の鍋寿丸側は宗像四郎が乱入してきたときにはすでに宗像地域を掌握していたとされる（堀本一九九九）。鍋寿丸は晴賢の支持のもと氏男系の勢力を排除し、大宮司の座と宗像氏家督を獲得したのである。

宗像氏貞画像（復元）　福岡県宗像市・承福寺蔵
画像提供：宗像市

　宗像社に入った鍋寿丸は幼少であったため、重臣らによる奉書を以て命令に代えるかたちで政治を進めた。この間にも氏男系勢力やその擁立を企てる勢力がたびたび現れたがこれらの掃討に当たり、天文二十一年には氏男室と娘（室とその母とも）を、天文二十三年には第七十七代大宮司で氏男の父である氏続《うじつぐ》を殺害している。

　天文二十一年、陶隆房は、新たな大内氏当主として大友晴英《はるふさ》（大内義長《よしなが》、義鎮《よししげ》の実弟）を迎えた。この頃、鍋寿丸は晴英より宗像と称することを認められた〔宗像神社文書〕ことで宗像鍋寿丸と称するようになった。これより、鍋寿丸は大内氏に従って各地を転戦し、天文二十二年の筑前国怡土《いと》郡高祖《たかす》城（福岡県糸島市・福岡市西区）の原田《はらだ》氏攻撃〔宗像神社文書ほか〕や石見国津和野《つわの》城（島根県津和野町）の吉見正頼《よしみまさより》攻撃〔有吉文書ほか〕に参加している。

大友・毛利氏の抗争と氏貞

弘治元年（一五五五）十月、毛利元就《もとなり》が厳島《いつくしま》合戦にて陶晴賢を敗った。これ以降、毛利氏が急速に勢力を伸ばし、弘治三年五月には大内義長を自害に追い込み、名実ともに大内氏を滅亡させた。毛利氏の台頭過程において、北部九州の国衆のなかには反大友氏・親毛利氏を掲げるものが多く、彼らは弘治年間から永禄年間にかけて、毛利氏と連携して大友氏の勢力拡大に抵抗の姿勢を示す。こうした周辺状況にもかかわらず、宗像氏は大内氏の滅亡まで、実質的に大内氏を支配した陶氏や、陶氏滅亡後に大友氏への依存を増した大内氏から離叛することなく従っている。こうした動向は、陶氏との縁戚関係を有するためとも考えられよう。また、大内氏の滅亡直後は毛利方ではなく大友方に属し、元就と連携して挙兵した筑前国衆の秋月文種《あきづきぶんしゅ》（種方《たねかた》）の成敗へ協力する姿勢を示している〔宗像神社文書〕。

なお、弘治三年十一月六日までに鍋寿丸は元服し、氏貞と名乗るようになった。これにより、これまで有力家臣らが代行していた文書発給などの活動を氏貞自身が行うようになった。

毛利氏の北部九州進出が本格化してくると、氏貞もほどなくして毛利方に転じたが、永禄二年(一五五九)九月、宗像鎮氏《しげうじ》なる人物が宗像社に襲来し、氏貞は玄界灘《げんかいなだ》に浮かぶ大島《おおしま》へと退避を余儀なくされた。鎮氏の系譜上の位置づけは不明だが、「豊家祗候」とあり、さらには大友義鎮の偏諱をうけていることからも推察されるように、大友氏のもとで宗像氏の家督奪取の機会をうかがっていた人物であろう。鎮氏の宗像襲撃と同時に大友勢も進軍し、氏貞の重要拠点である許斐城《このみ》(許斐岳城、福岡県宗像市・福津市)を接収した。

鎮氏の襲撃により大島へ退避した氏貞だったが、早くも翌三年三月に大島より出陣し、許斐城奪還に成功した。この許斐城奪還における手負注文《ておいちゅうもん》(宗像神社文書)に毛利隆元《たかもと》の袖証判《そでしょうはん》が据えられていることからも、氏貞の背景に毛利氏の後援があったことは間違いない。永禄四年五月の、毛利氏から宗像氏家臣らへの感状《かんじょう》には「三ケ年籠島」(石松文書ほか)とあることから、許斐城奪還後しばらく、いまだ大島にも拠りつつ大友氏と対峙していたようである。

なお、宗像氏は代々白山城《はくさん》(宗像市)を居城としていたが、氏貞は永禄四年八月ごろから蔦ヶ岳城《つたがたけ》(福岡県宗像市・遠賀郡岡垣町)の築造を開始し、翌五年十二月にここに移ったという。蔦ヶ岳城周辺にも支城を築き、防御を固めた。

永禄五年七月、大友氏家臣で宝満《ほうまん》・岩屋《いわや》城督として筑前支配を担っていた高橋鑑種《たかはしあきたね》が離反し毛利方一味を表明した。毛利氏にとっては願ってもない申し出であり、これを機にいっそう秋月種実《たねざね》や宗像氏貞ら国衆との連携を密にして九州進出を本格化させた。しかし、大友・毛利両氏、そして将軍足利義輝《あしかがよしてる》は目的をそれぞれ異にしながらも抗争の鎮静化を望んでおり、和睦の途が模索され始めた。こうして、永禄六年正月より大友・毛利両氏の和睦交渉が重ねられていくのである。和睦条件を検討する毛利元就・隆元父子が、高橋鑑種が崩れれば氏貞も堪えることができず、たちまち豊前・筑前は破綻すると述べているように、鑑種とならんで氏貞の存在が毛利氏の九州進出にとって重要なものであると認識されていた〔毛利家文書〕。

また、和睦条件のひとつとして毛利方が抱える香春岳城《かわらだけ》（福岡県香春町）の破却が挙がったときには、氏貞は高橋鑑種・杉連緒《すぎつらつぐ》と協同して毛利方へ抗議に及んでいる〔吉川家中并寺社文書ほか〕。氏貞は毛利氏の九州進出における重要拠点として、また大友勢の侵出を防ぐ防波堤としての香春岳城の重要性を説き、破却すべきでないと進言している。

豊芸和睦の成立により北部九州の国衆らはひとまず大友氏に従うところとなった。氏貞も大友氏に起請文を提出して忠節を誓い、社領・武領の安堵を受けた〔宗像神社文書〕。束の間ではあるが平穏を取り戻した氏貞は、大宮司としての自身の立場を補強し、領内支配を強固にすべく、このころより朝廷に対して中納言《ちゅうなごん》任官を求めている（後述）。

永禄十年七月には高橋鑑種が再度大友氏に対して挙兵、中国地方で尼子《あまご》氏を制圧した毛利氏も九州進出を再開すると、反大友氏の機運も高まった。氏貞もまもなく毛利方として挙兵し、立花《たちばな》城督の立花鑑《あき》載《とし》ら大友勢と宗像周辺や立花城近辺にて合戦に及んでいる。同十年十月には、大友勢の侵攻により宗像郡が戦場となり、宗像社の神宮寺《じんぐうじ》である鎮国寺《ちんこくじ》が炎上した〔新撰宗像記考証所収史料〕。なお、氏貞と交戦した立花鑑載は永禄十一年、毛利方の調略により大友氏から離反し、大友・毛利両勢力による立花城攻防戦の端緒となった。

立花城をめぐり攻防戦を繰り広げるさなか、大友氏は毛利氏の後方を攪乱すべく、父の代に豊後に亡命していた大内氏一族・大内輝弘《てるひろ》に大内家再興を促して山口へ侵攻させた。大友氏の狙い通り、背後を突かれた毛利氏は九州からの撤兵を余儀なくされ、北部九州は再び大友氏の支配するところとなった。毛利氏という後ろ盾を失った北部九州の国衆らは相次いで大友氏に降伏した。氏貞も鞍手《くらて》郡若宮・宗像郡西郷の地を大友氏に割譲することで大友氏と和議を結んだ〔宗像宮第一宮御宝殿置札〕。氏貞が大友氏に赦された背景には、秋月種実から大友氏への嘆願もあったらしい〔無尽集所収文書〕。大友氏は獲得した氏貞の旧領を家臣へ配分しているが、氏貞家臣の河津隆家《かわづたかいえ》は西郷で違乱に及んでおり、大友宗麟は氏貞へ隆家の誅伐を命じている〔吉弘文書〕。

また、和睦にともない、元亀元年に氏貞は大友家臣・臼杵鑑速《うすきあきすみ》の娘を大友宗麟の養女としたうえで室に迎えた〔宗像記追考〕。さらに翌年には氏貞の妹が戸次鑑連《べっきあきつら》に嫁いでいる〔宗像記追考〕。鑑連に嫁ぎ「松尾殿《まつおどの》」と称される氏貞の妹については後にも述べるが、この婚儀に際しては氏貞が大友氏に割譲した西郷三百町をいったん鑑連が祝儀として返し、それを氏貞が化粧料として献じたという〔吉永二〇〇〇〕。

宗像社大宮司としての活動と領内支配

氏貞は国衆であると同時に、宗像社の大宮司でもあった。ここでは大宮司としての側面に注目してみたい。

特筆すべきは氏貞の中納言申請運動である〔桑田二〇一六〕。氏貞は永禄九年（一五六六）頃より朝廷に対して中納言への任官を求めて廷臣・山科言継《やましなときつぐ》へ働きかけている。結論から述べると、残された史料からは中納言任官という目的は達成されなかったと思われるが、重要なのは氏貞が中納言という官途に執着した理由である。氏貞が重視したのは、始祖清氏《きようじ》が中納言に任官されていたという由緒であり、このことから、申請の目的は大宮司としての正当性と権威を得ること、さらにはこれにより自らを頂点とする領内秩序を築くことにあったと推測されるのである。結果的に任官は得られなかったが、元亀四年（一五七三）以降、領内において中納言を名乗っていることが確認される。また、その際には「大宮司」やそれと同意の「社務《しゃむ》」・「執印《しゅういん》」といった役職名を併記することで、大宮司としての立場を強調している。氏貞は始祖清氏の官途を求め、そして対内的に自称（僭称）することで、大宮司の地位と所領支配を安定させようとしたのである。

また、氏貞は領内寺社の創建・再興を数多く行っている。こうした活動は、大宮司としての宗教的活動である一方で、実のところは氏貞の領主的支配を宗教的に具体化したものといえる〔堀本一九九九〕。領主的支配と信仰は表裏一体の関係にあったのである。

大友領国の動揺と氏貞の死

天正六年（一五七八）十一月、日向国にて大友氏が島津《しまづ》氏に大敗を喫すると、大友氏の領国支配は揺らぎ、北部九州の国衆らが相次いで挙兵した。宗像氏も大友氏の支配から脱すべく挙兵し、翌年二月には秋月氏と、七月には龍造寺《りゅうぞうじ》氏と起請文を交わして盟約を結んでいる〔宗像神社文書〕。

この時期の氏貞は、たびたび戸次道雪《どうせつ》の軍勢と戦闘に及んでいる。なかでも、天正九年十一月十三日、鞍手郡吉川庄（福岡県宮若市）周辺地域を舞台とした清水原合戦（後世の編纂史料では小金原合戦とも）は激戦であった。合戦の原因については諸説あるが、筑前鷹取《たかとり》城へ兵粮を運び込もうとした立花勢と、これをうけた秋月・宗像勢との衝突であったとされる。また、元亀二年に氏貞の妹（松尾殿）と戸次道雪が婚儀を結んだ際に宗像郡西郷が献じられたことは先に述べたが、これにともなって鞍手郡若宮庄へ移住させられた給人らが遺恨を抱いていたことが遠因とも言われる。合戦の結果は大友軍の優位に終わったが、戦死・負傷者をはじめ双方で甚大な被害を出したことは、残された多くの着到状《ちゃくとうじょう》や感状の類からも看取される。

こうした立花城の大友勢との攻防はたびたび行われているが、この清水原合戦は宗像家中にとって衝撃的な出来事であった。合戦の翌月には氏貞が若宮庄の若宮八幡に「社敵無道《しゃてきむどう》の凶徒《きょうと》」退散を願って願文《がんもん》を納めているが〔青柳種信関係資料〕、ここでいう「社敵」は立花城の大友勢を念頭に置いたものであろう。加えて翌年三月には、立花勢の襲来に備えて神力を仰ぐべく、氏貞家臣ら二十二名の連名で辺津宮《へつみや》第一宮に願文を納めている〔新撰宗像記考証〕。

龍造寺氏の急速な勢力拡大と島津氏の北上が目前に迫るなか、天正十四年三月四日、氏貞は蔦ヶ岳城にて没した。その生涯を振り返ると、周防国に生まれ、幼いうちに陶氏の後援を受けながら宗像へ入部、以後は大友氏との抗争の連続であった。一方で領内寺社の創建・再興を積極的に行い振興に努め、大宮司としての責務も全うした。氏貞の没後は、擬大宮司（大宮司に次ぐ役職）の座に就いた深田《ふかだ》氏が宗像社の実質的なトップとなり、武士としての側面を失って権限は祭祀のみに限定されながらも社を取り仕切った。近世以降も人々の崇敬を集め今日まで至っている宗像社だが、それも戦国争乱の時期に大宮司として社を守り抜いた氏貞の活躍があったからこそと言えよう。

氏貞周辺の女性たち

筑前国衆として、そして宗像大宮司として戦国争乱のなかを生きた氏貞だが、そこには重要な役割を担った女性たちがいたことも見逃せない。ここでは氏貞の母と妹を取り上げてみたい。

まず氏貞の母である。既述の通り、彼女は陶晴賢の姪であり、この縁戚関係自体が氏貞の前半生に大きな意味をもっていた。また、氏貞は鍋寿丸と名乗っていた幼少の頃に山口から宗像へと入部した。当時、幼少の鍋寿丸に代わり家の指揮を執った人物こそが、「大方殿《おおかたどの》」と呼ばれる氏貞の母であった。鍋寿丸の宗像入部に際しては多くの反抗勢力との衝突が生じたが、「大方殿」はその討伐を家臣に命じ、「思召のま丶にうちはたし」たことを賞する仮名交じりの書状も発給している〔宗像記追考〕。さらにはこの討伐に関して、氏貞母の「御感」により家臣へ「新恩」が与えられたともいう〔宗像記追考〕。事実であれば、幼少の鍋寿丸に代わり当主同然に実権を握って家を先導していたと言えよう。そしてもちろん、この背景には、彼女の叔父である陶晴賢の存在もうかがえる。

氏貞の母の活躍はこのような政治的側面に収まらない。時として戦陣においても宗像家を先導した。永禄十二年、毛利氏が九州へ再進出し、大友氏と立花城攻防戦を繰り広げる。このときの宗像周辺の情勢を天正六年に作成された「第一宮御宝殿置札」に見てみると、筑前に出陣した大友勢が宗像郡に放火し、「陣中」（＝出陣中の氏貞陣中）と「郡内」（＝宗像郡内）の連絡が取れなくなったという。このとき「大方殿様」、すなわち氏貞の母が氏貞の居城である岳山城（蔦ヶ岳城）に在城し、緩みなく御下知を加えたため、すぐさま本陣への加勢が叶ったとされる。このように、氏貞不在の本城を預かり統率・指揮を揮ることで、窮地を切り抜ける器量をも持ち合わせた人物だったのである。

氏貞の妹は、元亀二年に戸次道雪に嫁した。永禄十二年に毛利氏が九州から撤退するにともない、氏貞は大友氏と和睦を結んだが、この翌年（元亀元年）に臼杵鑑速の娘（大友宗麟の養女）が氏貞に輿入れしたとされる〔宗像記追考〕。氏貞の妹と戸次道雪の婚儀も、宗像氏を警戒する大友氏による政略結婚であろう。なお、道雪との婚儀後、氏貞の妹は「松尾様」と称されている。道雪は立花城督を務めたが、その内に松尾城も含まれていた。おそらく氏貞の妹はここに居住しており、それをもって「松尾様」と称されたものと推測される。天正六年末の耳川合戦により大友氏が衰退すると、氏貞は徐々に大友氏との距離を隔てていく。そして天正九年十一月十三日、筑前国鞍手郡にて氏貞勢と道雪勢が衝突（清水原合戦・小金原合戦）し、これを機に氏貞と大友方との決別が歴然となった。こうした政治状況を背景に氏貞の妹は立花城（松尾城）から下城し、立花城麓の糟屋郡青柳村に移って仏門に帰依し、天正十二年に同地で死去したという。彼女の人生は、まさに宗像氏と大友氏との関係性をそのまま反映させたものだったと言えるだろう。

以上、氏貞の母と妹について、主に政治的・軍事的側面から見てきた。このほかにも、彼女らやほかの女性の存在は史料上で確認できる。例えば、天正六年の宗像社第一宮造営にあたっては、氏貞を筆頭に宗像家臣らが寄進を行っているが、氏貞に次いで「大方殿様」、「女中様」、「松尾様」による寄進が記録される〔宗像神社文書〕。先に見たように、「大方殿様」は氏貞の母、「松尾様」は氏貞の妹であり、「女中様」は氏貞の室すなわち臼杵鑑速の娘である。氏貞に次いで記載されていることや、各々が個別に寄進を行っていることから、彼女らの地位が高く、個別の財力をもっていたことがうかがえる。

氏貞没後の宗像氏

ここまで氏貞とその周辺について述べてきたが、氏貞没後の豊臣秀吉《とよとみひでよし》による九州出兵および九州国分《くにわ》けにおける宗像氏、そしてその後の宗像氏についても触れておきたい。

天正十四年（一五八六）三月四日に氏貞が没したことで、宗像社は大宮司不在の状態で秀吉の九州出兵を迎えた。氏貞の家臣らは毛利氏や益田《ますだ》氏の指揮下に入り、島津方勢力の討伐にあたった。益田氏は宗像氏と関係が深く、天正六年の宗像社第一宮造営にあたっては多大な資材を提供しているほか、氏貞は嫡男・塩寿丸の早世により、石見益田氏から養子として益田元堯《もとたか》を迎えたといわれている〔訂正宗像大宮司系譜〕。このような関係を背景に、氏貞の家臣は益田氏の指揮下に入ったのである。なお、元堯はのちに益田家相続のため石見へ帰国し、宗像家は氏貞の娘婿で当時小早川《こばやかわ》氏家臣だった草苅重継《くさかりしげつぐ》が相続した。後に重継は長門国へ移り、氏貞の後家も宗像家の相伝文書などを携えて重継のもとへ身を寄せた。文書類は途中大幅に散逸したものの、後に宗像社へ返還された。

また、国分けにより、小早川隆景《たかかげ》の与力として筑後国内に三百町の所領を与えられた人物に宗像才鶴《さいかく》がいた。宗像才鶴は謎多き人物であり、氏貞の後家とも推測されてきたが、近年、これに関連した史料が新たに発見されたことは記憶に新しい〔花岡二〇二〇〕。熊本県球磨郡多良木町で発見されたのは、豊臣秀吉の発給文書二通、宛所はいずれも宗像才鶴である。こうした新発見史料も踏まえて氏貞以降の宗像氏についても今後の研究が期待される。

中世末期に宗像氏の嫡流が途絶えた後、宗像社の祭祀は社官の深田氏が継承し、宗像氏は宗像の地を去った。しかし、宗像氏そのものが断絶したわけではなく、筑前を離れた肥後の地でその名跡は受け継がれていたのである。

（佐藤凌成）

【主要参考文献】

桑田和明『中世筑前国宗像氏と宗像社』（岩田書院、二〇〇三年）
桑田和明『戦国時代の筑前国宗像氏』（花乱社、二〇一六年）
花岡興史「新発見の豊臣秀吉文書と肥後宗像氏」（『沖ノ島研究』六、二〇二〇年）
堀本一繁「中世　第四章　戦国時代の宗像」（『宗像市史 通史編 第二巻 古代・中世・近世』、一九九九年）
本田博之「近世　第一章　豊臣政権と宗像」（『宗像市史 通史編 第二巻 古代・中世・近世』、一九九九年）
吉永正春『九州戦国の武将たち』（海鳥社、二〇〇〇年）

蒲池鑑盛・鎮並
——大友と龍造寺の間で揺れ動く筑後の名族

上蒲池家と下蒲池家

筑後国の名族の一つに挙げられる蒲池《かまち》氏は、戦国期には二家に分裂していた。このうち、山下《やました》城（福岡県立花町）を根拠とする一族は現在、「上蒲池家」と通称される。これは『上井覚兼日記《うわいかくけんにっき》』において「上蒲池」と呼称されていることによる。一方の蒲池城（後に柳川《やながわ》城〈福岡県柳川市〉）を根拠とした一族は、同時代史料に呼称は特に見られないものの、「上蒲池家」と対比するかたちで「下蒲池家」と通称される。以下ではこれに倣い、上蒲池家（氏）・下蒲池家（氏）、両家をあわせて両蒲池氏と呼称することとし、戦国期の下蒲池家当主である鑑盛《あきもり》（入道宗雪《そうせつ》）とその息鎮並《しげなみ》（鎮漣《しげなみ》とも）に主眼を置いて見ていきたい。なお、下蒲池家は天正九年（一五八一）に龍造寺《りゅうぞうじ》氏に攻められ滅亡している。このため、下蒲池家の家文書は現在のところ確認されていない。こうした史料的制約はあるものの、下蒲池家の動向は周辺史料からある程度追跡することが可能である。

ところで、なぜ蒲池氏は二家に分裂したのか。この背景には、戦国期の筑後国をめぐる情勢がある。筑後をめぐっては、大友《おおとも》氏や菊池《きくち》氏、龍造寺氏といった周辺勢力が支配を敷こうと侵出を繰り返していた。天文三年（一五三二）には大内氏《おおうち》の九州侵攻に呼応した菊池義宗《よしむね》（義武《よしたけ》）が筑後へ出兵するが成果は上げられず、同五年には筑後の大部分が大友氏の支配するところとなった。このとき、菊池方として挙兵した筑後国衆のなかに蒲池能久《よしひさ》（覚能《かくのう》）が確認される。後に大友氏が蒲池鎮運（上蒲池家）を味方に引き入れる際に、蒲池宗雪（鑑盛、下蒲池家）の跡である河崎百町は「覚能以来の本地一所」であるとしたうえで、これを遣わすと述べていることから〔広島大学所蔵蒲池文書〕、蒲池家の分裂は天文年間初期と考えられる。近世期に編まれた「蒲池物語」は、蒲池家の分裂は上妻《かみつま》郡《こうづま》の押さえとすることを企図した大友氏の下知によるものとするが、実際のところは詳らかでない。菊池方についた弟能久と兄重久《しげひさ》が分かれて行動したためか、あるいは大友氏が蒲池氏の勢力を二分するためにとった処置とも考えられる〔田渕二〇〇六〕。いずれにせよ、筑後をめぐる周辺勢力の抗争と蒲池氏の分裂が密接に関連するものであることは間違いない。

天文十九年二月、大友氏内部での家督をめぐる対立から二階崩《にかいくず》れの変《へん》が起き、この結果、大友義鎮《よししげ》（宗麟《そうりん》）が家督を継承した。この変に際して、肥後国では菊池義武が挙兵し、筑後でも義武に与する勢力が挙兵した。このとき、上蒲池氏・下蒲池氏はともに大友方としてこの討伐にあたり、各地で戦功を挙げている。鑑盛は北関（福岡県みやま市）へ出陣して戦功を挙げた〔広島大学所蔵蒲池文書〕ほか、同じく筑後国衆の田尻親種《たじりちかたね》と行動をともにしていることが確認できる。また、鑑盛は肥前の領主である有馬《ありま》晴純《はるずみ》（南明軒、仙岩）や於保《おほ》氏と「入魂」（昵懇）な関係にあった。特に大友義鎮が、菊池義武の討伐にあたって重要な役割を果たした晴純に礼使を遣わすにあたっては、道中の海上における心添えを鑑盛に依頼している。晴純をはじめとした周辺領主との「入魂」な関係をもとに菊池氏与党の討伐に功を挙げた鑑盛に対して、義鎮は信頼を寄せていたのであろう。また、この事例からは、蒲池氏が水軍を有していたことが看取される。

天文二十四年（一五五五）の厳島《いつくしま》合戦にて毛利元就《もうりもとなり》が陶晴賢《すえはるかた》を破ると、大内氏（当主義長《よしなが》、大友義鎮の実弟）が衰退をはじめ、毛利氏が台頭する。これにあわせて、北部九州では秋月《あきづき》氏や筑紫《つくし》氏などの国衆が、反大友氏を掲げ相次いで挙兵した。大友氏は弘治三年にこうした毛利方国衆を討伐するが、彼らのなかには一時的に毛利領国に亡命し、永禄年間初頭に本領へ帰還し再度挙兵するものもいた。その代表が、筑前の秋月種実《たねざね》や肥前の筑紫惟門《これかど》である。大友氏は軍事動員して彼らとの抗争を繰り広げるが、その際には筑後国衆も頻繁に動員され、各地で合戦に参加した。田尻氏や上蒲池氏のもとに軍忠状《ぐんちゅうじょう》や手負注文《ておいちゅうもん》の類が伝わっていることから、下蒲池氏も同様に動員され、各地を転戦したと考えられる。

肥前情勢と蒲池氏

永禄二年（一五五九）に少弐《しょうに》氏を滅ぼした龍造寺氏は、肥前国内の国衆を攻めて同国における勢力を拡大させていった。こうした動向は、肥前の守護職をもつ大友宗麟との対立を招き、両氏は衝突を繰り返した。大友氏の肥前出兵に際しては筑後国衆も動員されており、上蒲池氏は海上における軍事活動を期待されていた。一次史料には見えないが、軍記物によると蒲池鑑盛も動員されていたという。上蒲池氏と同じく、海上での軍事活動を期待されての動員であろう。元亀元年（一五七〇）八月には龍造寺軍が大友軍に奇襲をかけて大勝を挙げたが（今山《いまやま》合戦）、結局、同年十月に龍造寺隆信《たかのぶ》が所領安堵を条件に大友氏に降伏した。

これにより一時は落ち着いた肥前情勢だったが、元亀三年には龍造寺隆信が再び軍事行動を展開する。当時の肥前情勢については堀本一繁氏の研究〔堀本一九九八〕に詳しいが、これによると、肥前国では三根《みね》郡内の所領をめぐって龍造寺・横岳《よこだけ》・筑紫の三氏が対立関係にあったという。当初、大友氏は戦闘を回避する方針を立て、大友氏主導で調停を進めると同時に、国衆間の相互調停にも期待していた。しかし、龍造寺氏による三根郡介入は止まず、ついには龍造寺氏討伐を断行したのである。

こうした肥前情勢のなか、蒲池宗雪（鑑盛）・鎮並父子は筑紫氏や横岳氏と連絡を取っており、龍造寺勢が三根郡へ侵攻した場合には、横岳氏へ加勢することをたびたび述べている〔横岳文書ほか〕。当時、大友氏は横岳氏が籠もる西島城《にしじま》（佐賀県みやき町）の防衛のために筑後国衆を動員し、龍造寺勢の襲撃に備えていた〔横岳家文書〕。「番手を以て」とある通り、筑後国衆が輪番で勤めたようである。また、龍造寺勢が襲来したときには鎮並が西島城防衛に出陣するよう、当時の筑後方分《ほうぶん》（地方別担当者）である田原親賢《たわらちかかた》より命じられていた。こうした宗雪・鎮並父子の動向も、先に述べた国衆間の相互調停の一環であろう。

天正五年（一五七七）、ついに龍造寺隆信は降伏し、大友氏はこれを宥免した。この背景には、大友宗麟と織田信長《おだのぶなが》との連携があった。天正三年九月に、信長の意を受けた関白近衛前久《このえさきひさ》が九州へ下向しているが、この目的は九州諸大名の和睦斡旋であったとされる。信長は畿内平定を進めつつ、並行して九州の諸大名に対して毛利氏への攻撃を意図した働きかけを行っていたのであり、その一つが大友氏との協約であった。大友氏には「下目静謐」すなわち九州の争乱平定の達成・維持が求められていた。龍造寺隆信の宥免はこうした信長との協約に基づくものだったのである。

そして、龍造寺氏の降伏に重要な役割を果たしたのが宗雪・鎮並父子である。宗雪・鎮並父子から龍造寺隆信・鎮賢《しげかた》父子に宛てた起請文によると、宗雪・鎮並が大友氏に言上・交渉した結果、隆信の赦免という結論が下されたという。また、隆信の赦免に際して係争地であった三根郡が隆信へ還付されることとなっていたが、もしこれが実行されなかった場合には、大友氏の「上意」に背いてでも龍造寺父子を見捨てない旨を誓約している。このように龍造寺氏を見捨てないと誓約する一方で、宗雪は隆信の動向を大友方へ内々に注進している〔横岳文書〕。

先に述べたように、大友氏は肥前情勢の鎮静化を模索するなかで、国衆間の相互調停に期待していた。宗雪・鎮並父子は大友氏から求められた役割を見事に果たし、肥前情勢の鎮静化に貢献したのである。こうした動向は、まさに宗雪・鎮並父子が忠実な大友方国衆として働いたことを示しているといえよう。しかし一方で、このとき下蒲池氏と龍造寺氏との間に密接な関係が形成されたとも考えられる。天正六年十一月以降、領国支配が揺らいだ大友氏に代わって、肥前方面で龍造寺氏が台頭した際に、下蒲池氏は龍造寺氏への従属を選択しているが、こうした素地が形成されたのはこの時期なのかもしれない。

龍造寺氏の台頭と蒲池氏

天正六年（一五七八）十一月、日向耳川《みみかわ》合戦において大友氏は島津氏に大敗を喫する。宗雪・鎮並父子も出陣し、宗雪はここで討ち死にしたとされる〔勝部兵右衛門聞書〕。このほかにも大友氏重臣や国衆らも多くが討ち死にするという事態に大友領国は揺らぎ、各地で反大友氏を掲げる挙兵が相次いだ。そこで大友氏に代わり肥前方面で台頭してきたのが龍造寺氏である。肥前・筑後国衆の多くが、大友氏に背き龍造寺氏への従属の姿勢を示した。同月末には蒲池鎮並も大友氏と手切れし、龍造寺氏への従属を誓う起請文を提出している〔永野御書キ物抜書〕。

しかし、これまで見てきたように、鎮並は父宗雪とともに大友氏への忠節に励んできた人物である。大友氏からすれば、鎮並を自陣営に引き戻したいのは当然の考えであろう。そこで、大友義統《よしむね》は肥後国衆の鹿子木《かのこぎ》民部入道（親俊《ちかとし》）を通じて調略を試みている〔鹿子木文書〕。書状のなかで義統は、蒲池氏は「数代の忠貞」であり、特に宗雪の戦死を比類なき忠儀と賞しながら、鎮並についても「貞心連続の覚悟」は疑いないと思っていたところ、「覚の外の振舞」は「前代未聞」であると驚きを隠せないでいる。ここでの「覚の外の振舞」とは鎮並の離反を指している。しかし、義統としては下蒲池家を滅ぼすつもりはないとしたうえで、調略により五郎三郎（統虎《むねとら》、鎮並の子）を大友方に引き入れるよう命じ、統虎の忠節が明らかならば鎮並跡を残らず与えるとしている。ただし鎮並については許容せず、とも明言しており、鎮並個人というよりも、下蒲池氏という存在が大友氏にとって重要な位置づけをされていたことがうかがえる。なお、鎮並跡については、上蒲池家の蒲池鑑広《あきひろ》も大友氏からの拝領を狙っていたようである〔広島大学所蔵蒲池文書〕。耳川合戦後、まもなく大友氏から離反した下蒲池家に対して、上蒲池家は引き続き大友氏に従っていたのである。ただし、天正七年十一月には上蒲池家の鑑広・鎮運父子も大友氏から離反し龍造寺氏へ起請文を提出し、従属を明らかにしている〔龍造寺文書〕。

鎮並に対する大友氏の対処方針は変わることなく、鎮並討伐のための出陣準備を調えていた〔問注所文書〕。こうした大友氏の強硬姿勢や、周辺国衆を介した調略が功を奏したのか、天正八年閏三月頃に鎮並は大友氏への帰順を申し出た。鎮並は使僧を遣わして、先非を改めて大友氏への貞心に励むとして嘆訴したという〔三池文書〕。大友義統は筑後国衆の三池鎮実《みいけしげざね》に対して、鎮並の帰順を認め「累代の忠意連続の覚悟」（下蒲池氏代々の大友氏に対する忠節を継続させること）が肝要であるという伝達を依頼するとともに、これにより「肥筑静謐」（＝肥前・筑後方面の平定）は目前であるとも述べている。また、義統は「既に宗雪戦死、其の感として」鎮並を「許容」したのだとも語っている〔河原氏所蔵問注所文書〕。宗雪の戦死とは、先にも述べた耳川合戦での戦死である。父宗雪の戦死が、息鎮並の窮地を救うかたちとなった。

龍造寺氏による討伐、そして滅亡

こうして大友氏への帰順が認められた鎮並だが、今度は龍造寺氏による討伐を受けることとなる。大友氏への帰順を表明した直後の天正八年（一五八〇）閏三月には、「逆意の者」が「鎮並宅所」へ攻め寄せている〔問注所文書〕。ここでいう「逆意の者」とは龍造寺勢であり、「鎮並宅所」とは鎮並の居城である柳川城である。龍造寺勢の攻撃は止まず、八月には「簗河要害」（柳川城）の落城は目前に迫った〔薩藩旧記雑録〕。しかし、ここまで六ヶ月近く攻勢に耐えた柳川城を、龍造寺氏はついに陥落させるには及ばず、十一月にいったん鎮並と和議を結んだとされる。

こうして和議を結び小康状態になっている間にも、龍造寺氏は鎮並に対する警戒を怠らなかった。龍造寺方が田尻鑑種《あきたね》へ宛てた起請文では、鎮並が鑑種に対する疑念を捨てず、謀叛し鑑種へ攻め懸かったときには、龍造寺隆信・鎮賢父子そして鍋島信昌《なべしまのぶまさ》（直茂《なおしげ》）が駆けつけ、鎮並勢を討伐すること、また、周辺国衆が鎮並へ同心し鑑種との抗争が生じた場合にも鑑種を見捨てない旨を誓約している〔田尻家文書〕。

そしてついに天正九年、龍造寺氏は鎮並の誘殺を決行した。この詳細はルイス・フロイス『日本史』に記録されているため、それをもとに見てみたい。

龍造寺氏は鎮並に対して佐賀への出向を勧告していたが、鎮並は誘殺を警戒してなかなかこれに応じようとしなかった。そのような折、同じく佐賀への出向を勧告されていた肥前の大村純忠《おおむらすみただ》（ドン・バルトロメウ）が息喜前《よしあき》（ドン・サンチョ）を伴い佐賀へ出向いた。宣教師をはじめキリシタンらは、龍造寺氏は和平を口実に誘い出し、純忠父子や重臣らを殺害するのではないかと警戒していたが、純忠は龍造寺氏の勧告に逆らうことも危険であるとして、ついにこれに応じる決断を下した。結果的に佐賀へ赴いた純忠は龍造寺氏の歓待を受け、さらには和平の証として両家の縁組みも約束された。

フロイスは、龍造寺氏は自身の領地に最も近い鎮並の勢力を警戒していたために、純忠へ何食わぬ態度を見せることで鎮並を安心させようとしたのだと推測している。事実、純忠の無事に安堵した鎮並は、親族や家臣を伴って佐賀へと赴いた。当初は純忠と同じく歓待を受けたものの、休息していたところを四、五千以上の龍造寺勢に包囲され、抵抗空しく全員が殺害された。また、これと同時に龍造寺氏は鎮並の所領や城にも派兵し、これらを占拠した。

鎮並誘殺の衝撃は大友方の史料にも表れている。天正九年六月、大友義統は問注所《もんちゅうじょ》氏に送った書状のなかで、蒲池民部少輔（鎮並）殺害の件に触れている〔問注所文書〕。これによると、鎮並はやはり佐賀にて殺害されたとされ、加えて、柳川城落城と鎮並の息統虎および鎮並室らの没落にも触れ、正確な情報の収集と警戒を促している。一方、宗麟は鎮並の死亡について、宗雪の耳川合戦での忠死と鎮並の大友氏に対する不忠を対比させたうえで、このような結果になったことは「更に仰天に及ばず」（全く驚くことではない）と述べる〔古文書写〕。龍造寺氏による鎮並殺害、そして下蒲池氏の没落は、大友氏から見れば当然の報いとも言える結末だったのかもしれない。

なお、鎮並の息統虎はその後、無事が確認されている〔鹿子木文書〕。無事の報を受けた大友氏重臣の朽網宗歴《くたみそうれき》は安堵し、統虎の豊後への参上を望んでいる。「問注所家譜」によると、統虎は柳川落城後、問注所氏の城である筑後長岩城《ながいわ》（福岡県うきは市）へ向かい、これを憐れんだ問注所統景《むねかげ》の取り成しで大友氏の直臣となったという。

（佐藤凌成）

【主要参考文献】

田渕義樹「蒲池氏考―文書と系図から―」（『柳川市史　史料編Ⅲ　蒲池氏・田尻氏史料』、二〇〇六年）

大城美知信・田渕義樹『柳川の歴史2　蒲池氏と田尻氏』（柳川市、二〇〇七年）

堀本一繁「龍造寺氏の戦国大名化と大友氏肥前支配の消長」（『日本歴史』五九八、一九九八年三月）

八木直樹「方分による取次と国衆」（同『戦国大名大友氏の権力構造』戎光祥出版、二〇二一年、初出二〇〇三年）

田尻鑑種——大名間を渡り歩く必死の処世術

大友氏の筑後進出と田尻氏

田尻《たじり》氏は本姓を大蔵《おおくら》氏とする筑後国衆である。筑後にはほかにも上蒲池《かみかまち》氏・下蒲池《しもかまち》氏・五条《ごじょう》氏・草《くさ》野《の》氏・星野《ほしの》氏・問注所《もんちゅうじょ》氏をはじめ多くの国衆が存在し割拠していた。これらの一族は俗に「筑後十五城主」と呼ばれ、田尻氏もその一員に数えられている。筑後国衆のなかでも名族といえる田尻氏だが、戦国期の当主鑑種《あきたね》は周辺の戦国大名間抗争のさなかで去就を変えながら、存続あるいは支配領域拡大の途を模索することとなる。

田尻氏を語るうえで、大友《おおとも》氏の筑後進出に触れておく必要がある。筑後をめぐっては、大友氏や菊池《きくち》氏、龍造寺《りゅうぞうじ》氏といった周辺勢力が支配を敷こうと侵出を繰り返していたが、こうした情勢下において大友義鎮《よししげ》（宗麟《そうりん》）の父義鑑《よしあき》と密接な関係を結んだのが田尻鑑種の父親種《ちかたね》であった。天文二年（一五三三）四月に親種は義鑑より当知行安堵を受けた〔田尻家文書〕ほか、天文三年には義鑑の実弟菊池義宗《よしむね》（大友重治《しげはる》）が叛旗を翻すが、これに際して親種は義鑑に対して起請文を提出して忠節を誓った。これにより大友氏からさらなる信頼を獲得した親種は、鷹尾《たかお》二五〇町地を獲得し居城を鷹尾（福岡県柳川市）に移した。鷹尾の地は矢部川《やべがわ》の河口右岸に位置し、有明海《ありあけかい》に開けた水上交通の要衝であると同時に、筑後有数の荘園である瀬高荘《せたかのしょう》内に位置する物流・経済の拠点でもあった〔大城二〇〇七〕。田尻氏の発展において、鷹尾獲得は重要な意味をもつ画期であったと言える。

大友氏との親密な関係を象徴する史料の一つに「田尻親種豊後府内参府日記」〔田尻家文書〕がある。この日記は、天文十六年に田尻親種と子息鑑種が継目安堵状を受領するために大友氏の本拠豊後府内《ふない》（大分市）へ参府した際の記録であり、大友領国における在地領主と大友氏およびその重臣らとの交流や、武家社会における贈答の事例として注目されている〔佐藤一九八一〕。天文年間の田尻親種は大友氏から三池《みいけ》・山門《やまと》・三瀦《みずま》三郡を与えられていた〔田尻家文書〕。また、天文十六年頃、親種は嫡子又三郎《またさぶろう》（鑑種）への家督相続を大友氏より許可されたため、安堵状の受領と継目御礼のために又三郎を伴って豊後府内へ参府したのである。このとき、又三郎は大友当主義鑑より偏諱《へんき》を与えられ「鑑種」の名乗りと父親種の一跡相続を認められた。また、又三郎は義鑑の御前にて太鼓を披露しており、幼少ながら感心な心懸けであると褒められている〔田尻家文書〕。

この後も田尻氏は大友氏配下で活躍を重ねていく。特に天文十九年のいわゆる大友二階崩《にかいくず》れの変《へん》（大友義鑑の後継者をめぐる内紛）に乗じて再び菊池義武《よしたけ》（義宗）が挙兵した際には、筑後・肥後方面における働きを大友義鎮より期待され、親種・鑑種父子は多くの親類被官等を失いながらも、菊池方についた三池親員《ちかかず》らを討伐するなどして大友氏の期待に応える軍功を挙げている。この恩賞として親種は三池郡内の所領を宛行われ、筑後国内において所領を拡大した。また、弘治二年(一五五六)には鑑種も小原《おばら》宗惟《そうい》(鑑元《あきもと》)成敗の勲功の賞として筑後国内に所領を宛行われている。

永禄年間も引き続き、田尻氏は大友氏の軍事動員に応じて各地を転戦している。この間の討死手負注文の類が伝わっており〔田尻家文書〕、田尻氏がどれほどの犠牲を払って大友氏に忠功を尽くしたかが看取される。鑑種に関するものとしては、永禄十年七月十日の筑前宝満《ほうまん》城合戦や同年九月三日の筑前休松《やすみまつ》合戦、永禄十二年五月六日の筑前立花《たちばな》城合戦などの関連文書が遺されている。特に永禄十年九月三日の大友勢と秋月種実《あきづきたねざね》との軍勢が衝突した休松合戦は激戦を極めたらしく、分捕討死手負注文によると、鑑種自身も敵の頸一つを捕る働きを挙げながらも、弟など親類を含む五十九名の戦死と二十九名の負傷という多大な犠牲を払っている。なお、同年八月には鑑種は宗麟より中務大輔の名乗りを許され、さらに十一月には幕紋の使用を許可されているが、これらは一連の軍功に対する恩賞として認められたのであろう。

元亀元年(一五七〇)、大友宗麟は龍造寺隆信《たかのぶ》の討伐を掲げて肥前国へ進出するが、最終的に両者は和睦を結ぶこととなった。龍造寺隆信討伐には当然田尻氏も動員され、各所で軍功を挙げた。同年六月の戦闘で深手を負った親種は療養のために帰国し、同月二十三日に鷹尾城にて没したという〔田尻家譜〕。なお、家譜からは親種は戦傷がもとで死去したと読み取れるが、実際には病死ではないかという見解もある〔大城二〇〇六〕。

龍造寺氏への従属

これまで見てきたことからも明らかなように、菊池氏などの周辺勢力に与同することが多い筑後国衆のなかで、少なくとも親種の代までは一貫して大友氏に尽くした田尻氏は稀有な存在である。しかし、天正六年（一五七八）十一月の耳川《みみかわ》合戦で大友氏が島津《しまづ》氏に大敗を喫し大友領国に動揺が生じると、龍造寺氏の勢力拡大の動きが顕著となる。龍造寺氏は筑後への侵攻にあたって、はじめに山門郡柳川《やながわ》城（福岡県柳川市）の蒲池鎮並《しげなみ》を味方とし、次いで鎮並の母方の叔父にあたる田尻鑑種の攻略に及んだ。田尻氏にとってこれまで尽くしてきた大友氏に叛き龍造寺氏に従属するという決断は重大なものであった。田尻氏は鑑種の叔父宗達《そうたつ》が窓口となって龍造寺方と交渉を重ね、天正六年十一月晦日付の起請文で宗達が大友氏との手切れを表明した〔永野御書キ物抜書〕のを皮切りに、幾度も起請文を交わした。

この交渉過程で特に注目されているのが、天正七年二月十四日付の田尻宗達起請文〔龍造寺文書〕である。この起請文で宗達は龍造寺鎮賢《しげかた》（政家《まさいえ》）に対して、田尻氏が大友氏から手切れし龍造寺父子へ味方することを表明しており、神文《しんもん》には筑後の鎮守である高良三所大菩薩《こうらさんしょだいぼさつ》や氏神である森山大明神《もりやまだいみょうじん》をはじめ諸神が書き連ねられている。一見すると不審な点はないが、署判に注目すると「〈田尻中務入道〉宗達」と署名があるにもかかわらず、花押は明らかに鑑種のそれが据えられているのである（なお、宗達は山城守を、鑑種は中務大輔を称しておりこれも矛盾している）。

この不可解に思える事実について堀本一繁氏は以下のように分析している〔堀本二〇〇四〕。そもそも、田尻氏が花押の不審を龍造寺氏から咎められた形跡がないことから、龍造寺氏は据えられた花押が鑑種のものと認識したうえで起請文を受け取ったことになる。また、名義は宗達となっているものの、花押を据えていることから、誓約事項については鑑種も了承しているのである。このうえで国の鎮守や氏神に背いてまでも鑑種が自ら差出人とならなかった理由については、龍造寺氏の挙兵が成功するか否かが不明瞭であり、大友氏の反撃も予測された天正七年初頭段階において、もし大友氏が龍造寺氏を退けた場合に、大友氏との手切れを盛り込んだこの起請文が露見すれば、田尻氏は窮地に立たされる。そうなった場合に、宗達が勝手に仕組んだものであり当主鑑種は与り知らぬことであると弁明の余地を残すための策略であるという。このように、この起請文は鑑種の「したたかな策略」を象徴する「偽りの起請文」と捉えられている。

一方で、鑑種から隆信へ宛てられたと推測される覚書〔田尻家文書〕にも興味深い内容がみられる。三ヶ条のうちの第一条では「順儀を差し捨て、隆信御父子と申し談じ候条、一稜外聞をとらせられへき事」と述べられている。補いながら大意を取ると、これまで田尻氏が大友氏に尽くしてきた義理を棄てて龍造寺父子へ通ずるのであるから、相応の体裁を取らせてほしい、といったところであろう。覚書に龍造寺隆信の花押が据えられていることから、隆信もこれを了承しているが、ここでいう「外聞」＝体裁こそが先に見た起請文につながるのである。すなわち、万一に備えて起請文を宗達名義にすることは、鑑種と隆信の間で確認されていたことだったのである。また、覚書の第二条・第三条では龍造寺父子へ忠節を尽くすことが述べられている。このように、起請文は宗達名義で取り交わし、鑑種自身は覚書をもって龍造寺氏に盟約を誓っていることから、先の起請文は「偽りの起請文」というより「表向きの起請文」と見たほうがよいとする見解もある〔大城二〇〇六〕。

筑後の諸氏を降し勢力を拡大させる龍造寺氏のもとで、田尻氏は所領を拡大させた。天正七年三月に隆信は三池鎮実《しげざね》・小代宗禅《しょうだいそうぜん》（実忠《さねただ》）を攻めたが、鑑種はこの勲功の賞として三池郡内六ヶ村一九五町を与えられた〔田尻家文書〕。

龍造寺氏との不和で鷹尾城籠城

龍造寺氏に接近した鑑種だったが、天正九年（一五八一）七月頃から龍造寺氏との間に不和が生じ、翌年十月頃には鑑種が鷹尾城に籠城するという事態に発展した。籠城に至るまでの経緯と籠城期の動向については津江聡美氏の研究に詳しいため〔津江二〇一四〕、以下ではこれに拠りながら鑑種をめぐる政治情勢と交渉を見ていきたい。

天正九年七月二十日付で龍造寺隆信・久家《ひさいえ》（鎮賢、政家）父子が鑑種に宛てた起請文によると、田尻氏についての「曲説《きょくせつ》」があるため、改めて起請文によって互いの関係を誓約するとしている〔田尻家文書〕。「曲説」の具体的な内容は不明であるが、天正九年に龍造寺氏は筑後国衆の蒲池鎮並を謀殺しており、これにより筑後国内の領主に動揺を与えたことで次第に同国における龍造寺氏の支配体制は破綻へと向かっていた。「曲説」も当初は具体的な疑いが生じていたわけではなく、このような支配体制の不安定化を受けてのものか、あるいは他氏への内通を牽制する目的のものであったと考えられる。しかしこれ以降、田尻氏に関する「曲説」は止まず、むしろ次第に具体化していった。すなわち、この時期に見える田尻氏に関する「曲説」の類は具体的には田尻氏の「密通」〈田尻家文書〉であった。そして、龍造寺氏が疑う田尻氏の「密通」相手は大友氏であった。こうした背景のもと、田尻氏は天正十年十月頃より鷹尾城に籠城するに至ったのである。

田尻氏と大友氏の密通を契機として始まった鷹尾城籠城であったが、龍造寺氏や島津氏の侵攻、それにともなう国衆の離叛、さらには本拠である豊後国内における反乱など多くの課題を抱える大友氏は他国への軍事的支援を速やかに行うことができる状態にはなく、実際、田尻氏に対する救援が計画されるも実行に移せなかった。こうした状況下で田尻氏への援助を行ったのが島津氏である。島津家老中である上井覚兼《うわいかくけん》の手による『上井覚兼日記』には関連する記述が多く残されており、鷹尾城を攻める龍造寺氏の動向や、島津氏・田尻氏間の交渉が把握できる。天正十年十二月初頭、田尻鑑種は島津氏と起請文を交わし、島津氏へ従属の意志を示した。

しかし、島津氏もまた広域に軍事行動を展開するがゆえに、田尻氏救援に十分な兵力を割くことは難しかったようである。一方で龍造寺氏は、少数ながら島津氏の後援を得ているうえ、十分な食糧や武器の備蓄がある鷹尾城の攻略は得策でないと判断し、高良山座主《ざす》の仲介を得て、田尻氏と和平交渉に入った。天正十一年七月に龍造寺隆信・政家父子から田尻鑑種に宛てられた起請文によると、このときの和平条件として、鑑種の領地については「持留」（維持）としながらも「替地」の打診が行われており、田尻氏を鷹尾から切り離そうとする意図が読み取れる〔田尻家文書〕。ただし、田尻氏から龍造寺氏へ宛てた起請文には「替地」への言及がない〔龍造寺家文書〕。いまだ島津氏や大友氏からの救援が見込める状況下において、実質的な処罰である「替地」は田尻氏にとって認め難い条件であったと思われる。こうして第一次和平交渉は決裂し、田尻氏は籠城を続けるという選択肢を選んだ。

田尻氏と龍造寺氏との第二次和平交渉は、天正十一年十一月に行われた。同年九月頃より鷹尾城は窮状に陥っていたようで、島津氏が兵船を派遣してくれるならば、鑑種は切腹し、従属の証として子息を差し出すといった内容が田尻氏から伝えられている〔上井覚兼日記〕。十月には、島津氏側は田尻氏への対応を改めて協議したが、田尻氏への救援は見送り、秋月種実の提案通りに龍造寺氏と同盟をすべきとの意見も浮上してきた〔上井覚兼日記〕。当時、種実は島津氏と龍造寺氏との和平を提案し、その仲介に奔走していた。島津氏としては、肥後方面の支配を確立するためにも、龍造寺氏との和平により肥前方面を安定させることを優先し、結果的に和平の提案を受け入れるに至った。

天正十一年十月二十五日に島津氏と龍造寺氏との和平が成立すると、田尻氏の鷹尾城籠城は実質的に不可能となった。これまでは鷹尾城に籠城する田尻氏とその救援にあたる島津氏、これに対する龍造寺氏という構図であったが、島津・龍造寺両氏の和平によりこれが崩れたためである。島津氏より龍造寺氏との和平が伝えられると、田尻氏は龍造寺氏に降伏を申し入れ、龍造寺氏はこれを認めた。二年以上に及ぶ籠城を行った鷹尾城は龍造寺方へ明け渡され、鑑種の嫡男長松丸へは新たに肥前国佐賀郡古勢《こせ》（巨勢）に二百町の領地が与えられた〔田尻家文書〕。

ところで、この和平交渉に当主である鑑種の姿は見えない。和平交渉は鑑種の大叔父に当たるとされる了哲《りょうてつ》が担い、起請文や宛行状などの宛所はいずれも鑑種の嫡男である長松丸（又三郎、和平の翌年に政家の偏諱をうけ家和《いえかず》と名乗る）となっている。和平にあたって田尻氏の当主が交代することで、龍造寺氏は田尻氏とより強固な主従関係を結ぶこととなったと推測される。

龍造寺氏に降伏した後の鑑種

先に述べたように、龍造寺氏との第二次和平交渉において鑑種は表舞台に登場しない。その処遇は不明だが、「当時世外の由」〔田尻家文書〕とあることから、隠居していたようである。鑑種は龍造寺氏に対する反抗の責任を取って嫡男長松丸に当主の地位を譲り、自身は隠居したとも考えられるし〔津江二〇一四〕、あるいはこれが龍造寺氏との和平条件の一つであった可能性もある。また、鷹尾城開城に際して龍造寺氏との交渉役を務めた了哲は、天正十二年（一五八四）三月の島原《しまばら》半島における合戦、いわゆる沖田《おきた》畷《なわて》合戦で戦死したという〔田尻家譜〕。ただし、田尻勢は島原半島での合戦に従軍しておらず、了哲の戦死は筑後における大友勢との交戦による可能性もある〔大城二〇〇七〕。

当主長松丸が幼少のうえ、一族の長老である了哲が戦死したことを受けてか、鑑種は天正十二年六月より再び当主として表舞台に復帰する。鑑種は龍造寺政家に対しての忠儀を誓った〔龍造寺文書〕ほか、鷹尾城に入城し、人質として妻子を龍造寺氏に差し出した。こうした事情から、一心に尽くすことは難しいとしながらも、鑑種は島津氏に対する忠儀は今までと変わっていないとして、その軍事行動に積極的に協力する意志を示している〔上井覚兼日記〕。

天正十三年八月、龍造寺政家と田尻鑑種は起請文を交わした〔田尻家文書、龍造寺文書〕。その内容は両氏の縁談に関するもので、文面から推察するに、政家の息と鑑種の娘の縁談らしいが、系図等にはこの関係は表れない。また、鑑種はこのことを誰にも口外しない旨を誓っており、単なる縁組ではないようである。なお、この頃鑑種は筑後高群城の勤番を命じられており、これにともない筑後に四九〇町の所領を宛行われた〔田尻家文書〕。時期は明らかでないが、鑑種はこれ以前にも龍造寺氏より佐賀郡巨勢に知行地を宛行われている〔田尻家文書〕。龍造寺氏は田尻氏を厚遇しているように見受けられるが、この背景には、田尻氏の離反を防ぎたいという龍造寺氏の思惑も少なからず働いていたと思われる。

秀吉による九州国分《くにわ》けに際しては、鑑種に対しても秀吉より御朱印地の配分がなされる予定だったが、鑑種は一度鍋島信生《なべしまのぶなり》（後の直茂《なおしげ》）と主従の契約を結んだ以上、二言はないとして所領配分を固辞したという〔田尻家譜〕。その後、鑑種は下松浦郡山代に一六五九石の知行地を与えられ〔田尻家文書〕、鍋島氏の家臣となった。朝鮮出兵に際して、鑑種は息家和とともに朝鮮に渡海し、文禄二年（一五九四）四月二十九日、朝鮮にて逝去したとされる〔田尻家譜〕。行年五十五、法名は雪山宗白居士と伝わる。なお、同年九月三日には、家和も朝鮮陣中にて逝去したため、田尻家の家督は鑑種の次男（三男とも）である松亀丸（春種《はるたね》）が相続した〔田尻家文書〕。

（佐藤凌成）

【主要参考文献】

大城美知信「筑後田尻氏について」（『柳川市史 史料編Ⅲ 蒲池氏・田尻氏史料』、二〇〇六年）
大城美知信「田尻氏の歴史」（大城美知信・田渕義樹『柳川の歴史2 蒲池氏と田尻氏』（柳川市、二〇〇七年））
佐藤満洋「筑後国田尻氏の豊後府内参府について」（『九州中世社会の研究』渡辺澄夫先生古稀記念事業会、一九八一年）
津江聡美「天正期における筑後田尻氏と戦国大名の関係—鷹尾城籠城期を中心に—」（『九州史学』一六六、二〇一四年）
堀本一繁「偽りの起請文—筑後田尻氏の去就をめぐって—」（『日本歴史』六七七、二〇〇四年）

龍造寺隆信・政家
——肥前における勢力拡大の実像

龍造寺隆信の登場

龍造寺隆信《りゅうぞうじたかのぶ》は享禄二年（一五二九）に周家の子として水ケ江《みずがえ》城東館天神屋敷（佐賀市）に生まれ、天文四年（一五三五）に出家して円月《えんげつ》と名乗り、宝琳院《ほうりんいん》に入ったとされている。その後、天文十五年に還俗して、曾祖父の剛忠《ごうちゅう》（家兼《いえかね》）に擁立されて龍造寺氏の庶流にあたる水ケ江龍造寺家を継ぎ、天文十七年には、本家にあたる村中《むらなか》龍造寺家を継いだものの、天文二十年には、従叔父にあたる鑑兼《あきかね》の擁立を企む土橋栄益《つちはしひでます》により佐賀を追われて筑後国に逃れ、その二年後に村中城（佐賀市）を奪還したとされている。

以上が一般的に言われている隆信の前半生である。しかし、これらの事跡は近世に作成された編纂物に書かれたものであり、必ずしも当該期の史料から見出されたものではない。

龍造寺隆信の前半生は謎が多く、史料上その活動が明確に見られるのは天文十九年からである。この年、隆信は大内義隆《おおうちよしたか》から、「隆」の字を与えられ、山城守《やましろのかみ》に吹挙されるなど、大内氏の力を背景に龍造寺氏当主の座についている〔龍造寺家文書〕。

近世の編纂物では、この後、龍造寺氏の内部で抗争が起き、鑑兼を擁立する勢力により隆信は筑後に追放されたとしている。隆信は本当に筑後に追放されたのか、そのことを明確に示す史料は残されていない。しかし、天文二十一年、鑑兼が河上《かわかみ》社に所領を寄進するなど、龍造寺氏当主として活動している形跡が確認できる〔河上神社文書〕。また、隆信の反撃で鑑兼は佐賀を追われたようで、隆信に謝罪して佐賀への帰還を依頼している〔多久家文書〕。このことから、天文年間において隆信と鑑兼の間で抗争が起こったことは確かであろう。

龍造寺・大友氏の抗争で隆信は勝利したのか

隆信が龍造寺氏の家督を継承した頃の肥前は少弐《しょうに》冬尚《ふゆひさ》が国衆の支えで、辛うじて存続している状態であり、隆信の本拠地村中城周辺には、三瀬《みつせ》（佐賀市）を拠点とする神代勝利《くましろかつとし》、神崎《かんざき》郡を拠点とする江《え》上《がみ》武種《たけたね》などの勢力が存在していた。

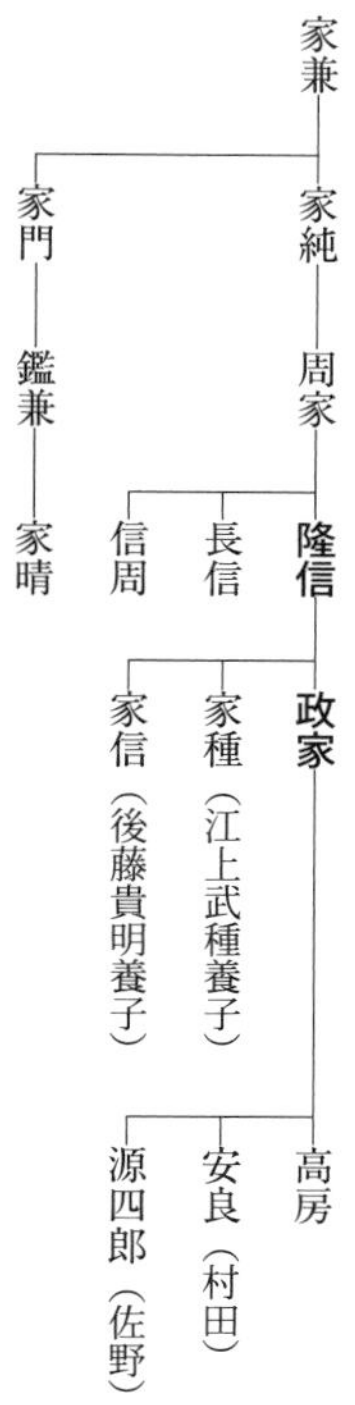

龍造寺氏略系図

隆信は少弐氏を滅ぼした後、周辺領主層との抗争を繰り広げながら、肥前国内に着実に勢力を拡大している。例えば、村中城の南側にあたる川副荘《かわそえのしょう》、そ

龍造寺隆信画像　佐賀市・宗龍寺蔵　佐賀県立博物館寄託

して千葉《ちば》氏の旧領である小城《おぎ》郡の所領を家臣に与え、永禄九年（一五六六）には藤津《ふじつ》郡に進出して、島原《しまばら》半島を本拠とする有馬《ありま》氏と対峙している。また、隆信は三根《みね》郡西島周辺の所領を家臣に与え、筑後下田城主の堤《つつみ》氏を味方にしている〔佐賀藩諸家差出戦功書、堤家文書、鶴田家文書〕。

これらの事例から、隆信は永禄年間において東は小城郡、西は三根郡および筑後に勢力を及ぼしていたことになる。しかし、三根郡は大友氏に味方する横岳《よこだけ》氏の勢力圏であり、堤氏はもともと大《おお》友《とも》氏に属する国衆であった。すなわち、隆信は勢力を拡大する過程で、大友氏の勢力を侵食していたのである。

こうした状況を背景に、大友氏は龍造寺氏を討伐するため肥前に進出することになる。この抗争は、不利な状態にあった隆信が鍋島直茂《なべしまなおしげ》（当時は信昌《のぶまさ》）に命じて、今山《いまやま》（佐賀市）に在陣する大友親貞《ちかさだ》に奇襲をかけて討ち取り、大友軍を撤退に追い込むなど、龍造寺氏の勝利が喧伝されてきた。

しかし、堀本一繁氏は隆信の勝利はあくまで局地的なものであり、その後、隆信は大友氏に降伏して、以後も従属関係を維持していたと指摘するなど、大友氏の勝利として位置づけている〔堀本一九九八〕。これに対し、宮島敬一氏は龍造寺・大友氏の抗争（今山の戦いともいう）の後、河上社を視点として考えたとき、大友氏の肥前支配の実相はうかがえないとして堀本氏の説を批判するなど〔宮島一九九九〕、この戦いは大友氏と隆信のどちらが勝利したのかはっきりしない状況となっている。

堀本氏は龍造寺・大友氏の抗争で大友氏が勝利した根拠として、この戦い以後も大友氏が肥前を統治する「方分《ほうぶん》」を置いていたこと、さらに肥前東部で横岳・筑紫《つくし》・龍造寺氏の間で相論が起こった際、大友氏の裁定に隆信が従った事例を挙げている。

ところが、龍造寺・大友氏の抗争後における肥前方分の活動を見ると、東肥前をたびたび侵攻する龍造寺氏に対処することに終始している。また、肥前における大友氏の支配領域や、国内支配の実態についても明確ではない。その一方で、天正年間に入ると、隆信は肥前国内における軍事活動を積極的に進め、その勢力は肥前のほぼ全域に及んでいる。当時、龍造寺氏と敵対関係にあった肥前国衆は、大友氏にたびたび救援を求めているものの、大友氏は有効な手段を打ち出すことができなかった〔横岳文書〕。

こうした状況のなか、天正五年（一五七七）、大友氏は筑後の国衆蒲池《かまち》宗雪《そうせつ》・鎮並《しげなみ》父子の仲介で、隆信を赦免している〔横岳文書〕。これについて、堀本氏は隆信に横岳領への介入禁止を命じ、隆信もこの裁定に従うとするなど、龍造寺氏に対する大友氏の優位を示すものとして捉えている〔堀本一九九八〕。

しかし、大友氏による肥前支配の実態が見えないこと、龍造寺氏が勢力拡大を続けていることを踏まえると、隆信の赦免は龍造寺氏の軍事活動を停止させる手段として捉えるべきである。大友氏は隆信を赦免することによって、龍造寺氏の版図拡大を認め、これ以上の軍事活動を止めようとしていたのである。

以上のように、堀本氏の述べる大友氏の肥前支配は、当初、守護職を得た大友氏が支配権を維持するものであったのかもしれない。しかし、龍造寺・大友氏の抗争以後は、龍造寺氏のたび重なる侵攻に対処する体制になったと考えてよい。また、後述するように肥前において隆信の勢力が拡大している状況を踏まえると、龍造寺・大友氏の抗争はやはり隆信の勝利と判断するべきである。

隆信はなぜ勢力拡大を成し遂げることができたのか

先述したように、龍造寺・大友氏の抗争以後、隆信は大友氏の勢力を牽制しながら、肥前西部（杵島《きしま》郡・藤津郡・松浦《まつら》郡・彼杵《そのぎ》郡など）への侵攻を開始している。

天正二年（一五七四）より侵攻戦が開始され、松浦郡の草野《くさの》氏を攻めた後、杵島郡の平井経治《ひらいつねはる》と戦って本拠地である須古《すこ》城（佐賀県白石町）を開城させている。隆信と敵対関係にあった後藤《ごとう》氏では、貴明《たかあき》が当主の座を追われる事態が起こったため、隆信は子息家信《いえのぶ》を貴明の養子とし、後藤氏を継承させて杵島郡武雄《たけお》（同武雄市）に勢力を扶植させている。同じ頃、隆信は藤津郡に侵攻して有馬氏の勢力を駆逐するとともに、伊佐早《いさはや》（長崎県諫早市）を拠点とする西郷純尭《さいごうすみたか》を降して、彼杵郡の大村純忠《おおむらすみただ》を攻めている。

こうした状況のなかで島原氏や安徳《あんとく》氏など島原半島の国衆が隆信に好を通じたことにより、龍造寺氏の勢力は肥前のほぼ全域に及んだことになる。

天正年間まで龍造寺氏の勢力は、佐賀郡とその周辺地域にすぎなかったが、なぜ、急速に勢力を拡大させることができたのであろうか。

その理由の第一としては、一族を国衆の養子として入れたことが挙げられる。勢力拡大の過程で隆信は、小城郡の多久《たく》氏のもとに弟の長信《ながのぶ》（後の多久長述《ながのぶ》）を入れたことをはじめとして、元亀元年（一五七一）には次男（後の江上家種《いえたね》）を江上武種の養子としている。また、西肥前侵攻の過程では、先述したように武雄の領主後藤氏のもとに三男（後の後藤家信）を送りこんでいる。天正七年には、龍造寺氏の一族鍋島直茂の弟小川信俊《おがわのぶとし》の三男家良《いえよし》を神代長良《ながよし》の養子として神代家を相続させ、筑前に通じる三瀬地域への押さえとしている。

この政策が龍造寺氏の勢力拡大にどうつながっていくのか、肥前西部侵攻の過程を見ていくと、特に弟長信が後方支援を積極的に進めている形跡が見られる。具体的には、長信は兵糧の調達・輸送をはじめとして、戦闘地域における橋や道の建設、城郭などの軍事施設の普請に携わっていた。その過程で隆信は長信に軍事施設の建材となる材木の調達を命じたほか、その労働力となる夫丸《ふまる》の動員も命じている〔中村二〇一七、多久家文書〕。

なぜ、長信は後方支援を担うことができたのであろうか。その要因を探っていくと、長信の本拠地多久（佐賀県多久市）は材木供給地であり、材木を切り出して用途に加工する「切手」「分手」、そして普請に関わる「大工」といった職人集団が存在し、これを長信が動員する権限を有していた（多久家文書）。すなわち、国衆に一族を入れる政策が軍事活動の充実につながったのである。

また、隆信が勢力拡大を成し遂げた第二の理由としては、村々との関係が挙げられる。そもそも、肥前は村々の勢力が強い地域であった。実際、隆信が杵島郡で有馬氏と交戦した際、郡内の横辺田村が有馬氏から離れて隆信に味方したため、有馬氏との戦いを優位に導くことができたという事例もある（大曲記）。西肥前侵攻の過程では戦場周辺の村々を対象に夫丸が課されているが、百姓のなかにはこれに協力しない者も存在していた。そのため、隆信は村のリーダーである庄屋《しょうや》に動員を厳命している。その一方で、隆信は村落共同体のリーダーである老中が下地職を求めた際、直接面談してこれを認めるとともに、庄屋の給与ともいえる「庄屋給」をもうけて、庄屋の財政的基盤を保証している（多久家文書、村岡家文書）。

このように、隆信は後方支援を充実させていたこと、そして村々の庄屋を利用して軍事活動・在地支配を進めたことにより、肥前国内において急速に勢力を拡大させることができたと考えられる。

龍造寺氏の他国進出とその実態

これまで肥前国内での戦いを進めていた隆信は、天正六年（一五七八）、筑後への侵攻を開始し、以後、戦線は肥前以外に拡大していくことになる。

前節で述べたように天正年間に入り、隆信は西肥前に進出していくが、東肥前には依然として横岳氏など大友氏に味方する勢力があり、大友氏もこれを支援していた。具体的には筑後国衆を動員して横岳氏の本拠地西島城（佐賀県みやき町）に派遣するとともに、兵糧を入れるなどしていたのである。しかし、筑後国衆のなかには、大友氏の命令に従わない者もあり、兵糧の調達にも支障をきたすなど、大友氏の支援体制は盤石ではなかった〔横岳文書〕。また、隆信の側も絶えず東肥前の状況に気を配りながら、西肥前方面での軍事活動を進めなければならなかった。すなわち、隆信にとって大友氏は領国を東側から侵害する目障りな存在であり、これを排除するためにはまず大友氏に協力する筑後国衆を切り崩す必要があった。そのため、隆信はまず筑後に進出したと考えてよい〔中村二〇一九〕。

隆信の筑後侵攻戦は天正六年十二月に開始されているが、十一月に大友氏が日向耳川《みみかわ》の戦いで敗北していることから、筑後進出は耳川の戦いが直接的原因であるように見える。しかし、筑後に進出する以前の段階において、筑前の秋月種実《あきづきたねざね》が隆信に起請文を発給して同盟を結んでいた〔永野御書キ物抜書〕。当時、大友氏は立花《たちばな》城（福岡市東区・福岡県新宮町・久山町）に戸次道雪《べっきどうせつ》を、宝満《ほうまん》・岩屋《いわや》城（同太宰府市）に高橋紹運《たかはしじょううん》を入れて種実への抑えとしていた。この状況を打開するため、種実は勢力拡大著しい隆信と同盟を結んだと考えてよい。実際、隆信が筑後に進出すると、種実も筑前三笠《みかさ》郡に進出して天満宮安《てんまんぐうあん》楽寺《らくじ》の宝殿《ほうでん》を放火し、筑紫広門《ひろかど》と連係して岩屋城を攻略するなど、攻勢を強めている。すなわち、隆信の筑後進出は秋月種実との同盟も関係していたと考えてよい。

筑後進出により、下蒲池氏《しもかまち》をはじめとして田尻氏《たじり》・草野氏《くさの》・豊饒氏を味方にして起請文のやりとりを行っている。天正七年十月には上蒲池氏の鑑広《あきひろ》を降伏させ、肥後にも進出して、小代氏《しょうだい》や紀氏・城氏《じょう》・内空閑氏《うちくが》などの肥後領主層が隆信に起請文を提出している〔永野御書キ物抜書、龍造寺家文書〕。

これにより隆信の勢力は筑後・肥後北部に及んだように見えるが、筑後の国衆のなかには大友派と龍造寺派に分裂するとともに、大友氏に味方する勢力により動きを封じ込められる国衆も存在した。また、上蒲池氏・下蒲池氏・田尻氏のように一度、龍造寺氏に味方したものの、後に反旗を翻す事態も生じている。したがって隆信が実質的に掌握できたのは、下蒲池氏を滅ぼし、田尻氏を降伏させたことによって得た筑後南部のみであり、国衆の離反などにより、隆信はたびたび兵を派遣して対処しなければならない状況に陥っていたのである。

天正九年、隆信は子政家《まさいえ》を中心とする軍勢を肥後に派遣している。これにより本稿のもう一人の主人公である、龍造寺政家が登場することになる。この出兵では隈部《くまべ》・合志《こうし》・城・鹿子木《かのこぎ》など肥後北部の領主層をはじめ、志岐《しき》・相良氏《さがら》など肥後南部の国衆も龍造寺氏に起請文を提出している〔永野御書キ物抜書、龍造寺家文書〕。しかし、翌十年には早くも城氏をはじめとする国衆が龍造寺氏に離反する姿勢を示している。なかでも城氏は、本拠地の隈本《くまもと》（熊本）城に島津氏《しまづ》の軍勢を受け入れて駐留させている。これにより、肥後の戦乱は龍造寺氏と島津氏の対立へと発展することになる。

筑後・肥後方面への進出を進めるなかで、隆信は天正七年に筑前へも進出している。近世の編纂物では隆信が肥前・筑前の国境にあたる三瀬峠を越えて筑前に進出して、同国を平定した後、豊前にも進出したことにより、その版図は五ヶ国に及んだとしている〔川副博一九六七、川副義敦二〇一八〕。しかし、筑前出兵は、必ずしも同国を制圧するのではなく、あくまで原田《はらだ》氏などの国衆を繋ぎ止めることを目的とする戦闘であり、筑前を実質的に支配した形跡は見られない〔小田部文書〕。

龍造寺政家画像　佐賀県立佐賀城本丸歴史館蔵

隆信は肥前以外の国々に進出する過程で、子息政家への家督継承を進めている。政家への家督継承は天正九年とされており、所領の宛行と安堵を政家に移譲しているが、以後も隆信は権力を握り続ける二頭体制を形成したとされている〔堀本一九九四〕。

家督継承が進められたのは天正年間であるが、この時期は先述したように、肥前以外の国々への侵攻が進められていた。なぜ、隆信はこのタイミングで政家への家督の継承を進める必要があったのであろうか。

この問題について、龍造寺氏内部の状況を見ていくと、龍造寺家晴《いえはる》の存在を見出すことができる。家晴はかつて隆信の対立軸として擁立された鑑兼の子であるが、当時は筑後進出などに参加して、鍋島直茂とともに軍事活動の一翼を担う存在となっていた。本拠地を追われる苦い経験をした隆信としては、一族の内紛を避け、家晴を擁立する動きを封じるためにも、政家への家督継承を進めて、二頭体制を敷く必要があったと考えられる。ただ、龍造寺氏における二頭体制は必ずしも隆信・政家が最初ではない。かつて隆信の曾祖父家兼《いえかね》は子息家門《いえかど》と二頭体制を形成して、少弐氏を支えていた〔藤龍家譜所収文書、高城寺領南里年貢納并算用帳〕。家兼の後見を得て龍造寺家の当主となった隆信は、この方法を踏襲したものと判断してよい。

隆信の戦死とその後の龍造寺氏

隆信の進出は、龍造寺氏と大友氏の対立を激化させるばかりでなく、島津氏との対立も引き起こすことになり、結果的に隆信は戦死することになる。

隆信は南筑後に進出して、柳川城主蒲池鎮漣《しげなみ》を滅ぼした後、これに味方した田尻鑑種《あきたね》を鷹尾城《たかお》（福岡県柳川市）に攻めていたが〔田渕二〇〇八〕、田尻氏は肥後八代《やつしろ》（熊本県八代市）に在陣する島津氏のもとに使者を派遣して海上からの救援を求めている。同じ頃、島原半島の有馬氏も島津氏に救援を依頼している。

隆信は天正十一年（一五八三）に田尻氏を降伏させることに成功したものの、有馬氏はなおも抵抗を続け、島原半島に島津軍を招くことに成功し、龍造寺氏に味方する勢力を攻撃している。こうした事態に際して、隆信は自らの出兵を決意することになる。

天正十二年三月、島原半島に渡った隆信はそこでの戦いで島津家久《いえひさ》の軍に敗れて戦死するが、その敗因として、退却するとみせかけて敵を挟撃する「釣野伏せ《つりのぶせ》」とよばれる島津軍の用兵術が注目されている。しかし、隆信戦死前後の状況を見ていくと、島津軍は兵船を用いて龍造寺氏の兵船を退け、海上から砲撃を加えて龍造寺軍に損害を与えた事例が見える。さらに隆信戦死後、島津氏は重臣上井覚兼《うわいかくけん》に水軍を編成させて有明海沿岸における龍造寺氏の勢力圏を次々と攻撃している〔上井覚兼日記〕。こうした状況を踏まえると、隆信の敗北は島津軍の用兵術に加え、兵船・火器の差もあったと考えられる。

この戦いで生き残った政家は以後、一族の鍋島直茂・龍造寺家晴・信周とともに領国支配の立て直しに着手することになる。

政家はまず肥後高瀬《たかせ》（熊本県玉名市）に進出した島津軍に対して、直茂・家晴とともに起請文を提出して戦いを終結させる。その一方で、領内の庄屋がもつ「庄屋給」を補償して、年貢の滞納を防止しようとしている。また、政家は直茂らと協力して家臣団の給与の三分の一を上納させる政策を実施している。しかし、領内各所では税収が滞る事態が生じており、庄屋なども龍造寺氏に非協力的な姿勢を示すなど、在地支配は悪化していくことになる〔西持院文書、平吉家文書〕。

天正十四年、豊臣秀吉《とよとみひでよし》が九州征伐を開始して島津氏を降伏させている。これにともない、いわゆる九州国分《くにわけ》が実施され、政家は肥前国のうち七郡（佐賀・小城・神埼・三根・杵島・藤津・松浦）を与えられたものの、直茂も肥前養父《やぶ》郡半分と高来《たかき》郡の一部を与えられ、豊臣政権に取り立てられている。さらに天正十五年に肥後国人一揆《こくじんいっき》が起こった際、政家は病気と称して、出陣しなかったため、代わりに大坂から戻った直茂が出陣して数々の戦功をあげている。

天正十六年七月、政家は肥前を宛行われたお礼のために直茂と嫡子長法師丸（後の龍造寺高房《たかふさ》）とともに上洛しており、秀吉より肥前守に任じられ、羽柴の名字と豊臣姓を下賜された。翌年には直茂と嫡子勝茂《かつしげ》に豊臣姓が下賜されている。天正十八年正月、秀吉は長法師丸、改め藤八郎に三十万石余の朱印状を渡し、うち四万石余を直茂に渡して領国の統治を任せている。これにともない秀吉は同年二月に政家を隠居させて、隠居領を与えている。政家が隠居させられた理由としては、肥後国人一揆に参加しなかったことが挙げられているが〔岩松二〇一六〕、その前後の段階を見ていくと、秀吉は直茂を重く用いて九州支配を進めようとしていることから、秀吉による直茂の登用が大きく関わっていたと考えられる。

その後、秀吉は藤八郎を無視するかたちで直茂に軍役を課して朝鮮侵略を進めている。これに対して、政家は文禄元年（一五九二）十二月、突如、直茂に朝鮮半島への渡海を要望する行動に出ている。この渡海は秀吉に許され、翌文禄二年四月、政家は釜山《プサン》に到着している。このとき、政家は朝鮮に渡海することなく国内に留め置かれた藤八郎の無事を確認する書状を送っていることから〔龍造寺家文書〕、政家の行動は藤八郎を心配してのものであった可能性が高い。こうした動きもあって、朝鮮半島から大坂に戻った直茂は慶長二年（一五九七）五月、自邸に秀吉を招き、藤八郎を面会させている。このとき、直茂は秀吉の家臣増田長盛《ましたながもり》の娘と藤八郎の縁組を要望するが、秀吉は藤八郎を直茂の家臣にするよう命じたとされている〔岩松二〇一六〕。

このように、秀吉による直茂登用のなかで、政家とその子藤八郎は封じ込められることになる。この状況は徳川家康《とくがわいえやす》が天下を取ってからも変わることなく、直茂が関ヶ原の戦いの際、石田三成《いしだみつなり》に味方した立花宗茂《たちばなむねしげ》を攻めた功績により、領国の安堵を受け、子勝茂が家康の養女と縁組みをするなど、徳川家との関係を緊密にしている。その際、藤八郎も従五位下駿河守に任ぜられ、高房と名乗っているが、慶長十二年に妻室を殺し、割腹した後、亡くなっており、隠居していた政家も同年死去している。高房には村田安良《むらたやすよし》・佐野源四郎《さのげんしろう》などの弟が存在しているが、直茂・勝茂の家臣となり、鍋島氏に仕えることになる〔藤野一九八二〕。

（中村知裕）

【主要参考文献】
岩松要輔『鍋島直茂』（戎光祥出版、二〇一六年）
川副博『五州二島の太守　龍造寺隆信』（佐賀新聞社、二〇〇六年、初版は『日本の武将　龍造寺隆信』として人物往来社より一九六七年に出版）
川副義敦『戦国の肥前と龍造寺隆信』（宮帯出版社、二〇一八年）

田渕義樹「蒲池氏の歴史」（柳川の歴史2『蒲池氏と田尻氏』柳川市、二〇〇八年）
中村知裕「龍造寺氏の肥前西部侵攻と龍造寺長信」（『古文書研究』八三、二〇一七年）
中村知裕「龍造寺氏の勢力拡大とその実態―五州二島論再考―」（『公益財団法人鍋島報效会研究助成 研究報告書』九、二〇一九年）
藤野保「竜造寺・鍋島両氏と公儀権力」（藤野保編『佐賀藩の総合研究』吉川弘文館、一九八一年）
堀本一繁「龍造寺氏の二頭政治と代替り」（『九州史学』一〇九、一九九四年）
堀本一繁「龍造寺氏の戦国大名化と大友氏肥前支配の消長」（『日本歴史』五九八、一九九八年）
宮島敬一「戦国期権力の形成と地方寺社」（本多隆成編『戦国・織豊期の権力と社会』吉川弘文館、一九九九年）

鍋島直茂——龍造寺隆信・豊臣秀吉に見出された武将

鍋島氏について

鍋島《なべしま》氏は佐々木《ささき》高綱《たかつな》の九代の孫で京都北野《きたの》に居住していた経秀《つねひで》が、南北朝期に千葉《ちば》氏を頼って肥前佐賀郡鍋島村（佐賀市）に移って鍋島を称し、龍造寺《りゅうぞうじ》氏を頼って佐賀郡本庄《ほんじょう》村（佐賀市）に移ったことに始まるとされる。その後、家督は子の経直《つねなお》に継承されたものの、男子がなかったため、大内《おおうち》氏に敗れて経直の館に身を寄せていた少弐《しょうに》教頼《のりより》と経直の娘との間にできた清直《きよなお》が家督を継承したとされている。

鍋島氏の系譜と少弐氏を結びつけた理由について、岩松要輔氏は江戸時代初期に林《はやし》羅山《らざん》に家の由来を尋ねられた際、初代佐賀藩主鍋島勝茂《かつしげ》が少弐氏の出であると答え、これを繕うため、少弐氏との結びつきを創作させたと指摘している〔岩松二〇一六〕。

鍋島氏の系譜を明確に示す根拠は存在しない。ただし、岩蔵寺過去帳《がんぞうじかこちょう》には、「鍋島崇元」という名の横に「永徳四年（一三八四）」と見えることから、鍋島氏が南北朝期の頃より肥前に存在していたことは間違いない。近世に創作された系図では、この崇元を鍋島家の祖経秀としているが、その確証はない。

戦国期の鍋島氏のなかでも、その存在が史料上明確になるのは直茂の父清房《きよふさ》である。清房は龍造寺家《いえ》

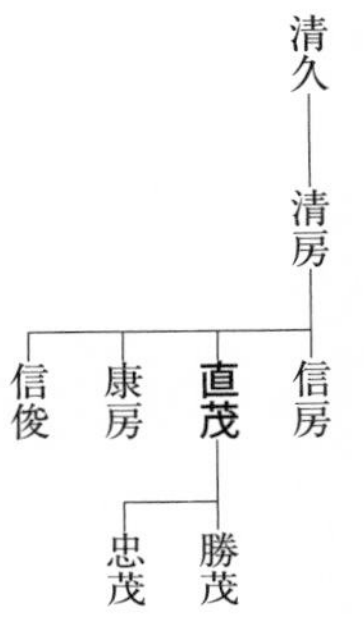

鍋島氏略系図

兼《かね》に仕え、享禄三年（一五三〇）、田手畷《たでなわて》の戦いで父清久《きよひさ》とともに、「赤熊武者」を率いて、肥前に侵攻した大内氏の軍勢を破るなどの武勇を見せたとされている。この功績により家兼は嫡子家純《いえずみ》の娘を清房に嫁がせており、後に龍造寺隆信《たかのぶ》が家督を継承した際には、清房は隆信の母慶誾尼《けいぎんに》を後妻として迎えている。

清房には直茂（名は信昌《のぶまさ》・信生《のぶなり》・直茂と変わるが、本稿では便宜上、直茂を用いる）の他に信房《のぶふさ》・信俊《のぶとし》・康房《やすふさ》の四男があり、このうち直茂の兄にあたる信房は永禄年間（一五五八〜七〇）に父清房とともに活動した形跡が見られる〔河上神社文書〕。また、隆信の弟長信《ながのぶ》は信房と直茂に対して二心がないことを示す起請文を発給するなど〔多久家文書〕、信房と直茂を同列に扱っている。これらの事例から、永禄年間の頃まで直茂は、あくまで清房の次男であり、当初は鍋島氏の家督を継承する存在ではなかった可能性が見出せる。

そうなると、鍋島氏の次男にすぎない直茂がいかなる過程を経て龍造寺氏の権力を継承するようになったのであろうか、次節以降で明らかにしていこう。

龍造寺隆信による直茂の登用

直茂は天文七年（一五三八）三月十三日に父清房、母龍造寺家純の娘との間に佐賀郡本庄で生まれた。

幼名を彦法師といい、幼少の頃、龍造寺家兼により千葉胤連《たねつら》の養子になったとされている。しかし、千葉氏の通字である「胤」を直茂が名乗った形跡が見られないことなどを踏まえると、直茂が本当に千葉氏の養子となったのか検討を要するところである。同じ頃、主君にあたる龍造寺隆信が家督を継承したものの、一族との間で内紛が勃発しているが、その際、直茂がどのような活躍をしたのかよくわからない。

直茂の活動が史料上明確になるのは永禄十二年（一五六九）からであり、直茂は主に肥前北部を本拠地とする鶴田《つるた》氏との連絡役をつとめていた〔鶴田家文書〕。

その直茂であるが、元亀元年（一五七〇年）の龍造寺・大友氏の抗争で大きな戦功をあげたことでよく知られている。近世の編纂物では、直茂の進言により大友親貞《おおともちかさだ》が在陣する今山（佐賀市）への攻撃が決定し、直茂を中心とする奇襲部隊が編成され、少ない軍勢で大友氏の軍勢を混乱させて、親貞を討ち取ったと記している。そのため、佐賀市内には勝軍稲荷《しょうぐんいなり》神社や勝楽寺《しょうらくじ》など龍造寺・大友氏の抗争と直茂との関係を示す史跡が数多く残されている。

この戦いに関して、直茂は龍造寺氏の中核として大友勢を切り崩して千余人を討ち取ったとしていることから〔鶴田家文書〕、龍造寺・大友氏の抗争で直茂が活躍したことは間違いない。その証拠にこの戦い以降、龍造寺氏内部における直茂の地位は大きく変化しており、そのことを示す史料が各所で見られるようになる。

例えば、直茂は龍造寺氏に対して数度にわたり起請文を発給している。その内容を見ていくと、まず

鍋島直茂画像　公益財団法人鍋島報效会所蔵

天正三年（一五七五）の起請文では、直茂が隆信と同様に政家《まさいえ》にも忠節を尽くすことを誓うとするなど、隆信・政家の両方を立てる姿勢を示している。また、天正七年の起請文では隆信存命中であるにもかかわらず政家に忠節を尽くすことを誓うなど〔藤龍家譜所収文書〕、直茂は政家を奉公の対象としている。この後、隆信は天正九年に政家に家督を継承させていることから、その前提として、隆信は後継者たる政家に直茂をつけて、円滑な家督継承を進めようとしたと判断してよい。

天正六年以降、隆信は筑後など肥前以外の国々に侵攻するが、その際、直茂は筑後国に配置され同地の支配を担っている。筑後において直茂は柳川城《やながわ》（福岡県柳川市）を拠点に筑後国衆と隆信間の取次として活動するとともに、離反する田尻《たじり》氏や蒲池《かまち》氏などの国衆の反抗に対処している〔田尻家文書ほか〕。

以上のように、隆信は直茂を嫡子政家の補佐役として付けるとともに、筑後の支配を任せるなど、龍造寺・大友氏の抗争以後、直茂は龍造寺氏内部における地位を確立していくことになる。

豊臣秀吉による直茂の登用

直茂は隆信の登用によりその地位を確立していくが、豊臣《とよとみ》政権の登場により、その役割も大きく変質することになる。

よく知られるように、天正十二年（一五八四）三月、隆信は島原《しまばら》半島での戦いで戦死し、領内は大きく動揺することになる。その前後の段階において、直茂は岩松要輔氏が指摘するように、豊臣政権との外交を担っていた〔岩松二〇一六〕。

これによると、直茂は天正十年に山崎《やまさき》の戦いに勝利した秀吉《ひでよし》と連絡をとっており、隆信戦死後は毛利《もうり》氏の重臣小早川隆景《こばやかわたかかげ》を通じて、秀吉との外交を進め、人質として成富茂安《なりとみしげやす》、後に千布《ちふ》賢利《かたとし》を人質として派遣している。

また、隆信戦死後、嫡子政家は直茂・龍造寺家晴《いえはる》・信周とともに在地支配の立て直しに着手した形跡も見られる。例えば、庄屋に対する給与である「庄屋給」を、隆信死後も認める姿勢を示すとともに、家臣団の給与の三分の一を召し上げる政策を実施している。しかし、こうした政策にもかかわらず、領内における年貢納入が滞り、税を納める百姓が庄屋を糾弾する事態も起こるなど〔西持院文書、平吉家文書〕、龍造寺氏の在地支配は行き詰まりを見せるようになる。

こうした状況のなかで、豊臣政権による九州征伐が実施され、直茂も秀吉の軍に参加して薩摩島津《しまづ》氏の討伐に貢献している。この後、天正十六年、太閤検地《たいこうけんち》が龍造寺氏の領国においても行われることになるが、その際、直茂は家晴等とともに、低迷していた年貢の徴収を厳密にする政策を実施しようとしている〔村岡家文書〕。

このように、直茂は軍事・外交に加えて、内政面でも龍造寺氏を支えていたことになる。こうした活躍が認められたことにより、直茂は九州国分《くにわけ》において肥前養父《やぶ》郡半分と高来《たかき》郡神代《くましろ》を秀吉から与えられている。

この知行宛行により、直茂は龍造寺氏の家臣でありながら、独立した権力として位置づけられたように見える。しかし、天正十五年（一五八七）に起こった肥後の一揆討伐に際しては、当初、龍造寺政家に従う将の一人として参加することになっていた。ただ、この戦いの経過を見ていくと、直茂は肥後に着任した佐々成政《さっさなりまさ》のもとに軍事物資を輸送したが、肥後南関で大津山《おおつやま》氏の兵に襲撃されている。その後、政家が出陣を拒否したため、直茂が軍を指揮することになった。肥後に出陣した直茂は黒田孝高《くろだよしたか》・森吉成《もりよしなり》らと相談して、合志親為《こうしちかため》を攻めた後、田中《たなか》城（熊本県和水町）の和仁親実《わにちかざね》と辺春親行《へばるちかゆき》を攻めているが、その際には小早川隆景と相談して、辺春親行を扇動して和仁親実の誅殺に成功している。こうした活躍により、秀吉は直茂の活躍を賞賛した朱印状を発給している〔鍋島家文書〕。

以上のように、肥後の一揆鎮圧の過程で、直茂は龍造寺氏の軍事を司る存在になるとともに、秀吉の家臣と連携して戦功を上げていることがわかる。

天正十六年七月、龍造寺政家は嫡子長法師丸（後の藤八郎《とうはちろう》、高房《たかふさ》）、直茂を伴って大坂に入った。このとき、政家は肥前守に任ぜられ、羽柴の名字と豊臣姓を下賜されているが、翌年、秀吉は直茂にも位階を授け、豊臣姓を下賜している。

肥前に下国した政家は藤八郎を直茂の養子としているが、天正十八年、秀吉は藤八郎に代わり直茂に領国支配を任せている。これに関して、鈴木敦子氏はその二年前の天正十六年には印章の使用を開始して、知行を安堵するなど、天正十六年から、直茂が龍造寺氏の領国支配を実質的に担うようになったと指摘している〔鈴木二〇〇六〕。しかし、これまでの事例を見てもわかるように、隆信が戦死した後に、直茂が龍造寺家晴とともに在地支配に関与していることから、直茂は天正十六年ではなく、天正十二年より龍造寺氏の領国支配を実質的に担っていたと判断してよい。こうした状況もあり、秀吉も龍造寺氏領国の支配を正式に認める判断を下したと考えられる。

この間、秀吉は政家に隠居領を与え、軍役を免除して隠居させてしまう。その一方で、直茂は妻と次男平七郎《へいしちろう》（後の忠茂《ただしげ》）を人質として大坂に向かわせ、龍造寺家晴等の重臣層も人質を大坂に送っている。

こうした経緯を経て、直茂は龍造寺氏の領国支配を担うようになるが、なぜ、秀吉は政家を排除してまで、直茂を取り立てたのであろうか。

その理由としては、秀吉が直茂を直臣として取り立てていたことが挙げられる。具体的には筑後発心《ほっしん》城（福岡県久留米市・八女市・うきは市）の草野家清《くさのいえきよ》を誅殺した後、直茂を草野領の代官に任命しており、秀吉が博多でバテレン追放令を発令した際には、直茂を長崎の代官に任命して年貢を運送するよう命じている〔鍋島家文書〕。特に直茂の長崎代官就任は、南蛮人《なんばんじん》による人身売買を察知して、長崎を直轄地としたことをきっかけとしたものであった。

以後、秀吉は代官である直茂を通じて長崎支配を進めている。例えば、長崎において異国人と日本人が喧嘩に及んだ場合の裁定方法を指示するとともに、貿易における値段の決め方や、貿易品の量目について定めている。また、秀吉は直茂・加藤清正《かとうきよまさ》・黒田孝高等に長崎に着岸する外国船による商売の自由を認め、南蛮船が唐船を違乱した場合は、厳しく対処するよう求めている。そのほかにも秀吉は直茂を通じて長崎支配に関する多くの法令を出している〔鍋島家文書〕。

すなわち、豊臣政権にとって直茂は、長崎および九州支配の一端を担う存在であったと考えてよい。九州征伐後における同地の支配には主として黒田孝高をはじめ加藤清正・森吉政《よしまさ》などが関与しているが、これらの人物は、いずれも秀吉の家臣で九州出身ではない。秀吉としては九州支配を進めるうえで、現地の実情を知る人物を必要としていたと推測される。この経緯により秀吉に登用されたのが肥前を本拠とし、九州征伐以前より秀吉に通じていた直茂であり、秀吉の側も九州支配を固めるためにも直茂の身分を保障する必要があったと考えられる。

朝鮮侵略・関ヶ原の戦いにおける直茂

天正十九年（一五九一）、秀吉は明国征服の計画を明らかにし、各大名に渡海の準備を進めるよう命じ、前線基地として名護屋城《なごや》（佐賀県唐津市）の建設を進めた。名護屋城の建設には直茂も関与しており、領内の蓮池城《はすいけ》（佐賀市）の天守を名護屋城に移築したとされている。

翌文禄元年（一五九二）には、軍勢の編成が発表され、直茂は加藤清正らとともに二番手に属し、一二〇〇〇人の軍役を命じられている。岩松氏によると、この軍役において、直茂は完全に佐賀の領主として位置づけられており、直茂も直臣である鍋島茂里《しげさと》・成富茂安を組頭《くみがしら》とする軍勢を編成している〔岩松二〇一六〕。

一回目の朝鮮侵略、いわゆる文禄の役において、直茂は加藤清正とともに行動している。文禄元年、釜山《プサン》から朝鮮半島に上陸した直茂は、清正とともに半島を北上して臨津江《イムガンジン》で朝鮮軍を破って、半島の北東に位置する咸鏡《ハムギョンド》道に入っている。直茂はこの地域を固めるため、清正と別行動をとっており、代わりに龍造寺家晴・後藤家信《いえのぶ》・成富茂安を清正に同道させている。家晴らの軍勢は清正とともに中国東北部にあたるオライカンに進入している。しかし、地域住民の反乱に悩まされるようになり、文禄二年正月から多くの犠牲を払いながら京城《キョンソン》（現在のソウル）に撤退することになる。

この頃、小西行長《こにしゆきなが》等は明との和平交渉を進め、朝鮮半島からの撤退を進めようとしているが、直茂は清正とともに京城からの撤退に反対する立場をとっている。結局、交渉により京城からの撤退が決定しているが、その後も、直茂は殿をつとめて蔚山《ウルサン》・西生浦《ソセンポ》を経て金海城に入って防備を固めていた。ところが慶長二年（一五九七）頃に突如、日本に帰国している。

文禄の役以後も朝鮮半島に駐留し続けていた直茂がなぜ、日本に戻る必要があったのであろうか。これに関しては、「龍造寺隆信・政家」の項で述べたように、政家の子藤八郎を秀吉に対面させる必要が生じたことが挙げられる。また、関係史料を見ていくと日本に戻る前年にあたる文禄五年六月、龍造寺氏に属する主な家臣団が直茂の子勝茂に対して起請文を発した事例に突き当たる〔多久家文書〕。この起請文は岩松氏が明らかにしているように、龍造寺家晴をはじめとする龍造寺一族が、直茂・勝茂に対して忠誠を誓うというものである。さらにこの起請文では、知行以下の改め、所替えがなされて、所領が不足しても直茂への芳恩を忘れることはないとしている。さらに龍造寺家臣団は直茂・勝茂に忠誠を誓うので、安心して秀吉と秀頼《ひでより》へ奉公するよう記している〔岩松二〇一六〕。

この起請文が発せられた翌年に勝茂が朝鮮半島に出陣したことを踏まえると、起請文は直茂の権限が龍造寺藤八郎ではなく、子の勝茂に継承されることを龍造寺家臣団が承諾したことになる。すなわち勝茂を担ぎ上げるためにも直茂は一度、帰国する必要があったと考えられる。秀吉も勝茂の存在を認識しており、二度目の朝鮮侵略である慶長の役では直茂のみならず、勝茂にもたびたび指示を与えている。

慶長の役において、勝茂は慶長二年七月の巨済島《チェジュ》沖海戦にて初陣をかざっている。その後、八月には慶尚道《キョンサンド》において加藤清正と黒田長政《ながまさ》とともに黄石山城を攻め落としており、十二月には明軍に包囲された蔚山城の救援に赴いている。

このように、直茂は勝茂とともに朝鮮半島で活動しているが、慶長三年八月、秀吉が死去したことにより、釜山から出航して博多に戻っている。

博多に戻った直茂・勝茂はそのまま京都に向かい、伏見城《ふしみ》（京都市伏見区）に入った徳川家康《とくがわいえやす》に取り入る姿勢を示している。慶長五年まで直茂は勝茂・藤八郎とともに大坂に滞在していたが、家康が上杉景勝《うえすぎかげかつ》討伐を開始すると、直茂は肥前に下国し、勝茂・藤八郎は大坂に残っている。

なぜ、父子は別行動を取ることになったのであろうか。これに関しては、家康が加藤清正とともに、九州の守りを固めることを命じたためであるといわれている。

しかし、実際には直茂が家康の許可を得て帰国したというのが実情である。名目は龍造寺隆信十七回忌の法要を行うというものであるが、鍋島家と龍造寺家の架け橋ともいえる慶誾尼が慶長五年二月に病死したことも関係していた〔坊所鍋島家文書、多久家文書〕。慶誾尼は先述したように龍造寺隆信の母で、後に直茂の父清房の継室となり、直茂にとっては継母となったことで知られている。慶誾尼は、隆信死後も龍造寺氏内部において権力を有しており、特に所領の知行に関する権限を有していた形跡が見られる〔多久家文書〕。

こうした事情により、直茂と勝茂は別行動を取ることになったと思われる。ところが、勝茂は家康と対立する石田三成《いしだみつなり》を中心とする西軍に味方する事態を引き起こしている。結局、西軍は関ヶ原で敗北し、勝茂は大坂に撤退して家康に謝罪している。これに対して、家康は勝茂を許し、西軍に属して筑後柳川に帰還した立花宗茂《たちばなむねしげ》を討つよう命じている。

この命令を受けた直茂は佐賀に戻った勝茂とともに、軍勢を編成して筑後に侵入して、小早川秀包《ひでかね》の久留米城《くるめ》（福岡県久留米市）を開城させ、筑後八院《はちいん》（同大木町）で立花宗茂の軍勢と抗戦して勝利している。この後、黒田如水《じょすい》（孝高）・加藤清正の使者が間に入り、立花宗茂が城を出て肥後南関に蟄居している。この後、直茂は家康に対する忠誠を示すため、島津氏を討伐するために肥後佐敷《さしき》（熊本県芦北町）に進出しているが、撤退している。

鍋島氏による龍造寺氏の家督継承

関ヶ原の戦い以後の働きにより、直茂・勝茂は家康より本領を安堵されることになった。慶長六年（一六〇一）、直茂は子の忠茂を人質として出し、家康に謁見するなど、江戸幕府との関係を緊密化するために尽力している。

この間、江戸幕府は龍造寺氏に直茂・勝茂への権力移譲を求めるようになる。これに関しては、多久《たく》長信をはじめとする龍造寺一族も直茂を支持する姿勢を示している。その背景には、先述したように、龍造寺家と鍋島家の橋渡し役を担っていた慶誾尼が死去したこと、そしてその遺領を長信が引き継いだことも関係していたと思われる〔多久家文書〕。

この状況のなか、龍造寺高房を名乗った藤八郎は慶長十二年（一六〇七）、江戸で妻（直茂の養子鍋島茂里の娘）を殺害して、切腹する事件を引き起こしている。この後、高房は再び自殺に及んでおり、父政家も死去して、龍造寺家の本宗家は絶えることになる。

この頃、直茂は佐賀城（佐賀市）の建設を進めており、高房・政家が死去した翌年の慶長十三年に天守閣をもつ城郭が完成している。また、高房の弟村田八助《むらたはちすけ》・佐野源四郎《さののげんしろう》が直茂・勝茂に誓書を出し、鍋島氏に忠誠を誓っている。岩松氏はこの誓書より、龍造寺氏は完全に鍋島氏の家臣の立場になったとしている〔岩松二〇一六〕。

龍造寺氏の家督を実質的に継承した直茂であるが、慶長十五年、権力を勝茂に譲って佐賀の多布施《たふせ》（佐賀市）に隠居している。その後、直茂は「御耳之瘡」、すなわち耳のできものに悩まされるようになり、慶祐《けいゆう》という医者を京都から呼び寄せて治療している。これによりある程度は治ったとしているものの、実際には完治しなかったようである。死を覚悟したのであろうか、直茂は今後の領内統治に関して勝茂に九カ条に及ぶ遺言を残している。また、臨終にのぞんで直茂は親類家中の家来に連判の誓紙を提出するように遺言を残している〔鍋島家文書〕。

結局、元和四年（一六一七）六月に直茂は死去するが、翌五年、勝茂は直茂一周忌の法要を行うため、鍋島氏の菩提寺である高伝寺《こうでんじ》（佐賀市）の客殿を作り、鐘楼を再興させて、法要を行っている〔坊所鍋島家文書〕。

以上のように、龍造寺家の一家臣にすぎなかった直茂は、龍造寺氏の家督とその支配権を継承することになる。その背景には龍造寺隆信と豊臣秀吉による登用があったと考えてよい。

ただ、直茂は主家である龍造寺氏を滅ぼして地位を継承したわけではなく、龍造寺一族はそのまま残り、鍋島氏一族として遇されて、その所領の支配権も認められていた。そのため、子の勝茂は領国支配を進めていくうえで、龍造寺一族の処遇に心を砕くことになる。

（中村知裕）

【主要参考文献】

岩松要輔『鍋島直茂』（戎光祥出版、二〇一六年）
川副博『五州二島の太守　龍造寺隆信』（佐賀新聞社、二〇〇六年、初版は『日本の武将　龍造寺隆信』として人物往来社より一九六七年に出版）
川副義敦『戦国の肥前と龍造寺隆信』（宮帯出版社、二〇一八年）
鈴木敦子「肥前国における戦国期の印章使用」（有光友学編『戦国期 印章・印判状の研究』岩田書院、二〇〇六年）
藤野保「竜造寺・鍋島両氏と公儀権力」（藤野保編『佐賀藩の総合研究』吉川弘文館、一九八一年）

筑紫広門
――筑前・筑後・肥前の国境地域に君臨した国衆

戦国期に筑紫《つくし》氏が本拠地とした勝尾《かつのお》城が平成十八年（二〇〇六）に国の史跡に指定されたことにより、近年は筑紫氏と勝尾城があった佐賀県鳥栖市との関係がクローズアップされている。

しかし、鳥栖市の隣県にあたる福岡県には「筑紫郡」「筑紫村」「筑紫野市」といった地名をはじめとして、「筑紫丘高校」「筑紫高校」「筑紫中央高校」といった学校名、さらには「筑紫もち」「筑紫駅」とあるように、「筑紫」という言葉は佐賀県よりもむしろ福岡県において多用され、深く根付いている。

右に示した「筑紫」の名称は、本稿に登場する筑紫氏とはほとんど無関係であるものの、筑紫氏を考える場合には、「筑紫」の地名が残る福岡県、特に筑前国との関係を改めて見ていく必要があろう。

筑紫氏と筑前国・肥前国

筑紫氏と筑前国との関係を見ていく場合には、まず筑紫名字の地である三笠《みかさ》郡筑紫（現在の筑紫野市筑紫）に着目していく必要がある。この筑紫の地には筑紫神社があり、現在でも地域の人々の崇敬を集めている。『筑前国続風土記』「筑紫家文書」などの記録・文書では、筑紫氏は筑紫神社の宮司（神司）の末裔であるとするなど、筑紫氏と筑紫神社との関係について記した部分が見られる。特に筑紫神社の

筑紫神社　福岡県筑紫野市　撮影：筆者

神主山内兵部は、神社内に享徳二年（一四五三）に筑紫経門《つねかど》・俊門《としかど》が本殿を造営したことを示す棟札《むなふだ》が江戸期まで存在していたとしている〔筑紫家文書〕。この棟札が現存すれば、筑紫氏と筑紫神社との関係性を明確に位置づけることができる。

この他にも、筑紫氏の出自は少弐《しょうに》氏の庶流とする説、坂上田村《さかのうえのたむら》麻呂《まろ》、足利直冬《あしかがただふゆ》の子孫とする説などさまざまである。これに関して、堀本一繁氏は少弐氏に直接つらなる庶流というよりは、婚姻関係を通じて少弐氏の有力家臣になったとしている〔堀本一九九七〕。

筑紫氏の史料上の初見は、応永七年（一四〇〇）、少弐貞頼《さだより》が筑紫次郎《じろう》に豊前国規矩《きく》郡曽祢《そね》村の地を宛行っている事例である。その後、嘉吉元年（一四四一）には少弐教頼《のりより》が筑紫下野入道《しもつけにゅうどう》に筑前三笠郡筑紫村地頭職并庄分を安堵している〔筑紫家文書〕。これが筑紫氏と筑前国との関係を示す初見となる。

なお、中世における「筑紫」の読みははっきりとせず、辞書・事典類では「つくし」、一般書では「ちくし」とする場合が多い。本書では「つくし」と読むことにする。

応仁・文明の乱が勃発すると、対馬に追われていた少弐頼忠《よりただ》は大内《おおうち》氏の勢力を駆逐するため、渡海して筑前を一時期回復するものの、文明十年（一四七八）に京都から戻った大内政弘《まさひろ》により筑前を奪回されている。以後、筑前および肥前東部では少弐氏と大内氏、さらに九州探題《きゅうしゅうたんだい》の渋川《しぶかわ》氏が加わったことによる抗争が続いており、その混乱は筑紫周辺にも及んでいる。

例えば、大内政弘が筑前に侵攻した文明十年十月、九州探題渋川教直《のりただ》は少弐氏の残党が筑紫村に近接する城山に潜伏している情報を政弘のもとにもたらしている〔正任記〕。明応五年（一四九六）における大内氏・少弐氏の抗争では、少弐政資《まさすけ》と子高経《たかつね》が自害しているが、その際には筑紫村と城山が戦場となっている〔萩藩閥閲録〕。そして天文元年（一五三二）には、大内氏の軍勢が筑前・筑後・肥前三ヶ国の国境に兵を進め、味方する肥後菊池《きくち》氏も筑後に侵攻し、筑後国衆も大内・菊池氏に呼応するなど、混乱状態となっている。

こうした状況下で、筑紫氏は少弐氏から大内氏に乗り換え、後に少弐氏のもとに戻るなど、従属関係はたびたび変化している。そのなかで、筑紫氏は所領を書き記した「坪付《つぼつけ》」や「取帳《とりちょう》」をたびたび作成している。まず、永正年間（一五〇四～二一）に計四つの「坪付」「取帳」を作成しているが、これに関して、堀本一繁氏は大内氏の後援を背景に領内の整備を行ったことを示すものとして位置づけている。また、天文年間にも筑紫氏の知行地を記した「坪付」が作成されているが、堀本氏は、天文二年に大内氏に敗れたことにより混乱した筑紫氏の所領再編を企図したものと指摘している〔堀本一九九七〕。

これらの「坪付」・「取帳」の内容を通覧していくと、まず永正十四年（一五一七）の所領坪付では、三笠郡の筑紫を最初に記しており、その所領は筑前では夜須《やす》郡・席田《むしろだ》郡・宗像《むなかた》郡・嘉麻《かま》郡に及ぶものとしている。また、天文三年の知行注文では知行地が最も多い夜須郡西郷を最初に挙げ、三笠郡の筑紫村・侍島村・山家庄《やまえ》など筑紫名字の地を、筑紫氏の所領として記している。

これらの「坪付」・「取帳」により、筑紫氏は筑前内において広大な所領を支配しているように見える。しかし、筑紫村およびその周辺地域は大内氏・少弐氏の抗争地点であることを踏まえると、実質的な支配は困難であったと推測される。ようやく筑紫氏が筑前における実質的支配を行使できるようになったのは、後述するように筑紫惟門《これかど》が大内氏に従属した後のことである。

その一方で、筑紫氏は肥前東部にも勢力を維持していた。筑紫氏と肥前との関係を示す初見は、享徳四年（一四五五）、少弐教頼が筑紫下野入道に肥前国松浦《まつうら》郡上庄内の地を安堵した事例であるが、松浦郡は戦国期に筑紫氏が本拠地とする勝尾城からはるか離れた肥前北西部にある。文明十一年（一四七九）には、少弐政資が筑前・筑後・肥前における筑紫氏の所領を安堵しているが〔筑紫家文書〕、この中に養父《やぶ》郡・基肄《きい》郡といった肥前東部に所領を有していた形跡が見られる。文明十一年は少弐氏が大内氏の攻撃により、筑前を放逐された時期であることを踏まえると、筑紫氏が筑前・筑後・肥前三ヶ国に及ぶ地域を実質的に支配することは難しかったと思われる。しかし、基肄郡金丸名に関しては、筑紫氏が以前から支配していたことを示す「当知行地」とあることから、筑紫氏がこの地を支配していたことは間違いない。

永正年間において筑紫氏が領内の検見を進めたことは先述したが、その対象は筑前のみならず、肥前にも及んでいた。具体的には養父郡幸津本庄、佐賀郡新庄を対象としている。筑前の事例を踏まえると、当時の筑紫氏が本当に肥前東部の地域を支配していたのか疑問を呈するところである。しかし、永正十七年に筑紫満門《みつかど》が基肆郡姫方《ひめかた》（佐賀県鳥栖市）の「饗米」を奝実《ちょうじつ》に渡した事例を踏まえると、筑紫氏が肥前東部の支配を実際に進めていたことは間違いない。さらに天文年間に大内氏が侵攻した際、少弐氏についた筑紫正門《まさかど》が基肆郡宮尾要害《みやおようがい》に籠もって大内氏に抵抗したものの、落城している。

以上の事例から、十六世紀前半時点において筑紫氏による筑前支配は困難であった可能性が高いものの、肥前東部では着実に支配地を形成していることがうかがえる。

筑紫惟門の動向

筑紫広門《ひろかど》に至る筑紫氏の系譜を堀本氏の研究をもとに見ていくと、次のようになる〔堀本一九九七〕。

【筑紫氏略系図】

教門――?――尚門――?――満門――秀門┬正門
　　　　　　　　　　　　　　　　　└惟門――広門

ここに見える人物はいずれも筑前・肥前をめぐる抗争のなかで、少弐氏と大内氏との従属関係を絶えず変えながら、勢力を維持していった。このなかで顕著な活動が見えるのが、広門の父惟門である。惟門も最初、少弐冬尚《ふゆひさ》に従属していたが、天文年間の頃には筑前を実質的に支配する大内氏に従属したとされている。

大内氏の支配下に入ったことにより、これまで不明な部分が多かった筑紫氏による所領支配の様子が垣間見えるようになる。例えば、天文十八年（一五四九）、惟門は観世音寺花蔵院《かんぜおんじけぞういん》から三笠郡内の地における半済《はんぜい》の停止を訴えてきたので、これを大内氏に取り次いでおり〔観世音寺文書〕、大内義隆《よしたか》は三笠郡隈村十二町地を惟門に与えている〔満盛院文書〕。その一方で、大内氏の家臣山田隆明《やまだたかあき》は三笠郡内で「鋳物師公役銭《いもじくやくせん》」が完済できないのは筑紫氏が同郡の半分を沙汰しているためとしており〔真継文書〕、大内氏家臣安富興宗《やすとみおきむね》が支配する三笠郡麦野《むぎの》の地を筑紫氏が押領《おうりょう》している〔山口県文書館所蔵文書〕。

こうした事例から筑紫氏は大内氏に従属することにより、筑前、特に筑紫を含む三笠郡の実質的支配を進めていることがわかる。その支配に関して、堀本氏は大内氏の筑前支配を補完するとともに、その支配を制限・規制する側面もあったとしている〔堀本一九九七〕。

筑紫氏は筑前における所領をいかにして支配していたのであろうか。これに関する史料がいくつか見られる。天文二十二年（一五五三）、筑紫良祝は天満宮満盛院《まんじょういん》領筑前国早良《さわら》郡戸栗《とぐり》郷半済の地について、大村禅賢《おおむらぜんけん》により満盛院の支配が難しくなっていたが、後述する大内氏の混乱により禅賢が下城したため、この地を満盛院に返すよう取り計らっている。同年にも良祝は天満宮御供屋別当に三笠郡中の御供田三町を寄進している〔満盛院文書〕。

筑紫良祝は大内氏家臣屋島《やしま》氏の子息で筑紫氏のもとに入り、宿老として惟門と広門を補佐していた人物である〔堀本一九九七〕。右の事例を見る限りでは、この良祝が筑前における所領の支配に関わっていたことは確かである。

以上のように、大内氏の傘下に入ることにより、その地位が安定したように見える。しかし、天文二十年、大内義隆が重臣陶晴賢《すえはるかた》の謀反で死去したことに始まる混乱により、大内氏が滅亡すると、豊後大友《おおとも》氏が筑前への進出を開始している。

この事態に際して、惟門は大友氏の進出に抵抗し、筑前南部の国衆秋月種方《あきづきたねかた》と連署で肥後南部の国衆に救援を依頼している〔相良家文書〕。結局、弘治三年（一五五七）、秋月種方は筑前古処山《こしょさん》（福岡県朝倉市）で滅ぼされているが、惟門は永禄二年（一五五九）に大友氏が支配する博多に侵入して、これを支配している〔フロイス日本史ほか〕。これに対して、大友氏は筑後国衆を筑前に派遣しているが、筑前侍島《さむらいじま》（同筑紫野市）の戦いで惟門の反撃により多大な犠牲を払っている〔田尻家文書ほか〕。

しかし、筑紫氏のなかには惟門に反抗する勢力が現れるとともに、筑前・豊前守護職、九州探題の地位を得た大友義鎮《よししげ》の前に、惟門は筑後田尻《たじり》氏を通じて降伏し、筑前那珂《なか》郡五箇山に引退させられることになる〔満盛院文書〕。

筑紫広門の動向

惟門が退いた後、本稿の主人公である広門が登場することになるが、その家督相続は豊後大友氏の意向が大きく反映されたものとされている〔堀本一九九七〕。その証拠に広門は当初、大友義鎮（宗麟《そうりん》）の偏諱《へんき》を受けた鎮恒《しげつね》を名乗っていた。

しかし、広門が幼少であるため、惟門の重臣良祝が広門を引き続き補佐しており、その没後は良祝の子栄門《ひでかど》（良仙《りょうせん》）と嶋鎮慶《しましげよし》が補佐にあたっている。広門が登場する永禄年間は北部九州を舞台に大友氏と毛利《もうり》氏の抗争が繰り広げられるが、広門は大友氏側について活動している。

そのなかで、少弐氏を滅ぼした龍造寺隆信《りゅうぞうじたかのぶ》が大友氏に反抗する姿勢を示すようになる。隆信は肥前東部と筑後に侵入する姿勢を見せており、広門はその対応を迫られることになる。堀本氏によると、龍造寺氏の脅威に対して、筑紫氏内部では龍造寺氏に味方する勢力が出ており、これに対して大友氏は筑紫氏に城の防備を固めるよう命じたことを指摘している〔堀本一九九七〕。

こうした状況が広門による領内の支配に何らかの影響を及ぼしていたと考えられる。そこで、広門が家督を継承した頃に発給された文書を見ていくと、交通・流通に関するものが見られる。

例えば、広門の重臣嶋鎮述《しげのぶ》は、博多商人嶋井《しまい》氏に対して、筑紫氏領内にある関所を自由に通行することを許可する通行証を発給している〔嶋井家文書〕。重臣筑紫良祝は筑紫氏領内における荷物の往辺に関して、天満宮安楽寺《あんらくじ》の荷物であれば問題ないので、整い次第送るように指示している〔大宰府天満宮文書〕。

また、鈴木氏は広門の代において勝尾城の城下に兵站基地として、「新町町屋」を形成したとしている。

さらに「新町町屋」は基肄・養父郡を経済圏とする町場田代と結びついており、物資供給地としての役割を町場である田代に担わせていたと指摘している〔鈴木二〇一九〕。

以上のように、広門の代では勝尾城下を整備し、流通を促す政策を実施するなど、交通・流通政策に重点を置いているが、当時の状況を踏まえると、龍造寺氏の侵攻に備える上での政策として捉えることもできる。

天正六年（一五七八）、大友氏が日向耳川《みみかわ》合戦で島津《しまづ》氏に敗退した後に、隆信は筑後への進出を開始している。これにより、広門は大友氏から離反することになる。この離反について、堀本氏は広門の重臣嶋鎮慶が博多で大友氏に対して違乱をなした事例を掲げている〔堀本一九九七〕。これに関して、隆信の筑後侵攻は秋月種実《たねざね》との同盟の後、開始されたものであり、種実も隆信の出兵に乗じて、天満宮安楽寺に侵攻していた。すなわち、広門は勢力圏の関係上、隆信・種実に挟まれる状態となり、両者からの挟撃を回避するために大友氏から離反したという考え方もできる。

広門は隆信・種実と連合して、大友氏重臣高橋紹運《たかはしじょううん》が管轄する岩屋《いわや》城・宝満山《ほうまんやま》城（福岡県太宰府市）を攻撃するなど、筑前の大友軍とたびたび抗戦している。

天正八年、広門は隆信に対して起請文を発している〔永野御書キ物抜書〕。堀本氏はこの起請文を龍造寺氏の優位性を示すものとしている〔堀本一九九七〕。その翌年、隆信は筑前に侵攻して早良郡の安《あ》楽平《らひら》城（福岡市早良区）を攻略していることから、この起請文は筑前侵攻を前提としたものとして捉え

勝尾城遺跡全景俯瞰図　画像提供：鳥栖市教育委員会

ることもできる。ただ、隆信の筑前侵攻は筑前を支配するのではなく、大友氏に敵対する筑前国衆を擁護することを目的としたものであった。そのため、隆信には筑前を支配する意思はなく、安楽平城を落とすと即座に肥前に後退している。その際、広門は早良郡内にある天満宮領戸栗・重富《しげとみ》郷を満盛院に打ち渡していることから、龍造寺氏との同盟により早良郡内の地に権力を及ぼしていたと考えられる。

天正十二年三月、龍造寺隆信は肥前島原《しまばら》半島での戦いで島津軍に敗れ戦死しているが、以後も広門は秋月氏・龍造寺氏との同盟関係を維持している。同年十月、島津軍が肥後高瀬《たかせ》（熊本県玉名市）に進出すると、広門は龍造寺・秋月とともに、同地に在陣する島津義弘《よしひろ》のもとに使者を派遣して、島津氏と好を通じている。その後、大友氏の重臣戸次道雪《べっきどうせつ》・高橋紹運の軍勢が筑後に攻め込んでいるが、その際には、久留米城《くるめ》（福岡県久留米市）に籠もり、龍造寺氏に味方する高良山座主《こうらさんざす》一族の麟圭《りんけい》を救援している〔隈家文書〕。

ところが、天正十四年、島津氏が筑前と肥前の国衆に人質を要求した際、秋月・龍造寺氏はこれに応じる姿勢を示したが、広門はこれを拒否している。こうした態度の変化については、広門が密かに高橋紹運とつながり、両者の間で人質の交換が行われることが決まったことが関係している〔成富家文書〕。

これにより、島津氏は広門を攻めることを決定し、天正十四年七月に本拠地勝尾城の攻略が開始され、四日ほどで城は落とされ、捕縛された広門は筑後大善寺《だいぜんじ》（福岡県久留米市）に幽閉されている。

島津軍は勝尾城攻略の後、岩屋城を攻撃して高橋紹運を死に至らしめ、養子立花宗茂《たちばなむねしげ》の籠もる立花山城（福岡市東区・福岡県新宮町・久山町）を包囲したが、島津氏内部で大友氏の領国豊後攻撃を進めるため、撤退している。これに乗じて、広門は幽閉先から脱出して、五箇山に攻め込んだという情報が島津氏のもとにもたらされた。そのため、島津義久《よしひさ》はこれに対処するべきことを主張しているが、重臣層は広門を捨て置き、大友氏の本国豊後に攻め込むべきことを主張するなど、会議は紛糾することになる〔上井覚兼日記〕。結局、豊臣秀吉《とよとみひでよし》が九州に軍勢を派遣したため、島津氏は豊後に攻め込むことに決定している。こうした事情もあり、広門は勝尾城の奪還に成功している。

天正十五年、秀吉が九州に大軍を派遣すると、広門もこれに加わっている。その際、広門は秋月表に出撃すること、そして九鬼嘉隆《くきよしたか》などが率いる水軍を警固するべきことを命じられている〔筑紫家文書〕。

この功績により、広門は筑後上妻《こうづま》郡内に所領が宛て行われ、同地に移ることになる。

九州征伐後の広門

広門は筑後に移り、上妻郡内に所領を与えられている。文禄四年(一五九六)に検地が実施され、その石高は一八〇〇〇石であることが確定している。筑後への移動にともない広門は上蒲池《かまち》氏が居城とした山下《やました》城を拠点に定めている。

天正十五年(一五八七)に隣国肥後で国人一揆《こくじんいっき》が発生すると、秀吉は広門にも肥後出陣を命じている。その際、秀吉は広門を小早川秀包《こばやかわひでかね》の軍勢に所属させて、本陣となる隈本《くまもと》(熊本市)に向かうよう指示している〔筑紫家文書〕。

その一方で、広門は天正十八年、関東の北条《ほうじょう》氏討伐の際、秀吉のもとに使者を派遣するなど、秀吉との関係構築に努めている〔筑紫家文書〕。こうした活動の結果、広門は上野介《こうずけのすけ》の官位が与えられ、後継で後に広門を名乗る主水正《もんどのかみ》(主水正を名乗るのは、慶長四年〈一五九九〉以降であるが、当時の諱《いみな》は不明であるため、本稿では便宜上、主水正を使用する)も後に従五位上《じゅごいのじょう》の位を与えられている。

文禄元年に一回目の朝鮮侵略、文禄の役が開始されると、広門は秀吉に百艘の船を廻送するように命じられるとともに〔瓦屋寺文書〕、小早川隆景《たかかげ》率いる軍に編成され、朝鮮半島に渡っている。開城《ケソン》を落とした後、隆景の軍は、全羅道《チョルラド》の制圧を担当したが、義兵《ぎへい》の抵抗と明国軍の派遣により、京畿道《キョンギド》に移っている。文禄二年、明の援軍を率いる李如松《りじょしょう》との間で碧蹄館《へきていかん》の戦いが起こるが、この戦いに広門は小早川秀包・毛利元康《もとやす》とともに参陣して奮戦している。文禄の役が終わった後も、広門はほかの九州の諸将とともに在陣することを命じられている。

慶長二年より起こった慶長の役では、高橋直次《なおつぐ》とともに釜山《プサン》の南側にある加徳島《カドク》に在陣を命じられている。同年六月、朝鮮水軍を率いる元均《げんきん》が安骨浦《アンコッポ》と加徳島を侵攻した際、広門は加徳島に上陸した元均の軍勢を迎撃して、これを撃破している。

慶長の役には後継の主水正も参陣している。広門は小西行長《こにしゆきなが》を救援するために島津義弘らとともに水軍を編成して救援に向かい、朝鮮水軍の将李舜臣《りしゅんしん》を戦死させるなど、明・朝鮮連合軍に多大な損害を与えている〔中野二〇〇六〕。

朝鮮侵略が終わって後、広門は主として京都・大坂で活動しており、このとき、家督を主水正に譲ったものと思われる。主水正は秀吉の直臣である五奉行により、妻子を伏見に置き、大坂で普請に携わるよう命じられており、慶長四年、主水正は従五位下に叙され、豊臣姓を拝領している。

慶長五年、石田三成《いしだみつなり》と徳川家康《とくがわいえやす》の間で関ヶ原の戦いが起こる。広門は筑後に下国していたが、主水正は西軍に加わり、立花宗茂・小早川秀包・高橋直次ら九州の大名とともに京極高次《きょうごくたかつぐ》の籠もる近江大津城（大津市）を攻撃している。これにより、関ヶ原の戦いの後、筑紫氏は改易となる。その際、筑紫氏の家臣は加藤清正《かとうきよまさ》のもとを訪れ、家康と敵対するつもりはなかったことを述べているが、結局、筑紫氏の領した上妻郡を含め筑後一国は、石田三成を捕らえた田中吉政《たなかよしまさ》に与えられることになる。その際、居城山下城の引き取りは、清正の家臣長野《ながの》三郎左衛門が担当している〔筑紫家文書〕。その縁を頼って広門・主水正は加藤清正が領する肥後に入っており、広門も出家して夢庵《むあん》と号している。その後、広門は豊前小倉《こくら》（北九州市）に移っており、その過程で茶人として知られる古田織部《ふるたおりべ》と交流をもとうとした形跡が見られるが〔筑紫家文書〕、元和九年（一六二三）に死去している。一方で、主水正は大坂の陣に参加した後、旗本となり、豊後速見《はやみ》郡内の所領を与えられ、正保三年（一六四六）に死去している。（中村知裕）

【主要参考文献】

鈴木敦子「戦国期北部九州における流通網と鳥栖」（市村高男・鈴木敦子・堀本一繁編『勝尾城筑紫氏遺跡と九州の史跡整備』岩田書院、二〇一九年）
中野等『秀吉の軍令と大陸侵攻』（吉川弘文館、二〇〇六年）
堀本一繁「肥前勝尾城主筑紫氏に関する基礎的考察」（鳥栖市教育委員会編『戦国の城と城下町―鳥栖の町づくりと歴史・文化講座―』一九九七年。後に『勝尾城下町遺跡』鳥栖市教育委員会、二〇〇三年に再録）
堀本一繁「勝尾城主筑紫氏の政治的位置」（市村高男・鈴木敦子・堀本一繁編『勝尾城筑紫氏遺跡と九州の史跡整備』岩田書院、二〇一九年）

大村純忠――生涯戦い続けた最初のキリシタン大名

純忠の出自――有馬から大村へ

大村純忠《おおむらすみただ》は、島原《しまばら》半島南部の日野江《ひのえ》城（長崎県南島原市）において、有馬晴純《ありまはるずみ》（仙厳《せんがん》）の次男として生を受けた。そこから大村純前《すみあき》の養嗣子となり、大村氏の家督を相続している。当時の肥前地方において、有馬晴純はもっとも武威を誇り、勢力を拡大しつつあった。その拡充策のひとつとして、晴純は自らの子らを周辺有力武家に養子として送り込み、家督を相続させて傘下に加える政略を推し進めた。三男直《なお》員《かず》には島原半島北部の千々石《ちぢわ》氏、四男盛《さかう》には佐世保《させぼ》西部の相神浦松浦《あいこうのうらまつら》氏（松浦宗家）、五男諸経《もろつね》は天草下島北西部の志岐《しき》氏をそれぞれ相続させ、有馬氏の一族として取り込んだのである。

大村氏は大村湾沿岸に勢力を有していた戦国領主で、純忠を有馬氏から迎えたのは十四代純前であった。大村氏と有馬氏とはそれ以前から、濃密な重婚関係が結ばれており、純前の父純伊《すみこれ》の妻は有馬貴純《たかずみ》の養女であり、純伊の息女が有馬晴純の室となり、また純前の妻は有馬尚鑑《ひさあき》の娘であった。歴代の相互婚姻関係の末に、純忠は天文七年（一五三八）には養子となり大村へ入り、その家督相続は天文十九年であったが、大村純前に実子がいなかったわけではなく、本来、家督を相続すべき貴明《たかあきら》という人物が

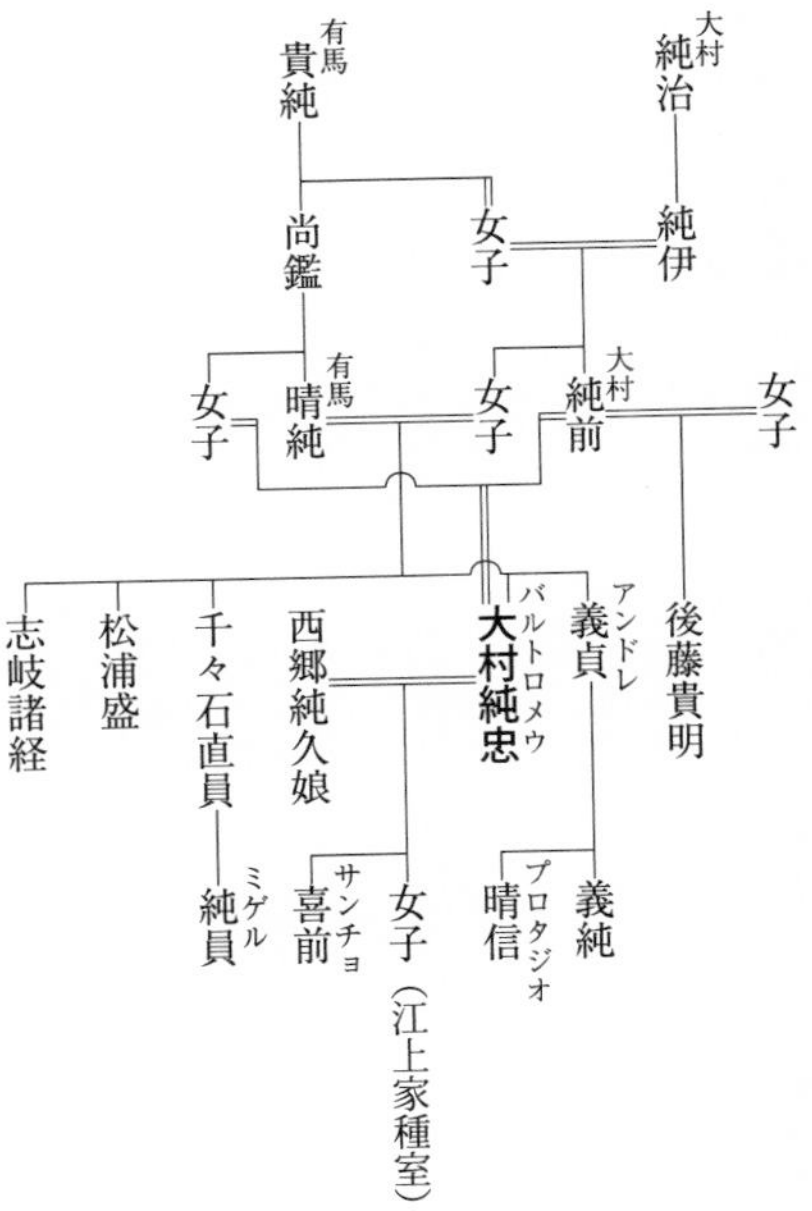

大村氏・有馬氏関係系図

いた。だが、貴明は側室の子であったため、天文十四年に武雄《たけお》（佐賀県武雄市）の後藤《ごとう》氏に養子へ出されている。『大村記』がこの件を「晴純肝煎《きもいり》にて」と記したとおり、これは有馬晴純の策であった。

　実家から排斥され武雄に追い出されることとなった後藤貴明は、生涯、純忠への攻撃を繰り返した。大村氏の家臣団も分裂し、純忠の相続から長く家内にしこりを残すことになった。大村市の中心部に位置する大村館・三城《さんじょう》城を中心に、西彼杵《にしそのぎ》半島や藤津《ふじつ》郡へ広がっていた大村領は、陸海上交通の結節点で、また肥前西部有数の沃野があったことから、常に周辺勢力から狙われており、東部の後藤氏以外にも南に伊佐早西郷《いさはやさいごう》氏、北に平戸《ひらど》松浦氏と敵対勢力は多く、純忠の人生は常に戦いに彩られていた。

天草栖本合戦――鉄砲の威力を知る

　純忠最初期の戦いとして、近年、天草地域の栖本《すもと》城（熊本県天草市）での合戦に参加したことが明らかになっている〔中山二〇二二〕。純忠は肥前連合の総大将を務めた。「永禄栖本合戦」と呼ばれるこの戦いは、天草諸島で分立していた天草五人衆という豪族のうち、栖本氏と上津浦《こうつうら》氏の抗争に端を発する。天草上島の有明海《ありあけかい》側にあった上津浦氏は、天文年間末から、八代《やつしろ》海側の栖本方棚底《たなそこ》城（天草市）を奪取するために幾度も攻撃を繰り返していた。永禄三年（一五六〇）に至り、海を挟んで友誼を結んでいた有馬氏に支援を要請したものである。これに、同じ天草五人衆の志岐氏も協調したが、先述のとおり、志岐氏の嗣子は純忠の弟である諸経であったことから、長兄義貞《よしさだ》の有馬氏のみならず、純忠もこれに加勢したものである。対して、栖本氏には肥後国人吉《ひとよし》・八代の相良義陽《さがらよしひ》がこれを支援し、天草島内の小さな勢力争いが、一躍西北九州の諸勢力による代理戦争の様相を呈することとなった。この間の記録は、相良氏家老の日記である『八代日記』〔熊本中世史研究会一九八〇〕と、平戸松浦氏の家譜である『大曲記』〔松浦史料博物館一九七七〕・『松浦家世伝』〔源棟ほか一八八七〕のそれぞれに記録され、各文献の時日に矛盾がないことから、信憑性が高い内容と考えられる。

天草への援軍渡海に臨んで総大将となった純忠は、平戸松浦隆信《たかのぶ》に鉄砲隊の派遣を要請し、鉄砲衆三十名の合力を引き出した。そのうえで、九月十五日に有馬で兄義貞と合流、二十三日に兄を含む有馬勢とともに二百艘の船団で天草へ海を渡り、友軍の待つ上津浦に陣を構えた。上津浦・志岐・大村・有馬・松浦の連合軍は二十八・二十九日の両日にわたって、栖本氏の居城栖本城を取り囲んで攻撃している。この際、三十名の鉄砲衆が大きな威力を発し、参加した諸勢に大きなインパクトを与えたのであった。

『大曲記』は「各地の諸勢でも既に鉄砲を二、三丁所有している勢力はあったが、組織だった調練が不足しており未熟であった。それに対し早くから多数の鉄砲を有していた松浦家では、羽ばたく鳥を標的として稽古を重ね、その取り扱いに習熟していた。この戦で、栖本城の城壁に人影が見えたので、平戸衆の指揮官が「あれを狙え」と下知、放たれた鉄砲によりたちどころに人影は倒れ転んだ。この威力を目の当たりにした合戦参加者は「いよいよ弓から鉄砲の時代になった」と驚嘆した。」と、平戸鉄砲衆の活躍を自負を込めて伝えている。

実際に、この戦い以後、純忠も有馬義貞も、天草の志岐氏も相次いでキリスト教への接近を図っている。純忠は翌永禄四年には宣教師の派遣を要請する連絡をイエズス会に送っており、これは栖本城での戦いにより鉄砲入手への欲求が高まったためと考えられるのである。

横瀬浦の開港とキリシタン大名への道

純忠の代名詞と言えば「日本初のキリシタン大名」である。永禄六年（一五六三）に、日本布教長コスメ＝デ＝トルレスから洗礼を受け、バルトロメウの洗礼名を授かった。これは永禄七年の高山右近《たかやまうこん》より早く、最初期の領主洗礼である。純忠の入信以前に、大内義隆《おおうちよしたか》、大友義鎮《おおともよししげ》（宗麟《そうりん》）、松浦隆信らがすでにキリスト教を庇護し、有力家臣が洗礼を受けることはあったものの、当主自身がキリスト教改宗へ踏み切ったことはなかった。当然、当主の改宗は、仏教に帰依する家臣団や領内寺社との不和をもたらすことが容易に想像されるものであった。実際、大村氏においても、保守派家臣の謀反が発生した。その結託先として、元来が大村氏の嫡子であり、純忠に怨恨を抱く後藤貴明は恰好の存在であり、叛乱に正当性をもたせることができたのである。純忠自身もおそらく、このような内訌の発生は十分に予期したうえで、受洗に及んだものであろう。養子として家督を継ぎ、権力基盤が脆弱であった純忠にとって、この機会を逆に踏絵とし、それを乗り越えることで権力の集中を図った可能性が高い。また、父が健在で、兄が当主の座にあった有馬氏に対し、自身の判断でキリシタンになった点も、純忠の独立精神を表象している。彼は受洗の決意を固めた後、兄義貞と、黄金の十字架を首から下げた身形で会っている。義貞からは「(お主は)キリシタンか」と聞かれたものの、それ以上、特段とがめられなかったことを喜んだ(フロイス書簡、長崎県二〇一三a)。この点で純忠はまた、織田信長《おだのぶなが》と別の意味で革命児であった。

それほど熱烈に純忠がキリスト教を導入した直接の動機は、従来の研究では意外にも明らかになっていない。時系列から推測すれば、やはり先に述べた天草永禄栖本合戦において鉄砲の威力を認知したことに始まる、火器の独占入手が目的にあったのではないだろうか。それを実現する場所として領内の横《よこ》瀬浦《せうら》(長崎県西海市)が開港に至っているが、さかのぼってその経緯を追うこととしよう。

かたやイエズス会側では、大村氏に接近する理由は十分にあった。平戸(長崎県平戸市)において庇護者であった松浦隆信との関係が悪化しつつあったからである。マカオからの基幹航路である九州西部において、松浦氏に代わる庇護者を考えれば、大村氏が浮上するのも当然の帰結であったろう。とはいえ、南蛮船の寄港地としては、港湾の水深などの条件をクリアする必要があった。フロイスは、永禄四年中に、ルイス＝デ＝アルメイダがドミンゴ＝リベイロと近衛バルトロメウを伴って、候補地横瀬浦の測量を実施していたことを記す〔フロイス日本史、長崎県二〇一三b〕。むろん、これは上述のとおり、純忠から宣教師の派遣を求める書簡が来ていたことに起因するのであろう。

翌永禄五年、純忠・アルメイダ間で、ポルトガル商人に対する十年間の関税免除、横瀬浦の町における仏教徒の非居住、教会と純忠による土地所有の折半等の条件が折り合い、横瀬浦が開港された。同時に、それまで繁栄の極みにあった平戸は居住商人らが移転してしまい「大方物さひしく成候」と『大曲記』は伝えている。

永禄六年、布教長トルレスが横瀬浦に滞在することとなり、純忠自身、重臣を連れてそのもとを訪ねた。その後、トルレスと交感を重ね、また説教に耳を傾けたことで、次第に洗礼を望むようになり、五月に洗礼を受けバルトロメウの教名を名乗ることとなった。キリシタン大名大村純忠がこのとき、誕生した。アルメイダはキリシタン大名となった純忠の装いを「両肩の少し下のところに、それぞれ白地に地球があり、その地球のなかに甚だ美しい緑色の文字でイエズスと記され、イエズスの中央からいとも厳かな一つの十字架が例のごとく標語とともに出ており、地球の周囲の余白に三つの釘が規則正しく配置されてあった。同様に背中にもう一つあって、同じ布に甚だ美しく色を付けた別の絵があり、頸《くび》には立派な十字架を懸け、コンタツも携えていた」〔アルメイダ書簡、長崎県二〇一三a〕と詳しく述べている。十字架を強調した衣装により、キリシタンとなったことを周囲に誇示した純忠の決意を知ることができる。純忠の受洗は、南蛮貿易による軍事的・経済的利益の獲得だけではなく、キリスト教による思想統一によって、一門家臣団の分裂を阻止、その独自性を強化する目的も併存した〔藤野二〇一四〕。

当然のように、反キリシタンの家臣たちは後藤貴明と謀り、純忠を攻撃した。これに横瀬浦を管理していた針尾《はりお》伊賀守も同調、純忠は大村館（長崎県大村市）から多良岳山中の金泉寺《きんせんじ》に逃避せざるをえず、横瀬浦は開港一年という刹那の栄華の後、焼き払われて灰燼に帰した。

福田・長崎への港変転

永禄七年（一五六四）には、純忠は大村中心部を奪回し、居城となる三城を築いている。この年、横瀬浦にマカオからの南蛮船サンタ・クルス号が到着したが、港が焼失していることを知り、やむなく平戸へ回航した。この時期、松浦・後藤・針尾の連合艦隊三二〇艘が大村を攻めたが、純忠が陸上の伏兵を用いて撃退し、大きな勝利を得たとサンタ・クルス号の船員により語られている〔長崎県二〇一三a・b〕。この戦いで純忠は、トルレスより贈られた十字架を紋章とした軍旗を掲げている。

永禄八年、ポルトガル国王セバスティアンより純忠宛てにキリスト教の庇護を称賛する親書が作成されたことがヨーロッパに残る書簡集から知られている〔松田一九七八〕。この親書が実際に、純忠に手交されたかは明らかではないが、宣教師の報告により、早くもバルトロメウ純忠の名前はヨーロッパに響き渡っていたのである。それだけにイエズス会の純忠への支援も手厚かった。

同年、ジョアン＝ペレイラの船が、長崎の南側に位置する福田港《ふくだ》（長崎市）に入った。この船は平戸に到着する予定であったが、宣教師ダ＝コスタの進言で純忠領である福田へ目的地を変更したものであった。横瀬浦焼亡から福田港への変転期にかかる記録として、純忠が長崎南西部の福田港を統治する福田兼次《かねつぐ》に送った書状が残されている〔福田文書〕。その書状で純忠は、南蛮船航路に近い福田に根を張る福田兼次に対し、「福田港か、長崎近郊の戸町《とまち》、もしくは有馬氏の外港口之津港へ南蛮船を誘導するよう」兼次へ適切に立ち回るよう依頼している。

南蛮船を自領もしくは有馬氏領へ入れたい理由として「横瀬浦港から北の平戸港までの地域に南蛮船が着岸すると、鉄砲・大砲が伊佐早氏や後藤氏ら敵方に渡ることとなり、大村氏や有馬氏にとって不都合であるから」と述べる。本書状を検討した久田松和則氏はその発給年を、サンタ・クルス号の平戸回航直前の状況とし、永禄七年とした〔久田松二〇一七〕。これは、純忠が南蛮船を軍事火器の供給手段として期待していたことを明示する貴重な史料であり、敵に取り囲まれ青息吐息の純忠の苦境が察せられるとともに、鉄砲の存在が軍事的優越を左右するものであったこと、少なくともそれが純忠の認識であったことが理解されるのである。福田にあったペレイラの船はやがて松浦氏の艦隊に攻撃されたが、他の南蛮船の援護もあり、これを退けた。

翌年、一族の松原純照《まつばらすみてる》が反旗を翻し、永禄十二年にも一門である大村純種《すみたね》が後藤貴明に与し、純忠に背いている。ガスパル＝ヴィレラは一五七一年の書簡で「国主がキリシタンとなったことが動機となって家臣の多くが彼に反旗を翻したため、およそこの六年間いくらか勢いを失っていた」と述べる〔ヴィレラ書簡、長崎県二〇一三ａ〕。キリシタン大名誕生の裏で、領内の混乱は続いた。純忠の人生は常に守勢の戦いの連続であった。

やがて宣教師の間で、福田港が停泊地として安全でないことが認識されると、代替地の実地調査が実施され、その結果、長崎港が好適地として浮上した。宣教師側では純忠との交渉が円滑に進んだように記す一方、日本側の記録では、主に近世編纂史料によるが、純忠が乗り気でなかった様子を残している。『大村家秘録』によると「純忠深慮有て許容せず、依之南蛮人共有馬修理大夫義貞を頼む。義貞使礼を以純忠に請ふ。純忠止事を得すして応諾し」と、純忠自身は反対だったものの、宣教師が有馬義貞に仲介を頼み、純忠が兄の意向を無下にできなかったために決断されたものとしている〔外山一九八一〕。いずれにせよ、変転を繰り返した南蛮船の寄港地は長崎に定まり、以後は固定化し、近世まで通じて我が国の海外交流の窓口として発展の一途を辿ることとなる。

三城七騎籠《さんじょうしちきごもり》

元亀三年（一五七二）、純忠にとっての最大の危機が起こる。後藤氏・松浦氏、そして伊佐早の西郷氏が連合し一五〇〇名の大軍をもって大村に攻め込み、純忠居城の三城城を包囲したのである。このとき、三城城には純忠のほか、今道純周《いまみちすみちか》や朝長純盛《ともながすみもり》など七名の家臣しかおらず、それ以外は、中間《ちゅうげん》や馬廻りが四十五名、女性や子どもなどの非戦闘員二十七名がいるだけであった〔外山一九八一〕。これがいわゆる「三城七騎籠」と呼ばれる籠城戦である。

純忠は旗指物を数多く立てさせたうえで、非戦闘員に槍や薙刀を持たせて城内を往来させることで寡兵が露呈しないように偽装させ、城門の守備に七騎を配置し、しばらく持ちこたえた。しかし、いよいよ押し込まれると、死を覚悟し最後の酒宴を設け、自身は「二人静」を謡い、それに合わせて宮原常陸《みやはらひたち》に舞をさせたという。そのとき、馳参できていなかった家臣富永又助《とみながまたすけ》が、奇計を用いて西郷方の大将尾和谷軍兵衛に深手を負わせたことを三城に参じて報告した。又助の策により、西郷勢は混乱し、これに乗じて純忠が城中から逆に討ち出し、それに城外にいた者たちが呼応したため、西郷勢と松浦勢は退散した。この戦いは純忠の武名を周囲に轟かせたとされる。この種の武勇伝は、近世の創作であることもまま見られるが、この戦いの内容は一五七五年九月にカブラルが書簡に記しており、すなわち「城は彼に仕える七名のキリシタンと彼の妻に仕える侍女四、五十名以外に人がいない無防備な状態であった」「城内にいた婦人らは外の敵にあたかも兵士と槍であるかのように思わせるため城にイエスの名を付した長い竹を掲げた」などと記録する〔カブラル書簡、長崎県二〇一三a〕。もちろん、細部には異同はあるものの、内外文献の一致から、この三城七騎籠はおおむね事実であったと確認できるのである。

この二年後、純忠は全領民をキリシタンとするための改革を実行に移し、寺社の破壊と改宗運動を展開した。このことも内外文献が一致して述べているところで、『大村郷村記』によれば、焼却・破壊された神社・寺院は十七社・三十五寺に及んでいる〔久田松二〇一七〕。

長崎の寄進と遣欧使節の派遣

長く純忠を攻め続けてきた松浦氏・後藤氏が、急速に台頭してきた佐賀の龍造寺《りゅうぞうじ》隆信《たかのぶ》の圧力に抗し切れず、相次いでその傘下に入ることとなった。純忠もまた、天正三年（一五七五）頃より龍造寺の脅威に直接さらされるようになり、天正四年には隆信へ和を請う起請文を提出した。そして、この後には、純忠の娘を隆信の四男江上家種《えがみいえたね》へ輿入れさせることが決まり、純忠自身が佐賀で隆信に面会する運びとなった。

こうした動きは隆信による圧力であり、純忠の独立性に焦燥感を与えるものであっただろう。天正八年四月、純忠は長崎港およびその南に位置する茂木をイエズス会に寄進した。寄進状にはその統治と司法権をイエズス会に委ねることを明記しつつ、関税と入港税は自身が留保する内容が記されている。巡察師ヴァリニャーノは、純忠がこうした手に打って出た理由を、隆信により長崎割譲が要求される可能性が高いことを示している。また、本居地大村に何かあった際の大村氏にとっての避難先という側面もあったようだ〔五野井二〇一四〕。龍造寺氏の麾下に入り、存立基盤を失いつつあった純忠にとって、イエズス会との強固な関係と長崎港から得られる税収を、将来への望みとしたのであった。

天正十年、巡察師ヴァリニャーノからヨーロッパへの遣使計画提案を受け、純忠はこれに応諾した。アフォンソ＝デ＝ルセナの回想録によれば「彼（ヴァリニャーノ）はその計画をドン・バルトロメウに相談し、この件に関する意見を求めた。パードレのこの申し出がドン・バルトロメウには天からの賜物のように思えた。それでその年ただちにそれを実行に移すように求め」ている〔五野井二〇一四〕。

一方、派遣三候のひとり、大友宗麟に対しては事前説明はなされなかったと考えられている〔松田一九七八〕。純忠と宗麟がイエズス会総長に宛てて作成した日本語の書状は、同一人物の筆跡であることが歴然としている。松田毅一氏や五野井隆史氏は、当時ヴァリニャーノが大村領に滞在していた状況からも、第一に純忠に内容を諮り、その後、有馬晴信《はるのぶ》からも承諾を取り付け、宗麟については、遠方でもあり事後承諾とし、有馬セミナリオにいた彼らの子弟から使節を選抜したうえで、まずはその派遣を優先したものと解している〔松田一九七八、五野井二〇一四〕。その面では、遣欧使節派遣の影の主役は純忠であったのである。

しかし、純忠は彼らの帰国を迎えることはできなかった。隆信の命により、嫡子喜前《よしあき》に家督を譲り、三城城を離れ坂口館《さかぐち》（長崎県大村市）に隠居した。やがて咽喉を患い病臥し、天正十五年四月十七日に天に召されたのであった。享年五十四歳。フロイスは、純忠が昇天に近づいた際に、傍にいたルセナ司祭から、来世のことやイエスの受難について聴くことを欲したと記述している。

（中山圭）

【主要参考文献】

天草市立天草コレジヨ館『Amacusa と九州西岸の NAMBAN 展示図録』(二〇二一年)
大村市立史料館『平成二八年度大村市立史料館特別展 Sumitada ～戦国・南蛮・キリシタン～』(二〇一六年)
久田松和則「大村純忠」(『キリシタン大名―布教・政策・信仰の実相―』宮帯出版社、二〇一七年)
熊本中世史研究会編『八代日記』(青潮社、一九八〇年)
五野井隆史「大村氏とイエズス会」(『新編大村市史第二巻中世編 第四章第四節』大村市、二〇一四年)
財団法人松浦史料博物館『松浦家旧記 大曲記・続大曲記』(一九七七年)
外山幹夫『大村純忠』(静山社、一九八一年)
長崎県世界遺産登録推進室『長崎県内の多様な集落が形成する文化的景観保存調査報告書【資料編一】』第一分冊(昭和堂、二〇一三年a)
長崎県世界遺産登録推進室『長崎県内の多様な集落が形成する文化的景観保存調査報告書【資料編一】』第二分冊(昭和堂、二〇一三年b)
中山圭「大村純忠らのキリスト教接近に関する一考察 ―永禄三年天草栖本合戦の意義をめぐって―」(『世界文化遺産「長崎と天草地方の潜伏キリシタン関連遺産」研究紀要』一、長崎県、二〇二二年)
藤野保「戦国争乱と大村氏」(『新編大村市史第二巻中世編 第三章第三節』大村市、二〇一四年)
松田毅一『大村純忠伝 日葡交渉少史』(教文館、一九七八年)
源棟稿・源清編・源熙校訂『松浦家世伝』(内務省地理局蔵本、一八八七年)

有馬晴純・義貞・義純
——西肥前の覇者の栄光と転落

有馬氏の来歴

有馬《ありま》氏《し》は、肥前国高来郡《たかき》（長崎県島原半島）を本拠とし、十六世紀前半までに、西肥前最大の勢力に上り詰めた。居城は、島原半島南端の日野江城《ひのえ》（長崎県南島原市）である。もともとは平姓で、有間氏を称していたが、室町中期までに有馬に苗字を改めた。有馬貴純《たかずみ》（貴澄《たかずみ》）の代、文明年間に、藤原純《ふじわらのすみ》友《とも》の子孫を称して藤原に改姓し、通字も「澄」から「純」に改めている〔丸島二〇二二〕。

近世越前丸岡《まるおか》藩士の記した家譜類によれば、全盛期を築いた晴純《はるずみ》は、文明十五年（一四八三）に有馬尚鑑《ひさあき》の嫡男として生まれた〔国乗遺文、藤原有馬世譜〕。母は「家の女房」とあり、侍女であったようだ。異説によると、実際には系図上の祖父貴純の子で、明応三年（一四九四）十二月の貴純死去時幼少であったため、一門島原尚鐃の子息尚鑑が一時的に家督を継いだともいう〔大塚二〇二一〕。妻は大村純伊の娘で、妹がその子純前《すみあき》に嫁いでいる。初名は太郎賢純《まさずみ》といった。

九州北部の戦国史は、豊後大友《おおども》氏と周防大内《おおうち》氏の対立抗争と連動する傾向を持つ。肥前では、大内氏が九州探題渋川《しぶかわ》氏と千葉《ちば》氏を、大友氏が少弐《しょうに》氏を支援して争っていた。有馬氏は、基本的には大友・

少弐陣営であったが、大友・大内両氏の勢力圏の外縁部に位置するという地の利を活かし、適宜大内陣営に与することで、勢力を拡大していった。

晴純の父尚鑑は没年不明だが、永正年間まで活動を確認できる。晴純が家督を相続した段階で、本拠高来郡の国衆は有馬氏に服属していた。安富《やすとみ》氏（深江《ふかえ》城主）・安徳《あんとく》氏・千々石《ちぢわ》氏は家臣の列に組み込まれていき、島原氏と伊佐早《いさはや》（長崎県諫早市）の西郷《さいごう》氏は従属国衆として有馬氏への軍事奉公を誓った。西郷尚善《ひさよし》の子純久《すみひさ》は、有馬晴純の弟で、養子入りした人物とみられている。

有馬氏の勢力は、室町期の大村氏の本拠藤津《ふじつ》郡に及び、大村氏は本拠を彼杵《そのぎ》郡に移した。その大村氏も、永正四年（一五〇七）に大村純前が舅の有馬尚鑑を「尚鑑さま」と呼ぶなど〔福田文書〕、従属国衆化していた。大村氏には二代続けて有馬氏の娘が嫁ぎ、有馬晴純も叔母婿大村純伊の娘を妻に迎えている。

肥後天草《あまくさ》諸島では、志岐忠遠《しきただとお》が有馬貴純と「七生《しちしょう》之《の》約諾《やくだく》」を結び〔志岐家文書〕、上津浦《こうつうら》氏とともに、有馬氏の支援を受けながら、同じ天草五人衆の天草氏らと戦うようになる〔八代日記〕。彼杵郡では、深堀《ふかぼり》氏・長崎《ながさき》氏らが有馬氏に従っていた。

北の杵島《きしま》郡においても、永正三年段階で、平井《ひらい》氏の本拠須古《すこ》城（佐賀県白石町）付近に有馬領の存在が指摘されている〔大塚二〇二〇〕。武雄《たけお》の後藤純明《ごとうすみあき》も、有馬氏に従うようになっていく。

つまり晴純が家督を相続した段階で、有馬氏は高来郡だけでなく、藤津郡・彼杵郡の国衆を服属させ、杵島郡にまで影響力を拡大していたといえる。こうした勢力拡大は、養子縁組と姻戚関係構築を巧みに

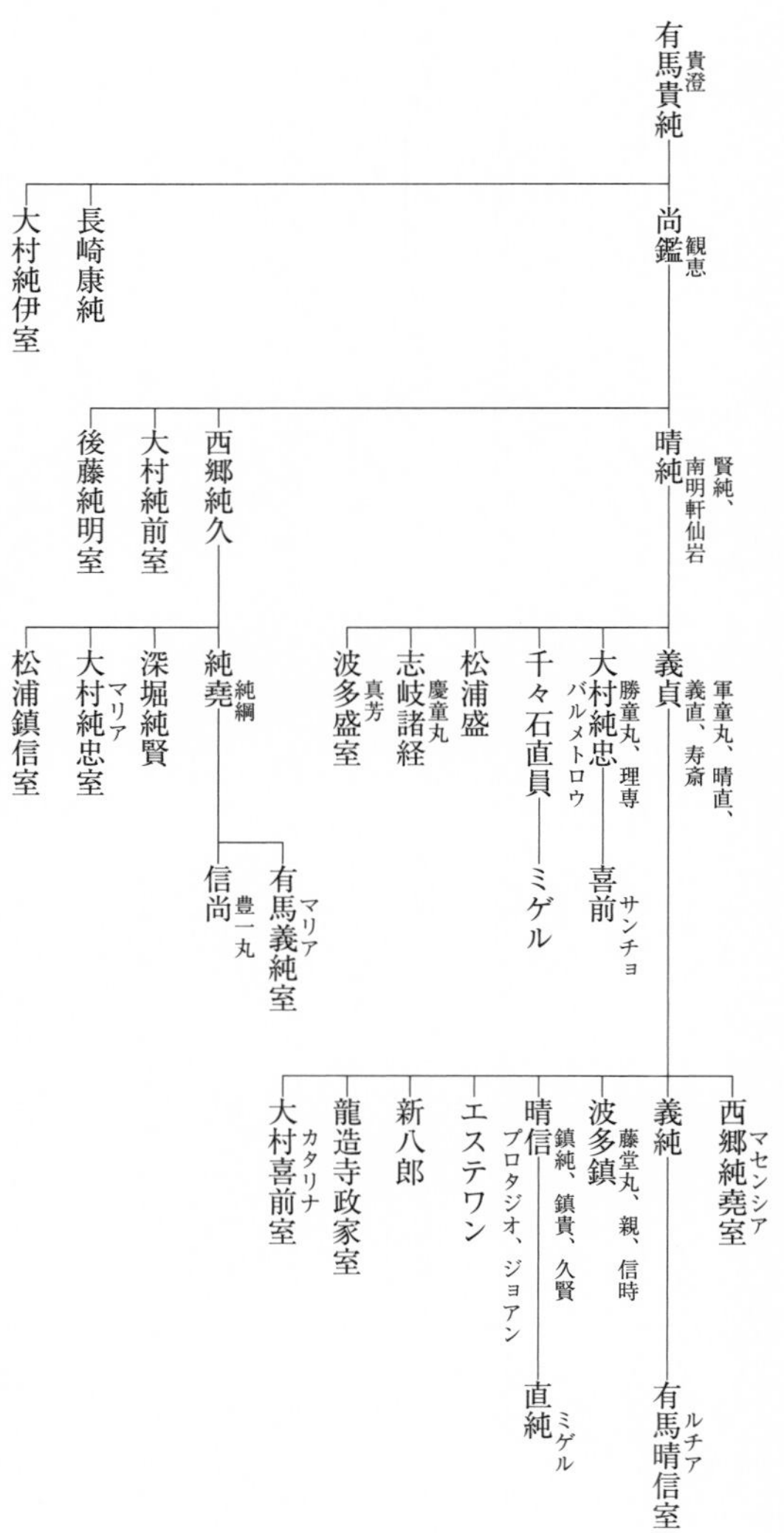

有馬氏略系図

織り交ぜたものであった。その系譜関係を、右に簡単に示しておこう〔結城一九九九ほか〕。

晴純の勢力拡大と菊池義武の保護

天文二年（一五三三）、有馬晴純は少弐方の国衆たちから、祖父貴純以来受けてきた恩を忘れ、大内に寝返ったと非難を受けている〔大塚二〇一九〕。おりしも大内方と大友方に分裂していた東西千葉氏が和睦した年で、和睦以後はたしかに大内方の千葉興常《おきつね》に従っている〔実相院文書〕。翌天文三年には、肥後守護の菊池義武《きくちよしたけ》が、実兄大友義鑑《よしあき》に謀反して敗北し、翌四年十二月まで有馬氏の本拠高来へ亡命してきた〔八代日記〕。有馬晴純は、大友・少弐陣営から大内陣営に移ったといえる。

こうした背景を元に、天文十年になると、晴純は少弐氏の本拠小城《おぎ》郡進出を図るようになった。これに対抗するため、少弐氏の被官龍造寺家兼《りゅうぞうじいえかね》（剛《ごう》忠《ちゅう》）は、少弐・両千葉氏を和睦させ、反有馬同盟を形成したとされる。しかし天文十四年になると、少弐冬尚《ふゆひさ》は龍造寺氏に謀反の疑いをかけ、晴純も後藤純明を率いて謀反鎮圧に出陣した〔相良家文書、武雄鍋島家文書〕。

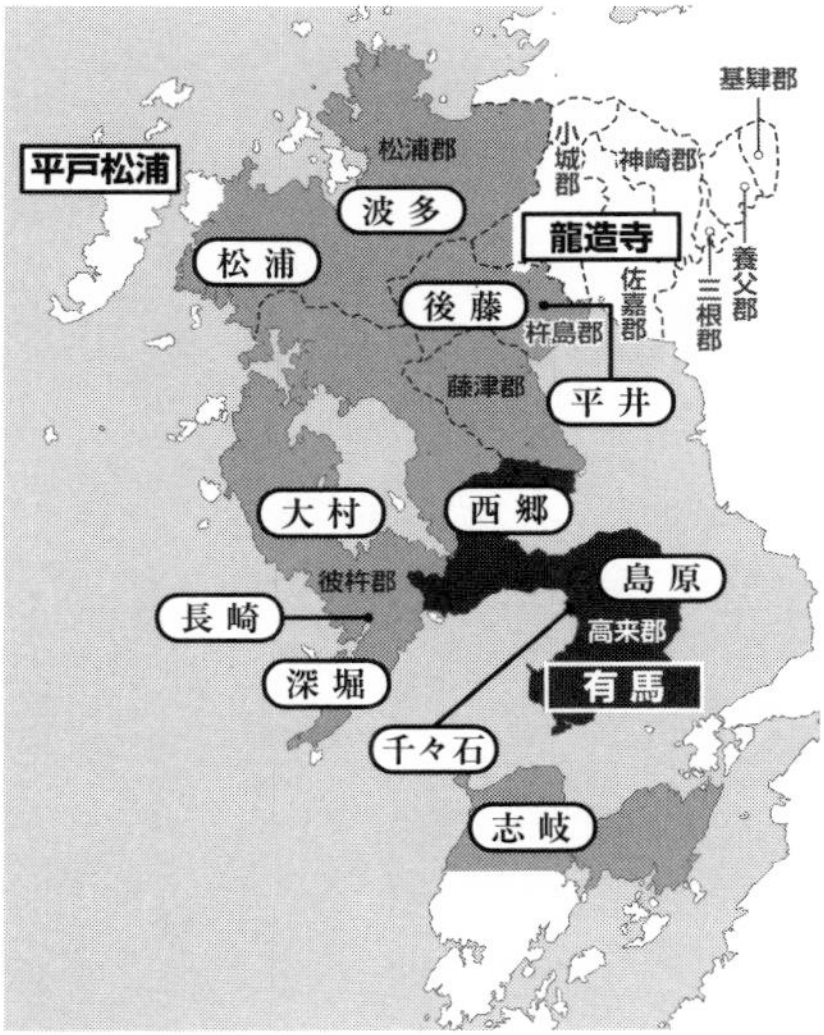

肥前国地図

晴純の小城郡進出の成果が、多久《たく》城（佐賀県多久市）の確保である。晴純の代には、松浦《まつら》郡の相神浦《あいこのうら》松浦氏・平戸《ひらど》松浦氏・波多《はた》氏、五島列島の五島氏も影響下に入っていったようだ。嫡男義貞《よしさだ》の正室には、波多盛《さかう》の娘を迎えている。その版図は、高来郡を本拠とし、藤津郡・彼杵郡・杵島郡のほぼ全域と、松浦郡・小城郡・肥後天草諸島の一部にまで及んでいた。西肥前最大の勢力といえる。

京都とのつながりと大村氏との関係

晴純は京都文化への関心が深く、大永六年（一五二六）から八年、天文三年（一五三四）、天文六年〜八年と、有馬氏の関係者が多く上洛している。有馬氏の家老林田純因《はやしだすみより》・南条純永《なんじょうすみなが》・千々石純保《すみやす》、西郷尚善《ひさよし》・純久《すみひさ》父子、千々石尚員《ひさかず》、大村純前《すみあき》といった面々で、肥前出身の連歌師桑宿斎周桂《そうしゅくさいしゅうけい》を介して、三条西実隆《さんじょうにしさねたか》や飛鳥井雅綱《あすかいまさつな》といった当代を代表する歌人の元に出入りした〔実隆公記、籠手田文書、天文七年飛鳥井蹴鞠之記〕。天文三年には、西郷尚善の仲介で、三条西実隆から南明軒《なんみょうけん》の号を与えられている。

天文八年、晴純は伊勢神宮から外宮《げくう》造営の支援を求められた。有馬氏は、外宮御師宮後三頭大夫《おんしみやじりさんとうだゆう》を通じて伊勢神宮を信仰していたが、造営支援要請は室町幕府経由で出されており、肥前における実力者という自己認識を強めたようだ。晴純の祖父有馬貴純は、文明十年（一四七八）に大内氏に寝返ったことがある。その後、大内氏のもとに亡命した第十代将軍足利義材《あしかがよしき》（義稙）から肥前守護に補任された可能性があり〔堀本二〇一〇、丸島二〇二二〕、幕府に対して肥前守護であるとして、自身と嫡男への将軍偏諱《へんき》と叙爵《じょしゃく》を求めた。交渉は、たまたま上洛していた妹婿大村純前と連歌師周桂に委ね、足利義晴《よしはる》への代替わり御礼という形をとった〔大館常興日記、親俊日記〕。このとき、義晴の将軍任官からすでに十八年も経過しているが、有馬氏からの挨拶は初めてであったのだ。

幕府は、有馬氏の肥前守護在任を事実とみなして対応した。晴純父子は十二代将軍足利義晴から「晴」字偏諱を獲得し、晴純は太郎賢純《まさずみ》から従五位下修理大夫《じゅごいのげしゅりのだいぶ》晴純に、嫡男軍童丸（義貞）は太郎晴直《はるなお》に改名した。同時に、守護待遇の象徴として、白傘袋《しろかさぶくろ》の使用も許可されている〔御状引付〕。

実はこのとき、大村純前も、自身への偏諱と叙爵を求め、「晴」字偏諱と従五位下丹後守《たんごのかみ》任官を許されたが、すぐに晴純父子と同じ待遇は遠慮すると言って辞退し、幕府を困惑させている〔御状引付〕。大村純前は、実子貴明《たかあきら》を後藤氏の養子に出してまで、有馬晴純の次男純忠《すみただ》を養子に迎える人物である。また彼自身、有馬晴純の妹婿という立場から、兄良純《よしずみ》に代わって家督を継承した経緯がある。有馬氏と大村氏の従属関係は明確なものといえ、大村純前の申請はいささか迂闊であった。

晴純の動きに激怒したのが、豊後の大友義鑑である。大友氏が考えていた九州の家格秩序は、最上位が大内・大友の両氏、それに次ぐのが島津《しまづ》・菊池・少弐・千葉の四氏で、特に修理大夫といった顕官は、大内・大友氏にしか許されるべきではないというものであった。そもそも修理大夫は、大友氏歴代の官途であり、さらに不快感を助長させたことであろう。大友義鑑は、有馬氏を少弐氏の被官にすぎない（幕府の直臣ではない）と主張し、偏諱と叙爵の取り消しを求めた〔山田二〇〇六〕。

しかし幕府は抗議に応じなかった。そればかりか、有馬晴直はその後、足利将軍家通字「義」字が与え直されて義直《よしなお》（後に義貞）と改名したうえで、父と同じ従五位下修理大夫に任官し、その嫡男も十三代将軍義輝《よしてる》から偏諱を受けて太郎義純《よしずみ》を名乗ることとなる。従来、有馬氏の家の官途は、左衛門尉《さえもんのじょう》または左近将監《さこんしょうげん》であったから、肥前西部の最有力者にふさわしい家格を認められたといえる。晴純・義貞父子は、肥前守護家として、屋形号《やかたごう》も用いるようになった〔日本諸事要録〕。もっとも肥前守護職は、天文二十三年に大友義鎮《よししげ》（宗麟《そうりん》）に与え直されるが、守護家という家格は残った。

義貞への代替わりと義純元服

晴純の隠居は、天文二十一年（一五五二）のことという。晴純は七十歳、大永元年（一五二一）生まれの義貞は三十一歳である。ただ、当時の家督相続としてはやや遅い。義貞（この時点では義直）は、天文二十年に薩摩阿久根《あくね》経由で上洛を試み、少し遅れて晴純も出航している〔八代日記〕。同地の支配者である島津薩州家《さっしゅうけ》とは、晴純の父尚鑑の代に友好関係を築いており、安全な航路であった。

問題は、このとき晴純がすでに出家して仙岩《せんがん》と号している点である〔同前〕。出家は必ずしも隠居を意味しないが、天文八年に「晴」字偏諱を受け、晴直と名乗っていた義貞も、「義」字偏諱を受け直して義直に改名している。年齢から見ても、家督交代は「義」字偏諱獲得時だろう。

また、この天文二十年が、義貞の嫡男義純の誕生年と伝わる点にも違和感がある。上洛目的は、足利義輝の将軍就任祝いとみるのが自然だが、嫡男誕生の前後に、当主と隠居が本国を留守にするだろうか。

義純は、永禄三年（一五六〇）までに元服し、足利義輝から偏諱を受けて太郎義純を名乗っている〔志岐家文書所収有馬氏系図、宮後三頭大夫文書所収肥前日記〕。永禄三年元服としても十歳にすぎず、かなり早い。「藤原有馬世譜」が異説として載せる天文十六年誕生とみたほうがよいかもしれない。

晴純が実名でみえるのは、天文十四年が最後である。この年、肥後相良《さがら》氏に将軍偏諱と叙爵を伝える勅使と将軍上使が九州を訪れた。大内義隆《よしたか》の斡旋による栄転授与で、これ自体が相良氏を大友陣営から引き剥がそうとする意図を持っていた。使者は肥前経由で肥後に入ったため、有馬晴純はその通過に協力をしている。この時期の有馬氏が、基本的に大内陣営にいたことを確認できる。

かといって、明確に大友氏に敵対するつもりもなかった。家督を継いだ義貞を悩ませたのが、菊池義武の存在である。天文十九年、実兄大友義鑑が家臣に殺害されたことを知った義武は、肥後回復の好機と考え、挙兵した。しかし迅速に事態を掌握した新当主大友義鎮（宗麟）に敗北し、またしても有馬氏のもとに亡命してきたのである。

天文二十二年、大友義鎮は、筑後国衆蒲池鑑盛《かまちあきもり》を通じて有馬氏に圧力をかけた。相良氏も、義武の身柄について、晴純・義貞父子に談合をもちかけた。翌二十三年、菊池義武は有馬氏に礼を述べたうえで、島津薩州家を頼って島原半島を出船したが、最終的に大友義鎮に自害させられた。義鎮は、ひとえに「仙岩才覚」によるものとして、謝辞を述べる使者を派遣している〔八代日記、武雄鍋島家文書ほか〕。大友氏は晴純の判断と理解したようだが、義貞が蚊帳の外であったわけではないだろう。天文二十年には、大内義隆が陶晴賢《すえはるかた》に殺害され、大友義鎮の実弟義長《よしなが》が大内氏の家督を継ぐという政変が起きており、有馬父子は二大大名に対する外交方針をどうすべきか、熟慮を重ねたものと思われる。

松浦郡への進出本格化

弘治・永禄年間に入ると、有馬義貞は松浦郡へ勢力を浸透させていく。もともと有馬義貞は、正室に岸岳《きしたけ》（佐賀県伊万里市）城主波多盛《さかう》の娘を迎えていたとおぼしく、次男藤童丸の生母である。また誕生時期から見て、嫡男義純と西郷純堯《すみたか》（純綱《すみつな》）室マセンシアも波多氏の子の可能性が高い。

この婚姻の前提には、波多盛に有馬晴純の娘真芳《しんほう》が嫁いでいるという関係があったようだ。その波多盛が、男子が無いまま死去した。弘治三年（一五五七）頃、後室（未亡人）として波多氏を取り仕切っていた真芳の要請で、波多氏の血を引く藤童丸（鎮《しげし》、親《ちかし》、信時《のぶとき》）が後継者と定められた。しかしながら、真芳は波多氏一門・家臣の諒承を得られず、家臣団の反発で藤童丸入嗣は暗礁に乗り上げた。

ついで永禄二年（一五五九）、龍造寺隆信《たかのぶ》が少弐冬尚を滅ぼした。これで混乱が生じたのが、飯盛《いいもり》（長崎県佐世保市）城主の相神浦松浦氏である。松浦親《ちかし》は、少弐冬尚の弟を養子に迎えることで、権力基盤の安定を図っていたためだ。松浦親は方針を転換し、遅くとも翌永禄三年までに、有馬晴純の四男盛《さかう》を新たな養子として迎え入れた〔平川二〇〇三〕。平戸松浦氏に対する牽制の意味もあったろう。

天草諸島においても、永禄三年頃に、義貞の末弟（晴純の五男）慶童丸が、志岐鎮経《しげつね》（麟泉《りんせん》）の養子となった（後の志岐諸経《もろつね》）。なお有馬晴純の兄弟子息で、幼名がわかる人物はいずれも「〜童丸」を称しており、これが有馬氏の慣例であったようだ。

有馬氏は順調に勢力拡大を続けており、小城郡多久城には、本国高来郡の二大国衆西郷・島原氏を在番させ〔日本史〕、須古の平井経治《つねはる》とともに龍造寺氏への警戒に当たらせていた。しかし、そこに思わぬほころびが生じたのである。

丹坂峠の戦い——龍造寺氏への大敗と領国の混乱

永禄六年（一五六三）、有馬領国の北端にある横辺田村（佐賀県大町町）の有力百姓が、有馬氏のかけた夫役《ぶやく》に不満を示した〔大曲記〕。どうも有馬氏は代銭納《だいせんのう》を認めていなかったようで、はるばる島原半島南端の日野江城まで赴くよう命じていたらしい。横辺田村は、境を接する龍造寺隆信に服属を表明し、ここに有馬・龍造寺間で戦争が勃発した〔北島一九七三、丸島二〇一三〕。『歴代鎮西要略《れきだいちんぜいようりゃく》』『歴代鎮西志《れきだいちんぜいし》』といった軍記物によると、七月二十五日に丹坂峠《にさかとうげ》（佐賀県小城市）で両軍が衝突し、有馬勢は大敗北を喫したという〔東二〇一一〕。多久城も龍造寺氏の手に落ち〔日本史〕、肥後相良氏のもとには、西郷純堯が謀反し、大村純忠らが寝返った。有馬勢は大勢が討ち死にし、島原純茂《すみしげ》兄弟も落命したらしいという噂が二十九日までに届いた〔八代日記〕。

このうち有馬義貞の実弟大村純忠の敵対と、島原純茂兄弟の討ち死には誤報だが、有馬勢を支えるどころでなくなっていたのは事実である。大村純忠は、合戦直前の永禄六年五月頃に、キリスト教の洗礼を受けたことが問題視された〔日本史〕。純忠の入嗣の結果、実家を追い出された形となっていた後藤貴明が有馬氏に背き、大村一門と結んで、純忠を領国から追放したのである。純忠は八月五日までに、実父晴純の支援を受けて態勢立て直しに入ったが〔福田文書〕、そこには当主義貞の姿がみられない。

それはこのとき、有馬義貞も領国を追われていたためである。同年三月、義貞もポルトガル船来航を期待して、キリスト教布教を許可していた。これに反発したのが、本拠高来郡の二大国衆西郷純堯と行方不明となっていた島原純茂の母親であった。次いで八月十八日、突然巻き起こった台風と大潮が肥前・肥後を襲い、特に島原半島で夥しい死者を出した〔八代日記、日本史〕。

龍造寺氏への大敗と西郷・後藤氏らの謀反、台風の直撃――有馬領国の人々が、その原因をキリスト教受容と結びつけても無理からぬ話といえる。隠居の晴純は、大村純忠追放に強い衝撃を受けたようで、ただちに有馬領最大の港町口之津《くちのつ》（長崎県南島原市）でのキリスト教布教を禁止した〔日本史〕。

当主義貞の追放も、晴純の命令であったという。義貞は天草諸島に逃れ、末弟慶童丸（志岐諸経）が養子入りした志岐鎮経のもとに身を寄せた。どうも晴純は、反キリシタンの急先鋒である西郷純堯の帰参に全力を注ごうとしたらしい。西郷純堯は、①義貞が隠居し、家督を嫡男義純に譲ること、②新当主義純に、自分の娘を嫁がせることと引き替えに、有馬氏への帰参と、後藤貴明討伐への協力、大村純忠の領国復帰支援を約束した〔アルメイダ書簡、丸島一九九九〕。九月二十二日、義貞は相次ぐ裏切りに不満を示しつつも、家督譲渡を受け入れる旨の私信を家臣に書き送った〔久能文書〕。

もっとも、義貞は天草諸島に逼塞していたわけではなかった。大村純忠と合流して、十月には後藤氏の拠点潮見《しおみ》城（佐賀県武雄市）を包囲している〔フロイス書簡、国乗遺文所収文書〕

義貞が志岐から帰国したのは、閏十二月六日のことである〔八代日記〕。しかしすでに有馬では、晴純・義純が連名で文書を発給する体制が整えられており、義貞帰国後は、三名の連署状を基本文書とする三頭政治体制となった〔丸島一九九九〕。義貞の権力には、大きな枷がはめられたといえるだろう。

凋落に向かう有馬氏と晴純・義純の死去

丹坂峠の戦いでの敗北は、有馬氏の勢いを削いだばかりか、凋落の始まりとなった。その点は、西郷純堯の要求を、晴純がほぼ丸呑みしたことに象徴される。

最大の懸案は、龍造寺氏との講和である。相次ぐ謀反による領国の混乱に乗じて、龍造寺隆信が侵攻してきても不思議ではない。これを押さえ込むために、有馬晴純は大友義鎮の調停に頼らざるをえなかった〔田尻家文書ほか〕。龍造寺隆信は大友氏の従属国衆だから、大友氏からの停戦・講和命令を無視できない。しかし大内・大友両氏の間を行き来しつつ、遠隔地であることを活かして、独立独歩の動きをみせていた有馬氏にとっては、厳しい決断となった。

さらに大友義鎮は、イエズス会宣教師の要請を受け、キリスト教布教を再度許可するよう、有馬氏に求めた。晴純はしぶしぶこれに応じたが、西郷純堯の再度の謀反を招く一因となったようだ。有馬領国の混乱は、長期化した。

同時に有馬氏は、長年の懸案を大友氏の力で解決しようと動き出した。永禄八年（一五六五）七月、有馬晴純は、波多藤童丸に大友義鎮から偏諱が与えられたことを、波多氏の家老たちに伝えている。藤童丸は、義鎮の偏諱を得て波多鎮《しげし》と名乗ることになったのである。大友氏の力を背景に、波多鎮の入部交渉は本格化していく。小城郡の喪失と後藤氏離反による領国縮少を、松浦郡支配強化で穴埋めしようとした形といえる。だが、それは有馬氏の独自性の喪失と引き換えであった。

永禄九年二月二十八日、有馬晴純が八十四歳で死去した。以後、義貞・義純の二頭政治体制へと移行する。その後義貞は永禄十二年までに、実名を義直から義貞に改めており、心機一転を図ろうとした様子がうかがえる。

義純も、精力的に内政・外交に励んだ。永禄十年頃、越前滞在中の足利義昭《よしあき》は、兄義輝が作った番帳に加筆する形で、自分が将軍になった後の幕府構想を練り上げた。そこには、外様衆《とざましゅう》として「有馬太郎」の名があり、義純こそ有馬氏当主という認識の広まりを確認できる〔永禄六年諸役人附、黒嶋二〇一二〕。伊勢神宮御師宮後三頭大夫も、義純を有馬氏当主と扱っている〔肥前日記〕。

しかし義純は、元亀二年（一五七一）六月十四日に死去した。享年は二十二または二十六。これにより、家督は弟の晴信《はるのぶ》（この時点では十郎鎮純《しげずみ》）が継いだ。晴信はわずか十一歳で、実権は義貞の手に復した。

義貞の受洗と死去

義貞は、実弟大村純忠と、後妻の兄弟安富徳円《とくえん》（ジョアン）の影響で、キリスト教への関心を深めていった。龍造寺氏の圧力は日増しに強まっており、義貞はポルトガル船の口之津来航を促そうとしたのだろう。当初義貞が期待したのは、鉄砲に代表される南蛮貿易の果実であった。

しかし義貞はもともと健康面で不安を抱えていたようで〔外山一九九七〕、徐々にキリスト教そのものへの信仰心を強め、完全な隠棲を望むようになっていった。

天正四年（一五七六）四月十五日、義貞は口之津で受洗し、ドン・アンデレ（安天連）という洗礼名を与えられた。しかしその数ヶ月後、修道院での食事中に背中に痛みを覚え、帰宅後に癌《がん》腫瘍と判明した〔日本諸事要録、日本史〕。実はこの時点では、新当主晴信はキリスト教に強い不信感を抱いており、父の病気も受洗が原因と見なしていた。晴信は、宣教師と義貞の面会ばかりか、義貞自身が希望したポルトガル人外科医の診察も認めなかった〔日本史〕。もっともヴァリニャーノは、病気発覚から幾日も経ずに死去したとしており、手遅れではあっただろう。

系図・家譜類は義貞の命日を天正四年十二月二十七日、享年五十六とする。ただ宣教師たちは同年十二月上旬頃（和暦換算による）に死去したとして、葬儀のミサを行っている。有馬晴信は、教会として使われていた薬師寺からの退去を宣教師に命じているが、その期限は天正四年十二月十六日（ユリウス暦一五七七年一月四日）である〔日本史〕。義貞の死去は実際にはこれ以前なのだろう。系図・家譜類が伝える戦国期有馬氏の生没年には疑問点が多々あるが、これもその一例といえる。

（丸島和洋）

【主要参考文献】

東統禅『丹坂峠の戦い　龍造寺隆信、智謀と決断カエサルに似たり』（デザインエッグ社、二〇二一年）

大塚俊司「戦国期肥前国の「屋形様」」（『佐賀学Ⅱ　佐賀の歴史・文化・環境』岩田書院、二〇一四年）

大塚俊司「戦国期初頭の有馬氏（一）（二）―貴純を中心に―」（『長崎歴史文化博物館研究紀要』一三・一四、二〇一九・二〇二〇年）

大塚俊司「戦国前期の有馬氏―尚鑑を中心に―」（『長崎歴史文化博物館研究紀要』一五、二〇二一年）

北島万次「天正期における領主的結集の動向と大名権力―肥前・筑後の場合―」（木村忠夫編『戦国大名論集7　九州大名の研究』吉川弘文館、一九八三年。初出一九七三年）

久田松和則「応仁の乱前後の大村氏と有馬氏」「幕府要人記録に見る大村純前の上洛」（『新修大村市史』第二巻中世編、二〇一四年）

黒嶋敏『中世の権力と列島』（高志書院、二〇一二年）

外山幹夫「福田文書」（同著『中世九州社会史の研究』、吉川弘文館、一九八六年）

外山幹夫『肥前　有馬一族』（新人物往来社、一九九七年）

外山幹夫『中世長崎の基礎的研究』（思文閣出版、二〇一一年）

濱本裕史「国立公文書館所蔵『御状引付』および同紙背『二番日々記』について」（『古文書研究』八九、二〇二〇年）

平川定美『佐世保戦国史の研究』（私家版、二〇〇六年）

堀本一繁「戦国期肥前の政治動向と後藤氏」（武雄市図書館・歴史資料館展示図録『戦国の九州と武雄　後藤貴明・家信の時代』、二〇一〇年）

丸島和洋「有馬義純の家督継承」（『年報三田中世史研究』六、一九九九年）
丸島和洋『戦国大名の「外交」』（講談社選書メチエ、二〇一三年）
丸島和洋「戦国期肥前有馬氏の勢力伸長と由緒主張」（『東京都市大学共通教育部紀要』一五、二〇二二年）
山田康弘「戦国期栄典と大名・将軍を考える視点」（『戦国史研究』五一、二〇〇六年）
結城了悟『キリシタンになった大名』（聖母文庫、一九九九年）

有馬晴信――「キリシタン大名」の実相

実名の変遷と誕生年

有馬晴信《ありまはるのぶ》は、肥前のキリシタン大名として知られる。しかし一方で、戦国期領域権力としての研究は、まだ十分な蓄積を得られていない。

有馬義貞《よしさだ》（晴直《はるなお》・義直《よしなお》）の三男で、母は安富《やすとみ》シモンの娘（徳円《とくえん》の姉妹）である〔外山一九九七〕。元亀二年（一五七一）、長兄義純《よしずみ》の早逝により、家督を継いだ。次兄鎮《しげ》（親《ちか》・信時《のぶとき》）が、波多《はた》氏に養子入りしていたことによる〔フロイス「日本史」〕。家譜類は次男とするが、誤りである。

『藤原有馬世譜《ふじわらありませふ》』『国乗遺文《こくじょういぶん》（紀聞《きぶん》）』といった家譜・系図類によれば、永禄十年（一五六七）生まれであるという。しかし、晴信の死をイエズス会本部に伝えた宣教師マテウス・デ・コウロスは、享年五十一と記す〔一六一二年度イエズス会日本年報〕。これは満年齢だから、誕生日（不明）によってズレがでるが、永禄四年ないし翌五年の生まれとなる。

晴信は洗礼を受けているから、宣教師が誕生日を把握していた可能性は高い〔清水二〇一七〕。実際、東インド管区巡察使《じゅんさつし》アレッサンドロ・ヴァリニャーノは、天正八年（一五八〇）にみずから洗礼を授けた際の晴信の年齢を、十九歳と記しており〔アポロジア・結城一九九九〕、永禄三年または四年の生まれとなる。直接対面し、洗礼を施した人物の証言に信を置くべきだろう。なおヴァリニャーノ自身の他の記述や、ルイス・フロイスの記述をみると、多少年齢の揺れがあるが、大きな齟齬ではない。

国内史料では、「志岐《しき》家文書」に伝わる有馬氏系図に注目したい。永禄三年頃の成立と見られるこの系図に、太郎義純と波多藤童丸（鎮）の名はあるが、三男晴信の記載はない〔丸島二〇一二〕。誕生直前のものなのだろう。総合的にみて、永禄四年生まれとするのが妥当と思われる。

有馬晴信木像（複製）　長崎県南島原市蔵

幼名は不明だが、有馬氏の慣例に従って「〜童丸」を称したと思われる。仮名《けみょう》は十郎で、後に島津《しまづ》氏から左衛門大夫《さえもんのたいふ》の名乗りを許され、豊臣《とよとみ》政権下で従五位下修理大夫《じゅごいのげしゅりのだいぶ》に任官したとおぼしい。修理大夫は、祖父晴純《はるずみ》以後、有馬氏の歴代の官途となったものである。

最初の実名は鎮純《しげずみ》で、後に鎮貴《しげたか》に改めた。「鎮」字は、大《おお》友義鎮《どもよししげ》（宗麟《そうりん》）からの偏諱《へんき》である。次いで、島津義久《よしひさ》から偏諱を受け、久賢《ひさまさ》に改名する。晴信を名乗るのは、豊臣政権の九州平定後である。『国乗遺文』は、久賢と晴信の間に正《まさ》純《ずみ》・正俊《まさとし》と名乗ったとするが、裏付けはなく、疑問である。

正室は兄義純の娘ルチアで、慶長二年（一五九七）に死去した。後妻は、中山親綱《なかやまちかつな》の娘ジュスタである〔原田一九七八〕。ジュスタは当初今出川《いまでがわ》（菊亭《きくてい》）季持《すえもち》に嫁いでいたが、文禄五年（一五九六）に夫と死別した。同時期に正室を失っていた晴信は、慶長四年にジュスタを後妻に迎えたのである。もっとも晴信の妻室は五人と伝わり、嫡男直純《なおずみ》を生んだのは、家臣山田《やまだ》兵部少輔純規《すみのり》（純矩）の娘という〔国乗遺文、藤原有馬世譜〕。直純の生母であるため、「大上《おおかみ》」と尊称された。

西郷氏への養子入りと有馬氏の家督継承

幼少期の晴信は、有馬氏の本拠高来《たかき》郡最大の国衆西郷純堯《さいごうすみたか》（当時は純綱《すみつな》）の養子となっていたという〔日本史〕。西郷純堯は、永禄六年（一五六三）の丹坂《にさか》峠の敗戦後に謀反し、①義貞から義純への家督交代と、②自身の娘（後のマリア）を義純に嫁がせることを条件に、有馬氏のもとに帰参した〔丸島一九九九〕。しかし翌永禄七年〜八年にかけて、再度謀反しており、服属関係はなかなか安定しなかった。

ルイス・フロイスは、晴信について「伊佐早《いさはや》（西郷氏）の乳と教えによって育てられてきた」とし、物心がつく年齢となり、不満を抱いた結果、実家に戻ったと説明する〔日本史〕。永禄八年の養子縁組とすると、晴信は五歳である。元亀二年（一五七二）の兄義純死去時、つまり十一歳のときには有馬名字に戻っていることを確認できるから、この間に養子縁組が解消されたことになる。

この養子縁組と解消は、西郷純堯の後継者問題と関係していよう。純堯の嫡男信尚《のぶなお》は、天正五年（一五七七）の段階でも幼名豊一丸を称しており、元服を確認できるのは天正十三年である〔龍造寺家文書ほか〕。つまり永禄六～七年の段階で、西郷純堯には男子がいなかったのではないか。純堯の二度目の有馬氏帰参時に、晴信の養子縁組が条件となったとすれば、説明を付けやすい。しかしその後しばらくして、実子豊一丸が誕生したため、養子縁組を解消したのだろう。晴信個人の感情などではなく、西郷氏の御家騒動を防ぐための処置と思われる。

ただ、晴信入嗣は、西郷氏服属の安定化が目的であったはずである。伊佐早（長崎県諫早市）を領する西郷氏が離叛すれば、有馬領国は陸路において分断されてしまう。そこで持ち上がったのが、晴信と、有馬義純の娘ルチアの婚約であったと考えられる。ルチアの生母マリアは西郷純堯の娘だから、純堯の外孫にあたる。ただルチアは、晴信が受洗する天正八年段階でも幼く、縁談に留まっていた〔日本史〕。結婚の履行を強く主張したのが、マリアである点に留意したい。

父義貞の死去と実権掌握

十一歳で家督を継いだ晴信に、実権があるわけはなく、領国支配は父義貞が主導した。しかし一定年齢に達して以降は、千々石《ちぢわ》（長崎県雲仙市）に在城し、軍事を司っていたという〔日本史〕。同地は、西郷領伊佐早との境目の要衝で、国衆千々石氏の領国である。千々石氏の家督を継いでいた叔父直員《なおかず》は元亀元年（一五七〇）に龍造寺隆信《りゅうぞうじたかのぶ》に敗死したとされ、その子ミゲルはまだ幼少であった。そこで、千々石領に晴信が入部し、千々石氏を保護したのだろう。隠居と家督の権限分割事例のひとつといえる。

龍造寺氏の圧力は年々増大し、有馬氏に従っていた国衆も次々と離叛していった。そうした中、有馬義貞は、実弟大村純忠《おおむらすみただ》と、家老の安富徳円（義貞正室の兄弟）を通じて、キリスト教への関心を深めていった。ポルトガル船の口之津《くちのつ》（長崎県南島原市）来航を増やし、軍備増強を図ろうとしたのだろう。

天正四年（一五七六）四月十五日、父義貞が口之津で受洗《じゅせん》したことは、別項で述べた通りである。義貞はこれを機に、実権を完全に晴信に譲ろうと考えていたといい、千々石にいた晴信を本拠日野江《ひのえ》城（南島原市）に呼び戻した。代わりに千々石には、四男ドン・エステワン（千々石員定《かずさだ》か）が入っている。

幼少期を反キリシタンの急先鋒である西郷純堯の養子として過ごした晴信は、父の受洗に強く反発した〔日本史〕。義貞死後、教会からの退去を命じるなど、キリスト教弾圧を始めたのである。

龍造寺氏への服属

晴信が家督を継いだ時期、有馬氏は衰退の一途を辿っていた。天正元年（一五七三）に波多鎮（兄）、同三年に後藤貴明《ごとうたかあきら》・西郷純堯（かつての養父）、同四年に大村純忠（叔父）が、龍造寺隆信に敵対しないと盟約を結び、事実上の服属関係に入った〔龍造寺家文書ほか〕。晴信近親が多くを占めるが、自家存続こそが国衆家当主の責務である。天正二年には藤津《ふじつ》郡の須古城（佐賀県白石町）が落城し、龍造寺隆信の侵攻拠点となったという。

天正四年十二月上旬の義貞死去は、龍造寺氏の攻撃を激化させた。翌天正五年、西郷純堯が宴会中に急逝し（グスマン「東方伝道史」）、幼い遺児豊一丸（信尚）を抱いた西郷一門の動揺は拡大した。同年十月、西郷氏は龍造寺隆信に服属し、有馬氏から離れた（龍造寺家文書ほか）。

晴信は天正五年四月に、薩摩の島津義久に実質的な代替わりの挨拶をするなど（島津家文書）、島津氏との関係強化に動いた。その島津氏は、天正六年十一月、耳川《みみかわ》の戦いで大友勢に大勝を収めた。もはや昔日の力は無いと判断した龍造寺隆信は大友氏から独立し、有馬領侵攻を本格化させていく。

天正七年六月、晴信は家臣の要求もあって龍造寺氏に起請文を提出し、事実上の服属を誓った（林田二〇一四、龍造寺家文書）。しかしその後も、龍造寺氏の侵攻は収まることはなかった。

そこで晴信は、叔父大村純忠の娘を妻に迎え、同盟しようと図った。もはや有馬氏には、大村氏を従える力はないのだ。晴信は、純忠の歓心を得ようと、あれほど嫌っていたキリシタンになるとして、宣教師ガスパル・コエリョに仲介を依頼した。純忠は縁談を受諾したが、龍造寺氏の反発を危惧する一門・家臣の反対で破談となった（日本史）。有馬氏は、孤立無援となっていた。

有馬晴信の受洗――ドン・プロタジオの誕生

この天正七年（一五七九）、巡察使アレッサンドロ・ヴァリニャーノを乗せたポルトガル船が口之津に来航した。ヴァリニャーノは、定期的な来航を晴信に約束し、改宗を説いた〔日本史〕。翌八年、イエズス会の根回しで、ポルトガル船が口之津に来航した。晴信は、再び受洗に傾いていく。

問題は、一門・家臣が、晴信の受洗を受け入れてくれるかであった。宣教師側も慎重に話を進めたが、受洗直前に懸念が現実化した。深江《ふかえ》城（南島原市）主安富正佐《しょうさ》・安徳《あんとく》城（島原市）主安徳純俊《すみとし》兄弟が、龍造寺氏に降伏したのである。日野江城と深江・安徳城の距離は、街道沿いに進んで約二十キロメートル程度にすぎない。そのうえ、兄弟の姉妹は晴信の実母にあたる。安富兄弟では、安富徳円（純生）のみが晴信の家老として残り、以後の龍造寺・島津氏との外交交渉で辣腕を振るった。

深江城・安徳城離叛のもうひとつの要因は、両城の北側を領する島原純豊《しまばらすみとよ》の動向にあった。島原氏は、高来郡内で西郷氏に次ぐ国衆であるばかりか、天正六年まで晴信の外交を補佐していた。しかもその母は、安富兄弟および晴信生母の姉妹だから、晴信の従兄弟でもあった。その純豊が離叛したことで、高来郡全域に謀反が広まったのである〔日本史〕。有馬氏は、居城日野江城周辺の維持で精一杯となり、その所領は十五〜二十里と記されるまでになった〔ヴァリニャーノ書簡〕。

窮地に陥った晴信に手を差し伸べたのは、歴代が帰依していた高僧であった。齢八十を重ねたこの僧侶は、キリシタンになることで、再度大村純忠に支援を仰ぐべきと進言したのである〔日本史〕。

天正八年二月〜三月頃、晴信は受洗し、ドン・プロタジオ（保路多志与）の洗礼名を与えられた（後に堅信《けんしん》を受け、ドン・ジョアンと称す）。三月に入ってからのことと思われる。義姉（義純の未亡人で西郷純堯の娘）マリアと許嫁のルチアも、十数日後に受洗した。

さて、龍造寺勢に包囲された日野江城には、多くの領民が逃げ込み、それが食糧不足に拍車をかけた。ヴァリニャーノは、食料や銀、そして鉄砲玉と火薬に用いる鉛と硝石を支援している。これは龍造寺氏からすると、予想外であったようだ。天正八年二月、龍造寺隆信から和平提案があり、晴信は改めて服属と大友氏との絶縁を誓うとともに、支城の破却（城割《しろわ》り）を約束した〔林田二〇一七〕。

これは龍造寺氏の要求を丸呑みしたもので〔日本史〕、内容は有馬領国の解体に等しい。八月には、千々石員定（ドン・エステワンか）が龍造寺氏に敵対しないと誓約している。以後、千々石城は龍造寺氏の拠点となるから、晴信の弟エステワンは同城を退去したのだろう。有馬氏にとって、龍造寺氏のもとでは存続そのものが危ぶまれる状況といえる。それを踏まえ、晴信は、祖父晴純以来の屋形号《やかたごう》使用も取りやめている〔日本諸事要録〕。もはや守護家格を誇示することすら危険であった。

さて、初名鎮純を最後に確認できるのは、天正八年二月二十七日、新たな実名鎮貴の初見は、翌三月二十三日で、いずれも龍造寺氏への降伏に関わる文書である。フロイスは『日本史』でその名を「Xiguezumi」と記しており、受洗時の実名は鎮純であったと思われる。鎮純から鎮貴への改名は、龍造寺氏への従属とその直後の洗礼という転機に行われたわけだ。そもそも受洗の目的は龍造寺氏に対抗するための軍備増強だったから、再起を期す気持ちを秘めた改名だったのかもしれない。

島津氏への服属と晴信の抵抗

そこで有馬晴信が選んだのは、島津義久への鞍替えであった。日向をほぼ制圧した島津氏は、天正九年（一五八一）に肥後南部の相良義陽《さがらよしひ》を服属させ、同国北東部の阿蘇《あそ》氏に圧迫をかけていた。阿蘇氏は龍造寺隆信に服属しており、島津・龍造寺両大名は、国境を接するようになっていた。

天正十年十月十日、晴信は島津氏に服属を誓った〔志岐家文書〕。弟の有馬新八郎（比定者未詳）を人質として肥後八代《やつしろ》（熊本県八代市）に送ったのは、このときだろう。晴信は、島津義久の末弟家久《いえひさ》に取次役《とりつぎ》（指南《しなん》という）を依頼した〔上井覚兼日記〕。以後、家久は、晴信の後見人として振る舞うようになる。

しかし島津氏の目的は肥後制圧にあり、肥後に入った島津義弘《よしひろ》が有馬氏に送った援軍は千五百人程度に留まる。晴信はその助力を得て、千々石城で敵兵二～三百を討ち取ったが、島津勢は乱取《らんど》りに夢中になってしまったようで、城の攻略には失敗した〔上井覚兼日記、日本史ほか〕。

武家の服属は、当主への挨拶を要する。晴信はまずは島津義弘に対面すべく、十二月十三日に肥後八代へ趣いた。十五日夜、義弘は晴信の宿所を訪ねたばかりか、有馬氏は重要な「境目の衆」であると述べ、晴信の家来全員を召し出して、酒をみずから与えている〔上井覚兼日記〕。

その直後の龍造寺勢来襲において、島津家久は「有馬殿出頭の御取次」として、みずから出陣すると主張した。しかし、家久の身を案じる家老の伊集院忠棟《いじゅういんただむね》に阻まれてしまう〔上井覚兼日記〕。

島津氏はまったく援軍を送らなかったわけではなく、晴信は龍造寺氏の攻撃を凌ぎ続けた。天正十一年五月、深江城主安富正佐・安徳城主安徳純俊兄弟が有馬氏に帰参を申し出た。両城には、島津勢が入る予定であったが、深江城は前言を翻し、再度敵対した〔上井覚兼日記〕。安富正佐の子道叱《どうしつ》が元和二年(一六一六)と五年に記した回想によると、城主深江正佐が有馬氏に降伏しようとしたところ、龍造寺勢に従軍して城を留守にしていた嫡男道叱の妻がそれを食い止めたのだという〔丸島二〇二三〕。

沖田畷の戦いと領国の回復

天正十二年(一五八四)二月二日、ついに島津義久が有馬晴信への本格救援を命じた。三月半ばには、家久をはじめとする島津勢が次々に渡海し、島原城(島原市)を包囲した。二十四日、島津・有馬勢は龍造寺隆信を討ち取り、大勝利を収めた(沖田畷《おきたなわて》の戦い)。二日後には千々石・島原城をはじめとする諸城も降伏した。四月二十二日、島津氏は晴信の旧領を安堵するという方針のもと、伊佐早の西郷信尚攻めを中止して、撤退と定めた。この結果、国衆領であった島原も有馬領と認められた。ただ、フロイスによると島原と三会《みえ》(島原市)という重要拠点二城が、島津氏に接収されたという〔日本史ほか〕。

しかし実際には晴信の側から、援軍を置いたままにしてほしいと懇願しており、有馬氏保護のための駐留とみられる。島津氏は、神代城《こうじろ》(長崎県雲仙市)をはじめとする島原半島北岸の西郷領も晴信に安堵していたが、晴信は自力で攻略できず、神代氏が不当な侵攻と島津氏に訴えるありさまだった〔上井覚兼日記〕。また、龍造寺隆信の嫡男政家《まさいえ》が島津氏に服属したため、軍事支援は望めなくなった。

天正十三年二月二十四日、晴信は島津義久に懇願し、島津氏通字「久」字を拝領して久賢《ひさまさ》に改名するとともに、左衛門大夫を称することを許された。島津氏従属国衆としての存続が一番と考えたわけだ。さらに島津義弘に、変わらぬ関係を保証する起請文の発給を求めたが、キリシタンに日本の神々に誓約する起請文を与えることはできないと断られ、ただの証文である判物《はんもつ》様式で進退保証がなされた。

豊臣政権への服属

この晴信の構想は、天正十四年（一五八六）七月に豊臣政権が九州に大軍を派遣し、大友氏を支援したことで一変した。同年十月、晴信は、大村純忠・波多鎮（親）ら他の西肥前国衆とともに、小早川隆景《こばやかわたかかげ》・安国寺恵瓊《あんこくじえけい》に従うよう、秀吉に命じられたのである〔小早川家文書〕。情勢を窺っていた晴信は、小西行長《こにしゆきなが》に従うことを選び、島津氏を離叛した。その混乱の中、島津氏が接収していた島原・三会、および神代を攻略した。晴信は、秀吉の奉行浅野長政《あさのながまさ》に莫大な進物を送って安堵状を得ようとしたが、神代については返還が命じられている〔日本史、一五八七年度イエズス会日本年報〕。

天正十五年五月、島津義久が降伏し、九州は豊臣政権に平定された。実名を久賢から晴信に改め、祖父・父と同じ修理大夫を称するようになるのは、島津氏離叛以後のことである。豊臣政権下の大名となったから、正式に従五位下に叙せられたものと思われる。ただ秀吉から安堵された領国は、島原半島にとどまった。一方、伊佐早の西郷信尚は、島津攻め遅参を咎められて改易され、その旧領（神代など島原半島北岸を含む）には龍造寺政家の一門・龍造寺家晴《いえはる》が入部した。
牢人となった西郷信尚は、有馬晴信を頼って臣従とキリスト教受洗を誓い、旧領奪還を試みた。同年の肥後国衆一揆鎮圧のため、龍造寺家晴が出陣した留守を攻撃したのである。伊佐早では撃退されたが、神代城奪取には成功し、晴信は念願の島原半島全域の領国化を成し遂げた。

これは明らかに秀吉が禁じた私戦にあたる。だが事情を知った小西行長は、事実関係をうまく誤魔化して秀吉に説明し、政治問題化を防いだという〔一五八七年度イエズス会日本年報〕。肥後南半国の大名となった行長は、同じキリシタンであるばかりか、有馬氏の寄親であったから、両者は密接な関係を築いた。天正十六年に小西行長の仲介で、晴信の妹カタリナが大村喜前《よしあき》（前年に死去した純忠の嫡男）に嫁いだ。慶長四年（一五九九）には、晴信嫡男直純と行長の養女（姪）の婚約がいったん成立したが、翌年の関ヶ原合戦で小西氏が滅亡したため、履行されずに終わったという〔結城一九九九〕。

朝鮮出兵では、小西行長に従って、二千の兵を率いて従軍している〔外山一九九七〕。晴信は朝鮮に正室ルチアを伴っていたが、慶長二年、難産の末に母子ともに死去してしまった。

「キリシタン大名」有馬晴信と天正遣欧少年使節

晴信はキリシタン大名として知られるが、当初の改宗動機は、軍事支援を期待するという極めて政治的なものであった。教義への理解も浅く、純潔の教えに反発して洗礼が滞ったほどである。

その一方で、宣教師史料は、晴信が敬虔なキリシタンとして、寺社破壊を推し進め、領民の改宗が相次いだ姿を雄弁に描く。援軍として渡海した島津氏の家老上井覚兼《うわいかくけん》が、地域の信仰を集めた温泉山満《まん》明寺《みょうじ》（雲仙市）を訪ねて「残り無く破滅」した様子に愕然とした事実もある。

晴信の信仰が次第に篤くなっていたことは事実とみてよい。島津氏は晴信を「南蛮宗《なんばんしゅう》」の信者と理解していたし〔上井覚兼日記〕、晴信も龍造寺隆信に勝利した暁には、満明寺の寺領をイエズス会に寄進すると約束していた〔日本史ほか〕。しかし、満明寺再建を考えていた島津氏は速やかに寺領を安堵し、晴信の介入を防いだ。そこで晴信が、代わりに寄進をし直したのが、彼杵郡浦上《うらかみ》五ヶ村（長崎市）である。

居城日野江城下には、中学校相当の神学校セミナリオが築かれ、五十人近い少年が西洋式の教育を受けた。司祭を養成する大学相当のコレジオも、千々石・有家《ありえ》・加津佐《かづさ》（ともに南島原市）と移転しつつ開かれたが、後に天草《あまくさ》（熊本県天草市）に移った。なお日野江城下（有馬）におけるコレジオ創建は、事実ではないことが明らかにされている〔高瀬二〇一七〕。

一方で、有馬晴信は、代々の菩提所である高野山蓮華定院《こうやさんれんげじょういん》（和歌山県高野町）と書状を交わし続けた。伊勢神宮御師の来訪も、寺社破壊の影響で減少はしたが、途絶えたわけではない〔久田松二〇一八、神田二〇一一〕。

つまり晴信も含めた初期の日本人キリシタンは、一神教としてキリスト教を受け入れたわけではないと考えられる。多様な宗派の寺社信仰の共存という中世宗教の特色を受け継いでいる。晴信自身、大村純忠と共に、ヴァリニャーノに「神社仏閣の破壊は、司祭達が教理に反するというので不本意に行ったに過ぎない」と宣教師の日本文化への無理解を訴え、彼を納得させているのだ〔松田一九七三〕。

第一次日本視察を終えたヴァリニャーノは、日本文化を踏まえた布教手法について説明する必要を痛感した。そこで天正十年、セミナリオで学んだ少年四人が、大友宗麟・有馬晴信・大村純忠の名代としてローマに派遣されることになる。天正遣欧少年使節は、正使伊東《いとう》マンショ・千々石ミゲル、副使中浦《なかうら》ジュリアン・原《はら》マルチノからなる。正使両名は、宣教師が「王」「屋形」と位置付けていた大友・有馬氏の親族で、千々石ミゲルは、晴信の従兄弟〔叔父千々石直員の遺児〕にあたる。

ヴァリニャーノが相談相手としたのは、副使両名を派遣した大村純忠である〔ルセナ回顧録ほか〕。従兄弟を派遣した晴信はもちろん了承していたが、大友宗麟が話を聞いたのは出航後であった。

少年使節はスペイン国王・ローマ教皇に謁見し、天正十八年に帰国した。晴信は、大村喜前とともに長崎で出迎えた。使節団は天正十九年に聚楽第《じゅらくてい》で秀吉に謁見するが、すでにバテレン追放令が出されて情勢は一変していた。そして江戸幕府の禁教令という苦境に立たされることは周知の事実であろう。

「岡本大八事件」と晴信の最期

天正十六年〔一五八八〕、秀吉は小西行長を通じて、有馬晴信・大村喜前にキリスト教棄教を迫った。両名とも表面上は了承したが、実際にはその後も信仰を保ち、それは領民も同様であった〔神田二〇一一〕。

慶長五年（一六〇〇）の関ヶ原合戦で、有馬晴信は東軍の加藤清正《かとうきよまさ》に協力し、緊密な関係を築いてきた小西行長の居城宇土《うと》城（熊本県宇土市）を攻撃したという。もともと病弱であった晴信は体調を崩しており、天正十四年に生まれた嫡男直純（ドン・ミゲル）が代理で参陣した。直純は家康のもとに出仕することになり、慶長六年に従五位下左衛門佐に叙任された〔外山一九九七〕。

慶長九年頃、直純は当初従兄弟大村喜前の娘メンシア（母は晴信の妹カタリナ）と結婚したが、まもなく死別した。その後、有馬家臣皆吉《みなよし》氏の娘マルタを後妻に迎えたが、慶長十六年に離縁し、家康の養女（本多《ほんだ》忠政《ただまさ》の娘で曾孫）国姫《くにひめ》を新たな正室に迎えた〔結城一九九九〕。

晴信は新たな居点原城（南島原市）を築き〔五野井一九八〇〕、朱印状を用いた掟書を出すなど内政改革を進めると同時に、東南アジア諸国との朱印船貿易で多くの利益を得ていた。ところが、慶長十三年にマカオに派遣した朱印船が、現地でポルトガル人と衝突し、多数の日本人死傷者を出すという事件が起きた。翌慶長十四年、晴信は大御所徳川家康の意向を踏まえ、長崎奉行長谷川藤広《はせがわふじひろ》と協議して報復に出た。長崎に寄港したポルトガル船ノッサ・セニョーラ・ダ・グラッサ号を撃沈したのである。

晴信は、グラッサ号撃沈で大きな恩賞が得られると期待した。それは龍造寺氏に奪われ、佐賀藩鍋島《なべしま》氏が継承した肥前三郡の回復である。晴信は、家康側近本多正純《まさずみ》の与力岡本大八《おかもとだいはち》に働きかけた。

莫大な進物を送られた大八は、将軍徳川秀忠《ひでただ》文書の偽造まで行い、交渉進展を晴信に信じ込ませた。

また話が実際に動かない理由として、キリシタン弾圧に積極的な長谷川藤広の妨害と釈明した。話を聞いた晴信は、大八に藤広殺害まで依頼している〔一六一二年度イエズス会日本年報〕。

あまりの暴挙に、嫡男直純は御家断絶の危機感を募らせたようだ。慶長十六年六月、晴信に駿府へ赴いて、岡本大八や本多正純と直談判せよと命じられたことを逆用し、正純に父の謀議を訴えたのである〔小川二〇一二〕。驚いた正純が動き出したことで、翌慶長十七年正月に大八は捕らえられ、晴信との対決審理の末に火刑に処された。晴信も長谷川藤広殺害未遂が罪に問われ、甲斐に流罪となった。

有馬直純は、みずから実父を訴え、また幕命に従い棄教することで、家督相続と領国安堵を認められた。晴信の罪状は改易に相当するものであったため、公的には有馬晴信と岡本大八の「出入《でいり》」つまり私的紛争の存在のみが説明された〔小川二〇一二〕。ただ晴信と大八はいずれもキリシタンであり、背後にイエズス会がいるとの見立てが当時からなされ、キリスト教禁圧は強化されていく。

甲斐都留《つる》郡に流された晴信は、その後切腹を言い渡された。しかし、キリシタンであるため自害はできないと斬首を望み、慶長十七年五月七日、後妻ジュスタの見守る前で処刑された〔高祖二〇一九〕。ジュスタはしばらく同地に留まることを選んだが、実家中山氏を頼って京都で死去したようである。（丸島和洋）

【主要参考文献】

小川雄「岡本大八事件試論」（同著『徳川権力と海上軍事』岩田書院、二〇一六年。初出二〇一二年）

神田千里「伴天連追放令に関する一考察―ルイス・フロイス文書を中心に―」(『東洋大学文学部紀要　史学科篇』三七、二〇一一年)
久田松和則『長崎の伊勢信仰―御師をめぐる伊勢と西肥前のネットワーク―』(長崎文献社、二〇一八年)
五野井隆史「有馬晴信の新城経営と原城について」(『キリシタン文化研究会会報』二一年二号、一九八〇年)
清水紘一「有馬晴信」(五野井隆史監修『キリシタン大名―布教・政策・信仰の実相―』宮帯出版社、二〇一七年)
高瀬弘一郎『キリシタン時代のコレジオ』(八木書店、二〇一七年)
高祖敏明「没後四百年・有馬晴信の追放と死の実相―一六一二年度イエズス会日本年報の記述に基づいて―」(『キリシタン文化研究会会報』一三九、二〇一九年)
外山幹夫「福田文書」(同著『中世九州社会史の研究』、吉川弘文館、一九八六年)
外山幹夫『肥前　有馬一族』(新人物往来社、一九九七年)
外山幹夫『中世長崎の基礎的研究』(思文閣出版、二〇一一年)
林田崇「天正七年付有馬氏家臣連署起請文について」(『戦国史研究』六八、二〇一四年)
林田崇「天正八年における有馬氏と龍造寺氏の和平交渉」『戦国史研究』七三、二〇一七年)
丸島和洋「有馬義純の家督継承」(『年報三田中世史研究』六、一九九九年)
丸島和洋「戦国期肥前有馬氏の勢力伸長と由緒主張」(『東京都市大学共通教育部紀要』一五、二〇二二年)
丸島和洋「佐賀藩士深江氏旧蔵文書の復元による「家意識」の検討」(『鍋島報效会研究助成報告書』一一、二〇二三年刊行予定)
松田毅一「ヴァリニャーノの第一次日本巡察について」(『日本巡察記』東洋文庫、一九七三年)
結城了悟『キリシタンになった大名』(聖母文庫、一九九九年)

菊池義武——波乱万丈の一生を送った菊池最後の当主

菊池義武の宿命

菊池《きくち》義武《よしたけ》は、豊後・豊前・筑後の三国守護大友義長《おおともよしなが》の二男として、永正元年（一五〇四）十二月ころに生まれたという。兄はのちに袂を分かつことになる義鑑《よしあき》である。

義武は、幼名を菊法師丸《きくほっしまる》といい、元服後は重治《しげはる》・義国《よしくに》・義宗《よしむね》、そして義武、さらには義綱《よしつな》と幾度も改名し、出家後は笑屋道闇《しょうやどうあん》を号した。これはまさに彼の波乱万丈の人生を表している。本稿では、義武の名乗りを基本とするが、必要に応じて幼名および重治以下の実名を使用する。

永正二年二月、守護菊池能運《よしゆき》が二十三歳（二十二歳・二十五歳とも）の若さで急死し、菊池氏直系が絶えたことで、義武の存在が注目されることになった。能運の後継には、彼の遺命により菊池肥前家重安《しげやす》の子政朝《まさとも》（政隆《まさたか》）が就いたが、有力家臣たちはこれに難色を示した。彼らは、生後まもない菊法師丸＝義武を推したのだった。同年十一月二十八日、隈部武治《くまべたけはる》・赤星重規《あかほししげのり》・小森田能世《こもりだよしよ》・城重岑《じょうしげみね》をはじめ長野《ながの》・出田《いでた》・内空閑《うちこが》・内田《うちだ》・長田《おさだ》・立田《たつた》・窪田《くぼた》・鹿子木《かのこぎ》・田嶋《たじま》・御宇田《みうだ》といった家臣団の面々は、義長の二男が相続すると聞いて千秋万歳、これまでのように油断なく忠義に励む旨の連署状を出している（阿

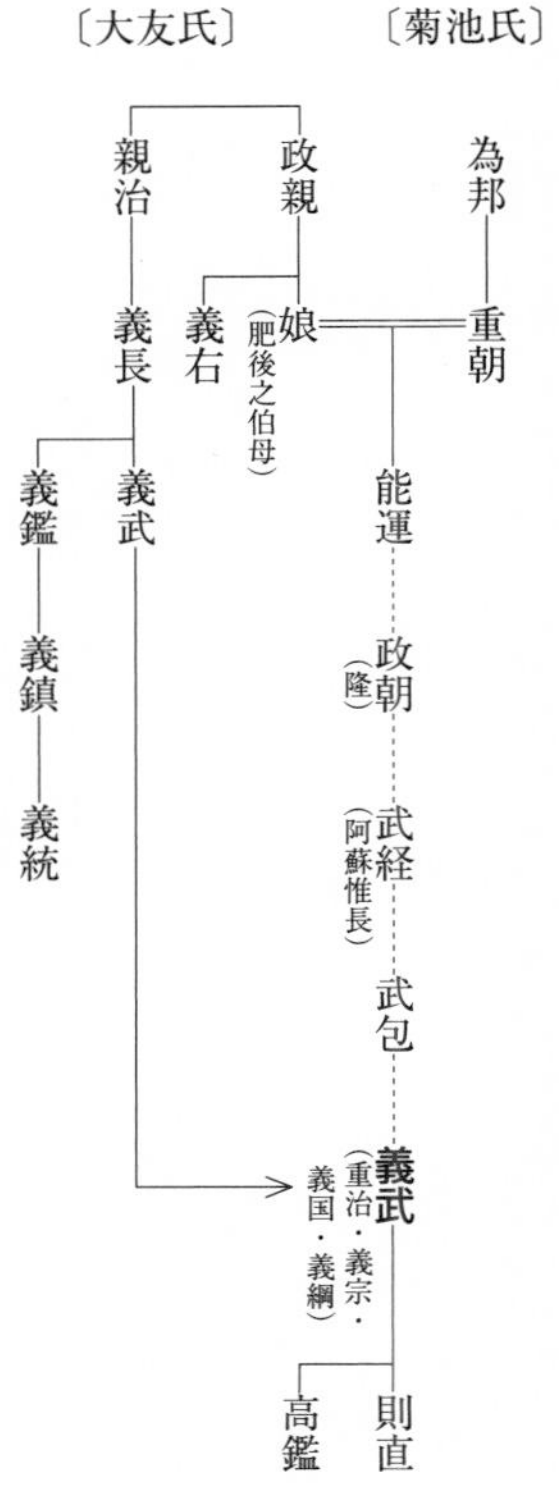

菊池氏・大友氏関係略系図

蘇文書〕。

かつては筑後国守護職などを激しく争った大友氏の子息を、家臣たちは後嗣に擁立しようとしたのである。ただそれはまったく縁のないことではなく、能運は、父重朝《しげとも》と大友政親《まさちか》（義長の叔父）の娘（「肥後の伯母」）との間に生まれた子であった〔阿蘇品一九九八〕。大友氏も当時の情勢からして、守護職を回復・掌中にしたいという思惑が交差しており、菊法師丸という幼名そのものに義長の意図が秘められていた（菊池氏・大友氏関係略系図参照）。

「肥州錯乱」と義武の入国

こうした能運の後継をめぐる争いを、義長は「肥州錯乱《ひしゅうさくらん》」と呼んでいる〔相良家文書〕。この混乱ぶりは、当時大宮司職にあった阿《あ》蘇《そ》惟長《これなが》を擁立したことで一応の決着はするが、内戦状態は続いた。惟長擁立は、大友氏として阿蘇氏とも姻戚関係にあったので、菊池氏惣領家の強引な簒奪は避けたいという狙いもあった。永正四年（一五〇七）、惟長は職を弟惟豊《これとよ》に譲り、菊池武経《たけつね》と改名して守護の座におさまった。一方、政隆は筑後へと逃亡して抗戦を続けるが、敗れて永正六年八月に菊池郡久米安国寺《くめあんこくじ》（熊本県菊池市）で自害した。だが、武経自身も家臣団との折り合いが悪く、永正八年、失意のうちに矢部《やべ》（同山都町）へ戻り、惟豊と大宮司職を争うことになった。武経のあとは、菊池一族の武包《たけかね》が就いたが、これまた権威は回復できなかった。

こうして、義武を菊池氏家督として送りこむ機は熟したのであった。永正十二年（一五一五）十二月、義長は「肥後国のことは堅い覚悟で菊法師丸の入国に心を砕くよう」にと述べている〔柳川大友文書〕。義長は、この十二月に嫡男義鑑を大友氏第二十代の家督にすえて隠居している。それから三年後の永正十五年に他界した。

永正十七年（一五二〇）、菊法師丸は元服して重治を名乗る。重朝と親治《ちかはる》（義長の父）のそれぞれ一字をとって菊池・大友両氏の深い結びつきを示すとともに、家督継承・入国を実現させ、大友系菊池氏が誕生することになったのである。

ところで、義長は菊法師丸に元服・肥後入国以前から実質上守護としての役割を担わせていたことがうかがえる。年紀は不詳だが、義長が玉名《たまな》郡の有力国人である小代実忠《しょうだいさねただ》に玉名郡野原《のばら》荘の東西両郷（熊本県荒尾市）を安堵した文書〔小代文書〕のなかに、「菊法師丸において領掌（承諾）相違なし」という文言がある。同様の文言は、田嶋右京亮に合志《こうし》郡富納《とみのう》村（菊池市）の代替地を安堵した際にも、「菊法師丸領掌相違なし」とみえる〔大鳥居文書〕。これは、菊法師丸の正式な家督継承以前から守護の権限を行使する形態がとられていたことを示唆する。

永正十七年二月十九日、義武は豊後を旅立ち、二十三日には守護所隈府《わいふ》（菊池市）へ到着した。彼にとっては、これが天文二十三年（一五五四）に肥後を離れるまで、足かけ三十五年にわたる波乱の人生のはじまりであり、彼の入国は肥後戦国史の新たな展開の幕開けでもあった。

義武の隈本入城

いったん隈府に入った義武は、二月二十八日には飽田《あきた》郡の隈本《くまもと》城（熊本市中央区）へと移った。隈本城は、南北朝内乱期に飽田国府や守護所に対抗する砦として菊池氏が築いたのがはじまりで、確かな史料的初見は永和三年（一三七七）である。このときの隈本城の所在地は未確定である。義武が入部した隈本城は、茶臼山《ちゃうすやま》丘陵の南西部の舌状台地の端にあり、近世隈本城と区別して隈本古城とよばれている。

義武が隈府居住を避けたのはなぜか。それは言うまでもなく、隈部・赤星・城といった譜代の重臣たちの束縛から逃れ、傀儡化を避けて独立性を保持しようとしたためである。能運の後継者たちは、いずれも家臣たちと折り合いが悪く退場を余儀なくされた。第二に、家臣団のなかでも勢力争いがあり、義武擁立に積極的だったのは、国中に勢力を有する鹿子木親員《ちかかず》（寂心《じゃくしん》）や田嶋重賢《しげかた》といった非主流派ともいうべき者たちだった。とりわけ飽田郡鹿子木西荘を本拠とする鹿子木氏は、大友氏と同じく中原親能《なかはらちかよし》の系譜に属する国衆であり、大友本宗家の意向も働いていたと考えられる。これに加えて、隈本に最初に築城したのは菊池氏であり、ここを本拠にすることで南北朝期に飛躍的に勢力を伸張させた菊池氏の正統な継承者として、義武なりの自己主張でもあったといえよう。隈府に対抗する隈本の復権を意味した。

入城した義武を支えた家臣団は、先の鹿子木親員や田嶋重賢のほかには、豊後から随従してきた山下《やました》長就《ながなり》・奴留湯《ぬるゆ》一千・大神《おおが》治廉《はるかど》・志賀《しが》親並《ちかなみ》らであった。義武は、時期は不明だが二人の女性と結婚している。一人は、相良《さがら》長唯《ながただ》（義滋《よししげ》）の姉妹かと推定され、則直《のりなお》（則治《のりはる》・則朝《のりとも》・則興《のりおき》とも。本稿では則直表記で統一）が生まれている。他の一人は不詳で、高鑑《たかあき》をもうけている。相良氏との姻戚関係は、義武の願うところであった。

肥後での義武発給文書について、守護として重治の名で出された文書は二十点あまり残る。その内容の多くは、①軍事的な功績を賞する感状《かんじょう》、②感状と関わる所領の宛行状や安堵状、③名字書出しや官途状、④巻数《かんず》請取状などである〔木村一九七三、阿蘇品一九九八〕。また、実名に花押を付しているのも特徴の一つである。感状や宛行状・安堵状の対象は、五条《ごじょう》・本郷《ほんごう》・久保《くぼ》・三代《みしろ》・岐部《きべ》・奴留湯といった筑後・豊後を本貫とする領主たちが多い。したがって、重治名の文書は、肥後の国衆に宛てたものは全体的に少ない。これは、隈部氏ら北部地域の有力国衆と距離を置いたことの表れでもあり、同時に国内での義武の政権基盤の脆弱さを示していた。

その一方で、年紀未詳ながら相良太郎（長祇《ながまさ》）に対し八代《やつしろ》郡および益城《ましき》郡のうち豊福《とよふく》二四〇町を父長《なが》毎《つね》の相続に任せて安堵しているのは〔相良家文書〕、守護としての権力を誇示し、さらに姻戚関係を通して相良氏を味方とする上できわめて有効であった。豊福（熊本県宇城市）は、相良・名和《なわ》氏両氏が争奪戦を繰り返した境目の地であり、相良氏にすればこの安堵状は絶大な意味をもった。また、大永五年（一五二五）十二月、天草《あまくさ》の志岐又次郎に、藤原重経《しげつね》の名字を与えている〔志岐文書〕。ただ、守護として「肥後守」を称した文書は皆無に近い。享禄二年（一五二九）三月、角田右衛門尉に玉名郡東郷内の両岩村三六町・小原の内二〇町を恩賞として宛行ったものがあるが〔津野田文書〕、花押に疑義が残り、そもそも義武が「肥後守」の官途をもらった史料は現在のところない。先述したように、どちらかといえば実名を使用することで大友氏の権威を表に出すことが有効と考えたのかもしれない。また、隈本城を本拠とする義武の統治の実態は、史料的な問題もあり支配組織や軍事的経済的基盤など必ずしも明らかではなく、今後の課題として残されている。

天文二年の挙兵――義鑑との抗争

大永二年（一五二二）正月、祖父親治が死去する。家督はすでに義鑑が継いでいたが、永正十三年（一五一六）に朽網親満《くたみちかみつ》の乱が起き、大永二年には大神親照《おおがちかてる》が誅伐され、大永七年には海部《あまべ》郡の佐伯惟治《さえきこれはる》が滅ぼされている。なかでも佐伯氏討伐の嫌疑は、義武との通牒だったとされる。すでに義鑑・義武兄弟の意志疎通が希薄だったことを暗示する。

しかし、義武自身の意志や具体的な動向は明白ではない。そうしたなかで享禄四年（一五三一）三月、義武は十二代将軍足利義晴《あしかがよしはる》から従四位下、左兵衛佐の位階・官途、また「義」の偏諱《へんき》を与えられて重治から義国に改名している。従四位下は、兄義鑑に先んじるもので多分に政治的な思惑が左右した。というのも、天文元年（一五三二）から豊前・筑前での大内《おおうち》・大友両氏の軍事的衝突が頻発していたからである〔吉良二〇一二、山田二〇一五〕。義鑑・義武兄弟の不和の兆しをみた大内義隆《よしたか》は、少弐《しょうに》氏討伐のために九州に派遣した陶道麟《すえどうりん》（興房《おきふさ》）を義武のもとへ派遣して、筑後守護職を条件に誘引した。これに応じた義武は、天文二年九月ごろ、筑後・肥後で挙兵した。筑後守護職はかつて菊池氏が兼帯していたので積極的な参戦の理由ともなった。挙兵には、西牟田《にしむた》・三池《みいけ》・溝口《みぞぐち》・河崎《かわさき》・蒲池《かまち》といった筑後の国人たちも内応した。この間に、義武は義宗へと再度改名する。天文三年閏正月一日の義宗（義武）書状では、今回の「弓箭（戦い）のことについて長唯（義滋）と相談していた」と吐露している〔相良家文書〕。実際、三月二十九日の大友義鑑から大窪《おおくぼ》三郎右衛門尉に宛てた感状〔大友文書録〕には、相良氏および義宗の軍勢と大渡口（熊本市南区）での合戦が記されている。両者の間で軍事的約束ができていたのであった。

義鑑は、こうした義武の挙兵を「義国悪行」〔五条文書ほか〕と断じて、筑肥国境へと軍勢を派遣し、豊後・筑後の国人らに感状を発給している。そして、肥後国内へは一万田《いちまた》三河守や入田親誠《にゅうたちかのぶ》らを派遣した。天文三年閏正月から益城郡隈庄《くまのしょう》（熊本市南区）で鹿子木親員と交戦している。宇土《うと》（熊本県宇土市）からも援軍が来たが敗北した。四月には同郡木山《きやま》城（同益城町）で合戦が行われ落城させている。義武自身は九月に吉松《よしまつ》（熊本市北区）、十月には筑前へと出張している〔八代日記〕。

こうしたなか、将軍義晴の調停で天文四年（一五三五）はじめに大内・大友両氏の停戦が成立した。立場を失った義武は、四月二十日、筑前にて義鑑と対面し「和与」（八代日記）を結んでいる。こうして隈本城を拠点とした義武の統治は終わり、その権威は大きく揺らぎ島原《しまばら》へ逃避した。

義武は、同年十二月十三日に島原の高来《たかく》から球磨川《くまがわ》河口の八代徳淵《とくぶち》の津（熊本県八代市）へ移動した。陳内の館にいた長唯（義滋）は、宿所（地福寺《じふくじ》から荘厳寺《しょうごんじ》）を訪問している。八代の相良氏の庇護下で、「御屋形様」（八代日記）として亡命生活を送ることになった。

『八代日記』によれば、彼は息子とともに、しきりに陳内を訪れて長唯に面会を繰り返す。その回数は、天文六年が川遊びをいれて五回、翌天文七年が六回というもので、正月には必ず参会している。また時折、球磨人吉《ひとよし》（熊本県人吉市）へも赴き、八代から海路佐敷《さしき》（同芦北町）へ上陸して向かったようだ。ただ、天文十年ころから面会の回数は減少する。こうした動きは、義鑑も把握しており、たびたび使者が相良氏のもとを訪れ牽制していた。

この八代滞在中、義武は事を起こさないわけではなかった。天文九年三月、義武・長唯の軍勢は、河尻《かわじり》口（熊本市南区）で大友軍と交戦した（窪文書）。このとき、小代領（熊本県荒尾市）の領主小代重忠が戦死している（小代文書）。また、この年の十二月二十四日、義武の支持勢力は隈庄を勢力下においた（相良家文書）。その三日後、阿蘇惟前《これさき》は起請文を書いて、義鑑・義武兄弟和睦のために何度か仲介をしたが効果がなかった。隈庄が義武の勢力下に入ったので国中衆が攻撃してきたら防戦すべきことを誓っている。

だが、天文十二年（一五四三）に義鑑が肥後守護職に補任されると状況は一変した。この年十月に義武は相良為清《ためきよ》（晴広《はるひろ》）と会談したが、翌年八月、八代を離れて再び島原の有馬《ありま》に向けて出船する。長唯も義武の権威を見限り、実力で戦国大名への道を歩もうとしていたといわれる。その表れが大内氏の後押しを受けての足利義晴からの一字拝領による長唯から義滋への改名、後継の藤五郎の晴広の名乗りと任官であった。そのために勅使小槻伊治《おづきこれはる》の接待に忙殺されていた。天文十四年十二月十六日、義武・則直父子もそれぞれ任官を祝す書状を義滋に送っている〔相良家文書〕。

義武の第二次隈本入城

天文十九年（一五五〇）二月十日、大友義鑑は重臣入田親誠らの策謀で襲われ、その傷がもとで十三日に死去した（二階崩《にかいくず》れの変）。後継はすぐに義鎮《よししげ》（宗麟《そうりん》）が相続した。

この混乱に乗じて、義武は再び海路三月十四日に隈本城に入り、田嶋氏や鹿子木氏の援助を受けて活動を再開した。年紀が不明なので確実とは言えないが、義鑑死亡の直後から義武は隈本への渡海に先立ち山之上三名字衆《やまのうえさんみょうじしゅう》への軍事的助力を依頼しているが〔田尻文書〕、その任務を担ったのは、息子の高鑑であった。三月十八日、義武は相良晴広にも援助を要請している。

一方、義鎮のほうも三月二十三日、義武退治の援助を晴広に求めている。義武は、四月七日の晴広宛の書状で、義鎮への忠誠の意思を示したが、筑後や肥後での義鎮による「儀（義）絶」の廻文をみて、対決止むなしに至ったとして援助を懇請している。こうした義武の動向にあわせて、阿蘇惟前の動きも注目された。これより先の三月十日に農寺が矢部に赴いて、惟前の進退や海東《かいとう》・小熊野《おぐまの》両郷（ともに熊本県宇城市）のことを話し合った。そして二十三日には、阿蘇から村山《むらやま》・甲斐《かい》の両名、八代から相良織部佐以下三名が豊田宮山に参会して話し合いが持たれている。

五月十三日には、雄城治景《おぎはるかげ》ら四名の大友氏老中連署状、同じく十六日には真光寺寿元《しんこうじじゅげん》を使僧として、隈本へ義武征討の軍勢のことについての書状が届けられ、さらに義鎮が書状で阿蘇惟豊《これとよ》や名和行興《ゆきおき》が加勢すると述べ、晴広に援助を要請している（相良家文書）。

閏五月十七日、義武は「軍に勝ち敵を破る」祈禱を行った松尾《まつお》社（熊本県山鹿市）の社務右近少輔に対して坂折《さかおり》弾正忠を通して感謝の意を表している（木野松尾神社文書）。十四日には「阿蘇五ヶ所」の軍勢が攻撃してきたので、撃退して健軍《けんぐん》（熊本市東区）のほうに追い込み村に放火したこと、十九日には津守《つもり》・木山《きやま》を攻めて合戦をして一〇四人を討ち捕らえたこと、隈庄口でも甲斐の名字の者の首級をあげたと述べている（相良家文書）。

義武は、六月一日に相良晴広に起請文を出して義滋に引き続き忠義と尽力を要請するが、状況は彼が菊池家を相続したときとはまったく異なっていた。義武は、名和氏へも起請文を提出し、義武・名和・相良三者での盟約＝同盟関係を締結して、義鎮に対抗しようと試みた。だが、行興は応じたものの要となる晴広の同意が得られなかった。義武を支える鹿子木鎮有《しげあり》・田嶋重賢・吉弘親守《よしひろちかもり》・津々良《つつら》宗見・大神治廉・隋鴎軒憩宅《ずいおうけんけいたく》らの重臣たちも必死だったようである。島津忠良《しまづただよし》も義鎮・義武の和解を取り持つ使者を豊後へ送ったが、功を奏さなかった。

義鎮が小原鑑元《おばらあきもと》や佐伯惟教《これのり》らを派遣して義武追討の本格的な軍勢を整えるなか、義武は八月九日に隈本を離れ、金峰山《きんぼうざん》（熊本市西区）を経て再び島原へと渡った。義武の第二次隈本城滞在はわずか五ヶ月で崩壊したのであった。翌天文二十年八月、義武が玉名郡伊倉《いくら》（熊本県玉名市）方面に向かったという記録もあるが〔八代日記〕、肥後での政治的・軍事的な活動は実質上、完全に終わったのである。

義武の最期

義鎮は検使衆を派遣し、小原鑑元を南関《なんかん》城督にすえて着々と肥後の支配を固めるとともに、相良氏へも使者を派遣して圧力を強めた。相良氏は、天文十二年（一五四三）五月、堅志田《かたしだ》城（熊本県美里町）の陥落で八代へ逃れてきた阿蘇惟前一族も庇護しており、加えて名和氏や島津氏などと常時緊張状態にあった。天文二十二年から相良晴広が大友氏へしばしば派遣した使者との話題は、義武の処遇およびその条件であったと思われる。晴広もまた義武を徐々に見限っていたのである。

追い詰められた義武は、助力と延命をはかる。天文二十三年、義武は義綱と改名した。二月二十三日高来から船で薩摩国和泉《いずみ》（鹿児島県出水市）に向かい着岸したが島津氏に上陸を断られ、水俣《みなまた》（熊本県水俣市）の袋港に向かう。二十五日には相良氏へも連絡をとり、翌日上陸した。三月十二日、義武は球磨へ行き、久木野《くぎの》、原田《はらだ》に着いた。ここで彼は落髪して笑屋道闇を号し、人吉の永国寺《えいこくじ》を所望したが叶えられなかった。彼が球磨へと向かったのは、球磨から真幸《まさき》越え、あるいは米良《めら》越えで日向国へという意図もあったからである。しかし三月二十二日、佐敷を経てむなしく袋へ戻ることになった。それから半年あまりの十月十一日、義武・則直親子は水俣から八代へと赴き、それぞれ天福寺《てんぷくじ》、光勝寺《こうしょうじ》を宿所とした。十一月一日、大友氏の戸次《べっき》氏ら使者三名が天福寺を訪れ義武に面会した（則直と対面しなかったのは、彼の延命承認の約束ができていたのであろう）。この会談で、義武の豊後への帰還が決まった。七日、義武は妙見《みょうけん》社そして成願寺《じょうがんじ》へ詣でている。

十一月十五日、使者とともに豊後へと出発した。晴広や上村頼興《うえむらよりおき》は成願寺前で見送った。それから五日後の十一月二十日、豊後国直入《なおいり》郡木原《きはら》で義武は殺害され（竹田《たけた》の宝泉庵《ほうせんあん》で自殺とも）、波乱の一生を終えた。十二月二十五日の大友氏から晴広への書状には、義武殺害について「義鎮さま御存知なきよし候（知らないことである）」（八代日記）とあり、家臣の独断であったように記す。ここに、守護家菊池氏は名目上も完全に滅亡することになった。翌年四月六日、義鎮からの使者慶徳坊豪栄《けいとくぼうごうえい》も同様の趣旨を伝え、「奉公のお礼」として晴広に引物《ひきもの》九貫・金覆輪《きんぷくりん》太刀・腹巻《はらまき》などを届けている。

永禄二年（一五五九）十一月、相良義陽《よしひ》は義武の霊を慰めるべく永国寺に五〇〇部、増福寺《ぞうふくじ》に五〇〇部など、計二〇〇〇部の千部経を納めている。

義武の遺児則直は、相良氏の庇護下でやがて家臣となった。彼は菊池家再興を切望したので、当時の反大友氏勢力結集の核として利用価値があった。それが具体化したのが永禄十一年（一五六八）の毛利《もうり》氏・小早川《こばやかわ》氏による九州出兵であった。則直もまた再興を好餌に反大友惣領家の立場を選んだのである。

（柳田快明）

【主要参考文献】

青木勝士「菊池義武の本拠　隈本・八代」（『戦国の城と館』高志書院、二〇二〇年）
阿蘇品保夫『菊池一族』（新人物往来社、一九九〇年）
阿蘇品保夫「室町・戦国期の熊本」（『新熊本市史』通史編第二巻、一九九八年）
稲葉継陽「室町・戦国期の菊池氏権力」（『菊池一族の戦いと信仰』、熊本県立美術館、二〇一九年）
木村忠夫「大友氏の肥後支配」（『熊本史学』四二号、一九七三年）
吉良国光「天文年間前半における大内氏と大友氏の抗争について」（『九州史学』一六二号、二〇一二年）
兒玉良平「戦国期肥後菊池氏・相良氏と北部九州の政治的・軍事的情勢」（『菊池一族解體新章　巻ノ二』、菊池市教育委員会他編、二〇二一年）
外山幹夫『大名領国形成過程の研究』（雄山閣出版、一九八三年）
松原勝也「天文期肥後国情勢と相良・名和・阿蘇三氏盟約」（『九州史学』一四一号、二〇〇五年）
八木直樹『戦国大名大友氏の権力構造』（戎光祥出版、二〇二一年）
柳田快明「南北朝期から戦国期の『隈本城』を考える」（『市史研究くまもと』一一号、二〇〇〇年）
山田貴司『中世後期武家官位論』（戎光祥出版、二〇一五年）

隈部親永・親安
——統一政権を震撼させた肥後国衆一揆のリーダー

菊池氏家中での隈部氏

隈部《くまべ》親永《ちかなが》と親安《ちかやす》（泰）父子が、後世にまで名を残したのは、天正十五年（一五八七）に起こった検地反対一揆、いわゆる肥後国衆一揆の主役だったからである。

そもそも隈部氏は、大和国宇野荘《うの》（奈良県五條市）を本貫地とする大和源氏の宇野親治《ちかはる》が保元《ほうげん》の乱《らん》（一一五六年）の咎で肥後国菊池郡《きくち》に流罪となり、その末裔の持直《もちなお》が菊池武房《たけふさ》から「隈部」の姓を与えられ譜代の家臣となったという伝承を有する。これにあわせるかのように、隈部系図は持直を初代としている。

隈部氏の「隈部」は、菊池氏の居城隈部山城（熊部とも。現在は明治三年〈一八七〇〉創建の菊池神社がある）にちなむ。隈部氏は、老者・老中とよばれた赤星《あかほし》・城《じょう》氏と並ぶ重臣の一人で、「隈部老中《わいふ》」という菊池氏の衆議機関の一員であった。

こうした隈部氏の地位の基礎が築かれたのは、菊池持朝《もちとも》・為邦《ためくに》・重朝《しげとも》の三代にわたって勤仕した忠直《ただなお》（一四二六～九四）のときである。これを象徴する出来事がある。重朝全盛期の一大イベント、文明十三年（一五八七）に守護所隈府《わいふ》（熊本県菊池市）で催された「万句連歌会」で、これへの隈部一族の参加人数の多さからそのことがわかる。参会者八十五名のうち、隈部氏は庶子家をふくめて十三名（隈部十名、阿佐古《あさご》一名、長野《ながの》二名）、かなりの人数を占めている。亭主も五名で、それぞれ隈府の町に相応の邸宅を構えていたようだ。系図で確認できない者もいるが、多くは忠直の兄弟あるいは子息たちであり、そのなかで元成《もとなり》の系統につながるのが親永・親安である（略系図参照）。

永正元年（一五〇四）二月、守護菊池能運《よしゆき》が二十三歳（異説あり）の若さで急死し、直系が絶えた。能運の後継には、彼の遺命で菊池肥前家の政朝《まさとも》（後の政隆《まさたか》）が就いたが、隈部氏をはじめ有力家臣たちはこれに難色を示した。彼らは、豊後守護大友義長《おおともよしなが》の二男で生後まもない菊法師丸《きくほっしまる》（後の義武《よしたけ》）を迎えようとしたのだった。同年十一月二十八日、隈部元成の孫武治《たけはる》・赤星重規《しげのり》・小森田能世《こもりたよしよ》・城重岑《しげみね》をはじめ長野・出田《いでた》・内空閑《うちこが》・内田《うちだ》・長田《おさだ》・立田《たつた》・窪田《くぼた》・鹿子木《かのこぎ》・田嶋《たじま》・御宇田《みうだ》といった家臣団の面々は、義

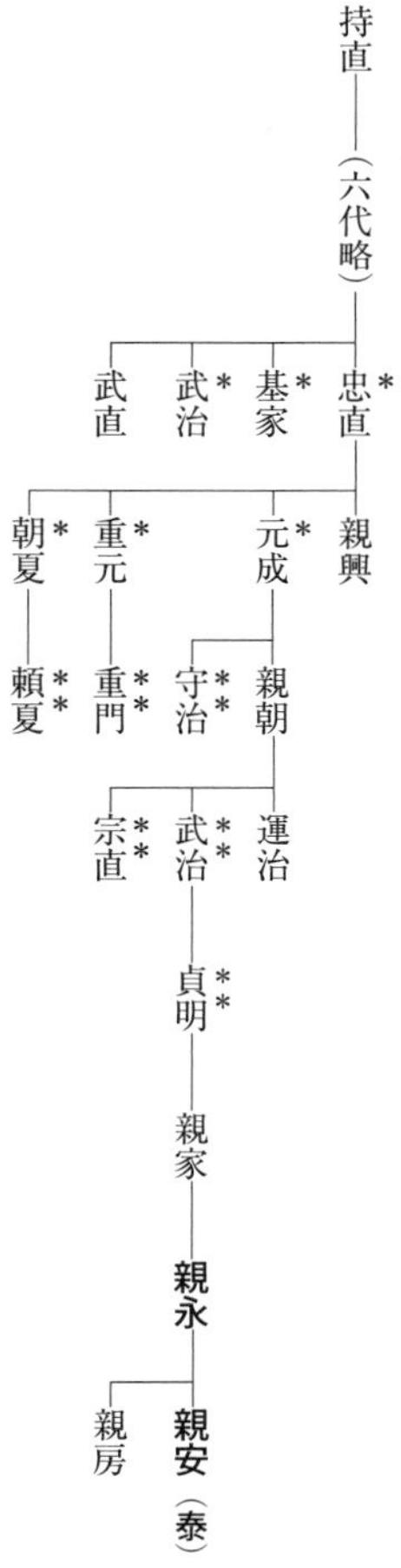

隈部氏略系図
＊万句連歌会参加者
＊＊永正二年起請文連署者

長の二男相続を聞いてこれまでのように油断なく忠義に励む旨の連署状を出している〔阿蘇家文書〕。だが実際には菊法師丸の相続は実現せず、阿蘇大宮司《あそだいぐうじ》の惟長《これなが》が擁立され守護職に就いた。

この相続劇の中心にいたのが元成流の武治で、息子の貞明《さだあき》と一緒に連署している。その貞明の子が親家《ちかいえ》で〈天文十九年〈一五五〇〉六月没〉、孫にあたるのが親永である。

親永の生年は定かでない。彼には親泰《ちかやす》・親房《ちかふさ》の二人の息子と、内空閑鎮房《しげふさ》に嫁いだ娘がいた。現在「隈部館」とよばれ、菊池川流域を一望でき、また豊後・筑後の国境へと通じる要所に拠点を構えた。かつては長野城とか猿返城ともいい、「嶮《けん》岨《そ》斗《と》絶《ぜつ》〈険しさは計り知れない〉ノ要地」といわれた城跡である。「隈部館」も長野城も文献史料はないが、昭和四十九年〈一九七四〉に県指定史跡になったことで「隈部館」の名称となった〈熊本県山鹿市。二〇〇九年国史跡〉。館跡は、標高三四五mの山腹に位置し、麓集落との高低差が一四〇mあり山城に近い。主郭は、南北六〇m、東西八五mの平場で、庭園なども築かれ、枡形遺構などが残る。祖父貞明の頃に築城、父親家に受け継がれ、親永の代に本格的に整備されたと考えられる。親家が死去した天文十九年は、大友義鑑《よしあき》が謀略死した混乱の最中であり、また大友義鎮《よししげ》と菊池義武の軍勢が攻防を繰り広げている時期にあたる。

合瀬川の戦い――親永、隈府城主に

親永が、「隈部館」から隈府城へと移って勢力を拡張するきっかけになったのが、永禄二年〈一五五九〉、

当時の隈府城主の赤星道雲《どううん》（親家）との戦いである。これは、合瀬川《あわせがわ》の戦いと呼ばれているが、信頼すべき史料は乏しく、後世の『隈部物語』に拠るところが大きい。

同書によれば、戦いの発端は菊池氏重臣の一人である木野親政《きのちかまさ》の遺領八〇町をめぐるものであった。親政は、永禄元年に大友氏の南関城督《なんかんじょうとく》小原鑑元《おばらあきもと》が反乱を起こした際に、大友方として参戦し深手を負い死去した。この木野氏は、隈部氏と縁戚関係にあった（親永の叔母が木野親則《ちかのり》の妻）。親政の一周忌が済むと、親永は赤星氏に自己の所領である田底八〇町と親政の遺領の交換を申し込んだ。だが、赤星氏はこれを冷たく拒否し、さらに親永の領地である阿佐古・宮原《みやのはる》両村（ともに熊本県山鹿市）没収の動きをみせたため、両者は衝突したとされる。

永禄二年、赤星氏は道雲を惣大将に一五〇〇騎の軍勢で親永の館へ向かった。軍事的に劣勢の親永は、軍勢六〇〇を率いて池田村の灰塚《はいづか》という所に陣を構え、双方が初田川《はつたがわ》を挟んで対峙した。五月二十一日に本格的な戦いが始まったが決着はつかなかった。その後はしばらくにらみ合いが続いたが、五月の終わりの風雨の夜、赤星方の酒宴に親永方が奇襲攻撃をかけたことにより、赤星方は混乱し多数の死者を出し隈府城へ逃げ返ったという。合戦の様相の記述は類書によくみられる内容だが、この戦いをきっかけにして親永は赤星氏に代わって隈府城主になり、忠直が死去して以降低下していた地位を回復することになった。なお、同書には鉄炮使用の記述があり、事実だとすれば肥後国内ではじめての本格的使用例となる〔工藤一九九六〕。

島津氏の圧力と龍造寺氏への屈服

天正六年（一五七八）の高城《たかじょう》・耳川《みみかわ》合戦で大敗した大友氏が衰退すると、北からは龍造寺《りゅうぞうじ》氏、南からは島津《しまづ》氏の進出が激しくなり、隈部氏も他の国衆同様に圧力を受けた。このときの隈部氏の対応の特徴は、龍造寺氏と積極的に結び、逆に島津氏への屈服を拒み続けたことである。それゆえに、島津氏は御船《みふね》（熊本県御船町）の甲斐宗運《かいそううん》に対して隈部氏追討を再三命じたほどであった〔上井覚兼日記〕。親永は相良義陽《さがらよしひ》とも連絡をとり、親泰は天正九年六月に義陽と起請文を交わし〔相良家文書〕、隈部・相良両氏と龍造寺氏の一致、情勢が変化しても変わらないこと、そして敵方から密通の策略があっても入魂《じっこん》（親しくすること）を誓っている。

だが、相良氏はこの三ヶ月後に島津氏に降伏し事態は急変する。翌年四月、親泰は龍造寺政家《まさいえ》に起請文を出し、今度の戦では粉骨砕身に励む、自分は城（出田）一要《いちよう》とは知人なので不審を抱かれるかもしれないが絶対に密通はしない、万一讒言することがあったら糾明をうけるといった三点を誓っている〔龍造寺文書〕。このとき、城（出田）一要は、すでに島津氏の配下にあった。

天正十二年、龍造寺隆信《たかのぶ》が高来《たかき》表《おもて》（沖田畷《おきたなわて》。長崎県島原市）で戦死すると、即座に親永・親泰は連名で、隆信の死に弔意を表するとともに、今後も政家に対して悪行を行わないこと、大友氏や島津氏から計略の書状が届いたら一言残らず届けること、国境の親類や家中の者が敵方に通じたときは即時に討ち果たすこと、などを誓っている〔龍造寺文書〕。

しかし、島津氏の肥後攻略、隈部氏への対応は時間の問題であった。『上井覚兼日記《うわいかくけんにっき》』でその様相をみよう。九月十日、島津氏の軍勢が八代《やつしろ》（熊本県八代市）から隈本《くまもと》（熊本市）に到着すると、親泰は奉公したいと言って降参する。同十四日、島津氏は城一要を介して隈部氏の言い分を聞いたようで、隈部氏が支配する山鹿《やまが》・山本《やまもと》・菊池の三郡のうち二郡を召し上げて山鹿郡のみを安堵することは了解するが、隈府城近くに一〇〇〇町の所領をという願いは納得を得られず、結論は先送りとなった。この間にも島津氏の攻略は進み、小代《しょうだい》・臼間野《うすまの》・内空閑などの諸氏が配下に入った。十六日、島津氏は、隈部氏に家の存続こそが肝要であると、一要に伝えている。二十一日、隈部氏は一要を通して無二の奉公の意思を伝え、人質に隈府の役人で木場《こば》という名字の者を差し出した。さらに二十三日には親泰の弟を人質に出している。十月一日には親泰は、辺春親行《へばるちかゆき》を連れ添い、高瀬《たかせ》（熊本県玉名市）で島津義弘《よしひろ》に謁見している。

このように、親泰らは島津氏の軍門に下ったようにみえるが、天正十四年九月の伊集院忠棟《いじゅういんただむね》の書状〔蒲池文書〕によれば、合志《こうし》・隈部の敵心は曲事《くせごと》（けしからぬこと）であり、両氏の居城を明け渡し、在番衆を入れるとある。同年十月の大友義統《よしむね》書状〔庄野文書〕は、隈部下野守に玉名《たまな》東郷内の上津久志《かみつくし》ほか三ヶ所の計二十四町を宛行う内容となっている。文中には、このたびの大友氏が窮地のときに「とりわけ親永の心からの忠誠」とある。このころ親永と親泰では方針の食い違いで反目・仲違いがあったというが、大友氏への対応の違いがその主因であったのではないか。隈部氏は大友氏とは縁は切れておらず、島津氏から少なからず疑念を抱かれていたのであろう。

豊臣政権の本領安堵と佐々成政入国

九州全域に版図を広げるかの勢いを有した島津氏だったが、天正十五年（一五八七）三月、豊臣政権が惣無事令《そうぶじれい》（戦国大名への停戦命令）違反を口実に二万五〇〇〇余の軍隊を率いて九州に上陸して南下するや、五月八日に降伏する。肥後には六月一日付で新国主に佐々成政《さっさなりまさ》が補任された。佐々氏の入国にあたり秀吉が与えたという著名な五箇条の制書がある〔小瀬甫庵《おぜほあん》『太閤記』〕。制書の原本は現存せず真偽が問題となる史料だが、内容を簡単に示す。

第一条、五十二人の国人にこれまで同様に知行地を安堵すること。第二条、三年間は検地を行ってはならない。第三条、農民たちからむやみな収奪をしてはいけない。第四条、一揆が起こらないように深く考えた統治を行うように。第五条、上方（京都・大坂）での土木工事などの負担を三年間免除する。

こうした制書を、豊臣政権が各国で一斉に与えたのか、それとも成政にだけ与えたものなのか、類例がないのでわからない。後者だとすれば、きわめて異例で特別な意図が看守される。このことはさておき、肥後国内で一定の領域と軍事力を有する城主格の国衆は、制書では数値の根拠は明らかでないが五十二人と認識されていた。国衆にとって最も重要なのは、本領をふくむ当知行地の安堵と三年間の検地禁止であった。

親永は、天正十五年四月に秀吉から、菊池・山鹿・山本三郡のうちの八〇〇町を旧来通りに永代領知するようにという宛行状をもらっている〔庄野文書〕。この文書は享保七年（一七二二）に献上された写しで原本ではない。親永と同じ国衆への同種の宛行状は、朱印状の形式で六月二日に玉名郡の小代親泰、大津山家直《おおつやまいえなお》、隈本城主城久基《ひさもと》らへ一斉に与えられている。六月二日は、秀吉が成政を国主に任じた翌日である。これによれば、隈部氏は特別に一足先に与えられたことになる。九月八日の豊臣秀吉朱印状〔黒田家文書〕には、肥後国で朱印状を受給した国衆の個人もしくは集団の名が列挙されている。小代伊勢守・志岐《しき》兵部大夫・上津浦愛宕《こうつうらあたご》・栖本《すもと》八郎・西郷《さいごう》越中守・赤星備中守・城十郎二郎（父讃岐入道は大坂在）・伯耆（名和《なわ》）次郎三郎（大坂在）、内空閑備前守・関城主・隈部但馬守・八代十四人衆・同所三〇人衆・阿蘇宮神主らである。

ところが、成政の国衆への知行給与策は、本貫地を宛行わず、しかも一円的な知行地（所領）の宛行ではなく、複数の村にまたがる散在的な給与であった。これは、国衆たちが保持していた領主権を全面的に否定する性格を有していたことになる〔森山一九九三〕。

親永の蜂起

成政の入国からわずか一ヶ月後の七月十日、親永が隈府城に、ほどなくして親泰が山鹿郡城村《じょうむら》城（熊本県山鹿市）で挙兵・籠城して成政に反旗をひるがえした。これが、肥後国衆一揆の始まりである。

隈部父子に呼応して隈部氏家老有動兼元《うどうかねもと》、霜野《しもの》城主（山鹿市）の内空閑、田中《たなか》城主（熊本県南関町）の和仁《わに》、御船城主の甲斐宗立（親秀）、益城郡赤井《あかい》城主木山紹宅らが相次いで挙兵した。玉名郡の小代氏や前隈本城主の城氏らは人質を取られていたので一揆に参加していない。また、宇土《うと》城主名和顕孝《あきたか》は大坂にいたが、弟顕広《あきひろ》が加担した。

一揆自体は、肥後国全域というよりも北部地域が中心であったが、新国主への抵抗という点で多大な影響を与えた。一揆について豊臣政権側の史料はあるが、蜂起した側のそれは残されていない。井沢蟠龍編『佐々伝記』（通称『菊池佐々軍記』。一七一〇年）には、次のような親永が蜂起する事情を記した箇所がある。

入国した佐々成政は、肥後国には数十年の間守護が不在だったので、国中の田畠を検地するといってはじめた。これに対して親永は、自らが所有する菊池・山鹿・山本三郡のうちの八〇〇町は、秀吉からこれまで通り領知するようにとの朱印状をもらっているので、検地は思いがけないことで承服できないとして拒否した。

これに憤慨した成政は、親永の謀殺を企み、国衆たちに対して宴を催し、日吉太夫なる能楽師の芸を見せるから隈本へ参集するようにと案内した。だが、隈部氏と縁の深い城久基が成政の謀略を親永に知らせた。他の国衆たちは出席したが、親永は病気を理由に欠席した。それで成政はますます怒り、七月十日に甥の佐々宗能《むねよし》に三〇〇〇余の軍勢を添えて隈府へと向かわせたところ、隈部氏が一族郎党一八〇〇余人で隈部山城に立て籠もり抵抗の意志を示したという。

事の実否はともかく、一揆の発端が親永の検地拒絶に激怒した成政による征討行為であったこと、親永の籠城が一揆の発端だったという理由がわかる。親永からすれば、秀吉からの直々の宛行状で所領安堵をうけたことで君臣（主従）関係が成立したのであり、肥後国の統治者は成政ではあっても、旧来通りの自立的な立場を保障されたと認識していたのであろう。成政が国衆たちの所領に検地を実施することは、彼らの独立的な地位を脅かし、秀吉との関係を真っ向から否定するものと考えられた。

成政の検地については、先述の制書第二条と『佐々伝記』の記述が合致すること、成政が制書に背いて検地を強行したことが一揆勃発の主因であるとし、検地反対一揆として評価されている。成政が検地を実施したことは事実のようだ。しかし、それが『佐々伝記』が伝えるような生駒竿《いこまざお》を使い（畿内で生駒親正《ちかまさ》を検地奉行として六尺三寸〈約一九一cm〉を一間《いっけん》とする寸尺の竿を使用して行った検地）、一筆ごとに旧来の何町何段ではなく何石と表した石高制を採用したかについては、『佐々伝記』の記事を事実として裏付けるだけの確証はない（佐々氏の後に領主となった加藤氏の最初の検地は指出《さしだし》である）。

一揆の展開

肥後の一揆は各地に伝播した。十月に入ると豊前国での野仲《のなか》・城井《きい》氏の蜂起、肥前国一揆と広がりをみせ、筑前では原田信種《はらだのぶたね》、筑後では星野《ほしの》氏が不穏な動きを示す。

肥後の一揆勢の規模は、『城村守戦記』が載せる山鹿城村城に籠城した人数が広く知られている。以下のような内容である。

総勢は、男女一万五〇〇〇人余り。内訳は、男が八〇〇〇人余りで、女童が七〇〇〇人余りの構成。その中に、侍が八〇〇人余りいて、本大将は隈部鎮安、大手大将は山鹿重安であった。保有する飛道具(武器)は、鉄砲が八三〇挺(七三〇挺はそれぞれの持ち場。一〇〇挺は浮武者)、弓が五〇五張(四〇五張はそれぞれの持ち場。一〇〇張は浮武者)であった。

誇張された数字かもしれないが、籠城したのは武士たちだけでなく、隈部親泰領内の女性と子どもを含む農民たちであった。男性の一割ほどが武士で、八三〇挺の鉄砲と五〇五張の弓とあるので、農民たちも日常的に軍事的な訓練を受けていたと推測される。そして、配置が決まったものと、それ以外の「浮武者」に分かれて、佐々成政の軍隊や小代氏のような助勢軍、そして豊臣政権が派遣した鎮圧軍と対峙したのであった。「浮武者」については、非専門的武士層で常備体制下にあった地侍層という解釈と、割当てがはっきりしているので機動力を有する遊撃軍団という解釈の二つがある〔森山一九九三、工藤一九九六〕。いずれにせよ多くの研究が指摘するように、戦国期の城郭は武士だけでなく民衆をも籠城させるだけのスペースと設備を保有していたのだった。

天正十五年八月六日の秀吉朱印状〔小早川文書〕によれば、親永はすぐに降伏し、黒田孝高《くろだよしたか》・森吉成《もりよしなり》に預けられた。親永にすれば豊臣政権への反抗の意志はなかったのである。

一揆勢の動きとしては、成政が親永に対して帰順すれば検地はしないので人質を出すように求めた。そこで、受諾して人質を出したものの状況は変わらなかった。そうしたなか、親永の家老多久《たく》大和の裏切りがあり劣勢となったが、城村城に籠もり抵抗を続けた。やがて一揆攻防の中心が、和仁・辺春氏の拠点である田中城および山鹿氏・有動氏へと移った。十二月五日、辺春一族内部での変節があって和仁氏は攻略され、城内の男女はすべて撫で切り《なぎ》（皆殺し）という凄惨《せいさん》な結末を迎えた〔吉川文書〕。これは九州支配の「見せしめ」とするという秀吉の容赦ない殲滅《せんめつ》の指示に基づく処置であった〔小早川文書〕。殲滅の対象は、一揆の参加者はいうまでもなく、鎮圧軍に加勢しなかった国衆、日和見的な態度をとった国衆たちをも処罰するというものであった。一揆における国人衆の動向は、豊臣政権への忠誠度をおしはかる踏絵にされたのである。

豊臣政権は、一揆の原因を作った成政に対しても容赦なく、天正十六年（一五八八）二月二十日、謝罪に上洛した成政を尼崎《あまがさき》（兵庫県尼崎市）に幽閉した。そして閏五月十四日、五箇条からなる「陸奥守前後悪逆のこと」〔立花文書〕で糾弾し、喧嘩両成敗の形で切腹を命じた。このなかの三条目に親永・親泰に触れたくだりがある。

国人隈部但馬（親永）は、豊後（大友氏）と結び、日頃から如在ない（ぬかりがない）者なので、本領だけでなく新しい領地を二倍にして下してやったのに、大坂へ一度も連絡することなく、陸奥守（成政）に攻めかかった。このことについて、親永は頭を剃り、陸奥守の所へ走り入ったところを、子息式部大輔親泰に連れられて山鹿の城へ入り、国人ならびに一揆を起こし、隈本城を攻めて陸奥守を苦しませた。

これより一月前の正月五日付の秀吉直書〔小早川文書〕には、親泰は有働兼元とともに子どもを連れて城を明け渡して降伏したが、二人は「一揆張本人」なので助命や赦免はしない。城へ妻子ともに押し込めて一人も逃亡しないように兵を並べて監視せよと命じている。

親永・親泰の最後

立花宗茂《たちばなむねしげ》預かりとなった親永は、天正十六年（一五八八）五月二十七日、筑後柳川《やながわ》（福岡県柳川市）の黒門前にて十五人立ち合いのもと処刑された〔小野文書〕。同じく二男親房も処刑。親泰は豊前小倉《こくら》で処刑されたが、親永よりも半年以上遅れての処刑だったことは、彼が原口《はらぐち》市正入道に形見として茶碗を進上した記録からわかる〔原口文書〕。親永・親泰らの後裔としては、中富《なかとみ》勝右衛門と称して熊本藩で惣庄屋となったものや、僧籍の道を選んだ者もいた。

一揆鎮圧後、すぐに上使衆が検地を行い、七月には刀狩令、ついで海賊取締令（禁止令）が出された。とりわけ刀狩令は国衆一揆のような抵抗防止がその目的とされ、一揆と中世社会の慣行である自力救済権が否定されることになったのであった。

（柳田快明）

【主要参考文献】
大山智美「中世近世移行期の国衆一揆と領主検地」（『九州史学』一六四、二〇一二年）
工藤敬一『菊鹿町史』通史編（中世）（一九九六年）

廣田浩治「戦国期肥後国の支配秩序」（『熊本史学』一〇〇、二〇一九年）
森山恒雄「隈部親永と佐々成政」（『熊本―人とその時代』所収。三章文庫、一九九三年）
森山恒雄『新熊本市史』通史編第三巻（二〇〇一年）
菊鹿町教育委員会『隈部氏関係資料集』（一九九七年）

城親賢・親基（一要）
——隈本に勢力を張った菊池氏重臣

城氏一族の系譜

城《じょう》親賢《ちかまさ》と親基《ちかもと》（一要《いちよう》）は、兄弟である。親基は、二人の父親冬《ちかふゆ》の弟政冬《まさふゆ》が出田《いでた》氏を継ぎ、その子重《しげ》基《もと》の養子となったので出田一要ともいった（出田氏は菊池《きくち》一族の出自で、菊池郡出田〈熊本県菊池市〉を領有して姓とした。文明年間の隈本《くまもと》城主として秀信《ひでのぶ》がみえる）。親賢・親基の二人は、鹿子木《かのこぎ》氏に代わって、実質的に最後の隈本城主となった国衆である。天正八年（一五八〇）の龍造寺《りゅうぞうじ》氏関係の史料〔成松家文書〕によれば、三〇〇〇町を領有していた。この数値は概数を示すものでしかないが、肥後では阿蘇《あそ》・相良《さがら》・赤星《あかほし》の各氏に次ぎ、広大な領域を治める領主であった。

城氏は、本書でしばしば触れているように隈部《くまべ》・赤星両氏とともに「隈部《わいふ》老中」を構成する一員で、菊池氏を代表する重臣である。系譜的には菊池一族の庶家で、鎌倉時代中期に隆経《たかつね》が山鹿郡城村《じょうむら》（熊本県山鹿市）を知行して以降、城氏を称したと伝えられる。城氏は、南北朝内乱を題材にした軍記物『太平記《たいへいき》』に城越前守が数ヶ所登場し（巻三二ほか）、また十五世紀半ばの七月八日、五条良興《ごじょうよしおき》宛ての菊池為邦《ためくに》自筆書状〔五条文書〕の文中に当国守護代「しやうの（城）兵部大夫」を山鹿まで差し遣わすなどとあるなど、いずれも実名は不詳だが、史料的に確認ができて家格も高いことがわかる。

こうした城一族のなかで、実名がはじめてわかるのは親賢らの曾祖父為冬《ためふゆ》からである（略系図参照）。為冬は、文明四年（一四七二）八月、阿蘇山御岳本堂および下宮の造営の勧進について積極的に応じる旨の書状を発している〔阿蘇文書〕。

ところで、菊池重朝《しげとも》時代の文明十三年に催された万句連歌会に参会した城一族は、為冬・重岑《しげみね》（峰）・朝成《ともなり》の三名である。隈部一族の十三名と比べると少ない。為冬・重岑は親子で、重岑は親賢らの祖父にあたる。朝成は、系図によれば為冬の父冬時《ふゆとき》の弟である。為冬の官途は右京亮だが、重岑から親冬（宗梗）・親賢は越前守を称している。今日伝来する万句連歌会発句の記録〔宗氏文書〕は、弘治二年（一五五六）に親賢が書写したもので、これは同時に親賢についての初見史料でもある。「城越前守藤原親賢」と署名しているので、このときすでに家督を継承していたと考えられる。

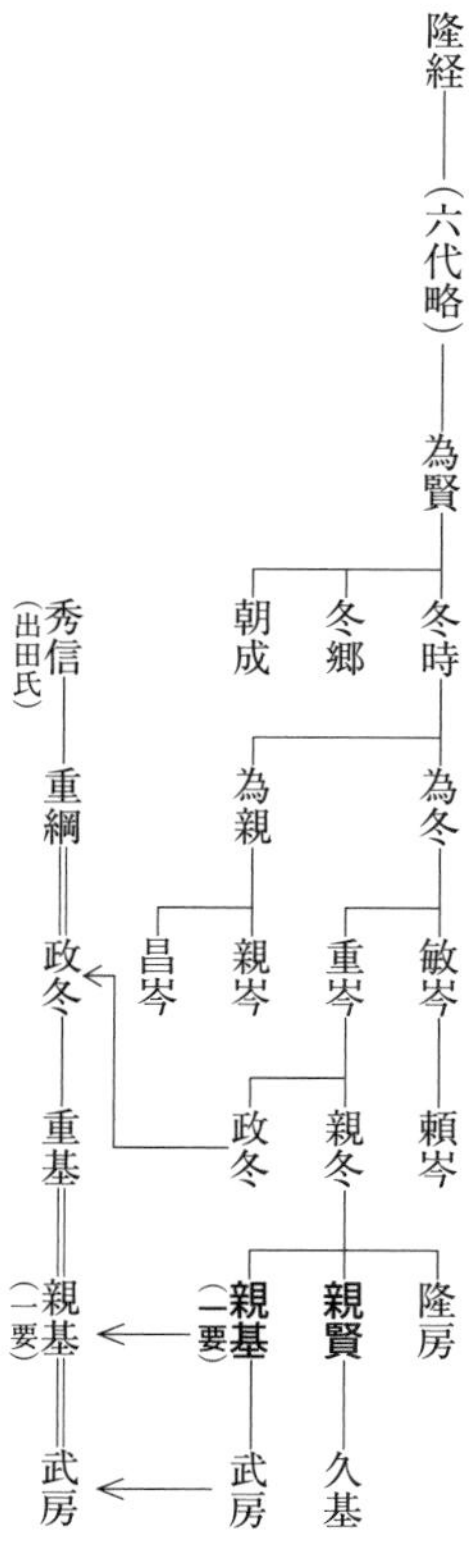

城氏略系図

しかし、菊池能運《よしゆき》死去後の家督相続をめぐって出された永正二年（一五〇五）の連署状〔阿蘇文書〕には、上総介頼岑《よりみね》をはじめとして大蔵少輔敏《とし》岑《みね》・兵衛尉昌岑《まさみね》が名を連ねている。敏岑は為冬の子で重岑の兄にあたる。頼岑は敏岑の子である。また、昌岑は為冬の弟為親《ためちか》の子である。この連署状には親賢の祖父重岑たちの名はなく、城氏一族の中では、重岑流よりも頼岑流のほうが主流で、政治的な発言力を有していた印象を与える。とはいえ、重岑も文亀元年（一五〇一）七月七日には阿蘇山万福院に対して自分の知行する益城《ましき》郡小野《おの》村（熊本県宇城市）の一四町八段を寄進しており、五条文書には筑後国の所領に関わる書状が数点知られる。これは、山鹿郡以外にも所領を有していたことを示している。

城氏の隈本進出

城氏が隈本に進出したのは、親賢・親基らの父親冬（宗梗）の代である。きっかけは、天文十九年（一五五〇）の二階崩《にかいくず》れの変で大友義鑑《おおともよしあき》が死去したあとの混乱であった。このとき菊池義武《よしたけ》に与した鹿子木鎮有《しげあり》が没落したので、親冬は後継の義鎮《よししげ》（宗麟《そうりん》）に本領との交換を願い出て飽田《あきた》・詫麻《たくま》二郡の知行許可と隈本城主の地位を得た。

親冬は、残存文書は少ないので動向は限定的にしかわからない。親冬は、金峰山《きんぽうざん》系の武士たちである牛島《うしじま》・田尻《たじり》・内田《うちだ》といった山之上三名字衆《やまのうえさんみょうじしゅう》に起請文《きしょうもん》を提出させ、人質を出すように求めている（内田文書）。牛島・田尻・内田の三氏は血縁的・地縁的に結ばれ、それぞれが寄合中《よりあいちゅう》を構成していた在地の武士である。親冬は、よそから入部した領主として彼らの動静にかなりの注意を払っていたようだ。

弘治年間（一五五五～五八）末期と推定される文書で阿蘇山学頭坊《がくとうぼう》の豪淳法印《ごうじゅんほういん》が有する詫麻郡の八王子《はちおうじ》山王免田《さんのうめんでん》を返納させていることがわかる〔西巌殿寺文書〕。

親冬には、親賢・親基そして隆房《たかふさ》と三人の息子たちがいた。冒頭に記したように、二男親基は親冬の弟で出田氏を継いだ政冬、そしてその子ども重基《しげもと》の養子になり、讃岐守を称した。後に出家して一要を号している。

親冬に次いで隈本城主となったのが親賢である。生年不詳だが、幼名を十郎太郎《じゅうろうたろう》といった。親賢には久基《ひさもと》と武房《たけふさ》という二人の男子がいた。親賢が天正九年（一五八一）十二月二十九日に死去すると久基が後継者になったが、幼いので親基が後見人となった。久基は島津義久《しまづよしひさ》の一字を拝領しており、両氏の関係のあり様を示す。武房は、出田氏を継ぎ加藤《かとう》氏の家臣となった。親賢の墓碑は、現在岳林寺《がくりんじ》（曹洞宗。熊本市西区）にある。親賢は、毎年二月にはじまる熊本市の植木市の創始者としても知られている〔阿蘇品一九九八〕。

親冬から親賢の代替わりはいつだろうか。先述したように弘治二年（一五五六）以前ということになるが、親賢が発した文書で年紀がある程度はっきりするのは、現在のところ天正七年（一五七九）以降である。一五五〇年代後半から七〇年代にかけての城氏の具体的な動きはよくわからない。

大友氏からの離脱と島津氏の傘下へ

城氏の政治的な動きに大きく影響したのは、天正六年（一五七八）の日向国高城《たかじょう》・耳川《みみかわ》合戦での大友氏の敗北である。これを契機に、城氏だけに限ったことではないが、大友氏から離脱する動きが顕著になった。

この城氏の離反に、大友氏は即座に反応した。天正七年と推定される五月六日、大友義統《よしむね》が鳥居《とりい》氏に宛てた感状《かんじょう》〔鳥居文書〕のなかで、「このたびの城越前守誅伐について、阿蘇惟将《これまさ》も奔走したし、隈本を打ち破る才覚は甲斐《かい》民部入道（宗運《そううん》）を頼りにした」と述べている。また、同じ九月二十七日の義統感状は、阿蘇の小国《おぐに》（熊本県小国町）を本拠とする室原千四郎《むろはらせんしろう》に対し、同月二十一日の詫麻での合戦の忠貞《ちゅうてい》を甲斐宗運・紹貞らが伝えている〔室原文書〕。大友氏は親賢攻撃にあたって、阿蘇大宮司やその配下の軍勢も動員した。また、翌天正八年四月二十二日に鹿子木彦三郎《ひこさぶろう》に宛てた義統感状〔鹿子木文書〕では、隈本城攻撃での軍忠を賞したなかで、「親賢のこと、足抜かざるように（裏切らないように）討ち果たさる」とあり、そうすれば肥後国は永く静謐であると述べ、親賢の離反を激しく糾弾していることが知られる。そして八月二十五日には、隈本・長野《ながの》、すなわち城親賢と隈部親永《くまべちかなが》を早く粉砕するように要請している。

この天正八年三月、親賢は甲斐宗運と白川《しらかわ》の旦過《たんが》の瀬《せ》（熊本市中央区・西区）で戦い敗北した。これは、親賢が飽田・詫麻二郡だけでなく、大友氏の公領（直轄領）も存在した緑川《みどりかわ》河口の河尻《かわじり》（熊本市南区）

をも押さえていたことで怒りを買い、衝突の引き金となったとされる。河尻自体は、時の隈庄《くまのしょう》城主の甲斐親昌《ちかまさ》が掌握していた。

このように、親賢は天正七年から八年にかけて大友氏およびその配下にあった国中の武士たちから激しく攻撃された。親賢は、天正七年三月に城（牛島）三郎左衛門尉に忠貞を称えるとともに、領地については望み通りと約束した上で、「親類中」の人たちにも同様の手当をすると述べている。同年九月には池亀宮尾（熊本市西区）のうちの原口名《はらぐちみょう》など三ヶ所ならびに安楽寺《あんらくじ》内の二ヶ所の計五ヶ所九町一段、ほかに伊倉《いくら》（熊本県玉名市）の翁丸四町・円台寺《えんだいじ》（熊本市北区）五町、十二月には開名二町を宛行っている〔牛島文書〕。翌年四月には、城刑部少輔（内田頼忠《よりただ》）に円台寺屋敷分を安堵したり、内田弥右衛門尉に分捕《ぶんど》り高名《こうみょう》の感状《かんじょう》を与えたりしている〔内田文書〕。これら知行宛行状で注目されるのは、牛島氏や内田氏に「城」姓を与えて、いわば擬制的な一族として待遇することによって、被官関係を強化していることである。これは、城一要の時代にも継承されている。

だが、劣勢はいかんともしがたく、窮地に陥った親賢は、島津氏に救援を要請し配下に入った〔薩藩旧記雑録後編一〕。島津氏は鎌田《かまた》寛栖らを薩摩和泉《いずみ》（鹿児島県出水市）から海路高橋津（熊本市西区）に上陸させ、隈本城の城番として入部させた。島津氏にとっては陸上交通の使用がままならぬなかで、限定的ではあるが肥後国内に橋頭堡を得ることになった。なお、城氏が援助を求めた際に、これを伝えたのは商人たちであったという〔上井覚兼日記〕。実態は不明だが、城氏が各地に赴く商人たちをかなり把握していたことは注目される。

龍造寺氏の圧迫

親賢の島津氏への助力要請は、大友氏や南下を強める龍造寺氏への対抗手段でもあった。天正九年（一五八一）に入ると、龍造寺氏の圧迫は強まり、これを跳ね返すのは容易ではなかった。親賢は、他の国人衆と同様に忠誠心を見せつつ、三月十七日に三か状からなる起請文を龍造寺隆信《たかのぶ》に提出している。内容は、①薩摩衆、すなわち島津氏の軍勢の帰宅（撤退）は承知する、②人質差出はすぐには無理なので頃合いをみる、③隆信に対して別心はない、というものだった。同日、これとは別に親賢の書状および親賢の奉行人である城主計助統勝《むねかつ》と木庭《こば》隠岐入道教心《きょうしん》の連署書状が出されている〔龍造寺文書〕。統勝は天正十二年六月十五日に一要から島津氏への使者として派遣された腹臣である〔上井覚兼日記〕。四月二十三日、親賢は玉名郡の有力国衆小代親伝《しょうだいちかひろ》に起請文〔小代文書〕を発している。これには隆信の助言によって認《したた》めたとあるが、隆信への敬意表現はみられず、心底から服従する意志はなかったようだ。

こうした厳しい状況の中、親賢は天正九年十二月二十九日に死去する。死ぬ直前にも、島津氏に降伏した相良義陽《さがらよしひ》らに書状を送り、島津氏との和平や出兵に対して申し入れをしている。

仲介人としての親基（一要）

親賢の嫡男久基（十郎太郎）は幼く、親基（一要）が後見人となった。

成人してからの久基には、城刑部少輔（内田頼忠）に宛てた知行預け状が二点ある（内田文書）。いずれも天正十四年（一五八六）と推定されているが、一点は七月十一日に伊倉南方三十八町のうち次郎《じろう》丸名《まるみょう》三町を、もう一点は十一月二十八日に飽田郡宇治名《うじみょう》の内次郎丸名分一町および立田《たつた》の内那辺《なべ》二町の知行を認めたものである。前者の宛名は異筆なので別人の可能性がある。後者には「一要約束の旨に任せて」とあるので、事前に一要から宛行の旨が伝えられていたようだ。

一方の一要のほうは、文禄元年（一五九二）正月に没する。関係する文書史料は乏しいものの、山之上三名字衆の浮沈に関わる内容のものが数点残っている。

年紀は不詳だが、七月十三日、城伊豆守・城能登守に宛てた書状は、山上の地検（検地）について、伊豆守からの申し出を受けてのものだろう、拙者の裁判中（支配領域）では地検を申し付けることはない、と述べて安堵させている。この件については、六月十六日、一要の奉行人である元性・梗徳の両名からも伝えられている。日付が前後するのは、一要の書状が地検不実施の再確認の意味をもったからであろう（牛島文書）。一要の文書には、「城讃入（城讃岐入道）」と署名したものが数点あるので、出家時期が判明すると年代比定に有効なのだが、現在のところはっきりしていない。

ところで、一要の政治的な動向の特徴は、島津氏との頻繁な接触である。これは、『上井覚兼日記』

からわかることだが、天正十一年九月から同十四年にかけて使者の派遣、書状・祝辞の送付あるいは戦闘参加など何らかの形での接触が二十九回ある。とくに天正十二年が十六回と過半数を占めている。同様の回数だけは名和顕孝《なわあきたか》のほうが多いが、内容から判断すると、①一要が島津氏から得ている信頼度の強さ、②一要が知りうる情報の提供、③北部地域の国衆たちと島津氏の申次、すなわち仲介役を果たしていること、などが注目される。顕孝の場合はこれらの点で城氏とは異なる。

③の例が隈部氏の場合である。隈部氏は、隈府や山鹿城村城を本拠する有力国衆の一人で、大友氏との所縁も浅からず、周辺に強い影響力を有していた（「隈部親永」の項参照）。天正十二年九月二十一日、隈部親泰《ちかやす》は城一要を介して島津氏へ無二の奉公を申し出ている。そして、人質に隈府役人の木場《こば》某を差し出している。一方で九月十四日、島津氏は一要に依頼して事前に隈部氏の意向を尋ね、新納忠元《にいろただもと》らに伝えている。隈部氏と城氏はかつて菊池氏家臣団の同輩であったことが契機ではあるが、典型的な事例であろう。また、天正十三年九月二十五日、隈庄の戦場での大施餓鬼会《だいせがきえ》の最中に、新納忠元に宛てた辺《へ》春《ばる》（親行《ちかゆき》カ）の書状が一要のもとへ届き、これを忠元へ届けているのも同種の例といえよう。

豊臣政権下での城氏

島津氏が豊臣秀吉に屈服した後、城氏はどのような処遇を受けたのだろうか。久基そして一要も天正十五年（一五八七）の秀吉の九州入りに際して、島津氏と行動は共にしなかった。「九州御動座道の次第」

には、次のように記されている。

隈本は肥後の府中で、城十郎太郎というものが基礎固めをして、数年かけて拵えた名城である。彼は五〇〇〇人を率いる大将で、島津氏も頼みにした侍だが、居城で降参し、証人（人質）を出して味方になった。久基は隈本城を没収され退却を命じられたが、六月二日には秀吉から八〇〇町の安堵と、佐々成政《さっさなりまさ》からの知行目録受領を指示されている。しかし翌年、筑後国へと知行替（所替）になった。「天正十六年参宮帳」（後藤文書）は、天正十八年正月二十四日の項に、城氏の家中衆はみんな豊後国日田《ひた》郡の境に位置し耳納《みのう》山《さん》北麓の筑後国「きのかう石垣山」（福岡県久留米市）に居住していると記す。『新撰事蹟通考《しんせんじせきつうこう》』によれば、久基は天正十六年に十七歳で没したとある。

ところで、城氏も宇土《うと》氏や小代氏などの有力国衆と同じように、「国にやまひのなき様（国内の反乱の芽を摘む）」に〔龍造寺文書〕、本人および妻子ともに大坂へ召喚された。天正十五年と推定される九月八日豊臣秀吉朱印状写〔黒田文書〕には、肥後国で朱印状を下された「国人」のなかに城十郎二郎とあり、父讃岐入道は大坂在と記されている。十郎二郎は、十郎太郎の誤りで久基のことであろう。翌年起こった国衆一揆への加担の嫌疑は大坂滞在により逃れられた。城氏も名和氏同様に、国替によって延命を保障されることになったのである。なお、天正十九年、城十郎太郎の大坂の宿は「はらきやとなり」とあり、宇土・赤星・小代・大野《おおの》・臼間野《うすまの》各氏とともに在坂している。ただ、十郎太郎は久基なので、前述の『新撰事蹟通考』の逝去時期とは齟齬がある。

（柳田快明）

【主要参考文献】

阿蘇品保夫『菊池一族』（新人物往来社、一九九〇年）
阿蘇品保夫『河内町史　通史編』古代・中世（一九九一年）
阿蘇品保夫『新熊本市史』通史編中世（一九九八年）
廣田浩治「戦国期肥後国の支配秩序」（『熊本史学』一〇〇、二〇一九年）

阿蘇惟豊・惟将
――戦国期阿蘇氏の栄耀を彩った大宮司父子

戦国期の阿蘇大宮司

阿蘇《あそ》惟豊《これとよ》・惟将《これまさ》父子は、戦国期の阿蘇社を代表する大宮司《だいぐうじ》であり、五〇〇〇町といわれる阿蘇・益城《ましき》の二郡および託麻《たくま》・飽田《あきた》・宇土《うと》・八代《やつしろ》の各郡の一部を支配する戦国領主であった。国内の有力国衆たちが、龍造寺《りゅうぞうじ》氏や島津《しまづ》氏に次々と屈服していくなかで、大友《おおとも》氏の権威を背景に最後まで独立を保った。

この時期の大宮司館は、阿蘇社の鎮座する阿蘇谷《あそだに》（熊本県阿蘇市）ではなく、益城郡矢部《やべ》の「浜の館」（同山都町）にあった。館址は、昭和四十八年（一九七三）、県立矢部高等学校改築工事の際の発掘調査で確認され、金の延べ板や華南明三彩鳥型水注《かなんみんさんさいとりがたみずさし》二対などが出土した。館の近傍の岩尾《いわお》城（宇城原、標高四八二m、比高約三〇m）は詰めの城の役割を担い、城の廻りを囲むように轟川《とどろがわ》（五老ケ滝川《ごろうがたきがわ》）が流れている。

惟豊は、惟憲《これのり》の二男として明応二年（一四九三）に生まれたとされる。曽祖父は二十七代大宮司惟郷《これさと》、祖父は南北朝内乱期に分裂した大宮司家を再統一した惟忠《これただ》である。惟豊は、三十一代大宮司である。惟豊には、惟将・惟種《これたね》の二人の息子と二人の娘がいた。娘たちはそれぞれ惟豊の甥惟前《これさき》、宇土の名和重行《なわしげゆき》に嫁いでいる〔新撰事蹟通考系図〕。菩提寺福王寺《ふくおうじ》（天台宗）に残る位牌や過去帳《かこちょう》によれば、永禄二年

（一五五九）十一月七日に六十七歳で生涯を終えている。墓所は、岩尾城や「浜の館」を望む高台にある。福王寺には、惟豊・惟将・惟種の戦国時代末期に作られた位牌ならびに、近世後期に制作された衣冠束帯姿の木造彩色の坐像（像高惟将三八cm・惟豊・惟種四二cm）がある。

阿蘇氏略系図

永正八年の阿蘇家大乱と分裂

惟憲の後に大宮司となったのは惟豊の兄惟長《これなが》である。ところが、惟長が、永正元年（一五〇四）に急死した菊池能運《きくちよしゆき》の後継として菊池氏家臣団の推戴を受け、永正四年（一五〇七）に菊池武経《たけつね》と改名し守護職に就任したことで、惟豊は思いもかけない人生の転機を迎えた。元服するかしないかのうちに大宮司職に就任することになったのである。

永正四年七月二十三日と推定される十代将軍足利義稙《あしかがよしたね》からの御内書《ごないしょ》は、惟豊に上洛して忠節と戦功を促す内容である。義稙は、惟豊が生年である明応二年四月のいわゆる明応の政変で失脚し幽閉された将軍である。その後周防国に逃れ、大内義興《おおうちよしおき》らの援助のもと京都に向けて反転攻勢に出るのが永正四年で、翌年足利義澄《よしずみ》を廃して将軍に復帰した。この年、惟豊は従四位《じゅしい》（上下の記載なし）の官位を有している（柚留木文書）。

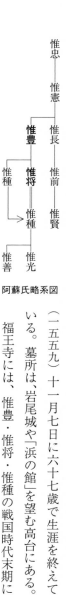

それから四年後の永正八年、家臣団の信用を失った惟長が矢部に強引に戻ってきて大宮司職に復帰したために、惟豊は逐われる身になった。かれは日向国鞍岡《くらおか》（宮崎県五ヶ瀬町）へ避難し、甲斐《かい》氏に庇護されて生活した。やがて、甲斐親宣《ちかのぶ》の援助を受けて惟長を追い落とし、大宮司職を奪還した。永正十三年十二月の権《ごん》大宮司惟憲への加冠状《かかんじょう》に、「阿蘇三社大宮司宇治惟豊」と明記されている。

しかし、事態はこれでおさまらなかった。惟長は子息惟前とともに肥後の相良《さがら》氏を頼って惟豊と相対したので、阿蘇氏は再び一族が分裂することになった。やがて惟長らは堅志田《かたしだ》城に拠点を置いた。堅志田城は、矢部から砥用《ともち》・佐俣《さまた》（ともに熊本県美里町）を経て、小熊野《こぐまの》（同宇城市）や八代方面へと至る交通の要衝にあり、惟豊の益城郡全域の掌握にとっては大きな妨げとなった。

惟長は天文六年（一五三七）に死去するが、これ以前の天文四年六月に惟前が相良長唯《ながただ》（義滋《よししげ》）や名和武顕《たけあき》と、いわゆる三家盟約を結んだことは惟豊にとって脅威であった。惟前は、天文五年十二月二十日、おそらく多額の献上金と引き替えに後奈良天皇《ごならてんのう》から従五位下《じゅごいのげ》に叙せられ、大宮司の呼称は確認できないが、惟長の後継者として認知されたようである（『新撰事蹟通考《しんせんじせきつうこう》』所載「歴名土代《りゃくみょうどだい》」には、天文八年二月従四位下、同十年四月に従四位上とあり、また惟豊の娘との婚姻を記す）。惟前は天文八年十二月二十七日、相良長唯（義滋）へ二ヵ条の起請文を提出し（相良家文書）、相良氏との提携の約諾と大友兄弟の和睦の実態無効と隈庄《くまのしょう》城（熊本市南区）の防御について誓っている。惟豊からすれば、こうした惟前一族の勢力を削がないことには、二人の大宮司の存在は解消されず、その解決は急務であった。

惟前らを支えた家臣団は、西《にし》・竹崎《たけざき》・村山《むらやま》・光永《みつなが》・坂梨《さかなし》・下田《しもだ》・伊津野《いづの》などの一族のほかに、一太夫や三太夫のような神官、福満坊のような衆徒がいた。大宮司家の内紛は明らかに家臣団・神官・供僧グループの分裂を招き、惟忠時代に再編成された大宮司を頂点とする権力編成は一時的に解体状態に陥ったのであった。ただ、惟前の家臣団は必ずしも盤石ではなく、三太夫や今村織部《いまむらおりべ》のように矢部へ帰還したくてもかなわず、隈本の勢力を頼んで逃亡する者もいた。だが、惟前との軍事的対決は一族内だけではなく、相良氏や名和氏の勢力との競合・対決を意味していた。これに大友氏と対立する大内氏など、それぞれの思惑が交錯していた。

堅志田城は、天文十年ころから惟豊の支持勢力による連続攻撃を受け、二年後の天文十二年（一五四三）五月八日に落城した。翌日には隈庄も落ちた。惟前らは八代（熊本県八代市）へ逃げ、五月二十五日、八代陣内にて長唯と面会している。その三ヶ月後、「堺目和談」の使僧が、堅志田を占拠した惟豊方から相良家臣の織部佐方へ派遣されている。相良氏と惟豊との和平交渉は天文十四年以降、急速に進むことになる。

惟前は天文十四年春に出家したようだが、依然として相良氏の庇護下にあり、五月初めには葦北《あしきた》郡佐《さ》敷《しき》（熊本県芦北町）に逗留している。天文十八年には八代郡種山《たねやま》から堅志田へ向かうとの噂が飛び交うなど、惟豊にとっては不穏な動きもみられた。しかも、相良氏の新当主晴広《はるひろ》は、天文二十二年（一五五三）三月、水俣《みなまた》（同水俣市）や津奈木《つなぎ》（同津奈町）に惟前らを同道し、翌年六月には惟前と農寺薬師《のうでらやくし》（八代市）

に参詣している。だが、八月に晴広が逝去すると、跡を継いだ義陽《よしひ》と惟豊の間で和解が進むことになった。ただ、惟前一家の逃避行は、阿蘇・相良・名和の和平の後も続く。永禄二年（一五五九）十一月に惟豊が死去するや、翌年三月、惟前父子と孫、惟氏《これうじ》父子は密かに玉名《たまな》郡の小代《しょうだい》（同荒尾市）へ海路向かい、同年十月には小国への討ち入りに失敗し小代へ退いた〔八代日記〕。

惟豊、従二位に昇進

こうした苦難が続いた惟豊にとって生涯最大の出来事は、天文十三年（一五四四）九月十六日、後奈良天皇の勅使日野《ひの》中納言烏丸《からすま》光康《みつやす》を迎えて従三位《じゅさんみ》に、さらに天文十八年には従二位へと破格の昇進を遂げたことであった。これは、歴代大宮司のなかでも最高の叙位であった。とりわけ天文十三年は、堅志田城落城とあわせて慶事の一年となった。むろん、そのために多額の費用と労力を要した。この経緯を簡単に述べておこう。

勅使下向を迎える準備は、天文十三年三月にはじまり、西惟充《これみつ》・村山惟民《これたみ》・甲斐親成《ちかなり》・仁田水《にたみず》惟久《これひさ》ら重臣たちの連名で権大宮司・四太夫・十祝らに対し、勅使が下向するので所々の段銭《たんせん》を段別十五文徴収すること、例年免除している神講免田《しんこうめんでん》からも徴収して念入りに準備をするように指示し、奉行衆をすぐに派遣して準備に取りかからせた。

それから半年後の九月十六日、後奈良天皇の綸旨《りんじ》と口宣《くぜん》がもたらされた。それらの文言は、禁中（御所）

の修理についてとくに忠節に励んだので従三位に叙す、というものだった。九月二十三日の伝奏広橋兼秀《てんそうひろはしかねひで》の綸旨副状《そえじょう》には、勅使烏丸光康の下向を伝え、同日付けの光康宛ての後奈良天皇女房奉書は、御所の大破修理料を惟豊が負担するので使者として下向して「心経」を阿蘇社に納めるように命じている。この「心経」は、後奈良天皇宸筆紺紙金泥般若心経《しんぴつこんしこんでいはんにゃしんぎょう》とよばれ、阿蘇上宮から引き継がれ、現在は西巌殿寺《さいがんでんじ》（熊本県阿蘇市）所蔵となっている（国指定重要文化財）。

これより前の天文十三年十一月十三日には、周防・長門守護大内義隆《よしたか》から、日野中納言家（光康）が勅使として下向されたのは名誉の極みです、という添状が惟豊のもとに届いていた。叙位にあたっては大内氏の積極的な斡旋があったことがわかる（これに否定的な見解もある〔窪田二〇二二〕）。

十二月十八日、惟豊は広橋に対して、①勅使烏丸下向祝着のこと、②三位のこと、③忠節を約束する旨、また光康には御礼の修理など今春中の忠節を約束し、その証として腋刀《わきがたな》（丸貫《まるぬき》）を進上する旨を記した請文《うけぶみ》をそれぞれに提出している。さらに、大内義隆には勅使下向の祝着や音問《いんもん》（安否をうかがう）の書状を送っている。こうした周到な準備があって、惟豊の従三位昇進は実現したのだった。

惟豊はそれでも従三位には満足せず、二位への上階《じょうかい》を望んでいた。惟豊が天文十八年（一五四九）六月二十三日に広橋に宛てた請文のなかで、「天文十三年に勅使が下向したときに、上階（昇進）のことを仰せになり、とりわけ二品《にほん》（二位）のことについて勅許があるだろうとのことでした。翌年上京すべきでしたが肥後は遠国であること、また神領が錯乱していたのでできませんでした。修理料の献納が遅れたのは私の本意ではありません」と述べている。

惟豊は同様のことを烏丸光康らにも伝え、約束通りに、銭一万疋（一〇〇〇貫文）を朝廷に上納した。これを受けて八月十四日に後奈良天皇口宣がだされて、「正三位宇治宿祢《うじすくね》」（惟豊）は従二位に叙せられた。従二位は、右大臣や内大臣に相当する地位である。惟豊は天文十四年には従三位だったが、天文十八年には正三位になっている。そして朝臣《あそん》から宿祢になっていた。この四年間の昇進の事情はよくわからないが、惟豊は福王寺を都へ派遣して光康に一〇〇〇疋（一〇〇貫文）を謝礼に渡している。光康からは勅許が下されて自分の面目が立ったこと、女房奉書・口宣などへのお礼も急いでするようにと、「阿蘇大宮司二位」惟豊に伝えている。なお、弘治三年（一五五七）十二月二十四日の大楠山安養寺《あんようじ》棟札銘文《むなふだめいぶん》には、理由は不明だが「大檀那阿蘇三社神主正二位大納言宇治惟豊朝臣」と記されている。

「神領錯乱」

こうして惟豊は念願の従二位昇進を果たしたが、他方で「神領錯乱」の状況でもあった。「神領錯乱」とは阿蘇領支配の混乱や困難さであり、十分な収入を得ることができない状況を意味する。それは修理料納入遅延の口実とも考えられるが、現実にはいくつかの要因があった。

一つは、天文十三年（一五四四）から天文十八年にかけての阿蘇氏や阿蘇領を取り巻く不安定な政治状況であった。とくに惟前と相良氏との関係である。前述したように、天文十二年五月八日に堅志田は落城したが、惟前は亡命して相良氏の庇護下にあり、その動向には細心の注意が必要だった。天文十四年四月から五月にかけて田代《たしろ》安世入道が惟豊の使者として宇土・八代・佐敷へ派遣されている〔八代日記〕。佐敷には惟前が逗留していたので、惟前を牽制する意味もあった。

二つには領民の重い経済的負担である。とりわけ天文十三年の勅使接待にともなう段銭の徴収、十四年十月の阿蘇社対面所の造営、そして、天文十五年四月二日に実行された下野狩《しもののかり》〔八代日記〕というような連年の行事や造営による領民へ課税や夫役があった。日常的な軍事費用と合わせてもかなりの出費であり、大宮司といえども領民への転嫁は無限にできるものではなかったのである。

大友義鑑横死の波紋

惟豊が従二位に昇進した翌天文十九年（一五五〇）二月十日、阿蘇氏にとっても重大な事件が起きた。天文十二年から肥後国守護を兼任し、阿蘇惟乗《これのり》の娘を母とする大友義鑑《よしあき》が襲われて十三日に死去したのである（二階崩《にかいくず》れの変）。この一件には、大友氏の重臣入田《にゅうた》親誠《ちかのぶ》が深く関与していた。その入田親子が阿蘇・矢部方面に逃げたことで、彼らの処遇が惟豊にとって大きな課題となった。さらに、混乱に乗じて菊池義武が再び海路隈本へ入って田嶋《たじま》氏や鹿子木《かのこぎ》氏の援助を受けて活動を再開したこと、これに加えて惟前の阿蘇領への侵攻も大きな問題となった。

義鑑の子義鎮《よししげ》（後の宗麟《そうりん》）が三月八日に北里兼義《きたざとかねよし》へ送った書状のなかで、矢部の年行事《ねんぎょうじ》から書状が来て、惟豊は当方に対して深重であること、入田親誠親子が南郷に侵入したと伝えている。そして、三月二十三日の相良氏宛の書状〔相良家文書〕では、入田親子の誅伐のことを惟豊と交渉していることなどを記している。そもそも入田親誠はなぜ阿蘇への逃亡を図ったのか。『歴代鎮西志《れきだいちんぜいし》』は、阿蘇惟豊と婚姻関係があったように記すが、親誠は四月四日に惟豊の指示を受けて矢部で成敗されたようである〔八代日記〕。

五月十三日の大友氏老中連署状、同十六日に真光寺寿元《しんこうじじゅげん》を使僧として、相良氏から隈本へ向かう人数、すなわち義武征討の軍勢のことについての書状が届けられた〔相良家文書〕。このなかで惟豊は、義鎮の指示通りに準備し、名和行興も異論はないとある。閏五月十五日ならびに十九日の菊池義武書状〔相良家文書〕は、「阿蘇五ヶ所」の軍勢が攻撃してきたので、撃退して健軍《けんぐん》（熊本市東区）のほうに追い込み村に放火したこと、さらに十九日には津守《つもり》・木山《きやま》を攻めて合戦をして一〇四人を討ち捕らえたこと、また隈庄口でも甲斐の名字の者の首級をあげたと述べている。

惟豊は、満福院俊海法印《しゅんかいほういん》へ、永正十年（一五一三）鞍岡でのそして天文九年以来の忠節の褒賞として、小野《おの》・守山《もりやま》を新寄進として宛て行うこと、満願寺密教坊《まんがんじみっきょうぼう》に対して去年以来の忠貞に対して豊田《とよだ》のうちの古閑《こが》村七反余、守山のうち摂取寺《せっしゅじ》三町を宛行っている。小野・守山・豊田ともに本来阿蘇領だが、相良領との境目の前線地帯であり、この地にも惟豊の威厳が及んでいることを宛行によって主張している。

惟将の時代

政治的混乱に翻弄された惟豊だったが、それでも歴代大宮司のなかで最高の栄誉を極めた。惟豊が逝去した後を受けたのが惟将で、永禄二年（一五五九）末のことである。それから天正十一年（一五八三）十一月二日まで、惟将は約四半世紀にわたって大宮司の職にあった。惟将は長い大宮司の歴史のなかで大宮司らしい最後の人物と言える。永禄三年十二月に佐《さ》渡《わたり》又四郎重詮に対し与えた名字書き出しが、現存する最初の発給文書である〔柚留木文書〕。

惟将を支えたのは七名の重臣たちであった。永禄三年十月十一日の阿蘇氏家臣連署証文に署判している仁田水惟久・佐渡重幸《しげゆき》・村山惟民・西惟玄・小陣惟富《これとみ》・西惟栄《これひで》・甲斐親直《ちかなお》（宗運《そううん》）である。佐渡・甲斐の両氏は惟豊時代から重用された家臣であり、とりわけ末尾に署判のある御船《みふね》城主甲斐親直（宗運）は阿蘇氏の家宰《かさい》的な地位にあった。

宗運ら甲斐一族と大宮司の緊密さを示す一例が、永禄十二年（一五六九）九月十日の砥用山興聖禅《こうしょうぜん》寺《じ》洪鐘銘（藤井寺蔵道明寺鐘）である。興聖禅寺は現存しないが、近世興正寺村の由来となった寺院である。銘文によれば、惟将は洪鐘費用として「大檀那阿蘇三社大宮司宇治朝臣」の肩書で一万疋を献納し、甲斐民部入道宗運と隈庄織部佐親興《ちかおき》も献金した。造作に従事した鍛冶大工は御船在住の野中《のなか》蔵人助らであった。洪鐘造作は、禅宗寺院であり実質的に宗運が主導したようだが、同時に惟将の事績を知る貴重な事例である。

惟将は、大宮司就任からまもない永禄四年四月十五日から下野狩を大々的に催している。下野狩は、古くから大宮司主導のもとで広大な原野を舞台に阿蘇領全域から人々を動員して実施される祭礼で、源《みなもとの》頼朝《よりとも》の富士の巻狩《まきがり》の手本になったといわれる。

催行にあたっては三ヶ所に馬場が設けられ、徴発・動員された二〇〇〇人とも三〇〇〇人ともいわれる数の勢子《せこ》たちが猪や鹿を追い立て、白木の弓矢に白皮の弓懸けなどを持った大宮司が率いる多数の騎馬武者たちが三隊に分かれて鏑《かぶら》矢《や》で射る壮大な行事である。獲物は参加者に分けられるとともに、阿蘇北宮（国造《こくぞう》神社）の鯰の贄《にえ》に捧げられた。神聖であるべき人々が殺生《せっしょう》を行うので「方便《ほうべん》の殺生」ともいわれる。この永禄四年のときは、七十騎が勢ぞろいし、惟将は二〇〇人の供を従えていたという〔八代日記〕。代替わりの大宮司の権力を誇示する下野狩の成功は、惟将時代の幕開けと阿蘇氏の安泰を意味する一大祝賀行事だった。

こうした半面、惟将は大きく三つの課題に直面していた。一つは前述の従兄弟惟前たちの動向とこれに絡む家臣団の動き、二つには相良氏との関係、三つには島津氏の肥後侵攻、であった。

最初の二つは関連している。惟前父子らは永禄三年三月に密かに玉名の小代氏を頼り、半年後の十月に小国《おぐに》（熊本県小国町）から打ち入ろうとして失敗したので、再び小代氏のもとに帰っている。翌年正月早々には、詳細は不明だが矢部で田代一族が成敗されるような騒動が起きている。以後、数年間は御船城主甲斐宗運（親直）と惟前との間で政治的な駆け引きや折衝がなされた。同時に御船周辺、隈庄、堅志田、宇土といった平野部や山間部の入り口といった所々で戦闘行為や小競り合いが生じている。例えば、永禄八年三月十二日、甲斐織部佐の隈庄城を攻めて阿蘇村山方・佐渡方・砥用方の八人が討ち死にしたとある〔八代日記〕。

三つ目の島津氏はまさに脅威であった。天正三年（一五七五）三月以降の史料によれば、惟将は大友宗麟と「重縁」関係にあったことは両者の往復書状で明らかである。しかし、天正六年の日向国高《たか》城《じょう》・耳川《みみかわ》合戦（宮崎県木城町）での大友氏の大敗は、惟将をはじめ阿蘇氏勢力全体が後ろ盾を失う痛手だった。

島津氏の本格的な肥後侵攻は、天正七年五月、相良領葦北郡への攻撃にはじまり、二年後の天正九年九月、相良義陽は降伏した。それからすぐの十二月の阿蘇領攻撃、響ヶ原合戦である。前年の天正八年十月の宇土郡矢崎《やざき》城（熊本県宇城市）が島津氏の隈本在番衆の意を受けた城《じょう》氏や名和氏に攻撃され、惟将配下の中村惟冬《なかむらこれふゆ》が戦死していた。

天正十年（一五八二）十一月半ばになると、島津氏は惟将の召喚を論議するようになった。その後の交渉は甲斐宗運の手腕に負う所が大きかった（「甲斐宗運」の項参照）。

天正十一年七月三日、惟将は阿蘇山新楽坊豪海法印《しんらくぼうごうかい》を使者として、島津義久《よしひさ》、忠平《ただひら》（義弘《よしひろ》）、家久《いえひさ》の異母兄弟、および義久の娘婿島津義虎《よしとら》に書状を遣わし、太刀・織物を進呈し、境目の様相について宗運から話をすると述べている。同時に、老中の伊集院忠棟《いじゅういんただむね》、一老の本田親貞《ほんだちかさだ》、肥後方分の町田久倍《まちだひさます》、申次の鎌田政景《かまたまさかげ》らにも同様のことを伝えている。これには島津氏および家臣たちからもそれぞれ返状がもたらされている。九月五日の伊集院忠棟の返状によれば、宗運の懇望により和平が成立したとあるが、島津氏は堅固な堅志田城を攻略するために十一月一日に花山《はなのやま》城（熊本県宇城市）をほぼ完成させて圧力をかけてきた。

最大の危機が迫るなか、阿蘇氏に痛恨の不幸が訪れた。十一月二日に惟将が亡くなったのである。惟将には子息がおらず、弟惟種が養嗣子として継承したが、彼もまた大宮司就任から一年にも満たない天正十二年八月十三日に急死する。さらに翌年七月三日には重鎮甲斐宗運が世を去った。惟将・惟種そして宗運と相次ぐ他界は、中世阿蘇氏の行く末を暗示するものとなった。

（柳田快明）

【主要参考文献】

阿蘇品保夫『阿蘇社と大宮司』（一の宮町史、一九九九年）
稲葉継陽「中世　戦国時代の甲佐」（『新甲佐町史』、二〇一三年）
窪田頌「相良氏の天文一四年―天文前半期の肥後情勢と勅使下向―」（『地方史研究』四一六、二〇二二年）
杉本尚雄『中世の神社と社領―阿蘇社の研究』（吉川弘文館、一九五九年）
新名一仁『島津四兄弟の九州統一戦』（星海社、二〇一七年）
柳田快明『中世の阿蘇社と阿蘇氏』（戎光祥出版、二〇一九年）
熊本県教育委員会『浜の館』（熊本県文化財調査報告第二一集、一九七七年）

甲斐宗運（親直）
――弓矢ヲ取リテ近国ニカクレナキ勇士也

不明な点の多い系譜

甲斐宗運《かいそううん》（親直《ちかなお》）は、肥後国で取り上げる戦国武将のなかでひときわ異彩を放っている。多くの武将は時代を遡ってある程度系譜や由緒をたどれるが、彼の場合、父が親宣《ちかのぶ》、母が松岸壽清の娘ということだけがわかっている。それより以前はほとんど知ることができない。

『肥後読史総覧』は、『新撰事蹟通考《しんせんじせきつうこう》』を典拠に「菊池武房の三男武本が相続争いで鎌倉で憤死し、その子武村は甲斐の国に止住し、その子重村が尊氏の命を受け肥後に下向し甲斐姓を称するにいたったという」と記し、それに基づく系図を掲載する。しかし、これを証明する史料はない。そもそも九州に甲斐という地名は存在しないので、甲斐という姓を名のることが不自然であるとされる〔吉井二〇〇三〕。

このような宗運（親直）だが、『新撰事蹟通考』所載系図などによれば、永正十二年（一五一五）に親宣の嫡男として生まれ、剃髪後は宗運蕉夢を号し、天正十三年（一五八五）七月に死去している〔上井覚兼日記〕。官途は民部太夫である。生母松岸壽清の娘については、天文十五年（一五四六）八月二十四日に、宗運が大慈寺《だいじじ》（曹洞宗。開山寒巌義尹《かんがんぎいん》。熊本市南区）に納めた木造釈迦如来坐像光背化仏墨書銘《しゃかにょらいざぞうこうはいけぶつぼくしょめい》に「甲斐民部大夫母候」とあることで知ることができる。なお、宗運は天文九年（一五八一）の戦火で焼失した大慈寺本尊の大願にあたり、鹿子木寂心とともに一〇〇貫文を献納している（天文十五年十月二十六日。大慈寺本尊銘文）。

宗運には親房《ちかふさ》・親常《ちかつね》の二人の弟がいた。親房は、阿蘇大宮司《あそだいぐうじ》の居館浜《はま》の館《やかた》（熊本県山都町）に近接する岩尾《いわお》城の城番とある。また、宗運には嫡男親秀《ちかひで》（宗立《そうりゅう》）のほかに三男四女があり、娘たちはそれぞれ早川吉秀《そうがわよしひで》・甲斐守昌《もりまさ》・甲斐親英《ちかひで》・伊津野正俊《いづのまさとし》に嫁いでいる。親秀を親英とする説があるが、甲斐氏の信頼できる系図は現存しないので、本稿では『新撰事蹟通考』を基礎にした『肥後読史総覧』所収系図により親秀と表記する。なお、甲斐親英は、天正十三年五月に吉見《よしみ》大明神（草部《くさかべ》）に散逸していた文書を集めて二巻進納していることで知られる〔阿蘇家文書〕。

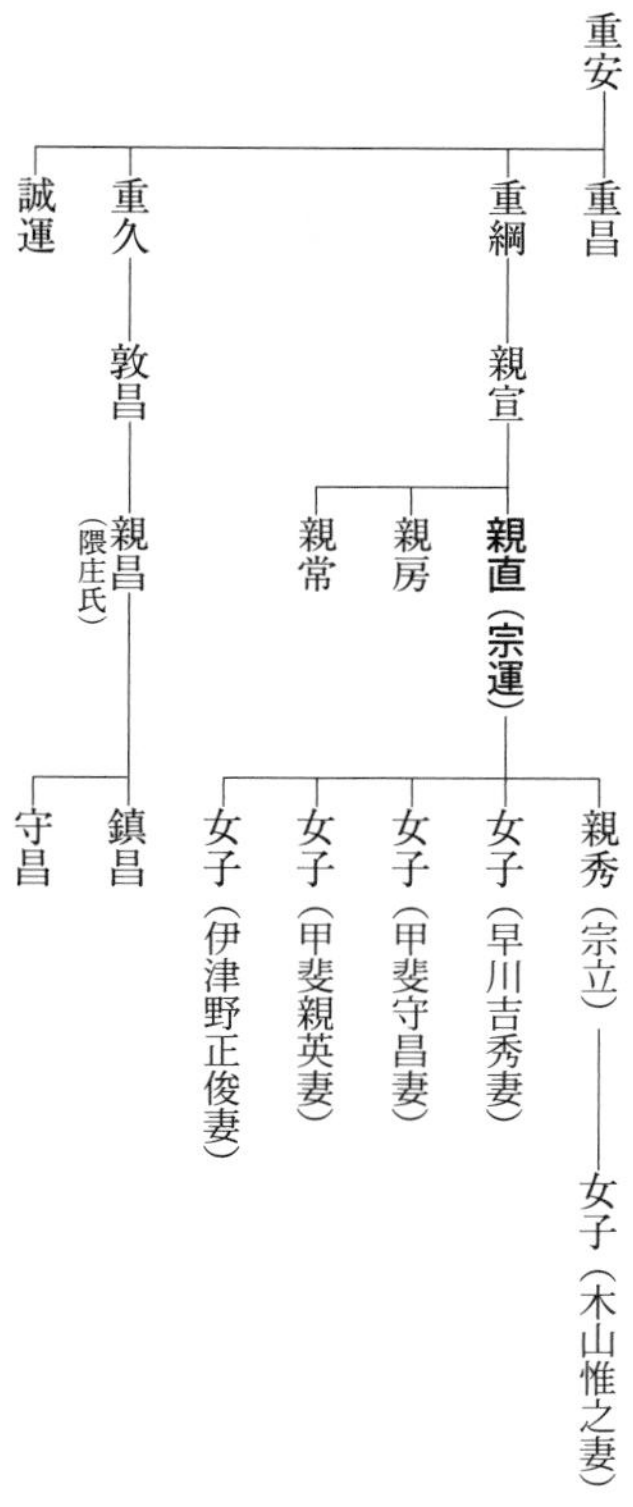

甲斐氏略系図

父親宣は生没年不詳で、『新撰事蹟通考』系図によれば重綱《しげつな》の三男にあたる。重綱には重昌《しげまさ》・重久《しげひさ》・誠運の兄弟があり、重久の孫親《ちか》昌《まさ》は宗運より八歳年長で母親は下城《しもじょう》氏の娘と記されている。親昌は天文十二年に隈庄《くまのしょう》（熊本市南区）を領有し、隈庄氏に改称した。このほかに文書には後掲の一族・近親者が数名みえるが、系図での確認は難しい。

本拠地鞍岡と阿蘇氏

親宣は、もともと阿蘇領と国境を接する日向国鞍岡《くらおか》（宮崎県五ヶ瀬町）を本拠地とする在地領主で、高千穂《たかちほ》地域を代表する領主三田井《みたい》氏（高知尾《たかちお》氏・大神《おおが》氏とも称す）の有力家臣であったようだ。鞍岡は、中世には高知尾荘に属した。同荘の領域は、今日の宮崎県西臼杵《にしうすき》郡日之影《ひのかげ》町・高千穂町・五ヶ瀬町と東臼杵郡諸塚《もろつか》村に比定され、俗に高千穂一八ヵ郷から構成されていて、隣接地域をふくめた一帯は「日向山内」と呼称された。鞍岡は、そのなかの一郷である。高知尾荘は、「建久図田帳《けんきゅうずでんちょう》」には明記はないが、建長六年（一二五四）の関東下知状案《かんとうげちじょうあん》〔田部文書〕によれば熊野山《くまのさん》領であった。この地は、『和名抄《わみょうしょう》』には臼杵郡智保郷と記されている。

高知尾荘と阿蘇氏や阿蘇社とのつながりは、鎌倉幕府末期以降からしばしば現れる。元弘三年（一三三三）三月十三日、菊池武時《きくちたけとき》は鎮西探題北条英時《ちんぜいたんだいほうじょうひでとき》の館を攻撃して敗死したが、これには阿蘇大宮司も参加していたという〔博多日記〕。襲撃の失敗で阿蘇氏に危機が迫り、三月十六日、鎮西探題金沢《かねさわ》北条氏一族である規矩高政《きくたかまさ》の軍勢が二十五日に大宮司館に攻め寄せ、阿蘇荘内の在家《ざいけ》などを焼き払った。このとき、大宮司惟直《これなお》らは日向の鞍岡山に逃れた。現在は国道二六五号の開通で便利になったが、当時は一歩山に入ると方角に迷い、鞍岡への道筋は「ススレコへ」「八王キャウ」「マメアシ」などと記された難所であった。『博多日記《はかたにっき》』には、日向国柴原・桑内の二人が探題軍の道案内になり、二十九日の早馬の報告では落城させたとある。柴原は高知尾荘に芝（柴）原性虎がいて、桑内は五ヶ瀬町に桑野内の地名が残るので現地の住人であろうと推定されている。「秘密の案内人」がいなければ追跡不可能な地であった〔宮崎県史〕。

『博多日記』は、鞍岡山には大宮司が知行する「隠れ村」があり、城内には五十人、そのほか五〇〇人あまりの軍勢がいたと記す。「隠れ村」がいつ頃から存在したか不明だが、国境を跨ぐことは注意を引く。「隠れ村」の存在は、阿蘇大宮司の支配権がある程度強く及んでいたことを示す。鞍岡は、北条氏によって安堵された大宮司の根本知行地の一所である大野《おおの》（熊本県山都町）からさらに奥地にあり、それは戦国期にも継続していた。こうした鞍岡が、戦国期甲斐氏の本拠地だったのである。

高知尾荘や在地の領主たちが南北朝期に阿蘇氏の勢力下に入ったことは、「高知尾庄の一族たちや日向山内の人々はみんな降参して味方に参った」といった表現が史料に散見することに示されるが、この時期の宗運の先祖甲斐氏との関りはわからない。

親宣、阿蘇氏の重臣に

永正四年（一五〇七）、菊池氏の家督を継ぎ守護の地位に就いた阿蘇惟長《これなが》（菊池武経《たけつね》）は、家臣団との折り合いが悪く隈府《わいふ》（熊本県菊池市）から矢部《やべ》（同山都町）へ逃げ帰り、大宮司職復帰を願って弟惟豊《これとよ》を武力で排除した。このときに鞍岡へ避難してきた惟豊を助け、再び大宮司職を奪還させる原動力になったのが親宣で、これが縁で阿蘇家の有力家臣となった。甲斐氏と阿蘇大宮司の直接的な関わりはこのときがはじめてだが、鞍岡には阿蘇殿屋敷の伝承があるので、おそらく両者の間には前々から深い結びつきがあったと推定される。

親宣が惟豊を支えることができた背景には、三田井氏の制約から自由になっていたことが大きい。永正十二年（一五一五）、三田井氏一族内で佐藤《さとう》氏や馬原《まはら》氏が反乱を起こす。この乱の鎮定に親宣が果たした役割は大きく、同年十二月二十七日、親宣は押方又三郎に押方内の村や下村十か村の代官職を安堵し、同十四年七月十八日には藤兵衛尉重能《とうひょうえのじょうしげよし》という加冠状《かかんじょう》を与えている。同じ日にこれを三田井（大神）右武《みぎたけ》が追認しており、甲斐氏が優位な立場にあったことがうかがえる〔押方文書〕。こうして鞍岡の一在地領主から日向・肥後二国にまたがる領主へと飛躍した親宣は、阿蘇南郷の岩神《いわがみ》（熊本県高森町）を居城にしたと伝えているが〔古城考〕、軍事力はかなりのものだったのだろう。

宗運の登場

戦国期甲斐氏の礎を築いた親宣から宗運への代替わりは、いつ頃だろうか。親宣の没年が不詳なので時期は確定できないが、天文年間（一五三二～五五）の早い時期が考えられる。宗運が発した年紀の確かな初見文書は、天文十一年（一五四二）七月二十日に妙泉坊《みょうせんぼう》に宛てて永寿寺《えいじゅじ》に預け置いた判物《はんもつ》である〔永寿寺文書〕。彼が、阿蘇惟豊に叛き阿蘇惟前《これさき》方についた御船房行《みふねふさゆき》の乱を鎮定し、御船城主（熊本県御船町）におさまり拠点としたのは、前年の天文十年のことである。宗運の生年を信じるならば、二十六歳のときである。これから約四十五年もの長きにわたって、阿蘇家の重鎮として活動する。時の大宮司は惟豊、続く息子の惟将《これまさ》そして惟種《これたね》の三代に仕えることになる。ただ、大宮司と宗運の間での文書のやりとりはほとんど残っていない。宗運の活動、とりわけ軍事的功績は、後世「御舟軍談」〔甲斐宗運軍記。『肥後古記集覧』所収〕に脚色を加えてまとめられた。副題の「弓矢ヲ取リテ近国ニカクレナキ勇士也」は、この書の一節である。

宗運が拠点とした御船城は、南北朝内乱期の貞和元年（一四四三）を史料的初見とする。宇土津《うとつ》（熊本県宇土市）に上陸した懐良親王《かねよししんのう》一行が菊池へと向かう途中、阿蘇惟時《これとき》に謁見したのはこの地である。城跡は標高三四mの丘城で、緑川《みどりがわ》の支流御船川が南方を流れ、大宮司の居館矢部へと到る益城郡山間部と平野部の接点に位置する要衝にある。城山からは熊本平野を望める。『上井覚兼日記《うわいかくけんにっき》』に「御船・隈荘から」という表現が頻出するように、後には隈庄氏を称した甲斐親昌が治める隈庄城も拠点となった。天正八年（一五八〇）の「龍造寺氏一族ならびに家中幕下侍付写」〔成松家文書〕によれば、宗運の所領規模はおおよそ一〇〇〇町である。

宗運の活動は、「御舟軍談」の影響もあり智略・戦略にすぐれた合戦での采配ぶりがとかく注目されがちだが、長期にわたる政治活動にはいくつかの段階がみられる。

惟豊時代の宗運

まずは大宮司惟豊の時期である。惟豊は、兄惟長《これなが》の子息惟前との対立、そして惟前を支援する相良《さがら》晴広《はるひろ》との関係が懸案事項であった。「阿蘇惟豊・惟将」の項目で述べたように、惟前は矢部から益城・八代《やつしろ》・宇土郡へとつながる幹線路にある堅志田城《かたしだ》（熊本県美里町）を拠点としていた。堅志田城は天文十二年（一五四三）に落城したが、惟前はしばしば周辺で不審な活動をしている。天文十九年三月、豊田《とよだ》（熊本市南区）において宗運と阿蘇家の代表村山《むらやま》氏、八代から相良織部佐ら三名が会談をした。このとき、宗運（当時は親直）は輿に乗ってきたとある〔八代日記〕。馬ではなく、輿での悠々とした出で立ちに相良氏の家臣たちは驚いたのではないか、わざわざ記録された所以であろう。

豊田会談の詳細は不明だが、その後も惟前、名和《なわ》氏、相良氏が絡まった小競り合いが続いている。十月には宗運が豊福内の萩尾（熊本県宇城市）を知行し、相良・名和氏抗争地域の一角に食い込んだ。一方で、甲斐一族の結束も決して強固なものではなく、天文二十一年三月五日に矢部の岩尾城で火災が起こる。その直後の二十二日、宗運は高知尾鑑昌《あきまさ》を討伐している。また、甲斐信濃守が飯田山《いいだやま》山中へと逃避している。このように状況は依然として不安定だったが、弘治元年（一五五五）八月の相良晴広の死去によって関係は一変し、翌弘治二年正月に惟豊と晴広の子義陽《よしひ》の間で和平が成立した。そして、六月には惟豊・

御船城跡航空写真　画像提供：御船町教育委員会

名和・相良の老者たちが娑婆神峯《さばがみね》（宇城市）で会談し、九月には八代から矢部へ使者が派遣されている。

惟将・惟種時代の宗運

永禄二年（一五五九）十一月に阿蘇惟豊が死去し惟将が継承すると、惟前が再び不穏な動きを見せたが、永禄四年四月には代替わりの下野狩《しもののかり》が無事挙行された。永禄七年八月、宗運ははじめて隈庄へ出陣しているが、これは名和氏の動きが背景にあったようだ。

天正六年（一五七八）に大友宗麟《おおともそうりん》が島津《しまづ》氏に大敗したことは、大友氏の援助を受けていた阿蘇氏にも甚大な影響を与えた。天正八年三月、宗運は、詫磨原や旦過《たんが》の瀬《せ》（熊本市中央区・西区）での戦いで隈本《くまもと》城主城親賢《じょうちかまさ》を破り、また宇土の名和顕孝《あきたか》を通して島津氏に内通していた甲斐守昌を降伏させたりもしたが、状況は厳しくなるばかりであった。

こうした状況下で、龍造寺氏に対し、複数の国衆が起請文（誓紙）

を提出して服属することでその権威を後ろ盾にしようとした。宗運の一族も同様の動きをみせ、天正九年三月十七日、龍造寺隆信《たかのぶ》へ連署起請文を提出し、世情がどのような状況にあっても宗運らは邪儀を示さないことなどを誓っている〔佐賀県立図書館所蔵文書〕。連署した七名は宗運の他に隈庄親教《ちかのり》・甲斐中務丞重信《しげのぶ》・同左京入道・同刑部入道紹作《しょうさく》・同兵部大輔□□・同掃部入道紹□である。彼らは系図での確認ができないが、一族一揆（寄合中《よりあいちゅう》）的な結束を固めていたのであろう。同じ日に城親賢、六月には志岐鎮経《しきしげつね》・赤星統家《あかほしむねいえ》、九月には相良義陽が同様の起請文を出している。

島津氏の相良領への侵攻は天正八年（一五八〇）から本格化し、翌年八月に水俣城《みなまた》（熊本県水俣市）が攻略され、九月末に相良義陽は降伏した。義陽は所領の割譲や誓詞、嫡男を人質として差し出して忠義を誓ったが、島津氏は義陽の忠誠心を試すべく、尖兵として阿蘇領への攻撃を命じたのであった。このとき、宗運の名を後世まで有名にしたのが十二月二日の義陽軍との戦い、いわゆる響ヶ原《ひびきがはら》（響原・響野原・響が原とも。熊本県宇城市豊野町）合戦である。この戦いは、肥後の戦国終末期の代表的な戦いであり、大友氏衰退後の龍造寺・島津両氏の代理戦争的性格も有していた。宗運は智将としての名声をあげ、逆に義陽は悲劇の武将となった。

十二月一日、八代衆を率いて北上した義陽は、守山《もりやま》・小野《おの》を経て娑婆神峠を越えて、翌日響ヶ原に布陣し、堅志田城攻撃などの緒戦で勝利し優勢であった。宗運は、飯田山へ多くの農民たちを登らせ、あたかも退却したかのような様子をみせて注意を引きつけ、みずから二百余騎を率いて御船から響ヶ原へ駆け抜けて、勝利の酒宴に酔う相良方の本陣へ奇襲攻撃を仕掛けたのであった。不意を突かれ動転した相良勢は、義陽以下多数の戦死者を出して敗北した。

島津氏との駆け引き

響ヶ原の戦いで智将ぶりを発揮した宗運だが、彼はそれ以上に政治的交渉術に長けていた。宗運の阿蘇家の代理人として一歩も引かぬ交渉ぶり、これがほかの国衆たちと異なる特質である。

天正十年（一五八二）十一月中旬、島津氏は名和顕孝を介して大宮司惟将の召喚と堅志田城の攻略作戦を練りつつ、宗運に忠誠の証としての子孫の人質を要求するという、戦争と和平の二正面作戦をとってきた。これに対して宗運は、島津氏に「無事の儀（和平）」を伝えながら、網田《おうだ》・郡浦《こうのうら》・海東《かいとう》・小川《おがわ》などの神領（阿蘇領）の返還を提示した。この大胆な提案は、当然のことながら島津氏を立腹させ拒否されるが、宗運の臆するところのない度量を示す出来事であった。

十二月二日、宗運の使者が島津氏に書状を持参した。島津氏は再三にわたる子や孫の人質要求を拒んでいるのに、龍造寺氏にはひそかに子を人質に出していると疑っていた。だが、宗運は隈部《くまべ》氏追討については表面的に理解を示し、上井覚兼には金五〇〇〇疋・太刀などを贈っている。こうした宗運の態度について、堅志田城から逃亡した小田弾正なる者が、宗運は人質を龍造寺に送って提携していると証言したので、さすがの宗運も島津氏の圧力の前に十一日に人質四人を出し、二十六日には島津忠平（義《よし》弘《ひろ》）へ忠誠の誓紙を納めている。

その後も阿蘇氏の扱いが島津氏の話題となるなかで、年が改まった。天正十一年七月三日、阿蘇惟将は阿蘇山新楽坊豪海法印《ごうかいほういん》を派遣して島津義久、忠平（義弘）、家久の異母兄弟および義久の娘婿義虎《よしとら》に書状を遣わすとともに太刀や織物を進呈しているが、境目の様相については宗運から伝えると述べている。同時に老中の伊集院忠棟《いじゅういんただむね》らにもこのことを伝え、島津氏および家臣たちからもそれぞれ返状がもたらされている。九月五日の伊集院忠棟の返状によれば、甲斐宗運の懇望により和平が成立したとある。だが、これは宗運からすれば当座の恭順であったようで、天正十一年七月十三日の記録には、宗運の態度は不誠実であると記されている。

やがて、島津氏はかねてから準備していた堅志田城の攻略作戦に着手する。七月二十日、日向国縣《あがた》（宮崎県延岡市）の土持久綱《つちもちひさつな》に阿蘇氏との断絶を伝えて魚や塩の搬送停止を命じている。堅志田攻略は、矢部や甲佐《こうさ》（熊本県甲佐町）はもとより緑川流域全体を掌握でき、これに名和氏や城氏を通して宇土半島から緑川河口の要衝河尻《かわじり》（熊本市南区）や熊本平野から圧力をかけることで、宗運の拠点である御船・隈庄をも封鎖する包囲網の形成を可能にした。

十月一日、島津氏は阿蘇家との「手切れ」（交渉不成立、直ちに敵対行動にでる）を話題にした。ただ、阿蘇領への本格的な軍事侵攻は「神敵」となるのではという戸惑いがあった。島津氏がこれまで戦ったのは大名や国衆たちであり、阿蘇社のような広範囲に尊崇を集める神領を侵略するのははじめてのことだった。しかし、宗運の動きは看過できず、戦争のほかに手段は考えられないという選択であった。十月五日、堅志田攻撃を籤《くじ》で決定し、翌日出陣して七日には堅志田の町や村々を破壊し、数十人を討ち取っている。八日に隈庄を攻めて村々を破却した名和顕孝の軍勢は逆襲にあい、敗北した。島津氏は合志《こうし》氏に御船への魚塩の搬送を止めさせるなど兵糧攻めも実施した。島津義久の意向もあり、十七日に薩摩大《おお》口《くち》の郡山寺《ぐんさんじ》（鹿児島県伊佐市）で再度神慮を占ったところ、しばらく検討を要する白鬮《しろくじ》と出たので、堅固な堅志田城を攻略するために近くの花山《はなのやま》に付城《つけじろ》を築くことにし、十一月一日にはほぼ完成した。

阿蘇家を見舞った不幸

天正十一年（一五八三）十一月二日、阿蘇氏は惟将逝去という大きな不幸に見舞われた。後継には弟の惟種が就いた。明けて天正十二年二月二十日、阿蘇勢は花山城の向かいに陣を築いた。けれども二月三十日、島津氏には次のような噂が流れた。すなわち、宗運親子の間で不和・対立があり、子ども（親秀）は阿蘇へ赴き、宗運は隈庄殿（甲斐上総介某）と一緒に八代へ赴いたというのである。実際、三月二日に宗運から八代へ伺うとの知らせがあり、六月十九日には島津義弘から御船の宗運のもとへ「一和のお礼」の使僧として、大日寺法印《だいにちじ》が遣わされている。この一連の宗運の動きは、惟将逝去後の動揺を静め、島津氏対策の時間稼ぎを狙ったものではなかったか。そのためには、阿蘇氏の支柱である宗運自身が表向きは島津氏に全面的な屈服をすることもいとわなかったと推定できる。この間の三月二十四日、島津・

有馬《ありま》の連合軍は、沖田畷《おきたなわて》（長崎県島原市）の戦いで龍造寺隆信を撃破する。

八月十三日、大宮司就任から一年にも満たない惟種が二十四歳で急死した。跡継ぎは幼い惟光《これみつ》で、阿蘇氏の運命はますます宗運の双肩にかかってきた。九月十四日に宗運は義弘のもとへ使者を送り、二十八日に御船・隈庄から相当の人数を引き連れて和平に赴きたいと伝えたが断られている。義弘が心を許していないことは、十月下旬に宗運討伐が俎上にあがっていることでも明らかである。そこには、宗運討伐と阿蘇氏のそれを分離しようとする意図もみられる。

宗運逝去の重み

阿蘇氏にとって状況が悪化するなか、天正十三年（一五八五）七月三日に宗運は死去した。宗運他界の打撃は、以後の動向をみれば瞭然である。阿蘇氏は惟光の名で宗麟の子大友義統《よしむね》と結ぶ一方で、八月十二日に島津氏の花山城を攻撃し陥落させた。直臣たちの判断ではあったが、島津氏に阿蘇領侵攻の口実を与えてしまう。八月末から堅志田城・甲佐城に続いて閏八月十五日に御船城も攻略され、さらに木《き》山《やま》・津守《つもり》の両城も陥落した。閏八月十九日、八代荘厳寺《しょうごんじ》の僧が使者として矢部へ派遣されると、惟光は降参した。宗運の死からわずか七十日あまりの出来事だった。

宗運の死について、『宗運記』は毒殺説を載せるが真偽の確かめようはない。墓は黄梅山東禅寺《おうばいさんとうぜんじ》と永寿寺の二ヶ所にある（ともに熊本県御船町）。東禅寺は、永禄十二年（一五六九）に宗運の発願で菩提寺として建立された曹洞宗寺院である。開山は、宗運が再興に尽力した大慈寺五十一世洞春《とうしゅん》である。東禅寺の裏山は甲斐山と称し、宗運の墓などがある。同寺には宗運使用の伝承を有する茶釜や陣炬火《じんきょか》（松明）がある。なお、宗運の嫡男宗立（親秀）は肥後国衆一揆に参加している。

（柳田快明）

【主要参考文献】

阿蘇品保夫『阿蘇社と大宮司』（一の宮町史　自然と文化　阿蘇選書2、一九九九年）

有木芳隆「熊本・東禅寺の正平二五年「院□」銘釈迦三尊像について」（工藤敬一編『中世熊本の地域権力と社会』高志書院、二〇一五年）

有木芳隆「地域史料としての仏像銘文」（春田直紀編『列島の中世地下文書』、勉誠出版、二〇二三年）

新名一仁『島津四兄弟の九州統一戦』（星海社、二〇一七年）

新名一仁『現代語訳　上井覚兼日記』（1・2、ヒムカ出版、二〇二〇年・二〇二一年）

柳田快明『中世の阿蘇社と阿蘇氏』（戎光祥出版、二〇一九年）

吉井功児「肥後甲斐氏成立についての二、三のアプローチ」（『歴史懇談』一七、二〇〇三年）

『宮崎県史』通史編中世（一九九八年）

名和顕孝——秀吉の前に沈んだ、肥後名和氏最後の当主

名和氏の登場と系譜

名和《なわ》顕孝《あきたか》は、十四世紀後半に八代《やつしろ》（熊本県八代市）へ下向し、その後、宇土《うと》（同宇土市）を本拠に二三〇年あまりにわたって勢力を誇った肥後名和氏の最後の当主である。まずは、顕孝に至るまでの名和氏の動きを述べよう。

名和氏は、周知のごとく鎌倉幕府末期の元弘の乱（一三三一年）で隠岐島に流罪になった後醍醐天皇《ごだいごてんのう》を救出し、船上山《せんじょうさん》（鳥取県琴浦町）での活動を助けた名和長年《ながとし》の後裔である。長年は後醍醐の近臣の一人で、建武政権で楠木正成《くすのきまさしげ》・結城親光《ゆうきちかみつ》・千種忠顕《ちぐさただあき》とともに「三木一草《さんぼくいっそう》」と称される。伯耆・因幡両国の国守をはじめ、雑訴決断所《ざっそけつだんしょ》・記録所《きろくじょ》・恩賞方《おんしょうかた》・武者所《むしゃどころ》といった政権中枢の職員、京都の東市正《ひがしいちのかみ》など、破格の恩賞を与えられ、代々伯耆守を官途とした〔生駒二〇二一〕。この点では、武重《たけしげ》以下の一族がこぞって国司補任などの厚遇を受けた菊池《きくち》氏と同様である。長年の出自は村上源氏《むらかみげんじ》を称するものの、伝承が多く実像は明らかではない。このおもな原因は伝来史料の少なさによる。後述するように、豊臣政権の下で顕孝が大坂に召喚されるにあたり、重代の文書を弟顕輝《あきてる》に譲与し、その顕輝が肥後国衆一揆に加担し

たため大半が失われたと推定されている〔阿蘇品一九八五〕。

名和氏と肥後国の関係

名和長年は、後醍醐から恩賞として肥後国八代荘地頭職を給与された。これを証明する史料はないが、嫡男の美高《よしたか》が八代荘の敷河内村を出雲国杵築《きつき》社に、同じく道前郷鞍楠村を熊野那智《くまのなち》社に寄進していることが傍証となる〔千家家譜、名和文書ほか〕。この八代荘知行のために内河《うちかわ》彦三郎義真《よしざね》が地頭代として下向した。義真は多良木相良《たらぎさがら》氏などと行動を共にし、肥後国南部地域での南朝勢力の軍事行動の中核を担った。内河氏は名和氏と姻戚関係を有する重臣で、美高の母は内河氏出身である。建武政権の崩壊・内乱へといたる過程で、長年は建武三年（一三三六）六月三十日に新田義貞《にったよしさだ》らと足利尊氏《あしかがたかうじ》軍を攻撃し大

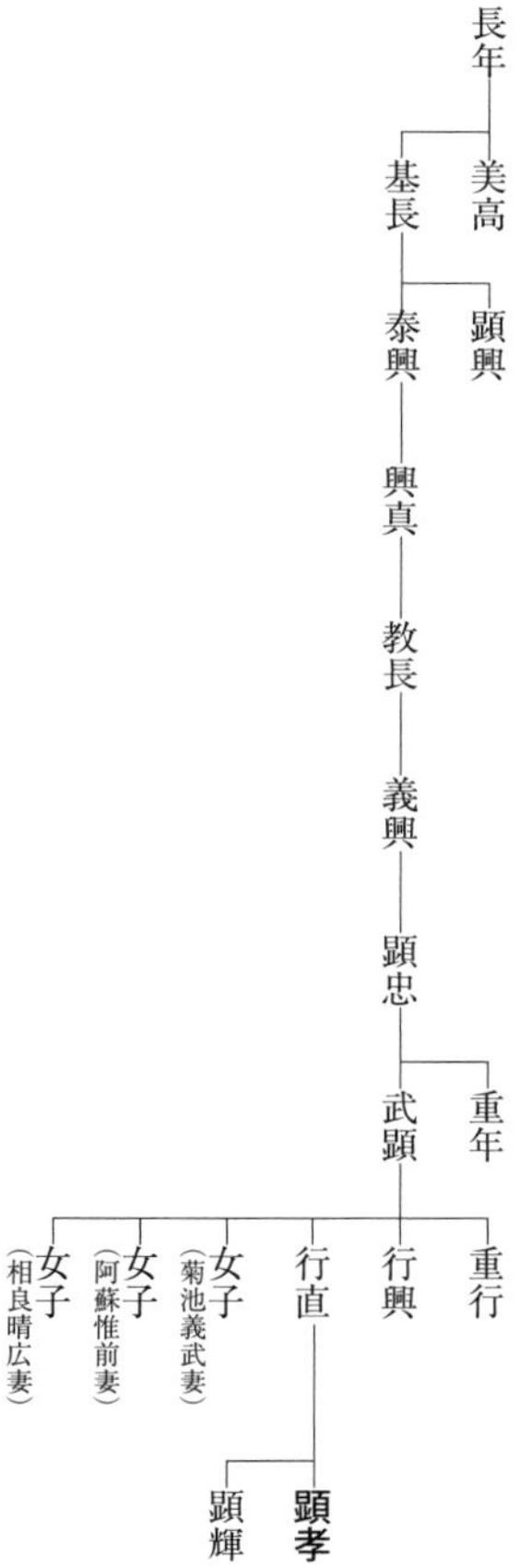

名和氏略系図

内裏跡の内野《うちの》で戦死する。さらに美高も建武五年五月、北畠顕家《きたばたけあきいえ》に従軍し和泉国堺での高師直《こうのもろなお》軍との衝突で敗死した。長年・美高の相次ぐ戦死によって、名和氏にとって八代は京都からはるか遠隔の地にもかかわらず重要な拠点となった。

八代時代の名和氏

延文三・正平十三年（一三五八）、美高の弟基長《もとなが》の子である顕興《あきおき》が肥後へ下り、後に相良氏と激しく争うことになる豊福《とよふく》（熊本県宇城市）にまず入り、その後八代を本拠とした。こうして、顕興が肥後での名和氏初代となった。

顕興は勢力拡大をめざし、征西将軍懐良親王《せいせいしょうぐんかねよししんのう》らが大宰府《だざいふ》（福岡県太宰府市）に入った康安元・正平十六年（一三六一）、阿蘇《あそ》社領の郡浦《こうのうら》および小河《おがわ》（小川）を押領している〔阿蘇文書〕。郡浦は宇土郡に属し、阿蘇四社の一つ郡浦社が鎮座する。小河は南北小河からなり、八代郡に属し甲佐《こうさ》社領であった。顕興に対しては、押領停止と打ち渡しの遵行《じゅんぎょう》を命じる征西将軍宮令旨《りょうじ》や菊池武光《たけみつ》から守護代宛ての施行状《しぎょうじょう》がしばしば出されたが、実行の運びには至っていない。

この押領行為で注目されるのは、①顕興が宇土高俊《たかとし》（道光《どうこう》）と一緒に訴えられていること、②高俊は「城郭」を構え、顕興は「要害」を構えて実力行使に及んでいること（当知行《とうちぎょう》という）、③名和氏と宇土氏両者の間に緊密な連携が成立しており、名和氏が後に宇土氏の後継に擁立される素地がこの内乱期にできていたこと、である。菊池武光は、令旨を受けて城郭の破却を命じているが、その実行性は疑わしい。

応安三・建徳元年（一三七〇）、今川了俊《いまがわりょうしゅん》が九州探題に補任されて征西府への攻撃がはじまった。大宰征西府は攻略されて筑後国高良山《こうらさん》（福岡県久留米市）へ退き、さらに菊池隈府城《わいふ》（熊本県菊池市）へと退却を余儀なくされた。永徳元・弘和元年（一三八一）には隈府城も陥落、南朝勢は名和氏の八代へと落ち延びた。八代は内乱末期には南朝勢力の牙城となり、隠棲した懐良に代わって後征西将軍宮が核となった。球磨《くま》郡の相良前頼《さきより》が南朝方に与したことで、一定の勢力を保持した（顕興の娘は相良定頼《さだより》の妻となっている）。ただ、年不詳三月二十六日の名和紹覚《しょうかく》（顕興）から相良前頼に宛てた書状には、「両宮御和睦のこと、先年難儀」とあり、懐良と後征西将軍宮の間に深刻な対立が存在したようだ〔相良家文書〕。

内乱末期以降の名和氏の動向

南北朝内乱末期から十五世紀半ばにかけての名和氏の動向ははっきりしない。菊池氏と同様に今川了俊の軍門に下ったのかもしれない。系図および「皆吉伊豆守文高長状写」〔笹淵家文書〕によれば、顕興の死後（没年不明）、嫡男が夭折したので弟の泰興《やすおき》を後継者としている。泰興の後は、顕真《あきざね》→教長《のりなが》→義興《よしおき》→顕忠《あきただ》の順に家督を継承している。注意されるのは、教長は享徳元年（一四五二）五月二十一日に、義興は長禄三年（一四五九）十二月十三日にともに「生害《しょうがい》」と、七年の間に当主が相次いで殺害されていることである。いずれも典拠は一次史料ではないが、一族内で家臣団も絡んだ権力闘争があったことが想起される。

義興の後継である顕忠は、系図によれば義興の養子とされている。沙弥《しゃみ》洞然《とうねん》長状《ちょうじょう》〔相良家文書〕によれば、顕忠は名和氏家中での慮外《りょがい》（思いがけない）の出来事によって、重臣の内河式部少輔とともに八代から球磨郡の相良長続《ながつぐ》のもとに避難していたが、寛正六年（一四六五）に長続の援助を受けて八代へ戻り家督を継いだとある。このときのお礼に、長続に八代の高田《こうだ》郷三五〇町を割譲したという。寛正元年、長続は葦北《あしきた》郡の知行を守護菊池為邦《ためくに》から安堵されており、この高田郷割譲は、球磨・葦北二郡を把握し、さらに八代への進出を企図する相良氏に願ってもない足がかりを提供するものであった。しかし、このことは同時に以後の名和氏と相良氏との抗争の火種ともなった。応仁・文明の乱のさなか、相良為続《ためつぐ》（長続嫡子）が薩摩へ出兵すると、顕忠はその間隙をねらって高田郷を攻撃したが失敗し、逆に相良氏から居城を再三攻撃されることになった。攻撃は文明十五年（一四八三）から激化し、翌年三月に顕忠はついに八代を放棄させられる事態となる。その後、一時奪還したが不安定で、永正元年（一五〇四）に完全に八代から撤退した。

宇土名和氏と宇土城跡

永正元年（一五〇四）は守護菊池能運《よしゆき》が隈府復帰を果たした年だが、名和顕忠は妻の父である宇土為《ため》

中世宇土城跡空撮写真　画像提供：宇土市教育委員会

光《みつ》を攻略し、宇土名和氏の初代におさまった。以後、名和氏は宇土城を拠点とする戦国領主として活動する。

　現在の宇土市には、中世・近世の二つの宇土城跡があるが、名和氏の居城にあたるのは前者である。中世宇土城は西岡台にあり、昭和四十九年（一九七四）から本格的調査が開始され、昭和五十四年に国史跡に指定された。西岡台は、標高約三九m、東西約七五〇m、南北約四〇〇mの独立丘陵である。発掘調査の結果、台地上には「千畳敷《せんじょうじき》」とよばれる主郭（本丸）と、その西側約一〇〇mに「三城《さんのじょう》」とよばれるⅡ郭があり、この二つの郭が城の中核をなしていた。

　「千畳敷」の周囲は二重の横堀と竪堀が張り巡らされ、日常の居館および家臣団の居住区は、西岡台の南縁を通る旧三角《みすみ》道の大手付近に沿って設けられていたと推定されている。『八代日記《やつしろにっき》』天文十一年（一五四二）二月二日条の「宇土の城焼け候、たのはる（段原）も同日焼け候」

という短い記録は、宇土城ないしは家臣団屋敷からの出火によって、段原にあった商工業者の集住する町家が延焼したことを示唆している。段原は本来、近世宇土町の惣名であり、城に接して町家が形成されていた〔稲葉二〇〇六〕。

名和氏は、宇土城を拠点に三角道という宇土半島の基幹交通路を掌握し、さらには海上交通へも食指を伸ばす。これは相良氏とも共通することで、両氏の対立は海上交通路をめぐっても緊張関係にあったものと考えられる。

豊福領をめぐる争い

宇土名和氏初代顕忠の実質的後継は長子重年《しげとし》ではなく二男武顕《たけあき》だった。武顕は、顕孝の祖父である。

武顕は、永正十四年（一五一七）に家督を継承し、阿蘇惟憲《これのり》の娘を妻とした。天文十五年（一五四六）六月十二日に逝去するまでのおよそ三十年間にわたって、宇土での名和氏の基礎固めに腐心した人物である。

武顕には、重行《しげゆき》・行興《ゆきおき》・行直《ゆきなお》の三人の子息と三人の娘がいた。重行の名は菊池重治《しげはる》（義武《よしたけ》）から一字をもらっており、また阿蘇惟豊《これとよ》の娘を娶った。だが、武顕の後継は二男の行興で、三人の娘はそれぞれ菊池義武・阿蘇惟前《これさき》・相良晴広《はるひろ》に嫁している。この婚姻関係は、天文四年に成立した名和・相良そして堅志田城《かたしだ》（熊本県美里町）に拠る阿蘇の三家盟約成立の表象であった〔松原二〇〇五〕。しかし、晴広の妻となった女性は天文十一年六月に離縁される。それは名和・相良の盟約の破綻によるものだった。

名和・相良氏の間で、とりわけ激しい争奪の対象となったのが、当時は八代郡に属した豊福である。

豊福は、古くは『和名抄《わみょうしょう》』に豊福郷とあり、『日本霊異記《にほんりょういき》』には宝亀二年（七七二）に「肥後の国八代の郡豊服《とよぶく》の郷《さと》の人、豊服広公《ひろぎみ》」なるものの妻が懐妊し、「一つの肉団《ししむら》」を生んだという逸話が伝えられている。平安末期には「八代北郷豊福保」（高野山文書）とあり、戦国期には、「八代郡ならびに益城郡のうち豊福二百四十町」とある（相良家文書）。豊福が軍事・交通の要衝であったことは、駅屋「豊向」（延喜式）の有力比定地であることからもわかる。益城郡から宇土半島、熊本平野から八代へと至る十字路に位置し、中世は宇土・益城・八代の三郡の境目にあたる。豊福には、豊服氏・相良氏によって討たれた豊福安清《やすきよ》父子（八代日記）のような有力な在地領主が存在していた。

表は、稲葉継陽作成の「15世紀末―16世紀中葉における豊福領の領有変遷」である。十五世紀末は名和・相良両氏に菊池氏・阿蘇氏の争いが絡んでいるが、十六世紀は名和・相良両氏が主体と

知行者	時期
豊福氏知行期	－ 1487 年（長享元）
相良氏知行第 1 期	1487 年（長享元） － 1499 年（明応 8）
菊池氏知行期	1499 年（明応 8） － 1504 年（永正元）
菊池氏・阿蘇氏係争期	1504 年（永正元） － 1510 年（永正 7）
名和氏知行第 1 期	1511 年（永正 8） － 1516 年（永正 13）
相良氏知行第 2 期	1516 年（永正 13） － 1527 年（大永 7）
名和氏知行第 2 期	1527 年（大永 7） － 1535 年（天文 4）
相良氏知行第 3 期	1535 年（天文 4） － 1544 年（天文 13）
名和氏知行第 3 期	1544 年（天文 13） － 1550 年（天文 19）
相良氏知行第 4 期	1550 年（天文 19） － 1559 年（永禄 2）
名和氏知行第 4 期	1559 年（永禄 2） － 1565 年（永禄 8）
相良氏知行第 5 期	1565 年（永禄 8） －

表　15 世紀末―16 世紀中葉における豊福領の領有変遷
稲葉 2005 をもとに作成

なる。豊福の実効支配は双方ともに長くて十五年弱、短いときは五年というように目まぐるしく変わった。この間、名和氏は顕忠から武顕―行興―行直―顕孝、相良氏は為続―長毎《ながつね》―長祇《ながまさ》―長定《ながさだ》―瑞堅《ずいけん》―義滋《よししげ》（長唯《ながただ》）―晴広―義陽《よしひ》というように当主が交代している。しかも、両氏とも一族の争いや家臣の反乱といった内訌を抱えたなかでの争奪戦であった。

永正十四年六月、武顕と長祇・賀清（長毎出家後の名）の間で和平が成立した。

相良長城以下十一名の相良氏老中契状に対して、長祇宛ての武顕礼状、名和氏老中の契状が提出されている〔相良家文書〕。名和氏老中（重臣）は、加悦忠久《かえつただひさ》・内河忠真《ただざね》・皆吉文清《みなよしふみきよ》の他に三谷《みたに》・河北《かわきた》・布施《ふせ》・蜂須賀《はちすか》・則元《のりもと》・河田《かわだ》らである。

和平が成立した結果、大永七年（一五二七）四月二十四日、相良刑部大輔に代わって、皆吉武真《たけざね》が豊福に在城する。だが、それも束の間、天文三年（一五三四）正月から宇土の軍勢と隈庄《くまのしょう》との合戦が起こり、三月には豊福大野でも合戦があり、いずれも宇土勢が敗北した。これに対して、武顕は三月二十一日、「慮外の弓箭」であるとして、豊福を明け渡すと相良氏に伝え、同日、名和氏老中が契状を提出し、皆吉伊豆守（武真）を納得させた上で〔相良家文書〕、二十二日に武真は下城し宇土へ戻った。だが、不満は鬱積したままだった。

天文六年八月および十一月、武顕は松橋《まつばせ》や鏡《かがみ》で相良長唯（義滋）と会談した。翌々年の天文八年十二月、武顕・行興父子は相良氏に個別に起請文を提出している。その内容は、①大友義鑑《おおともよしあき》・義武《よしたけ》兄弟の和睦、

②隈庄のこと、③名和・相良両家の謀略を行わないことなどであった。

天文十一年（一五四二）から両氏の抗争は再燃する。名和氏の攻勢は、一方では海路から松合や八代海士江《あまがえ》あるいは野津《のづ》への着船・上陸が試みられ、陸上からは豊福や隈庄、あるいは小野《おの》・守山《もりやま》への攻勢を仕掛けた。それと歩調をあわせて「裒衆」（読みも実態も不明）が隈庄、豊田・小熊野などを攻撃した。攻撃は天文十三年まで続き、名和氏は豊福を奪還、加えて小野まで知行した。

宇土氏を称する

武顕が天文十五年（一五四六）六月十二日に逝去すると、状況は再び変わった。跡継ぎは長男重行ではなく、二男行興であった。

天文十九年は、大友義鑑の横死の間隙をついた菊池義武の隈本復帰で混乱した。行興は六月六日に相良氏に起請文を提出して義武への入魂を誓い、老中たちも同様に連署状を発している〔相良家文書〕。

一方、『八代日記』同年六月十七日条には、「武真伯州家督」とあり、翌日、八代衆が守山に向かう途中で出会った宇土使僧は「伯州人体武真たるより使僧」だったとある。つまり、皆吉武真は「伯州家督」を称して行興と対立していたのである。実際に武真は宇土城を奪ったので、行興は河尻《かわじり》（熊本市南区）への一時避難を強いられた。その後、六月二十三日、武真は豊福に籠城したが行興らに攻略されて、武真および皆吉左近允・左京進のほか数百人は八代に避難し、相良晴広と面会した。それから約一月後の八月十一日に、武真は宇土で討ち死にしている。

こうした苦境を乗り越えた行興は、天文二十二年五月、朝廷から「宇土伯耆守」すなわち「宇土」を家名として修理大夫に叙任され、弘治二年（一五五六）四月にはこれまでの正五位下から従四位下に昇進している〔名和文書〕。だが、永禄年間になると再度相良氏との武力衝突が繰り返され、緊張が高まった。永禄三年（一五六〇）九月に和平が成立するが、永禄五年三月十三日に行興はこの世を去った。

行興の跡は行直が相続したが、「宇土雑説《ぞうせつ》」（内紛）が起きた。豊福にいた家臣たちは、重行の七歳の子が後継者であり、行直は名代であると主張した。これに対して、重臣内河氏は行直の相続は行興の遺言による名代であると反論した。ともに行直が名代であるということでは一致するが、内河氏には別の思惑があり、疑念を生じさせた〔八代日記〕。永禄七年四月、重行の子（「宇土伯州」）が九歳で死去すると、豊福の家臣たちの支持を受けた行直が「彼家連続」と述べて、五月八日に宇土に攻め入って内河氏を堅志田へ逃避させている。また、永禄九年二月には、「宇土取り乱れ」があり、行直は敵対して天草《あまくさ》上津浦《こうつうら》（熊本県天草市）山中に逃亡していた重臣加悦美作を成敗する。行興の動向はその後たどれないが、系図によれば元亀二年（一五七一）に没している。

顕孝の時代

こうして顕孝が家督を継ぐのだが、相続の経緯などは史料がまったくないので不明である。天正三年

（一五七五）二月七日から上京した島津家久《しまづいえひさ》の日記に、「宇土殿」が登場する。二月二十五日に松橋から上陸した家久一行は陸路北上し、「宇土殿の城」がみえると記す。だが、「宇土殿」の記述はこれだけではない。京都での家久は、四月二十八日に里村紹巴《さとむらじょうは》・昌叱《しょうしつ》そして「肥後のう土殿」や加悦式部大輔らと一緒に見物をしている。五月二日には里村紹巴が家久や「肥後の宇土殿」に松茸を振る舞い、さらに七日に「宇土殿」は蒙丹が、九日には「宇土殿」と行豊《ゆきとよ》が連歌会を興行している。

日記に登場する「宇土殿」とはだれか。明証はないが、最有力候補の一人に顕孝が措定され、在京もありえないことではないだろう。顕孝の発給文書の初見は、『新宇土市史』資料編によれば、天正八年四月十六日の伊集院忠棟《いじゅういんただむね》に宛てた書状（薩藩旧記雑録後編）で、顕孝は島津氏への人質のことを話題としており、服属の意志を示す。そして十二月十三日の島津氏宛書状で、相良義陽・城親賢《じょうちかまさ》と同内容の神文に同意している。また、この間の十月から矢崎《やさき》城（熊本県宇城市）を攻撃・陥落させている。

顕孝と島津氏との関わりでもっとも特徴的なのは、相良氏が屈服した後、顕孝および彼の意を受けた使者などによる島津氏との頻繁な接触である。『上井覚兼日記《うわいかくけんにっき》』からわかるだけでも、天正十年が二度、天正十一年が七度、天正十二年が十六度、天正十三年が七度と、計三十三度にのぼっている。これは国衆のなかでも群を抜く回数である。島津氏との懇意は、従属の度合いを示す指標でもあった。

天正十一年からは、島津氏による阿蘇氏の拠点堅志田城への攻撃が本格化するが、これに合わせて名和氏にも隈庄（熊本市南区）への攻撃が課されたとみられる。十月八日、加悦飛騨守の軍勢が隈庄近くの村々を破壊するが、逆襲にあってかなりの戦死者を出している。

顕孝と豊臣政権

天正十五年（一五八七）四月、豊臣秀吉《とよとみひでよし》は島津氏制圧のために肥後を訪れた。宇土氏も侘言をいい、降参して城を明け渡したので助命したとある〔黒田家文書、豊公遺文〕。顕孝に限らず城・小代《しょうだい》氏などの有力国衆は、本人および妻子を大坂へ召喚された。その目的は、「国にやまひのなき様（国内の反乱の芽を摘む）」にするためだった〔龍造寺文書〕。一面、名和氏の場合は、天皇を戴く秀吉としては、鎌倉幕府倒幕の功績を考慮しての存命措置であったとも言えよう。

天正十五年九月八日の豊臣秀吉朱印状〔黒田家文書〕には、肥後で朱印状をもらった国衆の一人に伯耆次郎三郎があり、在大坂とある。次郎三郎は次郎太郎の誤りで顕孝のことであろう。翌年八月十二日、秀吉は伯耆佐兵衛尉（顕孝）に筑前国内に替地として五〇〇町を宛行い、小早川隆景《こばやかわたかかげ》に随従することになった〔小早川文書〕。宇土領の一〇〇〇町からは半減されたが、「伯耆氏」として延命することになり、ここに肥後での名和氏の活動は終焉を迎えた。同年十二月二十六日、顕孝は加悦宗右衛門尉に田畠五町二〇歩を宛行っている。

この後起きた肥後国衆一揆には、大坂在住が幸いして加担の嫌疑は免れたが、弟の顕輝が加担した可能性は高い。一方で、忠節を尽くして解放された加悦飛騨守らのような家臣もいた〔大友文書録〕。

天正十八年九月三日の記録〔天正十六年参宮帳〕には、伯耆左兵衛佐長良《ながよし》がみえ、長良は宇土氏のことという。そのほかに供の衆として、西《にし》、加悦、岩田《いわた》、南条《なんじょう》、荒松《あらまつ》、村上《むらかみ》の各氏が記されている。顕孝は、慶長十三年（一六〇八）十一月二十五日に没した〔新撰事蹟通考〕。

（柳田快明）

【主要参考文献】

阿蘇品保夫「肥後における名和氏と宇土氏」（『宇土城跡（西岡台）』宇土市埋蔵文化財調査報告書―本文編―所収、一九八五年）

生駒孝臣「名和長年」（亀田俊和・生駒孝臣編『南北朝武将列伝 南朝編』戎光祥出版、二〇二一年）

稲葉継陽「室町・戦国期の宇土」「戦国期の城と地域社会」（『新宇土市史』通史編第二巻、二〇〇六年）

高野茂「島津氏の肥後侵攻と支配について」（『地域史研究と歴史教育』熊本出版文化会館、一九九八年）

高野茂『古文書に見える中世の八代』（八代市立博物館友の会、二〇二二年）

高野茂『中世の八代』史料編（一九九三年）

鶴嶋俊彦「『裒衆』考」（『ひとよし歴史研究』五、二〇〇一年）

松原勝也「天文期肥後国情勢と相良・名和・阿蘇三氏盟約」（『九州史学』一四一、二〇〇五年）

『新宇土市史』資料編第三巻　古代・中世・近世（宇土市教育委員会、二〇〇四年）

相良晴広・義陽
——近世大名へと生き延びた肥後国唯一の戦国領主

相良晴広《さがらはるひろ》・義陽《よしひ》父子は、球磨《くま》・人吉《ひとよし》盆地から球磨川河口の八代《やつしろ》平野、八代海を望む葦北《あしきた》地方にまたがる肥後国南部三郡を支配した戦国大名である。地域的差はあるが、十五世紀後半から天正九年(一五八二)九月に北上した島津《しまづ》氏に屈服するまでのおよそ一〇〇年間に及ぶ。その後、幕藩体制下で球磨一郡二万二〇〇〇石を領有する近世大名として延命した。

相良氏は、遠江国相良荘（静岡県相良町）が本貫地である。九州への下向、すなわち西遷は源頼朝《みなもとのよりとも》の勘気に触れたことが原因とされている。球磨郡に入部した時期は明確でないが、惣領家は当初、球磨川上流の多良木《たらぎ》（熊本県多良木町）に拠点を定めた。球磨郡は、肥後国最南部に位置し、須恵《すえ》氏や平河《ひらかわ》氏といった在地勢力が盤踞していた。また、薩摩・大隅・日向の三国と境を接する「四州」地域の接点にあり、交通路も整備されて人的・物的往来も盛んであった。

相良氏と同様に肥後国への下り衆としては、宝治元年（一二四七）の宝治合戦（三浦泰村《みうらやすむら》の乱）の恩賞で武蔵国から玉名《たまな》郡野原《のばら》荘（熊本県荒尾市・長洲町）に入部・土着した小代《しょうだい》氏がいる。相良・小代の両氏は、ともに国境の地頭職を給与されているのが特徴である。

ところで、鎌倉期の相良氏にあっては、多良木の惣領家に対して、蓮華王院《れんげおういん》領人吉荘の佐無田《さむた》（熊本県人吉市）に拠点をおく庶子家の佐無田家が徐々に勢力を伸ばした。そして南北朝内乱（十四世紀内乱）では、多良木惣領家は南朝、佐無田家は北朝の立場をとり、後者が徐々に圧倒していった。内乱末期には佐無田家も南朝征西府《せいせいふ》に与するが、内乱終結後も順調に勢力を拡大して、葦北郡の知行を実現していた〔小川二〇一九〕。また、日向国へもたびたび出兵し影響力を保持していた。

二度の当主交代――永富系から上村系へ

このように、相良氏は鎌倉期から南北朝・室町時代初期にかけて、一族内の対立をはらみながらも勢力を拡大した。ただ、この時期の相良氏がこれまで近世の史書や『人吉市史』などでは近世大名相良氏に直結するように叙述されてきたが、これが真実ではないことはすでに明らかになっている〔服部一九八〇〕。というのは、戦国領主晴広・義陽の代に至るまでに、二度の下剋上的な

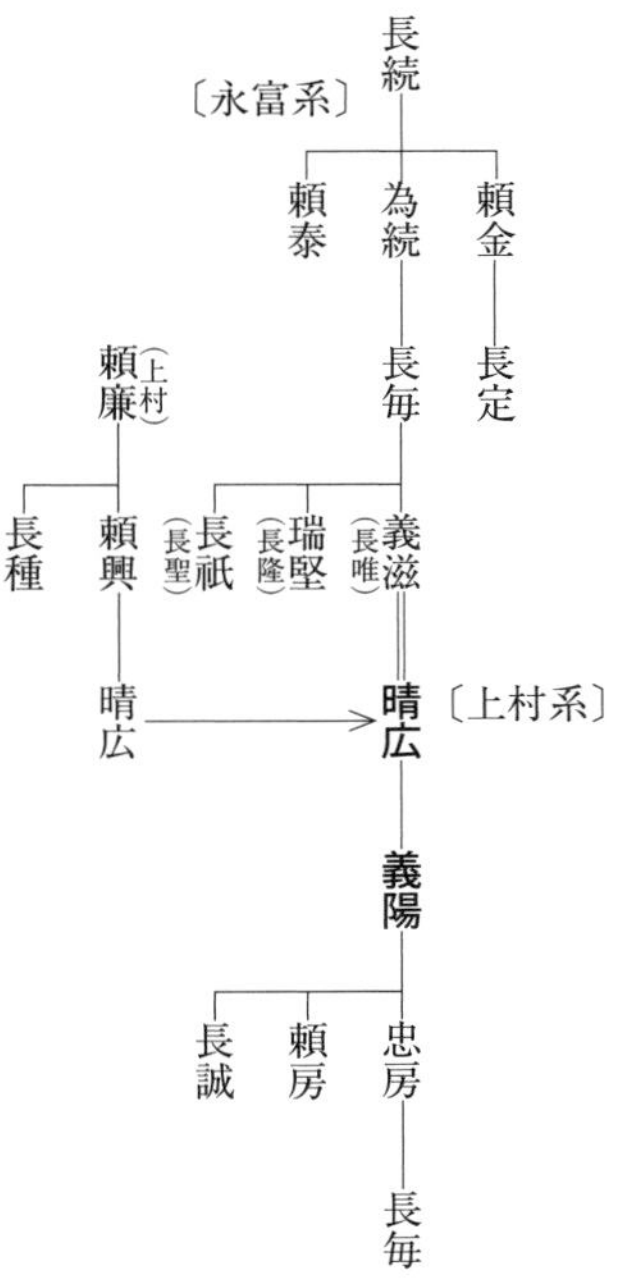

相良氏略系図

一族内での当主交代劇が存在したからである。

一度目が、佐無田家が滅んだ文安五年（一四四八）の政変である。これは、佐牟田堯頼《たかより》の大隅国菱刈《ひしかり》（鹿児島県伊佐市）への追放・殺害にはじまり、続いて多良木頼久《よりひさ》の球磨郡外への逃亡によって達成されたものであった。この結果、新しい当主に就いたのが永富長続《ながとみながつぐ》で、彼は「郡主《ぐんしゅ》」として球磨郡全域をはじめて統一し、葦北郡も守護菊池《きくち》氏から改めて安堵された〔柳田二〇一九〕。永富系相良氏は以後、為続《ためつぐ》―長毎《ながつね》―長祇《ながまさ》（長聖《ながのり》）と代を重ね、為続時代には名和《なわ》氏の内紛から高田郷《こうだ》を譲与されて八代進出の足掛かりを得た。そして、長毎の代の永正元年（一五〇四）二月には、名和顕忠《あきただ》を追い出して八代を獲得した。一方で、長毎は日向国の伊東祐国《いとうすけくに》の娘を、長祇が同じく尹祐《ただすけ》の娘を妻とし、日向の伊東氏との連携を図っていた。

しかし、永富系相良氏は長続の死後すぐに対立が顕在化した。長享二年（一四八八）六月に為続が弟頼泰《よりやす》父子を謀叛の嫌疑で処断したのがその先駆けで、十六世紀に入ると、次に列挙するような当主およびその親族が「生害《しょうがい》」（殺害・自害）される事件が相次いだ。

①大永五年（一五二五）正月、長毎の嫡子長祇が水俣《みなまた》（熊本県水俣市）で自害する（二十五歳）。長祇は長子ではないが本妻の子で、永正九年に人吉城主になっていた。

②大永六年、為続の兄頼金《よりかね》の子長定《ながさだ》（大永四年から人吉城主）が追放されて失脚し、流浪ののち球磨に戻ったが、享禄五年（天文元年、一五三二）十一月に殺害された。

③大永六年五月、長毎の息子で観音寺《かんのんじ》住職だった瑞堅《ずいけん》（還俗し長隆《ながたか》と改名。長祇の兄）が後継に就いた。しかし、家臣団の支持を得られず、上村永里城《うえむらながさとじょう》（熊本県あさぎり町）に籠もって抵抗したものの、まもなく自害した（三十五歳）。

④天文四年（一五三五）三月、上村頼興《よりおき》の弟である長種《ながたね》が生害された。

大永六年に瑞堅を攻略して混乱をおさめたのが、長祇や瑞堅の異母兄弟である義滋《よししげ》（長唯《ながただ》）であった。義滋は瑞堅攻略に際し、後に「大殿《おおとの》」〔八代日記〕とよばれた上村頼興から嫡男頼重《よりしげ》（後の晴広）を後継者とすることを条件に軍事的援助を受けていた。この約束が義滋の死去後に上村系相良氏が誕生するきっかけとなり、二度目の当主交代劇であった。上村系相良氏が近世大名相良氏へと続くことになる。

こうした交代劇は、永富系の場合は武力を伴った「政変」であった。上村系の場合は表向きは平和裏の禅譲のようだが、実は軍事的な威嚇を伴っていた。大永六年八月四日、岩本《いわもと》三郎衛門尉に発給された義滋（長唯）・頼興の連署感状がある〔渋谷氏保管文書〕。頼興が義滋と並んで袖判をすえており、ここに義滋の統治の実態が如実に表れている。永富系から上村系への過渡期の政治体制は、義滋・頼興共同統治的な体制であった。

義滋の時代——永富系最後の当主

このように、義滋からすれば不本意な形での家督の継承だったが、戦国期相良氏の発展の基礎が固まったのは彼の時代である。

義滋の施策は多岐にわたるが、特筆すべきは球磨川河口の肥沃な生産力を誇る八代平野を掌中におさめて、天文三年（一五三四）に名和氏の居城跡に築いた新城＝八代本城（古麓《ふるふもと》城）を拠点に球磨・八代・葦北三郡の本格的支配に乗り出したことである〔鶴嶋二〇〇五〕。八代本城は、城域東西六〇〇m、南北七〇〇mの大規模城郭であった。これに鷹峯《たかみね》城の普請を行って自ら在城し、八代奉行を長毎期の四名から六名に増員して足元を強固にした。

天文三年十月十九日、義滋の発願《ほつがん》で大永六年（一五二六）の戦火で被災した願成寺《がんじょうじ》（熊本県人吉市）の阿弥陀如来坐像の彫像が開始された。坐像は天文五年五月二十八日に完成したが、その胎内銘文には義滋と晴広が連名で家門繁栄、武運長久とあわせて「領中康寧《りょうちゅうこうねい》」（領内の安寧）を祈願している。「領中」とは、球磨郡・葦北郡・八代荘・守山《もりやま》・小野《おの》村・豊福《とよふく》荘・豊田《とよだ》荘・牛屎院《うしくそいん》（鹿児島県伊佐市）と記されており、当時の相良氏の支配領域を示している。この坐像の作者は、土持《つちもち》氏末子の誕部氏を名乗る日向国住人である。相良氏と日向国縣《あがた》（宮崎県延岡市）を本拠とする土持氏との交流も垣間見える。

義滋は天文十三年（一五四四）に御内（陣内）の屋敷へ転居するなど積極的施策を取り、八代衆という直轄軍事力の編成を行った。この間にも豊福領をめぐる名和氏との攻防は続いていた。また、徳淵《とくぶちの》津《つ》を中心に港町の整備を進めて商業・貿易・交通の拠点とした。天文七年には大型船市木丸《いちきまる》の建造に着手し、天文十四年には幕府から大内《おおうち》氏の遣明船《けんみんせん》警固を命じられている。義滋は八代海から東シナ海への進出、制海権掌握を企図しており、それには天草《あまくさ》の掌握が重要であった。また、琉球王国とも交渉を持っている。

天文十四年二月五日、義滋は博奕《ばくち》の禁止・盗人の成敗・荘内の検断《けんだん》・地下人《じげにん》欠落（逃亡）など五箇条の法式を出し、二月十日に白木社の宮司によって神裁形式でこれを定めた〔八代日記〕。この年には十二代将軍足利義晴《あしかがよしはる》から義滋は「義」、養子の晴広は「晴」の偏諱《へんき》を受け、あわせて官途も得た。この偏諱拝領には、大内氏の仲介と莫大な額の礼物を必要とした。翌天文十五年八月十五日、晴広に宛てた二十一箇条の式目と遺状を残して、義滋は十日後に五十八歳で生涯を終えた。遺状のなかで、偏諱と官位を勅使が下向して口宣《くぜん》の形式で受領したのは当家が鎮西下向以来はじめてのことだと述べ、「雲井より名を吹き下ろす 月なれは 代々につたへん 我家の風」の歌を残している〔八代日記ほか〕。

晴広の時代

義滋亡き後、上村頼興との約定通り晴広が家督に就いた。晴広は永正十年（一五一三）の生まれで、幼名藤五郎《とうごろう》、初名頼重《よりしげ》、後に長為《ながため》・為清《ためきよ》を名乗った。天文五年（一五三六）十二月に名和氏の娘と結婚している（六年後に離縁）〔八代日記〕。直垂に折烏帽子を被った晴広の肖像画（次頁写真参照）は、義滋の肖像画と同じように室町後期の京都の専門絵師による優れた作品と評価されている。相良家文書の「沙弥《しゃみ》洞然長状《とうねんちょうじょう》」は、上村長国《ながくに》（晴広の母方祖父）が晴広に捧げる形で歴代の治績と訓話を施した

相良晴広画像　熊本県人吉市・相良神社蔵　人吉市教育委員会寄託

ものである。晴広は、弘治元年（一五五五）八月十二日に四十三歳で死去するので、その治世は足かけ十年と比較的短期間だが、相良氏の全盛時代を築いた人物である。晴広が取り組んだおもな出来事や懸案事項は以下のようであった。

①家臣団の再編成

相良氏には、一説に三十五家といわれる相良を名乗る一族・同族が多数いて、代を重ねるごとに煩雑になっていた。そこで晴広は、同姓の一部を相良姓から東姓と西姓に変更させることで家臣団の整理と序列化、当主との主従関係の明確化、対等な同族意識の払拭に努めた。このきっかけとなった一つの事件が、天文二十一年（一五五二）八月の岡本《おかもと》地頭上村頼春《よりはる》（長国の子）が晴広の父頼興によって謀殺された事件であった。

②豊福領をめぐる名和氏との抗争

天文十三年から名和氏が豊福を知行していたが、家督をめぐって名和行興《ゆきおき》と皆吉武真《みなよしたけざね》の間で争いが起こった。この結着をめぐって行興から晴広へ知行権が渡され、天文十九年から永禄二年（一五五九）にかけて治めることになった（「名和顕孝」の項参照）。

③菊池義武《きくちよしたけ》および阿蘇惟長《あそこれなが》遺子らの処遇

天文十九年二月の二階崩《にかいくず》れの変で大友義鑑《おおともよしあき》が急死した。菊池義武はこの混乱に乗じて隈本へ再度入城するも、大友義鎮《よししげ》に敗れる。この後、義武は晴広に再三にわたり庇護を願い出る書状を発している。一方で、義鎮からは「義武退治」の要請があり、晴広は亡くなる前の天文二十三年まで頭を悩ましたが、最終的には義武の引き渡しに同意した。その代わりに遺子則直《のりなお》（則朝《のりとも》）を保護し被官化する。一方、阿蘇惟長の遺子惟前《これさき》らは、堅志田《かたしだ》（熊本県美里町）落城後も一貫して保護し、阿蘇惟豊《これとよ》との対立は解消しなかった。

④対外交易と八代海・不知火海《しらぬいかい》の覇権

晴広も徳淵津を拠点に積極的交易策をとり、天文二十三年二月二十三日には新市木丸が「船おろし」（竣工）、翌月二日に渡唐の門出を行い、七月十二日に帰港している。この間、八代海から外洋への出口にあたる長島《ながしま》を押領知行して一時的に制海権を得るが、天草尚種《ひさたね》からの返還要請や島津氏のもあって必ずしも順調には運ばなかった。

⑤相良氏法度《はっと》の制定

晴広は天文二十四年（弘治元、一五五五）二月七日に二十一箇条の法式を定めている。これは為続・長毎両代の法式を継承し追加した形式をとった「相良氏法度」と呼ばれる分国法《ぶんこくほう》である。晴広の法度は一面では永富系相良氏の正当な継承者であることを誇示したものであった。その中身はこれまでの水利や開発、牛馬放牧や作毛の保護、土地の境目相論の平和的解決など勧農《かんのう》を重視した条項に加え、検断の強化、寡婦や被官人を含む人身売買の禁止、夜討・山賊や逃亡者の成敗、一向宗禁制（禁止）などが追加されている。人身売買は肥後国でいえば玉名郡高瀬津《たかせのつ》（熊本県玉名市）が拠点であり、徳淵津でも横行していたと推定される。

義陽の時代

晴広の跡の家督は、嫡男義陽が継いだ。義陽は、天文十三年（一五四四）二月八日の生誕で（『八代日記』）、幼名は万満丸《まんみつまる》。晴広死去後の弘治二年（一五五六）二月に元服して頼房《よりふさ》を名乗った。後世（十七世紀）描かれた彼の肖像画（次頁写真参照）は、立派な髭をたくわえた猛々しい相貌で、晴広と対照的で、この絵からは悲劇の武将としての姿は想い描けない。

義陽の家督相続にあたっては、天文十八年八月九日に球磨・葦北・八代の三郡老者が佐敷《さしき》（熊本県芦北町）に集合し、「万満殿様御家御家督」のことについてすでに承認・決定していた（『八代日記』）。これは、晴広の相続時との決定的な違いであるが、相良氏権力が三郡老者の決定権に左右され、こうした家臣団の存在によって支えられていたことがわかる。

義陽は、永禄七年（一五六四）二月に十三代将軍足利義輝《よしてる》から修理大夫の官途と「義」の一字を拝し義頼《よしより》、さらに義陽に改名した。このときの将軍への礼物は、黄金一〇〇両と来国光《らいくにみつ》銘の打刀（費用は黄金二〇両）で、そのほか義輝生母へ黄金二〇両、小侍従局《こじじゅうのつぼね》へ黄金五両、仲介した細川藤孝《ほそかわふじたか》へ黄金一〇両、使者の桜本坊に黄金二〇両などで、これに各種接待費用など多額の出費を要した（相良家文書）。

この官位・偏諱の獲得に当たり、義滋のときと異なり大内氏などの仲介なしに自立的に幕府と直接交渉を行ったことが高く評価されている。だが、大友義鎮が「義」の字および官途に対して異議を申し立てたので、義陽の「義」の使用はしばし制限された。

相良義陽画像　熊本県人吉市・相良神社蔵　人吉市教育委員会寄託

義陽は、後述する響《ひびき》ヶ原《がはら》（熊本県宇城市）の戦いで戦死したので、相良氏累代のなかでは悲劇の当主である。彼は、父晴広が死去した時には十二歳で「若殿《わかとの》」と呼ばれ、「大殿」である祖父の上村頼興を後見人として時代が始まった。

義陽はすぐに阿蘇惟豊と和解し、対立を解消した。だが、頼みの頼興が弘治三年（一五五七）二月二十一日に亡くなると、にわかに不穏な空気が漂いはじめた。五月には「上村雑説」、すなわち頼興の実子たちが不審な行動を起こしたので、軍事衝突が起こる事態となった。

『歴代参考』などによれば、原因は上村城主頼季《よりすえ》・豊福城主頼堅《よりかた》・岡本城主長蔵の三人が謀叛を起こしたことであった。頼堅は自害、頼季は逃亡して上村一門は没落することになった。永禄二年（一五五九）には、球磨奉行の丸目頼美《まるめよりよし》が同じく奉行の東長兄との確執から反乱を起こし、獺野原《うそのばる》の激戦で丸目氏に加担した湯前《ゆのまえ》氏や久米《くめ》氏も没落した。この戦いの詳細は、『歴代参考』など近世の史書には詳しいが、『八代日記』は「三郡雑説」とか「三郡之紕繆《ひびょう》無為」と簡単に記す。しかし、義陽からの感状や契約状が数通残存し、「丸目悪心顕然《あくしんけんぜん》（丸目氏の悪心は明らか）」とあって、かなり激しい争いであった。

こうした相良氏内部の争いだけでなく、南からの圧力や天草からの敵対行為も起こっていた。永禄二年五月、島津氏の攻撃で水俣城が陥落した。このときは、天草氏や菱刈氏の調停で和睦が成立し、水俣城は奪還できた。ただ、その交換条件として水俣の一二門（屋敷）と領地の割譲を強いられている。日向・薩摩の情勢も徐々に緊迫の度を増してきた。永禄五年八月、義陽は北郷時久《ほんごうときひさ》に起請文を提出し誼を誓い、十月には島津義久《よしひさ》が起請文で義陽との盟約を誓っている。永禄八年には松橋の久具で甲斐宗運《かいそううん》とも会談をしている。永禄五年十一月、義陽は三面の懸仏《かけぼとけ》（阿弥陀如来・薬師如来・十一面観音菩薩）を井沢権現《いざわごんげん》社（熊野三山を勧請。熊本県相良村）に寄進して郡内の泰平と豊穣を祈願している。

だが、永禄十年（一五六七）以降、大口市山（鹿児島県伊佐市）、翌年の初栗、そして永禄十二年正月に砥上《とがみ》と戦いが続き、六月の戸神尾《とがみお》（伊佐市）で、相良・菱刈連合軍は島津氏に大敗し、大口城が陥落する。元亀三年（一五七二）には嫡男忠房《ただふさ》が誕生した。日向では五月に伊東義祐《よしすけ》が島津氏に木崎原《きざきばる》（宮崎県えびの市）で大敗する。天正四年（一五七六）十二月、織田信長の命を受けて薩摩へ下向した前関白近衛前久《このえさきひさ》の仲介で、義陽は表面的には島津義弘《よしひろ》との和解が成立する。義陽は、前久の旅路の途次、鏡（熊本県八代市）の福善寺《ふくぜんじ》で歓待している。このとき義陽は、前久の「庭の面に　池の玉水　ながむれは　類なかりし　萩の下露」という歌に、「水のへに　たつ朝霧ハ　くもるとも　みかけ鏡の　池の秋風」と返している（熊本県立図書館所蔵）。

しかし、天正六年（一五七八）十一月、大友宗麟が高城《たかじょう》・耳川《みみかわ》の戦いで島津氏に大敗したことで国外勢力の均衡が崩れ、島津勢の国境への攻撃が激しくなった。その最たるものが宝河内城（熊本県水俣市）攻撃で、天正八年五月に陥落する。そして翌九年八月、水俣城が攻略され九月末に降伏した。このころ龍造寺《りゅうぞうじ》氏の本格的な肥後進出を前に北部国人を中心に雪崩を打って服属しているが、義陽もまた降伏直前の九月八日に龍造寺氏へ起請文を提出し、援軍を要請している（「龍造寺文書」）。

降伏した義陽は、所領の割譲や誓詞などとあわせて、嫡男を人質に差し出し忠義を誓ったが、島津氏は義陽の忠誠心を試すべく、尖兵として阿蘇領への攻撃を命じたのであった。十二月一日、八代衆を率いて北上した義陽は、守山・小野を経て娑婆神峠《さばがみとうげ》（熊本県宇城市）を越えて、翌日響ヶ原に布陣した。相良軍は、堅志田城攻撃などで勝利し優勢であったが、甲斐宗運の奇襲攻撃を受けて動転し、義陽以下多数の戦死者を出して敗北した（「甲斐宗運」の項参照）。島津氏と義陽の間、あるいは阿蘇氏との間でどのようなやり取りがあったのか。この時期の『上井覚兼日記《うわいかくけんにっき》』が失われており不明なのが残念である。

天正六・七年と推定される三月七日、義陽から「奥」（夫人豊永《とよなが》氏）に宛てた仮名書き自筆書状（写）

がある（熊本県立図書館所蔵）。三人の息子（亀千代《かめちよ》〈忠房〉・長寿丸《ちょうじゅまる》〈長毎《ながつね》〉・藤千代《ふじちよ》〈長誠《ながとも》〉）は、みんな賢いが手習いに励んでいるだろうか、長寿丸は歯の養生をしっかりするように、ほかの息子たちもしっかりするようにと述べ、夫人には精一杯しっかり頼むと伝えている。義陽のことは多良木町永昌寺石塔婆銘に「玉井院越江蓮芳大居士」、また、多良木町青蓮寺裏山石塔群五輪塔銘に「天正十一年七月十日」三回忌供養の刻印が残されている。

（柳田快明）

【主要参考文献】

池田こういち『肥後相良一族』（新人物往来社、二〇〇五年）
稲葉継陽「戦国期相良氏権力の構造的特質」（稲葉継陽・小川弘和編著『中世相良氏の展開と地域社会』戎光祥出版、二〇二〇年）
稲葉継陽・鶴嶋俊彦『戦国天草の領主一揆と城』（上天草市史、二〇二一年）
小川弘和「人吉相良氏と葦北郡」（『日本歴史』八五九、二〇一九年）
窪田頌「相良氏の天文一四年―天文前半期の肥後情勢と勅使下向―」（『地方史研究』四一六、二〇二二年）
高野茂『古文書に見える中世の八代』（八代市立博物館友の会、二〇二二年）
鶴嶋俊彦「戦国相良氏の八代支配と城郭形成」（『ひとよし歴史研究』八、二〇〇五年）
鶴嶋俊彦「文安五年相良家政変の実像」（『歴史を歩く時代を歩く』九州大学大学院比較社会文化研究院服部英雄研究室、二〇一五年）
出合宏光「相良氏の拠点」（大庭康時・佐伯弘次・坪根伸也編『武士の拠点　鎌倉・室町時代』高志書院、二〇二〇年）

新名一仁『室町期島津氏領国の政治構造』（戎光祥出版、二〇一五年）
服部英雄「戦国相良氏の誕生」（『日本歴史』三八八、一九八〇年）
松本寿三郎『多良木町史』（中世、一九八〇年）
森山恒雄「相良晴広―戦国大名への道―」（『熊本―人とその時代』三章文庫、一九九三年）
柳田快明「『文安五年の政変』前後の相良氏支配と球磨郡地域社会」（稲葉継陽・小川弘和編『中世相良氏の展開と地域社会』戎光祥出版、二〇二〇年）
熊本県立美術館『ほとけの里と相良の名宝　人吉球磨の歴史と美』（二〇一五年）

伊東義祐・義益
——日向随一の実力者の栄光と没落

家督継承と栄典の獲得

永正十年（一五一三）、伊東義祐《いとうよしすけ》（初名祐清《すけすみ》）は、伊東本宗家家督である尹祐《ただすけ》の子として誕生する〔日向記、伊東大系図〕。大永三年（一五二三）、伊東尹祐が野々美谷《ののみたに》城（宮崎県都城市）攻めの陣中で頓死したことにより、祐清（後の義祐）の同母兄である祐充《すけみつ》が家督を継承する。しかし、天文二年（一五三三）八月、祐充は二十四歳で亡くなり、家督継承に関する内紛が生じる。

祐充の死没直後、叔父祐武《すけたけ》（尹祐の弟）が、祐充・祐清等の母方の祖父である福永《ふくなが》伊豆守を死に追いやり、家中を掌握しようとした。伊東本宗家の家督を簒奪《さんだつ》しようとする祐武の行動を受けて、祐清は同母弟（後の祐吉《すけよし》）と共に日智屋《ひちや》（宮崎県日向市）に赴き、日向を離れようとする。このとき伊東家臣荒武《あらたけ》三省は、祐清に対して日向に残って祐武と戦うよう説得し、祐清はこの説得を聞き入れたという。その後、同年十一月、荒武三省が祐武を死に追いやることに成功する。そして、祐清は日智屋を出立すると、集結した軍勢を率いて祐武の子である左兵衛佐の軍勢を破っている〔日向記〕。

しかし、伊東家臣長倉《ながくら》能登守は、黒貫寺《くろぬきでら》（宮崎県西都市）にて出家していた祐吉を還俗させて、伊東本宗家の家督として擁立する。祐吉が家督となると、祐清は出家して可水と名乗り、富田《とんだ》（同新富町）に引き籠もったという〔日向記〕。

天文五年六月、祐吉が亡くなると、可水は還俗し、翌七月、佐土原《さどわら》城（宮崎市）に入り、家督を継承する〔壱岐加賀守年代覚書、日向記〕。そして、翌天文六年、従四位下に叙されるとともに、将軍足利義晴《あしかがよしはる》より偏諱《へんき》を授けられ、義祐となる〔宮地二〇一二〕。義祐の父尹祐は、足利義尹《よしただ》から「尹」の一字を授けられているのに対して、義祐は足利家の通字である「義」字を獲得しており、より価値の高いものであったと考えられる。栄典獲得の効果について実証的に可視化することは難しいが、生まれながらの家督継承者ではなく、家督継承の内紛を経験した義祐にとっては自らの権威を高める効果を期待したといっても差し支えないだろう。

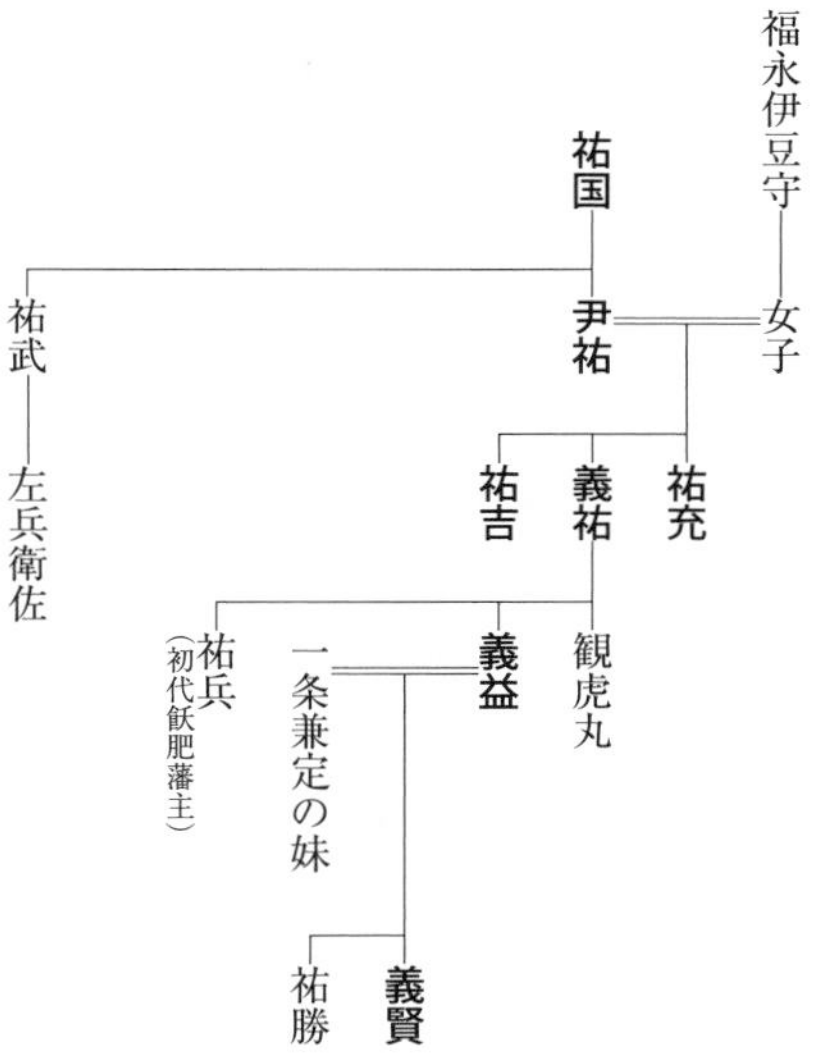

伊東氏略系図　太字は本宗家家督継承者

この後も義祐はさらなる官位等の栄典の獲得を目指す。天文八年には弾正大弼《だんじょうのだいひつ》任官を申請しているが、武家全体で弾正大弼の先例がないとの理由で任官は拒否されている〔木下二〇一九〕。そして、天文十年、伊東氏が島津氏被官ではないことと「義」字授与が考慮されて、義祐は四職大夫《ししきのだいぶ》の一つである大膳大夫《だいぜんのだいぶ》に任官されている。このとき幕府政所執事《まんどころしつじ》である伊勢貞孝《いせさだたか》は、伊東氏の過去の状況について調査を行った。これに対して、義祐は父尹祐への御判案文を提示し、大膳大夫任官にふさわしい家であると認められている。

永禄四年（一五六一）には、将軍足利義輝《よしてる》の執奏により、義祐は従三位に叙された〔宮地二〇一二〕。また、翌永禄五年には幕府に対する申次であった伊勢貞孝が失脚の上、死没するが、永禄七年、義祐は細川《ほそかわ》藤《ふじ》孝《たか》を申次として、義輝から一代相伴衆《しょうばんしゅう》に任じられている〔宮地二〇一二〕。

長倉能登守の反乱と飫肥進攻

天文十年（一五四一）、長倉能登守が義祐に対して反乱を起こしている。そして、長倉方の援軍要請により、飫肥《おび》の島津《しまづ》豊州家《ほうしゅうけ》（以下、豊州家）も出兵し、長倉・豊州家連合軍は伊東勢と曽井《そい》（宮崎市）にて交戦した。その結果、長倉能登守は討ち死にし、伊東勢の勝利で乱は終結した。

反乱平定後、伊東氏は飫肥進攻を開始する。この飫肥攻防は長期にわたることから四期に分けて記すこととしたい〔宮地二〇一二〕。

【第一期飫肥攻防（天文十〜十八年）】

天文十年（一五四一）十月、伊東勢は支配領域である山東《さんとう》（宮崎平野に相当）から日向灘沿いに南進して、瀬平《せびら》（宮崎県日南市）を確保し、天文十二年三月、さらに南下して鵜戸《うど》（日南市）を攻め落としている。

伊東勢の南進に対して、同年七月と翌天文十三年二月、豊州家は豊後の大友《おおとも》氏に和平調停を依頼する。同年十月、大友氏は定恵院《じょうけいいん》を飫肥に遣わしたが、義祐の和睦条件は豊州家の所領の割譲であったため、調停は不調に終わる。

大友氏による和平調停失敗後、伊東勢は飫肥進攻を本格化させる。そして、天文十四年から同十六年にかけて、伊東勢は鬼ヶ城《おにがじょう》（日南市）など飫肥・油津《あぶらつ》周辺の諸所を確保している。この間、郷之原《ごうのはら》や目井《めい》（いずれも日南市）の伊東方への寝返りもあり、伊東勢は攻勢を強めている。

伊東勢の飫肥進攻に対して、豊州家は庄内都城《しょうないみやこのじょう》（宮崎県都城市）の北郷《ほんごう》氏と連携して対応していたが、天文十五年、北郷氏の家督を継承していたとされる忠親《ただちか》が豊州家の養嗣子として飫肥城に入ると、両者の関係はより一層強化されたと考えられる。翌天文十六年四月、北郷勢は豊州家の救援のために南《なん》郷新城《ごうしんじょう》（日南市）を確保し、一族の北郷忠直《ただなお》を配置した。これに対して同年十二月九日、伊東義祐自らが高佐《たかさ》（日南市）に出陣し、同月十三日、伊東勢は南郷新城を火矢攻めで攻略している。

こうした伊東勢の攻勢を受けて、天文十七年正月、大友氏は真光寺《しんこうじ》を遣わして和平調停を行った。大友氏の調停案は、飫肥の代替として伊東氏旧領の三俣院高城《みまたいんたかじょう》（都城市）および六、七百町の所領を伊東方に引き渡すというものであった。この調停案に三俣院高城を領する北郷氏は応諾したが、伊東義祐が「難渋」したため、大友氏による調停は不調に終わる。

その後、伊東勢は飫肥近くの新山《にいやま》（日南市）を攻撃し、攻勢を強めていたが、天文十八年四月、豊州家勢・

北郷勢・伊集院忠朗《いじゅういんただあき》勢の連合軍に伊東方の飫肥合米ヶ辻《ごうまいがつじ》（業毎ヶ辻、伊東側は中ノ尾《なかのお》と呼ぶ、日南市）を攻め落とされると、伊東勢は鵜戸以南の要害を放棄して山東に退いた。そして、同年八月、伊東勢は水之尾《みずのお》（日南市）を再度確保するが、十二月に「和与」となり、伊東勢の飫肥進攻は一端終結する。

【第二期飫肥攻防（天文二十一・二十二年）】

天文二十一年（一五五二）七月、伊東勢は水之尾および鬼ヶ城を確保すると、翌天文二十二年閏正月、飫肥城および新山城にて豊州家勢と交戦する。この状況を受けて同年二月、薩摩・大隅の国衆祁答院《けどういん》氏の使僧による調停が行われ、鬼ヶ城と付属する三百町を伊東氏が支配することを認めることで和睦は成立した。

【第三期飫肥攻防（弘治元年～永禄五年）】

弘治元年（一五五五）七月、伊東方の鬼ヶ城の出火に際して、豊州家勢は城の引き渡しを要求した。この要求を受けて伊東氏は、天文二十二年（一五五三）の和睦は破綻したと捉えた。そして、弘治二年三月、伊東勢は飫肥にて麦なぎを行うと、同年九月以降、飫肥・油津周辺の諸所の確保を再開する。そして、永禄元年（一五五八）十一月、伊東勢は、新山（日南市）を確保した。新山は飫肥城南東方約一・五kmに位置し、飫肥城の標高は約五〇mであるのに対して、新山の標高は一〇〇m超であることから、伊東勢の新山掌握は飫肥の豊州家にとって脅威であったことは想像に難くない。

そして、永禄三年（一五六〇）、足利義輝による調停が行われる。幕府上使である伊勢貞運《さだかず》は、飫肥を幕府御料所《ごりょうしょ》とする方針で調停を進め、一時、伊東氏と島津氏の双方から幕府調停案への内諾を得る。しかしながら、飫肥城の管理者を含めた御料所の代官を誰が務めるのかといった、調停案の具体化に行き詰まったことから、最終的には調停は不成立となった〔宮地二〇二二〕。

幕府調停が不調に帰結すると、永禄四年三月、約七ヶ月ぶりに伊東勢と豊州家勢が交戦している。同年七月、島津勢は大隅国廻《めぐり》合戦（鹿児島県霧島市）で肝付《きもつき》勢に敗北し、島津貴久《たかひさ》の弟忠将《ただまさ》は戦死する。この影響を受けて、豊州家と伊東氏は和睦交渉に入る。その結果、翌永禄五年二月、飫肥は伊東方に引き渡されることになった。しかし、同年九月、豊州家勢は飫肥を急襲して、城の奪還に成功する。そして、伊東勢は山東に退くことになった。

【第四期飫肥攻防（永禄六～十一年）】

永禄六年（一五六三）七月、伊東勢は外之浦《とのうら》（日南市）を攻撃すると、それ以降、飫肥・油津周辺の諸所の再確保に努め、飫肥への攻勢を強めていく。永禄十一年、伊東勢が飫肥を包囲すると、同年二月、北郷勢は飫肥城へ兵糧搬入を試みる。その結果、両者は合戦となり、伊東勢が勝利すると同年六月、飫肥城は伊東方に引き渡されることになった。そして、天正五年（一五七七）に伊東氏が日向国を退去するまで、伊東氏による飫肥支配は続いた。

飫肥進攻の理由

天文十七年（一五四八）の大友氏による調停では、義祐は三俣院高城および六、七百町の所領を伊東氏に引き渡すという案を拒否している。しかし、天文二十二年（一五五三）の祁答院氏による調停では、義祐は飫肥東方約四kmに位置する鬼ヶ城と付属する三百町の伊東氏支配を認めるという案を受け入れている。後者の調停では、前者より所領が少ないにもかかわらず調停案を受け入れていることや、伊東勢の長期にわたる飫肥進攻を考慮すれば、飫肥を獲得することについて、義祐の強い意思があったとみてよいだろう。

飫肥進攻の理由として、対外交易上重要な港である油津や外之浦の確保があったとの指摘があるが〔福島一九九八、新名二〇一七a〕、これは合理的であり首肯できる。ただし、伊東氏の家記ともいうべき『日向記』では、文明十七年（一四八五）に義祐の祖父祐国《すけくに》が飫肥で戦死したことへの「遺恨」や、長倉能登守に豊州家が加勢したことへの「鬱憤《うっぷん》」が原因と記している〔宮地二〇一八〕。この『日向記』記載の理由に通ずるエピソードがあるので紹介したい。

弘治二年（一五五六）五月、大友家臣の小原鑑元《おばらあきもと》等が大友義鎮《よししげ》に反乱を起こしている。この争乱に乗じて、義祐は日向国北部への進攻を企図したという。このとき伊東家臣壱岐《いき》加賀入道は「大友氏は強敵で、また、飫肥における合戦は祐国様の弔《とむら》いの念慮で行っているのに、臼杵郡に手を出せば、飫肥の事は後回しになります（現代語訳）」と義祐を諫めたという。義祐は、壱岐加賀入道の発言に機嫌を悪くしたものの、日向国北部への進攻を思い止まっている（壱岐加賀守年代覚書）。この事例からは、飫肥進攻の大義として、過去の遺恨が伊東家中でまかり通っていたことがうかがえる。

家督継承者伊東義益

天文十五年（一五四六）、伊東義益《よします》（幼名虎房丸《とらふさまる》）は、義祐の次男として誕生する。虎房丸には同母兄である観虎丸がいたが、天文十七年に病没しており（壱岐加賀守年代覚書）、虎房丸は家督継承者として伊東氏の本拠都於郡《とのこおり》（宮崎県西都市）に入っている（日向記）。

永禄元年（一五五八）九月、虎房丸は元服する（壱岐加賀守年代覚書）。このとき岩崎稲荷《いわさきいなり》神社（西都市）にて犬追物《いぬおうもの》が開催されており、参加者のなかに「虎房殿」の名が見受けられる（「犬追物手組之日記」日向記所収）。その後、虎房丸は義益となるが、これは父義祐から「義」字が継承されたものと考えられる。後の話となるが、義益の嫡男義賢《よしかた》にも「義」字が継承されている。これに対して、義益の弟祐兵《すけたけ》や義賢の弟祐勝《すけかつ》には伊東氏の通字である「祐」字が用いられている。これらに鑑みるに、義祐は将軍家の通字である「義」字を本宗家の家督継承者に与えることで、本宗家と庶子家の差別化を図るとともに、本宗家の家督継承者が特別な存在であることを内外に披露したかったものと推察される。

伊東義益の権威を高める要素として、「義」字継承以外に左京大夫《さきょうのだいぶ》への任官があげられる。永禄四年十月に開催された犬追物では、参加者のなかに「左京大夫殿」とあることから、これ以前に義益は左京大夫に任官されたと考えられる〔宮地二〇一二〕。そして、永禄三年十月の幕府調停関係史料には「伊左（＝伊東左京大夫）」が登場することから、任官時期は永禄元年から同三年の間とみてよいだろう〔旧記雑録後編〕。左京大夫は、大膳大夫と同様に四職大夫の一つであり、伊東氏代々の官途が大和守であることを考慮すれば、義祐・義益は特別であったといえる。

父義祐から義益への家督継承時期について、『日向記』は永禄五年の飫肥合戦頃と暗示するが、判然としない。また、両者の家督としての権限や両者の関係についても、残存する同時代史料が僅少であることにより、現時点では詳らかにされているとはいえない。このような状況ではあるが、両者の関係をうかがい知る上で興味深い事例があるので紹介したい。

永禄三年の幕府調停において、伊東氏と島津氏の双方が一時、幕府調停案に賛同した。このとき、幕府上使である伊勢貞運が島津氏側に宛てた書状には次の事柄が記されている〔旧記雑録後編〕。「幕府上使が示した大筋の調停案を伊東義益が受け入れた件について、義祐はいろいろと意見したというが、伊東氏側は、最終的には（＝書状発給時点では）調停案を受け入れており、「珍重」なことである（現代語訳）」。この事例から次の三点がうかがい知れる。第一は、伊東氏側の交渉窓口は義益であったこと、第二は、伊東家内の意思決定を行う上で、義祐の影響が少なからずあり、義祐・義益の父子間で意見の相違があったこと、第三は、義益の意見が伊東氏側の意向として採用されたことである。このとき義祐は四十八歳、義益は十五歳であった。幕府調停時点で、義益がすでに家督を継承していたとまでは断定できない。しかしながら、義益はすでに左京大夫に任官されており、伊東本宗家の家督継承者として伊東家内での存在感を高めていたことは確かだろう。

次に、義益の婚儀について触れたい。義祐以前において、伊東氏と婚姻関係にあったのは、庶子家や家臣を除けば守護島津氏や隣国の有力国人などであった〔新名二〇一一〕。これに対して、義益は土佐の一条兼定《いちじょうかねさだ》の妹を妻としている。これは伊東氏側の申請によるもので、永禄四年の年末には家臣を土佐に派遣し、婚姻の協議を開始している。翌永禄五年の初秋にも家臣を派遣しており、その結果、永禄六年に輿入・婚礼を迎えたのであった〔壱岐加賀守年代覚書〕。

義益期において特筆すべきことは、伊東氏の最大版図を築いたことにある。永禄十一年、伊東勢が飫肥を確保し、義益の弟祐兵が入部した。伊東勢による飫肥進攻は、天文十年に父義祐が始めたものであり、二十七年間にわたって断続的に行われたものであった。また、真幸《まさき》（えびの盆地・小林盆地）の領主北原《きたはら》氏の家督継承争いを契機として同地に進出しており、永禄六年、伊東氏は肥後の相良《さがら》氏と手を組むと、翌永禄七年五月、大河平《おこびら》城（宮崎県えびの市）を攻め落としている〔八代日記、壱岐加賀守年代覚書〕。このように伊東氏は、山東（宮崎平野に相当）を基盤として、山東外への進出を果たしていった。

伊東勢の攻勢を受けて、島津氏は豊後の大友氏を頼っている。同年九月、島津氏は大友氏に対して、伊東領北部への出兵を求めており、出兵が困難であれば伊東氏と島津氏の和平調停を行うように依頼している。このような出兵依頼は永禄四年にも行われており、このとき大友氏は、介入する意思を島津氏に対して示しているが、北部九州をめぐる政治情勢・軍事情勢に対応していたため、実際に出兵されることはなかった〔宮地二〇二二〕。

義益の死と反島津同盟の崩壊

永禄十一年（一五六八）八月、伊東勢は、相良氏・菱刈《ひしかり》氏・渋谷《しぶや》一族（伊東側史料では「四ヶ所」と記す。入来院《いりきいん》氏・祁答院氏・高城《たき》氏・東郷《とうごう》氏のこと）の加勢を目的として、真幸の田原山（宮崎県えびの市）に陣を敷く〔壱岐加賀守年代覚書〕。これは、島津勢の攻勢を受けて、前年から大口《おおくち》城（鹿児島県伊佐市）に籠城する菱刈勢・相良勢を支援するためであった。しかし、翌永禄十二年五月、菱刈勢・相良勢は、大口戸神ヶ尾にて島津勢に敗北する。この敗戦以降、「相良氏・渋谷一族の軍事的勢いは無くなった」と『壱岐加賀守年代覚書』は記しており、伊東氏側がターニングポイントと認識する戦いであった〔畑山二〇一九〕。

このように、伊東氏が日向国西部から薩摩国北部で相良氏・菱刈氏・渋谷一族と連携して島津氏に対峙している状況のなか、同年七月、伊東義益は参籠中に岩崎稲荷神社にて急死する〔壱岐加賀守年代覚書〕。当主義益の急死を受けて、伊東氏は相良氏に通告することなく、田原山の陣を払っている。このことで相良氏の遺恨を買っており、また、相良氏は肝付氏との連携を再確認するなど、反島津同盟に動揺を与える出来事であった〔畑山二〇一九〕。

結局のところ、同年九月、菱刈勢・相良勢は大口城を島津勢に明け渡している。そして、翌永禄十三年、入来院氏と東郷氏が本領以外の所領を献上して島津氏に降伏している〔新名二〇一七b〕。

元亀二年（一五七二）十一月、伊東・肝付・祢寝《ねじめ》・伊地知《いじち》氏の四家連合軍は、兵船三百余艘にて桜島および鹿児島湾の諸所を襲撃した。四家は婚姻関係で結ばれており、共同で島津氏に対抗しようとしたのである〔新名二〇一七b〕。しかし、その後伊東氏と肝付氏が相次いで大敗する。元亀三年五月、伊東勢は、木崎原《きざきばる》の戦い（えびの市）で島津勢に敗北し、翌元亀四年正月には、肝付勢が住吉原《すみよしばる》の戦い（鹿児島県曽於市）において、島津氏の従属国衆である北郷勢に敗れている。

伊東氏と肝付氏の大敗後の天正元年（一五七三）二月、祢寝氏は島津氏と和睦する。そして、翌天正二年には、肝付氏と伊地知氏が島津氏に降伏している。こうして、日向国・薩摩国・大隅国の南九州三ヶ国において島津氏に敵対する勢力は伊東氏のみとなったのである。

日向国退去と義祐の死

天正四年（一五七六）八月、島津義久は伊東領の高原城《たかはる》（宮崎県高原町）攻めを行う。同月十九日、島津勢は城攻めを開始する。翌二十日、島津勢は城内の伊東勢と矢いくさしつつ、陣普請を行い、来援するであろう伊東勢との一戦に備えていた。同日、高原城から五km以上離れた猿瀬《さるぜ》（同小林市）に伊東勢が現れるが、それは「纔《わずか》之勢」であったという〔上井覚兼日記〕。この頃、伊東家臣壱岐加賀守は、「御弓箭（＝戦い）」の祈念を目的として上洛しており、『壱岐加賀守年代覚書』からは伊東氏側視点の高原城攻防をうかがい知ることができない〔宮地二〇二三〕。また、『日向記』には高原城への軍勢派遣について記載も無く、猿瀬の伊東勢の実態はわからない。結局、この伊東勢は島津勢に攻め寄せることはなく、二十一日、高原城番頭の伊東新次郎は、水切れを理由に島津氏に和睦を申し入れている。そして、二十三日、伊東勢が高原城を退去すると、翌二十四日、三之山《みつのやま》および須木《すき》（ともに小林市）からも伊東勢は退去していった。そして、二十八日、島津義久は三之山に入って、高原城攻めの諸将と共に戦勝を祝している。その中には入来院重豊《しげとよ》・東郷重尚《しげひさ》・伊地知重興《しげおき》がいたが、彼らは、かつて伊東氏と反島津で行動を共にしたメンバーであった〔上井覚兼日記〕。

高原以西を失ったことで、伊東領の最西端は野尻《のじり》となった。野尻は戸崎《とさき》および紙屋《かみや》（いずれも小林市）と共に、宮崎平野へ通ずる要衝であったが、天正五年十二月、野尻の地頭福永《ふくなが》丹波守が高原の上原尚近《うえはらなおちか》に内通し、島津勢を野尻城内に引き入れる〔「日州御発足日々記」旧記雑録後編所収〕。この寝返りに伴い、伊東家中の統制が取れなくなりつつあったが、伊東義祐は島津勢に抗戦する意思を示したという。しかしながら、義祐を供奉する一門や家臣に説得されて、義祐等は豊後の大友氏を頼って落ち延びることになり、冬の九州山地に分け入ったのであった〔日向記〕。このとき、義祐は六十五歳であった。

そして、天正六年正月、義祐一行は大友宗麟《そうりん》に迎えられる。伊東氏は豊後に退去したものの、日向国内では伊東氏の旧臣が石城（宮崎県木城町）で蜂起し、同年七月には島津勢を撃退する〔山田文書〕。九月にも再度、島津勢の攻撃を受けると、守勢は開城している〔日州御発足日々記〕。こうしたなか、大友勢は耳川《みみかわ》を渡って南進し、十月には新納院高《にいろいんたか》城（木城町）を包囲した。そして、十一月、来援した島津勢と大友勢は決戦となり、大友勢は大敗を喫する。

高城・耳川合戦における大友勢の敗北により、大友領内での居心地が悪化したためであろうか、義祐と祐兵は豊後を離れ、天正七年四月から同十年正月まで伊予国に滞在している。その後、義祐と祐兵は播磨国に移った。ここで、祐兵は羽柴秀吉《はしばひでよし》に仕官したという〔日向記〕。そして、秀吉による九州攻めを経て天正十六年、祐兵は飫肥の領主として返り咲くことになる。

伊東義祐寿像写真　堺市立中央図書館蔵

一方、義祐は祐兵が秀吉に仕えた後、山口など各地を流浪したという。天正十三年七月、義祐は中国地方から堺に向かう船の中で発病し、堺の浜で倒れていたところ、祐兵の従者の発見するところとなり、祐兵の大坂屋敷に入ったようである。そして、同年八月五日、大坂にて七十三年の生涯を終えている〔日向記、伊東系図〕。

堺の慈光寺《じこうじ》（堺市堺区、慶長二十年〈一六一五〉に旧「紺屋町」から移転）には、晩年の伊東義祐の寿像（存命中に作成された肖像）が残されていた。寺の記録によれば、この寿像は義祐の自画で、慶長十九年、大坂冬の陣に伴う火災で損傷を受けている。承応元年（一六五二）、慈光寺では法会に向けて、親鸞の肖像画などを表装することになった。このとき義祐寿像について、使用目途の無い品であるとして、表装不要の声もあったようだが、「伊東太夫殿自画御影にて格別由緒」があるとして表装され、以後も寺で保管されていた〔古萬覚書御寺帳〕。その後、文化十年（一八一三）、慈光寺に義祐の寿像や墓があることが飫肥藩の知るところとなり、翌文化十一年、飫肥藩主伊東祐丕《すけひろ》の代参により法要が営まれている〔日向国城主伊東家大阪蔵屋敷諸事記〕。堺の地にて長らく保管されていた義祐寿像は、太平洋戦争時の空襲により焼失する。しかしながら、戦前に行われた堺市史編纂のために撮影された写真が堺市立中央図書館に保管されており、晩年の伊東義祐肖像を今日に伝えている。

（宮地輝和）

【主要参考文献】

木下聡「中世後期の武士の官途認識と選択」（『年報中世史研究』四四、二〇一九年）
新名一仁「中世伊東氏の勢力拡大と婚姻関係」（『宮崎市歴史資料館研究紀要』二、二〇一一年）

新名一仁『島津貴久　戦国大名島津氏の誕生』（戎光祥出版、二〇一七年a）
新名一仁『島津四兄弟の九州統一戦』（星海社、二〇一七年b）
畑山周平「木崎原の戦いに関する基礎的研究　―日向伊東氏の〈大敗〉を考えていくために」（黒嶋敏編『戦国合戦〈大敗〉の歴史学』山川出版社、二〇一九年）
福島金治「伊東氏歴代家督と領域形成」（『宮崎県史　通史編　中世』第五章第二節二、一九九八年）
宮地輝和「中世日向伊東氏関係文書の基礎的研究」（『九州史学』一六四、二〇一二年）
宮地輝和「守護職をめぐり、島津氏に対抗意識を持ち続けた伊東氏」（新名一仁編『中世島津氏研究の最前線』洋泉社、二〇一八年）
宮地輝和「永禄期足利義輝による伊東氏・島津氏間の和平調停」（『九州史学』一九〇、二〇二二年）
宮地輝和「伊東家臣壱岐加賀守上京行程の復元」（『宮崎県総合博物館研究紀要』四三、二〇二三年）

島津忠朝——遣明船航路を支配する島津氏御一家

島津豊州家の飫肥入部

島津豊州家《しまづほうしゅうけ》（以下、豊州家）は「御一家《ごいっか》」と称される島津氏の庶子家で、官途豊後守《ぶんごのかみ》に由来する。島津本宗家の九代忠国《ただくに》の異母弟季久《すえひさ》を祖とし、大隅国の西部に位置する帖佐《ちょうさ》（鹿児島県姶良市）を所領とした。

豊州家二代忠廉《ただかど》（忠朝の父）のとき、日向国飫肥《おび》（宮崎県日南市）の新納忠続《にいろただつぐ》と同国櫛間《くしま》（同串間市）の伊作久逸《いざくひさやす》の関係が悪化し、文明十六年（一四八四）十月、新納氏が守護島津忠昌《ただまさ》に伊作氏の移封を申し入れる。これに反発した伊作氏は、日向国山東《さんとう》（宮崎平野に相当）の伊東祐国《いとうすけくに》に支援を求め、同年十一月、祐国は新納忠続の居城飫肥城を包囲するに至る。そして、文明十七年六月、島津忠昌が病を押して日向国末吉《すえよし》（鹿児島県曽於市）まで自ら出陣し、島津薩州家《さっしゅうけ》（以下、薩州家）、豊州家、樺山《かばやま》氏・北郷《ほんごう》氏ら日向庄内《しょうない》勢、肝付《きもつき》氏・祢寝《ねじめ》氏・種子島《たねがしま》氏ら大隅勢、守護被官が結集して、飫肥近郊で伊東勢と対峙した。同月二十一日、伊東祐国率いる伊東勢本隊と合戦となり、双方共に多数の死傷者を出しつつも、祐国の戦死により、島津勢は飫肥を死守したのである。この争乱後、大規模な所領替えが実施される。伊東氏敗北後に降伏した伊作久逸は、本貫地である薩摩国伊作（同日置市）に戻され、文明十八年十月には、豊州家忠廉が旧新納領の飫肥院・櫛間院を宛行われ、大隅国帖佐から移封される。新納忠続は、日向国志布志《しぶし》（同志布志市）に戻り、飫肥の替地として隣接する救仁《くに》郷（同大崎町）、末吉、財部《たからべ》（曽於市）が与えられたとされる〔新名二〇一五〕。

そして、延徳二年（一四九〇）、豊州家忠廉が死去したことにより、島津忠朝が豊州家の家督を継ぐことになった。

対外交易との関わり

日明貿易の主要な国内航路は瀬戸内海を通過する中国航路であったが、応仁の乱の影響を受けて、応仁度遣明船《けんみんせん》が帰路に使用してから注目された航路が南海路《なんかいろ》である。南海路は、畿内の堺から土佐国沿岸および九州東岸を経て南九州に至るルートであり、南海路を使用した遣明船は五島《ごとう》列島を経て、寧波《ニンポー》の間を往来したと考えられている〔伊藤二〇二二〕。島津忠朝が領する飫肥院には、南海路上の要港である油津《あぶらつ》と外之浦《とのうら》（ともに宮崎県日南市）があり、遣明船警固を含め、忠朝は対外交易とさまざまな関わりがあった。これらを紹介したい。

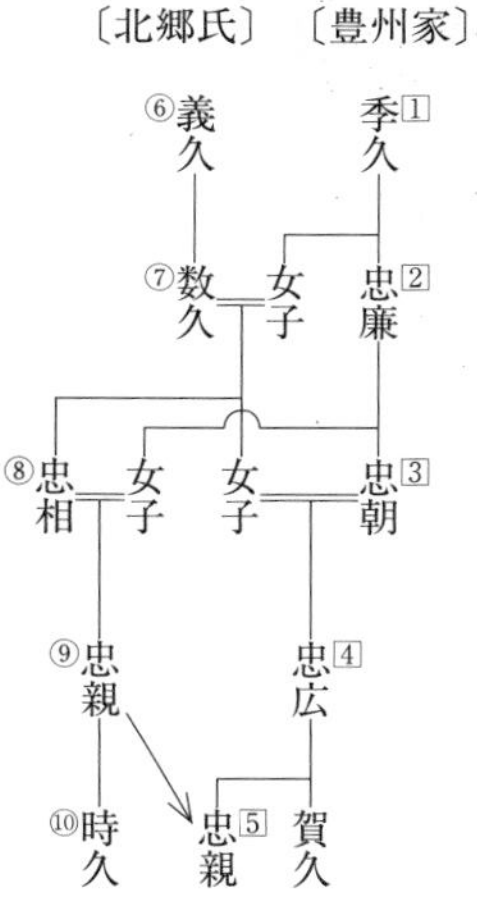

島津豊州家・北郷氏関係図

【明応度遣明船〈寧波入港は明応四年（一四九五）〉】

油津　宮崎県日南市　撮影：筆者

忠朝は、幕府から遣明船警固を命じられている〔伊藤二〇〇三〕。そして、明応七年八月頃に遣明船は無事に堺に戻っており、細川政元《ほそかわまさもと》は忠朝に太刀一腰を贈って、謝意を表している〔小葉田一九四一〕。

【永正度遣明船〈寧波入港は永正八年（一五一一）〉】

永正十年六月下旬以前、遣明船は明からの帰路、博多湾近海に到着したと考えられている〔伊藤二〇二一〕。そして、室町幕府の遣明船警固命令に基づいて、大友《おおとも》氏管下の水軍が二号船（細川船）に警固衆として乗り込んだが、船頭との間に諍いが生じたため、客衆が遣明船警固衆を振り切って操船し、日向国外之浦に寄港した。このような事態を受けて、細川氏は忠朝に二号船の警固を依頼している。また、豊後の大友義長《よしなが》は、室町幕府から命じられた遣明船警固を完遂できなかったため、面目に関わるとして「鬱憤」を抱いている。この事件において、忠朝は細川氏と大友氏の仲介を積極的に行ったようである〔伊川二〇〇七、橋本二〇〇五〕。

【大永度遣明船〈寧波入港は大永三年（一五二三）〉】

永正十七年（一五二〇）十一月、忠朝は細川高国《たかくに》から遣明船への協力を依頼されており、翌永正十八年には、大内《おおうち》氏から堺商人池永修理《いけながしゅり》の船を油津で新造することと細川船の抑留を依頼されている〔小葉田一九四一〕。このように、細川氏・大内氏双方から各々の遣明船への協力を期待された忠朝は、南海路経由の遣明船運航を左右する重要人物であったとの評価を受けている〔伊藤二〇〇三〕。結局、忠朝が実際に細川船を抑留することはなかったが、大内船と細川船は寧波に各々入港した後、同地で争い、寧波の乱を引き起こしている。

【天文八年度遣明船〈寧波入港は天文八年(一五三九)〉】

大内氏が忠朝を通して、日向安国寺《あんこくじ》(日南市、明治五年廃寺〔日向古蹟誌〕)にいた禅僧月渚英乗《げっしょえいじょう》の副使就任を要請している。月渚英乗は、油津で新造された池永修理船で大永三年(一五二三)に入明を果たしているが、寧波の乱を思い出すと、渡海が憂鬱になってきたようで、副使を辞退している〔橋本雄二〇一五〕。

【琉球】

忠朝が琉球と交流していたことが分かっている。忠朝は天界寺《てんかいじ》(那覇市、廃寺)の住持と直接対面したことがあり、さらに琉球王国尚真王《しょうしんおう》時代(在位:一四七七—一五二六)には天界寺住持が国王の御紹書などを忠朝のもとへもたらし、忠朝も天界寺を介して新たに即位した尚清王《しょうせいおう》(在位:一五二七—一五五五)への取り成しを依頼している。そして、寧波の乱により断絶した日明関係の復活交渉において、大内氏が琉球ルートを確立することに成功した背景には、忠朝と天界寺の密接な関係があったことが指摘されている〔伊藤二〇〇三〕。

伊東勢の庄内進攻と北郷氏への支援

豊州家は、庄内の北郷《ほんごう》氏と重縁を結んでいる。豊州家初代季久の息女は北郷氏七代数久《かずひさ》に嫁いでおり、その息女は島津忠朝に嫁ぎ、豊州家四代となる忠広《ただひろ》を産んでいる。また、豊州家二代忠廉の息女は北郷氏八代忠相《ただすけ》に嫁ぎ、北郷氏九代・豊州家五代となる忠親《ただちか》を産んでいる。

婚姻関係を背景に、豊州家は北郷氏との連携を図っていく。永正十七年（一五二〇）七月、伊東勢が北郷氏の本拠都城《みやこのじょう》（宮崎県都城市）に押し寄せ、北郷勢は敗北する。伊東勢の進攻に対して大永元年（一五二一）、忠朝は豊後の大友親敦《ちかあつ》に和平調停を依頼した〔長田一九九一〕。この調停依頼において、忠朝はたびたび永正度遣明船時の対応を引き合いに出している。前記のとおり、永正十年（一五一三）、大友義長（親敦の父）は室町幕府から命じられた遣明船警固を完遂できなかったため、面目を失う事態となっていたが、忠朝が奔走し、遣明船の客衆を帰国させることに成功している。忠朝はこのときの「忠義」を持ち出して、大友氏に和平調停を要求したのである〔新名二〇〇五〕。

しかし、和平調停は進まず、大永二年四月、小鷹原（都城市）にて北郷勢は伊東勢に敗北する。そして、真幸《まさき》の北原氏が山田《やまだ》城（都城市）を手中に収めて北郷方の劣勢は顕著となり、大永三年六月、忠朝は再度大友氏に対して調停を依頼して、北郷忠相の「難儀」な状況を訴えている。なお、大友氏は、大内氏への援兵派遣により、伊東氏・北郷氏間の争いに関与できる状況ではなかった〔窪田二〇二二〕。

大永三年十月初旬、伊東尹祐《ただすけ》・祐充《すけみつ》父子は庄内に出陣した。伊東勢の進攻を受けて同年十一月六日、忠朝は県《あがた》(宮崎県延岡市)の土持《つちもち》氏に書状を送り、伊東領への攻撃を依頼した〔旧記雑録前編〕。この書状の中で、忠朝は「もし庄内が伊東氏の支配下となれば、われわれが難儀することは必然です」と記し、北郷氏への支援を求めている。忠朝が領する飫肥院の東側は日向灘に面しており、北側は鵜土《うど》山地を越した先は伊東氏の支配領域「山東」であった。そして南側は、同年十一月には伊東尹祐の娘婿である志布志の新納忠勝《ただかつ》が豊州家領に進攻する事態〔新名二〇一七〕になっていたため、西側の庄内を伊東氏に制圧されることは、飫肥の孤立を意味していた。豊州家としてはこのような事態は避けなければならなかった。よって、婚姻関係も背景にあると考えられるが、より切迫した軍事的理由から考えても、忠朝は北郷氏を支援する必要があったのである〔新名二〇〇五〕。

結局、同年十一月八日、伊東尹祐が野々美谷《ののみたに》城(都城市)攻めの陣中で頓死し、翌大永四年、家督を継いだ祐充は北郷忠相と和睦することになる。ただし、この和睦をもって日向国南部の情勢が安定したわけではなく、豊州家は引き続き伊東氏と緊張関係にあった〔窪田二〇二二〕。

奥州家支持と和平会議の主催

大永六年(一五二六)十一月頃、「御一家」である島津相州家一瓢斎《そうしゅうけいっぴょうさい》・忠良《ただよし》父子は、軍事的支援と引き換えに、島津本宗家である奥州家《おうしゅうけ》忠兼《ただかね》に忠良の嫡男虎寿丸《とらじゅまる》(後の貴久《たかひさ》)を養嗣子とすることを認めさせる。そして、翌大永七年正月~三月頃、忠兼は家督を虎寿丸に譲渡し、同年四月中旬、隠居して伊作に移った。しかし、同年六月、奥州家忠兼は、「御一家」である薩州家実久《さねひさ》に擁されて鹿児島に入る。この時点で忠兼は、島津本宗家家督＝薩隅日三か国守護職を虎寿丸から悔返しており、相州家によるクーデターは失敗に終わったのである〔山口二〇一四、新名二〇一七〕。そして、忠兼の復帰を受けて、廻《めぐり》・敷根《しきね》・上井《うわい》（いずれも鹿児島県霧島市）などの領主は、すでに虎寿丸に起請文を提出していたが、忠兼支持に転じている〔西森二〇〇六〕。

同年八月、忠兼方は相州家方の樺山氏を攻めた。その際、薩州家の奉行人松崎《まつざき》丹後守と共に島津忠朝の舎弟備中守忠秋《ただあき》が樺山氏を説得している。これは、島津本宗家の家督継承に関する争いにおいて、忠朝が奥州家忠兼を支持していたことを示唆しているといえよう〔西森二〇〇六〕。また、翌大永八年六月、豊州家と婚姻関係にある北郷氏は、勝久から大隅国財部院を宛行われていることから、豊州家同様に奥州家勝久《かつひさ》を支持していたと考えられる。なお、同年、忠兼は「勝久」と改名している。

このような状況は、大内氏の知るところとなり、大永八年七月二十三日、大内義興《よしおき》は忠朝と志布志の新納忠勝に書状を送っている。忠朝宛の書状では、忠朝が奥州家勝久（忠兼）方であることに理解を示し、新納忠勝宛の書状では、忠勝が勝久と対立しているとして、勝久との和睦を促している。つまり、義興は、相州家によるクーデター以前の、奥州家を軸とする政治秩序への回帰を求めたのである〔新名二〇一七〕。この求めに対し、享禄元年（一五二八）十月、忠朝は義興の重臣杉興重《すぎおきしげ》への返書で、「何とかして勝久の本懐どおりに和平が実現するだろう」と記している。

忠朝は、大内氏に対して示した自らの意思を現実のものにしようと行動していく。享禄二年四月には、忠朝が奥州家勝久と新納忠勝の和睦仲介に動いていたようである。そして、同年六月十七日、忠勝は鹿児島に赴き、忠朝の取次により、殿中にて勝久との見参を実現する〔新名二〇一七〕。翌十八日には、祢寝清年《きよとし》と肝付兼続《かねつぐ》が鹿児島に到着している〔「空山日記」旧記雑録前編所収〕。話が前後するが、同月十六日には、肝付氏は使僧を派遣して、新納氏の鹿児島出頭予定を確認しており、新納氏に合わせた行動とみられる〔旧記雑録前編〕。

また、新納氏の鹿児島到着と前後して、各地の有力国衆が鹿児島に参集しており、同年七月十一日、守護勝久のもと寄合が開催されている。この寄合には、新納忠勝、島津忠誉《ただよ》、祢寝清年、豊州家忠朝、樺山善久《よしひさ》、肝付兼続、本田《ほんだ》董親《ただちか》などが参会している〔「空山日記」旧記雑録前編所収〕。つまり、忠朝は、新納氏と奥州家の単独講和を模索したのではなく、各地の有力国衆が一堂に鹿児島に会し、守護に復帰した勝久に見参を果たすことで、再び奥州家を中心とする政治秩序を回復させようとしていた。そして、紛争当事者同士が会し、守護勝久の御前で個別に和睦することで、領国全体の和平を実現し、守護権威の上昇を図ろうとの意図があったようである。

忠朝は、新納忠勝の鹿児島出頭を仲介しており、同じく鹿児島に出頭した祢寝・肝付両氏が席次をめぐって争いになった際も、関係の修復に動いている。奥州家勝久を中心とした和平会議は、豊州家忠朝の献身的な斡旋活動の賜物であった。しかしながら、その後、争乱は始まっており、奥州家を中心とする政治秩序が回復したとは言いがたい状況であった〔新名二〇一七〕。

薩州家支持と豊州家の最盛期

奥州家勝久は守護に復帰したものの、家臣団には薩州家実久を支持する川上昌久《かわかみまさひさ》一派がおり、天文三年（一五三四）、この一派は勝久が登用した末弘《すえひろ》伯耆守を殺害したという。これに驚いた勝久は、夫人の実家である祢寝氏のもとへ逃れる〔山口二〇一四、西森二〇〇六〕。勝久の鹿児島退去を受けて、実久は勝久のもとを訪れ、忠朝と新納忠勝の仲介により、末弘一件の申し開きを行った。そして、実久と勝久は、勝久の鹿児島復帰について合意し、勝久は鹿児島に戻る〔西森二〇〇六、新名二〇一七〕。

天文四年十月頃、勝久の支援要請を受けた祁答院勢が薩州家実久勢と戦い、敗北する。この後、勝久は「屋形」の地位を実久に譲る形で、祁答院領の帖佐に退去した〔新名二〇一七〕。そして、守護直轄領の直臣たち、そして大隅の国衆の多くが実久を支持し、実久は「守護」として振る舞うようになったという。これに対し、忠朝と北郷忠相は忠朝の甥忠隅《ただすみ》を通して、実久と懇ろな関係を結ぼうとした〔西森二〇〇六、新名二〇一七〕。つまり、忠朝は、天文四年に勝久が帖佐に退去するまでは奥州家勝久を守護として支持していたが、その後は薩州家実久支持に転じたのである〔西森二〇〇六〕。

そして、実久は、御一家・国衆の支持獲得に動く。実久は、北郷氏の本拠庄内都城経由で豊州家の本拠飫肥に赴き、忠朝・北郷忠相・本田董親と談合する。さらに、新納忠勝の本拠志布志に入り、忠勝・

祢寝清年・肝付兼続と談合した。談合において、実久は自らを守護として承認してほしいと同意を求めたと考えられるが、新納忠勝が同意しなかったため、肝付兼続・本田董親も同意しなかったようである。その後、忠朝・北郷忠相・本田董親は飫肥にて内談し、新納氏攻撃を決定したという〔西森二〇〇六、新名二〇一七〕。北郷氏の『三代日帳写』によれば、天文四年八月、北郷忠相は忠朝とともに新納領の財部・末吉・松山《まつやま》（鹿児島県志布志市）・梅北《うめきた》（宮崎県都城市）を攻撃しており、天文六年正月に財部・梅北、同年三月に岩川新城《いわがわしんじょう》（鹿児島県曽於市）を攻略している。そして、同年七月までに松山と志布志を受け取っている。ただし、伊東家臣が記した『壱岐加賀守年代覚書』によれば、新納氏が没落し、伊東氏のもとに逃れたのは翌天文七年のことであった。財部地域に存する日光神社（曽於市）宝殿修造の天文七年十一月十二日の棟札《むなふだ》には北郷忠相・忠親の名がある〔米澤二〇一九〕ことから、天文七年までには新納忠勝は降伏して、志布志城を明け渡したと考えてよいだろう。

この結果、旧新納領は北郷氏・豊州家・肝付氏・祢寝氏・本田氏の各氏が分割併呑したという。そして、志布志から庄内南部に広がる旧新納領について、北郷氏が現在の曽於市域を、豊州家が志布志市域を接収し、両氏は全盛期を迎えたといえよう〔新名二〇一七〕。

天文八年三月、島津忠朝が支持していた薩州家方は、谷山紫原《たにやまむらさきばる》（鹿児島市）の合戦にて相州家方に敗北し、形成が逆転する〔山口二〇一四〕。同年九月、真幸院般若寺《はんにゃじ》（鹿児島県湧水町）にいた奥州家勝久は、北郷氏の本拠都城に移り、同年秋頃、勝久の嫡男益房丸《ますふさまる》も祢寝氏のもとから豊州家領内に移っている。これは、新納忠勝を降して日向南部の支配を確立した北郷忠相・豊州家忠朝が、あえて奥州家勝久を庇護することで、「太守」化しつつあった相州家貴久を牽制しようとしていたものとも考えられる〔大山二〇〇九、新名二〇一七〕。

忠朝の死とその後の豊州家

島津豊州家三代である忠朝は、天文九年（一五四〇）三月に七十五歳で亡くなっている。翌天文十年、豊州家四代の忠広は、伊東氏への反乱者である長倉能登守に援軍を派遣する。そして、反乱が平定された後、豊州家は伊東氏から長期にわたって飫肥への攻撃を受けるようになった。飫肥における攻防は永禄十一年（一五六八）まで続く〔宮地二〇二二〕。この間の伊東氏の攻撃は、豊州家単独で対応できるものではなかった。天文十四年、北郷忠相と忠広は島津貴久の家督継承を支持し、その従属国衆化している。翌天文十五年には、忠広の養嗣子として、北郷忠相の長男忠親を受け入れており、両家は一体化したといえよう。また、永禄三年（一五六〇）には、豊州家忠親の養嗣子として島津貴久の次男忠平《ただひら》（後の義《よし》弘《ひろ》）を受け入れている〔新名二〇一七〕。しかしながら、伊東勢は断続的に飫肥へ進攻し、永禄十一年、飫肥は伊東氏の支配するところとなったのである。

（宮地輝和）

【主要参考文献】

伊川健二「中世後期における外国使節と遣外国使節」（同『大航海時代の東アジア』（吉川弘文館、二〇〇七年、初出は二〇〇〇年）
伊藤幸司「大内氏の琉球通交」（『年報中世史研究』二八、二〇〇三年）
伊藤幸司「遣明船と南海路」（『国立歴史民俗博物館研究報告』二二三、二〇二一年）
大山智美「戦国大名島津氏の権力形成過程―島津貴久の家督継承と官途拝領を中心に―」（新名一仁編著『薩摩島津氏』（戎光祥出版、二〇一四年、初出は二〇〇九年）
長田弘通「天正年間以前の大友氏と島津氏」（八木直樹編著『豊後大友氏』（戎光祥出版、二〇一四年、初出は一九九一年）
窪田頌「大永年間の九州南部情勢と大内氏・大友氏」（『古文書研究』九三、二〇二二年）
小葉田淳『中世日支通交貿易史の研究』（刀江書院、一九四一年）
新名一仁「守護支配の崩壊と北郷・豊州家同盟の推移」（『都城市史　通史編　中世・近世』第一編第四章第一節、二〇〇五年）
新名一仁「室町期島津氏領国の解体過程」（同『室町期島津氏領国の政治構造』（戎光祥出版、二〇一五年、初出は二〇一二年）
新名一仁『島津貴久　戦国大名島津氏の誕生』（戎光祥出版、二〇一七年）
西森綾香「戦国期島津氏の家督継承争いについて―豊州家島津氏を中心に―」（『宮崎県地域史研究』一九、二〇〇六年）
橋本雄「永正度の遣明船と大友氏―警固・抽分・勘合から―」（同『中世日本の国際関係』（吉川弘文館、二〇〇五年、初出は二〇〇二年）
橋本雄「天文・弘治年間の遣明船と種子島」（『九州史学』一七一、二〇一五年）
宮地輝和「永禄期足利義輝による伊東氏・島津氏間の和平調停」（『九州史学』一九〇、二〇二二年）
村井章介編『日明関係史研究入門　アジアのなかの遣明船』（勉誠出版、二〇一五年）
山口研一「戦国期島津氏の家督相続と老中制」（新名一仁編著『薩摩島津氏』（戎光祥出版、二〇一四年、初出は一九八六年）
米澤英昭「北郷忠相の勢力拡大と三俣院」（『三俣町史上巻』第二編第四章第三節、二〇一九年）

北郷時久
——従属国衆化して戦国を生き抜いた島津氏御一家

北郷氏と島津相州家

北郷《ほんごう》氏は「御一家《ごいっか》」と称される島津《しまづ》氏庶子家で、島津本宗家四代忠宗《ただむね》の六男資忠《すけただ》を祖とする。北郷氏二代義久《よしひさ》以降、庄内《しょうない》（都城《みやこのじょう》盆地）の都城（宮崎県都城市）を拠点とした。系図によれば、北郷氏十代時久《ときひさ》は、天文十四年（一五四五）二月に父忠親《ただちか》が飫肥《おび》（同日南市）に移ったとき、家督を継いだという〔新編島津氏世録支流系図〕。しかし、後述のとおり、忠親が飫肥に移るのは天文十五年であり、同時代史料で家督継承時期が確認できないことから、その時期は判然としない。よって、本項では時久の祖父忠《ただ》相《すけ》や父忠親についても必要に応じて記すこととしたい。

北郷忠相は、島津氏家督を目論む島津相州家《そうしゅうけ》（以下、相州家）を当初支持していなかった〔「島津忠朝」項参照〕。天文十年には、北郷忠相や飫肥の島津豊州家《ほうしゅうけ》（以下、豊州家）忠広《ただひろ》を含む反島津相州家勢力十三人が、相州家方である樺山《かばやま》氏の生別府《おいのびゅう》城（鹿児島県霧島市）を攻撃している。しかし、翌天文十一年十一月十三日、本田《ほんだ》董親《ただちか》が相州家貴久《たかひさ》と和睦すると、反相州家十三人同盟は事実上解体することとなった。そして、同年十一月二十日の貴久嫡男義久《よしひさ》の元服祝儀に、北郷氏と豊州家が出席しており、両氏は相州家支持に転じている〔大山二〇一四〕。

北郷氏が一転して相州家支持に傾いた天文十一年頃、庄内では伊東《いとう》勢や北原《きたはら》勢と対立していた。天文十年六月、北郷勢は北原領の志和池《しわち》（都城市）で北原勢やその援軍である伊東勢と合戦し、敗北する。翌天文十一年八月には、伊東勢と北原勢が連合して三俣院高城《みまたいんたか》（都城市）に攻め寄せるが、北郷勢は勝利している。そして、天文十二年正月、北郷氏は北原領の山田《やまだ》（都城市）を確保し、同年五月十一日に同じく北原領の志和池を攻め、伊東氏の番衆を含む守勢は降伏の上、城を北郷勢に引き渡した〔三代日帳写〕。

この頃、豊州家忠広は飫肥にて伊東勢の進攻を受け始めていた。天文十年、忠広は伊東氏へ反乱を起こした伊東家臣長倉《ながくら》能登守に援軍を派遣するが、長倉・豊州家連合軍は伊東方に大敗する。そして反乱平定後、伊東氏は飫肥進攻を開始した。天文十四年正月、伊東勢は水之尾《みずのお》（日南市）を確保し、同年二月、豊州家の本拠である飫肥城犬之馬場の板門（現在の飫肥城大手門あたりカ）まで攻め寄せ、豊州家勢と交戦している〔壱岐加賀守年代覚書、三代日帳写〕。豊州家勢が伊東勢の攻撃を防いだ後、同年三月、忠広が病弱であるため、養嗣子賀久が豊州家を相続するとして、北郷忠相は伊集院《いじゅういん》（鹿児島県日置市）に参上して、島津貴久を「守護」として仰ぎ奉っている〔樺山玄佐自記〕。これは、豊州家と北郷氏が相州家貴久の従属国衆化したことを意味していると考えられる〔新名二〇一七〕。北郷氏は、庄内北部で北原氏と対峙し、豊州家は飫肥にて伊東勢を迎え討たなければならない状況にあり、両家は相州家を頼る必要があったのだろう。

北郷氏と島津豊州家の一体化

天文十四年（一五四五）十二月、郷之原《ごうのはら》（宮崎県日南市）の羽嶋《はしま》氏が伊東方に寝返った〔壱岐加賀守年代覚書、三代日帳写〕。伊東勢の飫肥進攻は着々と進んでおり、翌天文十五年正月、北郷氏は豊州家を支援すべく、番衆を派遣している〔三代日帳写〕。

豊州家と北郷氏が連携して伊東勢の飫肥進攻に対応しようとしていた最中、天文十五年正月、豊州家忠広の養嗣子である賀久が急病により死去する。賀久の死を受けて、忠広の依頼により翌月、北郷氏の家督を継承していたとされる忠親が豊州家の養嗣子として飫肥城に入った。ここに、北郷氏と豊州家は一体化したと言え、忠親の実父北郷忠相と忠親の長男時久は飫肥救援に乗り出す〔新名二〇一七〕。このとき時久は十九歳であった。

翌天文十六年正月、庄内・志布志《しぶし》・櫛間《くしま》・末吉《すえよし》・梅北《うめきた》の衆で構成された北郷氏・豊州家連合軍は、伊東方の郷之原を攻めて成果を上げている〔三代日帳写〕。同年四月には、北郷勢は南郷新城《なんごうしん》（日南市）を確保し、一族の北郷忠直《ただなお》を配置する。しかし同年十一月、目井《めい》城（日南市）が伊東方に寝返ると、伊東勢は同城に番衆を入れる。そして同年十二月九日、伊東義祐《よしすけ》自らが高佐《たかさ》（日南市）に出陣し、同月十三日、伊東勢は南郷新城を火矢攻めにした。その結果、南郷新城は落城し、北郷忠直・同久幸《ひさゆき》は討ち死にした〔壱岐加賀守年代覚書、三代日帳写〕。

伊東方の攻勢が強まるなか、天文十七年正月、大友義鑑《おおともよしあき》は真光寺《しんこうじ》を使者として遣わして、和平調停を行った。大友氏の調停案は、飫肥の代替として伊東旧領の三俣院高城を伊東方に引き渡すというものであった。その頃、高城には北郷忠相が居住していたが、城および六、七百町の所領を伊東方に引き渡すことを北郷氏は承諾する。しかし、伊東義祐が「難渋」したため、調停は不調に終わった〔三代日帳写〕。

伊東氏の飫肥進攻に対して、北郷氏は豊州家と軍事面においても、和平調停においても連携して対応していたが、伊東勢を飫肥周辺から追い出すまでには至らなかった。このような状況のなか、天文十七年二月、大隅国では本田氏の内訌が起こる。この争いを発端として同年五月、島津貴久が派遣した伊集院忠朗《ただあき》らの軍勢は、本田董親領に進攻する。本田董親と親戚関係にある北郷忠相は本田氏の後詰めとして出陣した上で、島津氏と本田氏の和睦の仲介を行ったようである。そして翌六月、北郷忠相は島津貴久と盟約を結んでいる。このような忠相の行動の背景には、子息忠親が養嗣子に入った飫肥の豊州家の危機があったと考えられる。忠相としては、島津貴久に救援を求めるためであったのだろう〔新名二〇一七〕。

なお、本田氏は島津氏への一時の帰順を経て、同年八月に反旗を翻すが、本拠である清水城《きよみず》（鹿児島県霧島市）を島津勢に包囲されると同城を退去している。

天文十八年三月、島津貴久は老中伊集院忠朗を飫肥に派遣する。その後、北郷忠相も飫肥に入ると、翌四月の二日寅刻（午前四時頃）、豊州家勢・北郷勢・伊集院忠朗勢の連合軍は飫肥合米ケ辻《ごうまいがつじ》（業毎ヶ辻、伊東側は中ノ尾《なかのお》とよぶ。日南市）への攻撃を開始し、巳刻（午前十時頃）ほどに攻め落としている。そして、同月五日までに伊東勢は鵜戸《うど》（日南市）以南の要害を放棄して、山東《さんとう》（宮崎平野に相当）に退いた〔壱岐加賀守年代覚書、三代日帳写〕。

飫肥における伊東氏の脅威が取り除かれた後、同月十六日、豊州家忠広は家督を北郷氏出身の忠親に譲り、同年六月十八日、櫛間に隠居した。

弘治年間前後の敵対勢力

天文二十一年（一五五二）十二月四日、島津貴久と一族諸家が連署する起請文が作成されている。連署者は、①島津貴久、②島津忠将《ただまさ》（貴久の弟）、③豊州家忠親（北郷忠相の長男）、④島津忠俊《ただとし》、⑤北郷忠《ただ》豊《とよ》（時久、忠親の長男）、⑥樺山幸久《ゆきひさ》、⑦北郷忠相（忠親の父、時久の祖父）であり、貴久を除く六名中三名は北郷氏や同氏出身者となっている。同年六月、貴久は修理大夫に任じられており、この起請文は貴久が一族諸家に改めて自己の守護職の地位を再確認したものであるが、「一味同心」との表現があることから、貴久の地位は、連署する諸領主による連合政権の盟主といったものと考えられている〔山口一九八五〕。そして、一族諸家が「一味同心」して対抗していく相手となる「国衆」は、北郷氏・豊州家が相対する伊東氏や、大隅国で島津氏に敵対的行動をとる祁答院《けどういん》氏・蒲生《かもう》氏などが挙げられる〔新名二〇一七〕。

現に同年七月には、伊東勢は飫肥進攻を再始動させており、水之尾と鬼ヶ城《おにがじょう》（日南市）を確保している〔壱岐加賀守年代覚書〕。北郷氏は、島津豊州家と連携して伊東氏の飫肥進攻に対応する必要があったが、敵対勢力は伊東氏だけではなかった。

天文二十四年四月、島津貴久は蒲生範清《のりきよ》の蒲生城（鹿児島県姶良市）への攻撃を開始しており、同月、北郷時久は貴久方として参戦している。同月十四日、時久は参陣し、翌十五日には時久手勢の衆三百が蒲生城の横尾口《よこおぐち》（姶良市）にて「矢いくさ」をした。この日の戦いにおいて、北郷勢・蒲生勢共に特段の損害はなかったようである。そして二十二日、時久は宿所にて島津貴久の来訪を受けて面会を果たすと、翌二十三日、都城への帰途についたとみられる〔「山本氏日記」旧記雑録後編所収〕。

北郷氏は、島津貴久を守護職として支持しており、蒲生攻城戦に参陣することに第一義があったのだろう。そして、北郷時久の参陣を可能にした背景には、伊東氏と豊州家の飫肥での停戦があった。天文二十二年二月、祁答院氏の使僧による調停の結果、豊州家と伊東氏は和睦しており、北郷勢は大隅へ出兵することが可能になったと考えられる。ただし、この和平は長続きせず、弘治元年（一五五五）、伊東方の鬼ヶ城の出火にともない、伊東氏と豊州家との間に諍いが発生すると、翌弘治二年、伊東勢は飫肥進攻を再開している〔宮地二〇二二〕。

また、北郷氏は天文十七年より大隅国高山《こうやま》（鹿児島県肝付町）の肝付《きもつき》氏と対立しており、同年、島津貴久と北郷忠相は対肝付氏の密約を交わしている〔新名二〇一七〕。弘治二年に飫肥合戦が再開すると、肝付氏は対豊州家のため伊東氏と連携しており、豊州家を支援する北郷氏としては、より肝付氏に対応する必要が生じたと考えられる。そして、永禄元年（一五五八）三月、宮ケ原《みやがはら》（鹿児島県曽於市）にて北郷氏・豊州家連合軍は肝付勢と合戦となるが、連合軍の大敗に終わっており、北郷氏としては前途多難な状況にあった。

忠相の死と対伊東氏・肝付氏の戦い

永禄二年（一五五九）十一月、北郷忠相が三俣院高城にて七十三歳で亡くなる。このとき、孫の時久は三十歳であった。時久は、豊州家当主となっている父忠親と連携して、引き続き伊東勢・肝付勢と対峙していくことになる。

前述のとおり、天文年間より伊東勢は断続的に飫肥に進攻しており、永禄三年、足利義輝《あしかがよしてる》による和平調停が不調に終わると、飫肥進攻は再開された〔宮地二〇二二〕。そして永禄十一年、伊東勢に飫肥城が包囲されると、同年二月、北郷勢は飫肥城へ兵糧の搬入を試みるが、伊東勢と合戦となり敗北する〔壱岐加賀守年代覚書、三代日帳写〕。この結果、豊州家忠親は同年六月、飫肥を伊東氏に、翌七月には櫛間を肝付氏にそれぞれ引き渡した後、出身地の都城に退去した〔三代日帳写〕。

同年八月、北郷氏と肝付氏は和睦し、その礼として相互に使者を派遣している〔三代日帳写〕。しかし、元亀三年（一五七二）九月、北郷時久は「守護ノ御奉公」として、肝付氏への攻撃を開始する〔三代日帳写〕。時を同じくして、島津勢は伊地知《いじち》領を攻撃しており、これに連動したものであった。肝付氏との手切れの前年にあたる元亀二年十月、時久は今後の軍事作戦の談合のため、津曲兼広《つまがりかねひろ》等の家臣を供として鹿児島に参上している〔三代日帳写〕。このとき、島津貴久の子義久《よしひさ》は津曲兼広に鎧一領を与えたという〔庄内地理志巻九五〕。この出来事は、天文十一年（一五四二）に時久の祖父忠相が相州家による島津本宗家家督継承を支持して以降、北郷氏が従属国衆として島津氏と連帯関係にあり、そして伊東氏や肝付氏といった外的要因により、この関係が強化されたことを如実に表しているといえよう。現在、この鎧は都城市の施設である「都城島津邸」に所蔵されている（国重要文化財　紺糸威紫白肩裾胴丸大袖付）。

紺糸威紫白肩裾胴丸大袖付　都城島津邸蔵

元亀四年正月、北郷勢は住吉原《すみよしばる》（鹿児島県曽於市）にて、進出してきた肝付勢に勝利する〔三代日帳写〕。この後も、北郷勢と肝付勢はたびたび衝突していた。

こうしたなか、天正二年（一五七四）に肝付氏は、島津氏に廻《めぐり》（鹿児島県霧島市）と市成《いちなり》（同鹿屋市）を進上して降伏する。肝付氏の降伏条件は、進上分以外の所領安堵と北郷氏・祢寝《ねじめ》氏およびその他の勢力が肝付氏を攻撃した場合における肝付氏への支援だった〔新名二〇一七〕。そして、同年五月、廻と市成は島津方に引き渡され、島津氏は北郷氏・肝付氏間の和睦仲介を行うが、北郷氏が肝付領の割譲を要求したため、交渉は難航した〔上井覚兼日記〕。しかしながら、島津氏が主導する和睦仲介に北郷氏は抗うことはできなかったようであり、同年八月に「矢留リ（＝停戦）」となり、同年十二月には、北郷勢は対肝付勢の平松《ひらまつ》（曽於市）の陣を払っている〔三代日帳写〕。

大隅半島における反島津氏勢力が一掃されたことにより、島津氏の次の狙いは日向国の伊東氏となる。天正二年九月、島津義久は伊東氏を攻撃する計画について、弟忠平《ただひら》（後の義弘《よしひろ》。以後、便宜上「義弘」と統一して記載する）と北郷時久に使者を派遣して、両者の意見を求めた〔上井覚兼日記〕。そして島津義久、島津氏老中、島津義弘の各々が、対伊東氏に関する起請文を北郷時久に対して発出している〔都城島津家文書〕。

天正四年八月、島津義久は伊東領の高原城《たかはる》（宮崎県高原町）攻めを行う。このとき、島津勢は島津義弘勢、肝付衆・庄内衆を率いる北郷時久勢、島津忠長《ただたけ》・同家久《いえひさ》勢、義久御供衆の四隊で編成されており、義久の弟・従弟以外は、北郷氏のみが独立した軍勢であった〔山口一九八五〕。島津勢は高原城を攻略すると、翌九月には、島津義久は北郷時久に田野《たの》（宮崎市）攻めを打診している〔上井覚兼日記〕。そして、翌天正五年、伊東氏は家臣の寝返りもあり、日向国を退去することになる。こうして旧伊東領は島津氏の支配下となり、北郷領に接する敵対勢力はなくなった。

天正六年（一五七八）、豊後より南下してきた大友《おおとも》勢は、新納院高城《にいろいんたか》（宮崎県木城町）を包囲したところで、来援した島津勢と決戦となる（高城・耳川《みみかわ》合戦）。この決戦前の八月と決戦に勝利した後の十一月、島津義久は時久の次男である北郷忠虎《ただとら》にそれぞれ起請文を与えている。これらの起請文において、義久は北郷氏に対して「無二」の「忠勤」や「奉公」を求めており、以前に取り交わされた起請文の文言と比較し、島津氏が上位に立つ文言が見られるようになった。これは、北郷氏が「御一家」として島津氏を支持していた関係が、主従関係に変化しつつあることを示しているといえよう〔山下二〇〇四〕。そして翌天正七年十二月、義久は時久に対して知行を宛て行っている。

島津氏は高城・耳川合戦に勝利した後、肥後進出を経て、九州を北上していく。島津勢は天正九年、肥後の相良《さがら》氏を降し、天正十二年には島原《しまばら》半島にて肥前の龍造寺隆信《りゅうぞうじたかのぶ》勢を破っている（沖田畷《おきたなわて》の戦い）。そして天正十四年、筑前や豊後への進攻を開始するが、同年、豊臣秀吉《とよとみひでよし》による九州攻めを迎えることになる。

この九州北上戦は、島津家老中の宮崎（宮崎城：宮崎市）地頭上井覚兼《うわいかくけん》が記した日記の時期と一部重複する。『上井覚兼日記』は、当時の政治情勢や武将の日常生活などを色濃く今日に伝える良質な同時代史料である。同日記は、翻刻されたものが『大日本古記録』から刊行されている。そして、新名一仁氏が、近年、日記の一部を現代語訳しており、『大日本古記録』の索引と併せて参考にされたい。

この『上井覚兼日記』から、島津氏配下としての北郷氏の働きをうかがい知ることができる。同日記を中心に北郷氏の行動をみていきたい。

島津義久は天正十一年三月、島津薩州《さっしゅう》家《け》義虎《よしとら》の子忠永《ただなが》が務める隈本《くまもと》在番を北郷忠虎が替わるよう、北郷氏に対して命じている。翌四月の五日、上井覚兼は鹿児島から宮崎へ帰る途中、都城の北郷時久の館を訪問し、忠虎と面会したが、時久は体調不良のため対応できなかった。このとき、時久は五十四歳、忠虎は二十八歳であった。そして、安永《やすなが》北前川内の諏訪大明神（都城市）の棟札《むなふだ》〔庄内地理志〕によれば、忠虎は同年七月には隈本在番に就いているようである〔福島二〇〇五〕。

忠虎が隈本在番として果たした役割の一つは、隈本周辺および以北の状況の報告であった。天正十一年九月、竹宮《たけみや》（熊本市東区）地頭がにわかに隈本に人質を出して、竹宮を破却しないよう求めてきたので、忠虎はその旨を八代《やつしろ》（熊本県八代市）に報告し、どう対応すべきか判断を求めた。八代は島津勢の肥後進出における拠点であり、報告時点において、島津家老中の伊集院忠棟《ただむね》、平田《ひらた》光宗《みつむね》、上井覚兼を含む諸将が滞在していた。

翌天正十二年二月十三日、肥前の龍造寺勢が合志《こうし》（熊本県合志市）を攻撃した。この情報は、隈本と宇土《うと》（名和《なわ》顕孝《あきたか》領）から新納忠元《ただもと》を通じて島津義久に報告された。そして、この情報をもとに、日向勢に対して合志への援軍として八代着陣の命令が発出されている。このように、隈本在番の報告は島津勢の動向に影響を与えるものであった。

また、隈本在番である北郷忠虎は工作活動も行っていた。天正十一年四月、忠虎は霜野《しもの》（熊本県山鹿市）の内空閑鎮房《うちこがしげふさ》を調略したようであり、この旨を忠虎家臣が八代に報告している。内空閑氏の意向は、島津勢が出陣した際に奉公するとのことであった。前年の十二月、隈本に集結していた島津勢は、霜野攻略を断念しており、その後、隈本在番となった忠虎は工作活動を行ったと考えられる。そして、天正十二年四月、霜野の内空閑鎮房は島津氏に降っている。このことを『上井覚兼日記』は「輒（＝たやすく）」と記す。島津勢が容易に霜野を降した背景には、前月の沖田畷の戦いにおける島津勢の勝利もあったと考えられるが、北郷忠虎による事前の調略も見逃せないだろう。

同年九月、島津氏配下の諸将は、肥後出陣命令を受けて隈本に集結する。このとき、隈本城主城一要は上井覚兼を含む諸将と交流しているが、『上井覚兼日記』からは北郷忠虎の動向は確認できない。そして、島津勢は肥後を平定し、龍造寺氏との和平を受諾すると撤兵を決定する〔新名二〇一七〕。撤兵に際して、島津勢は出兵に遅参した衆を横島《よこしま》（熊本県玉名市）番とした。この横島番の中に北郷氏は含まれており、隈本集結時にその動向を確認できなかったことを併せて考慮すれば、内空閑氏が島津氏配下となった後、隈本在番の役目を終えていたと考えられる。

九州北上戦における北郷忠虎の活躍をみてきたが、このころ父時久も健在であった。天正十三年十月、鹿児島にて豊後進攻と羽柴秀吉の下向風聞に関する談合が開催されているが、北郷氏からは時久が出席している。そして、このとき、上方から戻った時久の家臣が、秀吉の下向は必定という情報を伝えている。結局のところ、秀吉による九州攻めは行われ、天正十五年、島津義久は秀吉に降伏し、島津勢の九州北上戦は終結した。

九州北上戦の特徴の一つとして、島津氏支配領域の急速な拡大がある。急速な領域拡大に際して、鹿児島の島津義久と北上する戦線との意思疎通は重要な問題であった。そして、同様に軍勢供給地と鹿児島等の連携も重要であった。旧伊東領である宮崎平野は、島津氏の新たな軍勢供給地となっており、日向勢は天正十二年の沖田畷の戦いや天正十四年の筑前岩屋《いわや》城の戦いに参戦している。

宮崎平野部の多くの地頭に対する鹿児島等からの指示・伝達は、統括者である宮崎地頭上井覚兼を通じて行われていた〔福島一九八八〕。一例として、天正十二年の指示・伝達事案を紹介したい。同年五月二十六日、庄内経由で鹿児島からの書状および北郷氏家臣土持《つちもち》摂津介の添状が宮崎の覚兼に届いている。この内容は、来月中旬に鹿児島で開催される談合への出席命令および鹿児島殿中の普請に関することであり、翌々日の二十八日、覚兼は宮崎平野部の各所に使者を派遣し、鹿児島からの指示を伝達している。そして、翌六月一日には紙屋《かみや》（宮崎県小林市）経由で、同月十日までの鹿児島出府命令等が宮崎に伝えられている。このように、鹿児島から宮崎への指示・伝達の経路は必ずしも一つに固定されたものではなかったが、北郷氏の庄内は、宮崎・鹿児島の直線上にほぼ位置しており、たびたび指示・伝達の中継として活用された。このような指示・伝達の中継を担うことも、北郷氏の重要な役割であったといえよう。

豊臣政権期の北郷氏と時久晩年

天正十五年（一五八七）五月、島津義久は秀吉に降伏する。このとき、北郷時久は最後まで徹底抗戦を主張し、義久を庄内に迎えて、秀吉勢と一戦を交える覚悟であったという〔「喜入忠慶表藁」旧記雑録後編所収〕。結局のところ、北郷氏は服従の意を示すことになる。これに対して、秀吉は北郷氏が人質のほか実子を一人出すことで、本領安堵の朱印状を発給している。

豊臣政権期において、北郷氏に対して数々の豊臣秀吉朱印状が発給されている。宛所は時久・忠虎連名の場合もあれば、時久個人や忠虎個人の場合もあった〔都城島津家史料〕。系図によれば、忠虎の家督継承時期は、伊東氏が日向を退去する前の天正四年であったというが〔新編島津氏世録支流系図〕、これ以降も、北郷氏内外における時久の存在感は消え去ったわけではなかった。こうしたなか、文禄三年（一五九四）十二月、北郷忠虎が朝鮮在陣中に病没する。忠虎の遺児は若年であったため、翌文禄四年、時久の三男三久《みつひさ》が名代となった。

文禄四年、島津氏領内における太閤検地が終わると、大規模な所領替えが実施された。この島津氏領内の所領替えにより、北郷氏は薩摩国祁答院に移封となり、先祖代々の地を離れることになった。そして、慶長元年（一五九六）、北郷時久は移封先である宮之城《みやのじょう》（鹿児島県さつま町）において六十七歳で亡くなっている。

最後に、この後の北郷氏について記しておきたい。慶長四年の庄内の乱を経て、北郷氏は旧領都城を回復する。その後、島津姓に改めて幕末を迎えており、現在でも都城島津家（北郷氏）は地元のお殿様として、都城市民に親しまれている。

（宮地輝和）

【主要参考文献】

大山智美「戦国大名島津氏の権力形成過程―島津貴久の家督継承と官途拝領を中心に―」（新名一仁編著『薩摩島津氏』（戎光祥出版、二〇一四年、初出は二〇〇九年）
新名一仁『島津貴久　戦国大名島津氏の誕生』（戎光祥出版、二〇一七年）
新名一仁『島津四兄弟の九州統一戦』（星海社、二〇一七年）
新名一仁『現代語訳　上井覚兼日記　天正十年（一五八二）十一月～天正十一年（一五八三）十一月』（ヒムカ出版、二〇二〇年）
新名一仁『現代語訳　上井覚兼日記2　天正十二年（一五八四）正月～天正十二年（一五八四）十二月』（ヒムカ出版、二〇二一年）
福島金治「戦国大名島津氏の家臣団編成」（同『戦国大名島津氏の領国形成』（吉川弘文館、一九八八年、初出は一九七九年）
福島金治「北郷氏の領域支配とその動向」（『都城市史　通史編　中世・近世』第一編第四章第二節、二〇〇五年）
宮地輝和「永禄期足利義輝による伊東氏・島津氏間の和平調停」（『九州史学』一九〇、二〇二二年）
山口研一「織豊期島津氏の権力構造―御一家衆北郷氏を題材として―」（『史友』一七、一九八五年）
山下真一「中近世移行期における島津氏の権力編成と北郷氏」（『立正史学』九五、二〇〇四年）

島津忠良・貴久
——島津氏中興の祖、戦国島津氏の祖

島津忠良の出自

島津《しまづ》忠良《ただよし》は、明応元年（一四九二）九月二十三日、島津氏御一家伊作善久《いざくよしひさ》の嫡男として生まれた。母は「常盤《ときわ》」の名で知られる新納是久《にいろこれひさ》の娘である。伊作氏は島津本宗家第三代久経《ひさつね》の二男久長《ひさなが》を祖とし、弘安四年（一二八一）四月、父久経から薩摩国伊作庄・日置《ひおき》庄（鹿児島県日置市）を譲られ、名字の地となった。

伊作氏直系は、第七代犬安丸《いぬやすまる》が長禄二年（一四五八）十二月に十六歳で亡くなり、途絶えてしまう。伊作氏家臣らは、島津本宗家忠国《ただくに》の子亀房丸《かめふさまる》を犬安丸の妹と娶せ、後継とすることを申し出たが、忠国に断られ、やむなく亀房丸を拉致して家督に据えたという。これが忠良の祖父伊作久逸《ひさやす》である。

忠良（幼名菊三郎《きくさぶろう》）誕生後、伊作氏に不幸が続く。明応三年（一四九四）四月、父善久が奴僕によって殺害され、同九年には、祖父久逸が加世田《かせだ》（鹿児島県南さつま市）を領する島津薩州家《さっしゅうけ》の内紛に介入し、十一月十一日に薩州家勢と戦って討ち死にしてしまう。忠良はわずか九歳で祖父と父を失った。

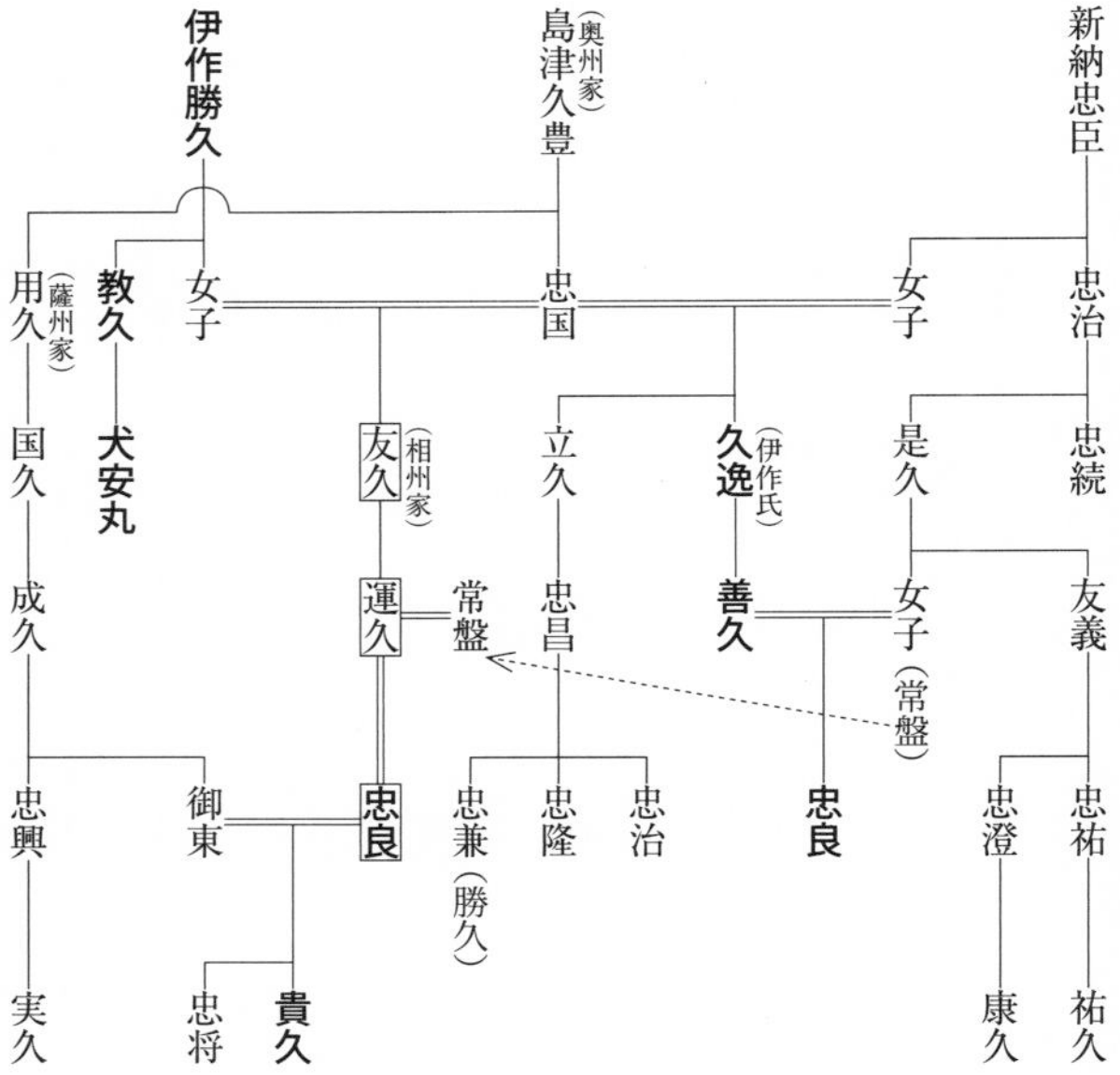

伊作氏・島津相州家略系図

島津相州家の継承と貴久の誕生

このとき伊作氏を救ったのが、薩摩国田《た》布施《ぶせ》（鹿児島県南さつま市）を領する島津相州家《そうしゅうけ》運久《ゆきひさ》である。相州家（代々相模守を称する）の祖友久《ともひさ》は、島津奥州家忠国の長男であったが、家督は正室新納氏が生んだ立久《たつひさ》が継承し、伊作氏が生んだ友久は別家を立てるに至った。この相州家は、御一家（島津氏庶子家）筆頭の家格を誇り、薩摩国和泉《いずみ》・川辺《かわなべ》郡・加世田別府《べっぷ》を領する島津薩州家、日向国飫肥《おび》・櫛間《くしま》を領する島津豊州家《ほうしゅうけ》より、儀礼などで上座に位置した。後年、忠良は「相州家は〝庶子の棟梁〟であり、奥州家の家督が絶えたならば、相州家が〝国主〟を継承すべしとの〝先祖の掟〟があった」と主張している〔日我上人自記〕。伊作氏の血を引く運久は、伊作善久の未亡人常盤を室に迎えるとともに、忠良を養嗣子とした。永正十年（一五一三）八月以前、相州家運久は出家して「一瓢斎《いっぴょうさい》」となのっており、これまでに家督を忠良に譲ったようである。これにより、忠良は伊作氏の旧領もあわせた薩摩半島西岸域を領するとともに、御一家筆頭の相州家当主という立場を得た。

この翌年、永正十一年五月五日、忠良の長男貴久《たかひさ》（幼名虎寿丸《とらじゅまる》）が田布施城にて誕生する。母は島津薩州家成久《しげひさ》の娘御東である。忠良の祖父久逸は、薩州家との戦いで討ち死にしている。伊作氏を吸収した相州家運久と薩州家の間で手打ちとなり、その証として両家の婚姻が成立したのだろう。こうして島津氏御一家の二大勢力は、婚姻関係によって結びついた。

島津奥州家の権威低下と相州家・薩州家への期待

薩摩・大隅・日向三か国守護（三州太守）を継承してきた島津奥州家《おうしゅうけ》は、島津忠昌《ただまさ》の代に御一家・国衆による反乱が頻発し、徐々に衰退していく。分国経営に行き詰まった忠昌は、永正五年（一五〇八）二月十五日、自害して果てる。奥州家家督は長男忠治《ただはる》が継承するが、永正十二年八月に二十七歳の若さで没し、その跡を嗣いだ次弟忠隆《ただたか》も、永正十六年四月に二十三歳で病死する。最後に残ったのが、薩摩南端の国衆頴娃《えい》氏の養子となっていた末弟忠兼《ただかね》（のちの勝久《かつひさ》）であった。この十年間に次々と守護が代わり、国衆の養子となっていた忠兼が後継となったことで、分国内では、奥州家に代わって独自の地域秩序を確立しようとの動きが起きる。

その中心人物である祁答院《けどういん》嵐浦《らんぽ》（重武《しげたけ》、薩摩国祁答院）は、大永三年（一五二三）頃の二月七日、大隅国衆の肝付兼興《きもつきかねおき》（大隅国高山）に宛てた書状で、守護である島津忠兼を警戒する一方で、「金吾《きんご》」＝三郎左衛門尉忠良と肝付氏の連携を歓迎し、「初千代殿《はつちよどの》」（島津薩州家実久《さねひさ》の幼名）へ肝付氏が書状を出したことも歓迎している〔肝付文書〕。ポスト奥州家をめぐって、両島津家への期待が高まっていた。

島津忠兼の窮地

突如島津奥州家家督を継承し、基盤の弱かった島津忠兼は、国衆らと姻戚関係にあり信望の厚い薩州家忠興《ただおき》との連携を模索したようであり、忠興の長女を室に迎える。ただ、二人の間には男子が誕生せず、一説には忠興の嫡男実久が忠興の養子に迎えられたともいう。この間、日向・大隅両国では紛争が頻発し、日向山東《さんとう》の伊東尹祐《いとうただすけ》が娘聟の新納忠勝《ただかつ》と連携し、日向庄内《しょうない》（都城《みやこのじょう》盆地）の北郷忠相《ほんごうただすけ》とその義兄弟島津豊州家忠朝《ただとも》と対立していた。伊東尹祐は永正年間末から頻繁に庄内進攻を繰り返し、大永元年（一五二一）には新納氏に呼応して肝付兼興が豊州家領に進攻する。大永三年十一月には新納忠勝も豊州家領に進攻している。こうした事態に守護島津忠兼は、同年十二月、老中伊地知重周《いじちしげひろ》を新納忠勝討伐に向かわせるが、日向国槻野《つきの》（鹿児島県曽於市）で新納勢に大敗を喫する。

守護忠兼が手詰まりになるなか、忠兼の舅島津薩州家忠興が、大永五年十月九日に没してしまう。これは想定されていたらしく、大永三年九月、忠兼は島津相州家忠良に書状を送り、混沌としていた庄内情勢について「万端御指南」を依頼している。薩州家から相州家へ後見役を切り替えようとしたようである。これを境に、忠兼を支える守護家老中の構成も、相州家派のものに交替したことが指摘されている〔山口一九八六〕。しかし、これは薩州家派の反発を招き、大永六年十一月頃までに大隅帖佐《ちょうさ》（鹿児島県姶良市）の辺川忠直《へがわただなお》が挙兵し、蒲生茂清《かもうしげきよ》らと共に守護領の吉田《よしだ》（鹿児島市）に進攻している。

島津忠良の守護家奪取計画とその失敗

守護島津忠兼が辺川・蒲生両氏の蜂起に動揺するなか、大永六年（一五二六）十月末頃、元老中の桑《くわ》波田《はた》観魚《かんぎょ》は突如、相州家忠良に帰順し、その居城南郷城《なんごう》（鹿児島県日置市）は忠良のものとなる。これに驚いた忠兼は急遽伊《い》集院《じゅういん》に赴き、十一月五日頃、忠良と会談する。ここで忠良は、帖佐の敵方を鎮圧する代わりに、忠良の嫡男虎寿丸（のちの貴久）を忠兼の養嗣子とすることを求めたとみられる。忠兼はこの条件を飲み、虎寿丸と共に鹿児島に戻った。十二月、忠良は大隅に出陣し、薩州家方の辺川忠直を討って帖佐本城・新城を攻略する。同城には、忠良の姉婿島津昌久《まさひさ》が地頭として入った。

鹿児島に帰還した忠良は、島津忠兼に虎寿丸への「国譲」を求めたようであり、翌大永七年春、「国譲」の祝言がおこなわれ、鹿児島の「諸侍・御内衆」は残らず虎寿丸への奉公を誓う起請文に署判したという。その後四月中旬、忠兼は伊作に隠居し、その際忠良も出家して「日新斎《じっしんさい》」と号したという〔樺山玄佐自記〕。事実上、忠兼は押し込められたとみるべきだろう。この頃、虎寿丸の元服のため先例が調査されており

〔小瀬二〇一三〕、島津奥州家家督と三州太守継承は順調に進むかに見られたが、この家督継承は有力御一家・国衆の支持を得られなかった。

薩州家とその与党はこの家督継承を認めず、鹿児島と義絶するに至った。忠兼が隠居した翌月の大永七年五月、帖佐に配置されていた島津昌久は、加治木《かじき》の伊地知重貞《しげさだ》・重兼《しげかね》父子と共に反旗を翻す。忠良は直ちにこれを制圧すべく出陣し、まもなく両氏を討伐するが、これは陽動作戦であった。

この隙に挙兵した島津薩州家実久は、相州家の支配下にあった伊集院・日置を制圧し、伊作に隠居していた島津忠兼を救出する。忠兼を擁した実久は鹿児島を制圧し、六月十七日付新田八幡宮《にったはちまんぐう》宛寄進状で、忠兼は「三州太守」と称している。忠兼は虎寿丸に譲った地位を悔い返し、奥州家家督・三州太守に復帰したのである。これからまもなく、忠兼は「勝久《かつひさ》」と改名している。志布志《しぶし》の新納忠勝や大隅国府《こくふ》の本田兼親《ほんだかねちか》は反勝久方であったが、庄内の北郷忠相や飫肥の島津豊州家忠朝は勝久を支持しており、分国内では混乱が続いていた。

島津勝久の出奔と薩州家実久の政権奪取

大永三年（一五二三）五月におきた寧波《ニンポー》の乱の収拾を図りたい周防・長門守護大内義興《おおうちよしおき》は、島津豊州家の仲介で琉球王国に接近し、明との外交関係の修復を模索していた。このため島津分国内の混乱は好ましいものではなく、大永八年七月、豊州家忠朝に使僧を派遣し、島津勝久を軸とする政治秩序の回復を求める。これに応じて豊州家忠朝は、分国内各地の紛争を収めるべく、享禄二年（一五二九）六月、紛争当事者の御一家・国衆を鹿児島に集め、太守に復帰した勝久への見参を実現させる。この和平交渉には、相州家からも忠良の義父一瓢斎（運久）と島津又六郎《またろくろう》が出頭している。薩州家からも重臣阿多《あた》飛騨守らが出頭し、両家の和睦交渉がおこなわれている。一瓢斎が出頭した時点で、勝久の太守復帰を承認したことになり、相州家は奥州家の家督奪取をいったん断念したようである。

奥州家勝久と薩州家実久の蜜月関係は長くは続かなかった。勝久側近と薩州家派守護被官との対立が表面化し、勝久は大隅帖佐に進出していた祁答院嵐浦（重武）と連携し、薩州家と対決するに至る。天文三年（一五三四）十月ごろ、守護所鹿児島にて両勢は合戦となり、薩州家実久が勝利する。やむなく勝久は守護所鹿児島を退去し、祁答院氏を頼って落ち延びていった。鹿児島を制圧した実久は事実上の守護としてふるまい、鹿児島周辺、錦江湾《きんこうわん》沿岸の守護被官、そして有力御一家の北郷忠相・島津豊州家忠朝も実久を支持する。

日新斎・貴久父子と奥州家勝久の連携

この間、享禄三年（一五三〇）に薩摩半島南端の国衆頴娃兼洪と同盟を結んだ相州家日新斎・貴久父子は、天文二年（一五三三）には南郷城を奪回して永吉城と改め、天文五年三月には薩州家が制圧していた伊集院を奪取し、ここを新たな本拠としている。また、志布志の新納忠勝は、薩州家実久の太守就任を承認せず、天文五年三月、般若寺《はんにゃじ》（鹿児島県湧水町）に亡命していた奥州家勝久に善後策を進言している。勝久は日新斎・貴久の伊集院領有を認めることで和睦し、祁答院嵐浦と相州家で薩摩・大隅国境の国衆たちをまとめることで薩州家に対抗する構想を提示する。新納氏自身は、薩州家実久の太守就任を承認しなかったことで、北郷氏や豊州家との関係が悪化し、天文六年七月に居城の志布志城を包囲され、没落している。しかし、勝久と日新斎・貴久父子との連携は実現している。天文二年三月、島津貴久と入来院《いりきいん》重聡《しげさと》の娘との間に、長男虎寿丸（のちの義久《よしひさ》）が誕生しており、渋谷《しぶや》一族の入来院氏との同盟が成立していた。入来院氏は川内川《せんだいがわ》下流域への進出を目指しており、薩州家と対立していた。こうした利害関係から、入来院・祁答院両氏の仲介で奥州家勝久との連携が実現したのだろう。

こうして大義名分を得た相州家は、薩州家実久との対決に踏み切る。伊集院を奪った相州家貴久は、天文五年秋から入来院氏と連携して鹿児島へと進撃し、天文六年二月に犬迫《いぬざこ》栫（鹿児島市）を奪取すると、薩州家勢は鹿児島を放棄して谷山《たにやま》（鹿児島市）へと撤退している。

さらに天文七年十二月末、日新斎・貴久父子は薩摩半島南部における薩州家の拠点加世田別府城（鹿児島県南さつま市）に夜襲をかけ、これを攻略している。こうして、古くからの海上流通拠点であった万之瀬川《まのせがわ》河口付近を抑えた相州家は、薩州家を封じ込めていく。天文八年三月、貴久は鹿児島に上之山《かみのやま》栫（鹿児島市、現在の城山）を築き、ここに出陣する。これを迎え撃った薩州家勢と紫原《むらさきばる》（鹿児島市）で合戦となり、これを破った貴久は薩州家勢を谷山に追い詰め、三月末までに開城させている。これと同時に日新斎は、加世田から川辺郡に進攻し、薩州家方の川辺高城・平山《ひらやま》城（鹿児島県南九州市）を攻略し、薩摩半島南部の制圧に成功する。

貴久の三州太守就任と反貴久方勢力の蜂起

天文八年（一五三九）閏六月、島津貴久は薩摩半島における残る薩州家の拠点串木野《くしきの》（鹿児島県いちき串木野市）・市来《いちき》（同日置市）の攻略を図る。この戦いには、それまで態度を明らかにしなかった、あるいは薩州家方についていた御一家・国衆の多くが貴久方として参戦している。八月末、串木野城の川上《かわかみ》忠克《ただかつ》が退去すると、市来城も開城を余儀なくされ、貴久は薩摩半島統一に成功し、薩州家の抵抗も終息する。

薩州家との抗争に勝利した貴久は、奥州家勝久との連携を解消し、みずから奥州家を継承し、三州太守たらんとした。天文九年、貴久は奥州家菩提寺である福昌寺《ふくしょうじ》の寺領を安堵してその再興に乗り出す。同年三月、同寺住持恕岳文忠《じょがくもんちゅう》は貴久の福昌寺再興について記すなかで、貴久を「当寺中興大壇越」・「三州大府君」と呼んでおり、奥州家当主・三州太守として認めている。これにより、貴久は三州太守就任を内外にアピールしたとみられる。

貴久の三州太守宣言に対して、奥州家勝久との仲介役を果たした渋谷一族や、薩州家方御一家は反発する。北郷忠相は勝久を、豊州家忠朝は勝久の嫡男益房丸《ますふさまる》（のちの忠良《ただよし》）を庇護して、貴久に対抗する姿勢を示した。そして天文十年十二月、反貴久方の十三氏は貴久の姉婿樺山善久《かばやまよしひさ》の居城生別府城《おいのびゅう》（鹿児島県霧島市）を包囲する。貴久は後詰のため出陣し、包囲網の一角をになう加治木（同始良市）の肝付兼演《かねひろ》を攻撃するが、返り討ちにあっている。薩摩半島統一を成し遂げても、有力御一家・国衆がまとまると、これに対抗できるだけの実力は貴久にはまだなかった。やむなく貴久は、本来守護被官である大隅国府の本田董親《ただちか》と、樺山氏の居城生別府城を割譲することで和睦している。

島津氏が内訌にあけくれる一方、日向山東の伊東氏でも内紛がおこり、天文五年七月、伊東尹祐の二男祐清《すけきよ》が家督を継承する。祐清改め義祐《よしすけ》は、天文十年冬以降、くりかえし飫肥に進攻し、島津豊州家に軍事的圧力を加え続けていく。天文十二年には、種子島《たねがしま》に鉄砲が伝来し〔鉄炮記〕、日向南部の港には「唐船一七艘」が来航して賑わっている〔日向記〕。南蛮貿易が本格化するなか、伊東氏は要港を擁する飫肥の領有を目指していた。

この事態に、貴久に対抗する姿勢をとっていた北郷忠相と島津豊州家忠広《ただひろ》（忠朝長男）は、伊東氏との対抗上、一族が結束する必要があると判断し、天文十四年三月、北郷忠相と豊州家忠広の養子賀久が伊集院に出頭し、貴久を「守護」として承認する。両氏は貴久に従属することで伊東氏との戦いへの支援を求めたのである。

参議町資将の下向と本田董親の自立

北郷氏・島津豊州家が島津貴久を守護として承認した頃、前関白近衛稙家《このえたねいえ》の使者として参議《さんぎ》の町資将《まちすけまさ》が薩摩に下向していた。近衛家は十五世紀末以降島津本宗家に接近し、経済的支援を受けていたが、一連の内訌により誰が本宗家の継承者となるのか見極めようとした。そのための町資将派遣であり、資将は貴久に近衛邸新造費用の拠出を依頼した。貴久としては近衛家とのパイプを築くチャンスであったが、これを利用したのは資将を接待した本田董親であった。

本田氏は島津奥州家の譜代被官であり、南北朝期以来、大隅国府近くの清水城《きよみず》（鹿児島県霧島市）を本拠としていた。天文十年の反貴久方十三氏の蜂起に際して、貴久は同氏との和睦を余儀なくされ、国衆化していた。董親は近衛稙家・町資将らに唐物《からもの》などを贈ることで信頼を獲得し、天文十五年（一五四六）八月には「従五位下紀伊守」に、翌年九月には董親の嫡男重親《しげちか》が「従五位下左京大夫」に叙任されている。貴久はいまだ無位無官であり、官位の上では本田氏が上回ったのである。本田氏は大隅国守護職を狙っていたとも推測される〔伊集二〇〇八〕。貴久としては、三州太守としての権威を保つためにも本田氏を打倒する必要に迫られた。

大隅国府の制圧と加治木肝付氏との和睦

天文十七年（一五四八）二月、本田氏に内紛が勃発すると、大隅正八幡宮社家らの要請に応じる形で、貴久は宿老伊集院忠朗《ただあき》と義兄樺山善久を出陣させる。二人は清水城に迫り、五月末には北郷忠相の仲介によりいったんは本田氏と和睦している。しかし、八月には本田氏が再び蜂起し、伊集院忠朗の攻撃を受けて庄内の北郷氏のもとに出奔した。こうして大隅国府の制圧に成功した貴久は、次弟忠将《ただまさ》を清水城に入れ、曽於郡《そのこおり》城（鹿児島県霧島市）に伊集院忠朗を、生別府城改め長浜城には樺山善久を復帰させ、大隅国中心部に楔を打つ。次に貴久が目指したのは、大隅国府と守護所鹿児島の間に位置する始羅《しら》郡の制圧であった。

天文十八年三月、貴久は伊集院忠朗を飫肥に派遣して、飫肥城に迫った伊東勢を撃破し、日向南部を安定化させると、始羅郡東部の加治木を領する肝付兼演・兼盛《かねもり》父子との決戦に踏み切る。同年五月、貴久・忠将兄弟らは清水城から加治木に進攻し、黒川崎《くろかわさき》（鹿児島県始良市）で肝付勢とこれを支援する蒲生勢・祁答院勢らと対峙する。両軍は激しく戦ったが膠着状態となり、十二月、北郷忠相・島津豊州家忠親《ただちか》父子の仲介により和睦が成立する。後年、貴久の妹が肝付兼盛の室となり、肝付氏は有力国衆として続いていく。なお、この加治木攻防戦の最中、天文十八年七月二十二日、フランシスコ・ザビエルが鹿児島に上陸し、九月二十九日には貴久と会見し、布教の許可を得ている。

居城の移転と修理大夫任官

肝付氏との和睦直後の天文十九年（一五五〇）、貴久は奥州家代々の守護所である鹿児島に「御内《みうち》」（内《うち》城、鹿児島市）を築き、伊集院一宇治《いちうじ》城（鹿児島県日置市）から移る。錦江湾に面する帆柱《ほばしら》湊のすぐ近くであり、残る始羅郡攻略を本格化するためでもあったろう。

天文二十年には、貴久の義兄樺山善久を上洛させ、焼失していた大隅国一之宮である正八幡宮（現在の鹿児島神宮、鹿児島県霧島市）の尊躰（御神体）を作成させ、内裏で開眼供養したうえで、「天下御祈祷」を命じる後奈良天皇《ごならてんのう》の綸旨《りんじ》を獲得している。同年十一月には正八幡宮の遷宮が実現している。大隅国最大の宗教権威を貴久の命で再建することで、同国支配の正当性を獲得したのである。

さらに樺山善久の上洛は、朝廷・幕府への接近という目的もあった。それは、本田氏が牛耳っていた中央とのパイプ確保のためであろう。天文十一年には、従属国衆種子島時堯《ときたか》の家臣古市《ふるいち》長門守実清《さねきよ》が近衛家への周旋をおこない、六月十一日、貴久は「従五位下修理大夫」に叙任されている。修理大夫は奥州家当主島津勝久が任じられていた官職であり、貴久の奥州家継承を中央に認めさせる効果もあった。

岩剣城の戦い、帖佐攻略、蒲生城攻防戦

天文二十三年（一五五四）、貴久方に寝返った肝付兼演に対し、帖佐の祁答院良重《よししげ》・蒲生の蒲生範清《のりきよ》らは攻撃を仕掛ける。これを好機と見た貴久は同年九月、肝付氏救援を口実に始羅郡に出陣し、岩剣《いわつるぎ》城（鹿児島県始良市）を包囲する。この戦いは、貴久の三人の男子（義久・義弘《よしひろ》・歳久《としひさ》）の初陣でもあり、弟忠将が実戦で初めて鉄砲を使用した戦いでもあった。帖佐の祁答院勢は岩剣城の後詰めに出陣するが、島津勢はこれを撃破し、十月二日、同城は開城した。

翌天文二十四年三月には、始羅郡における祁答院氏の拠点帖佐本城（平山城、姶良市）攻略を目指して出陣し、三月二十七日に祁答院勢を撃破する。四月二日に祁答院勢は帖佐本城・新城・山田《やまだ》城を放棄して本領祁答院に撤退し、帖佐全域を制圧する。

始羅郡で残る蒲生範清の居城蒲生城（始良市）攻めは、天文二十四年四月に始まったが、標高一六三mの天険にあった同城の攻略は困難を極め、開城したのは二年後の弘治三年（一五五七）四月であった。この間、貴久は三人の息子たちと前線で指揮にあたり、たびたび苦戦を強いられたが、二男義弘がめざましい軍功を挙げ、蒲生氏の支城松坂《まつざか》城攻め、蒲生城の後詰めに出陣した菱刈《ひしかり》勢の撃破などで武功を挙げている。菱刈勢を倒したことで籠城が困難になった蒲生範清は祁答院氏のもとに逃れ、貴久はようやく始羅郡統一に成功する。

将軍足利義輝による和平調停不調と大隅国衆離反

島津勢が始羅郡統一に手間取るなか、伊東義祐は飫肥進攻を再開しており、弘治三年（一五五七）には飫肥城包囲網が完成しつつあった。この飫肥進攻に際して義祐は、飫肥の背後つまり大隅への工作を進めており、肝付兼続《かねつぐ》の長男良兼《よしかね》の室に娘高城を送り込んでいる。伊東氏と肝付氏の間で、北郷氏・島津豊州家に対する共同戦線が成立したようである。

永禄元年（一五五八）三月、肝付勢は宮ヶ原《みやがはら》の戦い（鹿児島県曽於市）で北郷勢に大勝し、十月には豊州家領の志布志を攻略している。十一月には伊東勢が飫肥城を見下ろす支城新山城《にいやま》（宮崎県日南市）を攻略し、島津義弘の義父北郷忠孝《ただたか》が討ち死にしている。島津貴久は飫肥城救援のため、永禄三年三月頃、義弘を飫肥城に派遣している。この年六月、将軍足利義輝《あしかがよしてる》は島津貴久に伊東義祐との和睦を命じる御内書《ごないしょ》を発し、伊勢貞運《いせさだかず》を下向させるが、結果的にこの和平調停は失敗に終わり〔宮地二〇二二〕、反島津方国衆による島津氏への攻勢が始まる。

肝付兼続は、姻戚関係にある祢寝清年《ねじめきよとし》・伊地知重興《しげおき》とともに永禄四年（一五六一）五月、島津方の廻城《めぐり》（鹿児島県霧島市）を奪取する。廻は大隅国府から庄内方面、大隅中部から志布志へと繋がる街道の起点であり、島津氏から北郷氏・豊州家への支援ルートを断たれることになった。島津貴久・忠将は六月に出陣し廻城を包囲するが、七月十二日、肝付勢の策により忠将が討ち死にしてしまう。

これにより廻城攻略は長期化し、飫肥城に入って、島津豊州家忠親の養子となっていた島津義弘も撤退している。大隅国中・南部の国衆と伊東義祐が同盟し、菱刈・入来院・東郷《とうごう》といった薩摩・大隅国境の国衆と連携することで、四か国の国衆による島津包囲網が完成したのである。

日向・大隅国境への進出と貴久の隠居

島津貴久にとって最大のピンチを迎えるが、ひとつの転機となったのが、永禄五年（一五六二）初頭、日向西端から大隅北部を勢力圏とした有力国衆北原兼守《きたはらかねもり》の死去であった。兼守は伊東義祐の娘を室としていたが男子はなく、後継をめぐって内紛が生じ、これに伊東義祐が介入した。義祐は兼守室だった娘を北原氏一族に嫁がせて、真幸院《まさきいん》東部の三之山《みつのやま》（宮崎県小林市）を奪取する。これに対し島津貴久は、肥後南部の有力国衆相良頼房《さがらよりふさ》（のちの義陽《よしひ》）と連携して、相良領にいた北原兼親を担ぎ出し、真幸院西部の拠点飯野《いいの》城（同えびの市）に入れる。その上で貴久は大隅北部に出陣し、横川《よこかわ》（鹿児島県霧島市）・栗野《くりの》（同湧水町）を奪取すると、それまで敵対していた菱刈重猛《しげたけ》を懐柔する。しかし、北原兼親の支配は安定せず、伊東義祐と相良頼房が手を結んで真幸院奪取を目指すようになる。永禄七年、貴久は北原兼親を伊集院上神殿《かみこうどの》（同日置市）に移し、飯野城に二男義弘を入れて伊東氏への抑えとした。

　永禄七年三月十四日、朝廷から貴久は「陸奥守」に、義久は「修理大夫」に任じられる。陸奥守は奥州家代々の官途であり、奥州家が貴久の系統に移ったことを意味し、貴久が任じられていた修理大夫が義久に移ったことで、義久が後継であることをアピールしたのであろう。そして永禄九年二月、貴久は出家して「伯囿《はくゆう》」となのり、家督を義久に譲る。天文十五年（一五四六）五月、貴久は家督の証として「時雨《しぐれ》軍旗」を作成しており、これも義久に譲られたとみられる。

「日新公いろは歌」

　天文九年（一五四〇）に貴久が三州太守を自認して以降、父日新斎は表舞台には立たず、加世田別府城を居城として貴久を後見しつつ、孫たちの養育にあたったとされる。この頃の日新斎は「隠居」と表現されるが、そもそも日新斎は相州家当主であり奥州家を継承したことはない。それでも彼が〝島津氏中興の祖〟と称され、近世から現代に至るまで薩摩藩領・鹿児島県民の尊崇を集めているのは、藩祖島津家久《いえひさ》の祖父として顕彰されたことと、「日新公いろは歌」が長きにわたり藩士の子弟教育において〝基本教典〟として尊ばれたことが大きい。

「日新公いろは歌」とは四十七首の歌で、「因果応報、頓悟、博愛の仏道思想を始めとして、武道、儒道、政道にわたり、（中略）人間として履み行なうべき道を教え訓した」ものとされる〔桑田一九六九〕。天文十四年には現在の形にまとめられたようであり、参議町資将が帰洛の際に託され、近衛稙家に供された。翌年正月、稙家はこれを面白いと絶賛する返書を出している。

人としてのあり方、為政者の心構えが多く、義久ら貴久の子息たちも同じ内容を教えられていたようであり、彼らの行動指針となっていく。その中心は道理に基づく行動であり、戦国的な無法・無秩序状態をふまえ、島津本宗家を中心とした道理に基づく秩序を再構築しようとの意図が感じられる。その延長線上に、むやみな殺傷を戒め、弱い立場のものたちへの慈しみ、敵味方供養などが謳われている。

日新斎と貴久の死

貴久の隠居後も、反島津方国衆との抗争は続いた。永禄十年（一五六七）八月、貴久は義久らと共に義弘の居城飯野城に入り、十一月二十三日、反島津方に寝返った菱刈隆秋《たかあき》領に進攻し、馬越《まごし》城（鹿児島県伊佐市）を攻め落とす。菱刈隆秋は菱刈院（伊佐市）を放棄して相良頼房の支城大口城《おおくち》（伊佐市）に籠城する。大口城攻防戦は永禄十二年九月まで足かけ三年も続き、島津勢はたびたび苦戦を強いられている。真幸院では伊東氏が飯野城近くまで出陣し、二方面作戦を余儀なくされた。たまらず日新斎は永禄十一年八月、和睦を助言し、島津薩州家義虎《よしとら》の仲介で相良氏との和睦が成立する。この和睦を見届けた日新斎は同年十二月十三日、加世田の保泉寺《ほうせんじ》（のちの日新寺《じっしんじ》、現在の竹田《たけだ》神社、鹿児島県南さつま市）にて没する（享年七十七）。辞世は複数伝わるが、「急ぐなよ　またとどむるなわが心　定まる風の吹かぬかぎりは」がよく知られている。

日新斎が没したことで和睦は崩れ、再び大口城攻防戦が始まる。そして、永禄十二年五月六日の戸神ヶ尾の戦いで、貴久四男家久・新納忠元らが相良・菱刈連合軍を撃破し、同年九月大口城は開城する。これによって孤立した渋谷一族の入来院重豊《しげとよ》・東郷重尚《しげひさ》も永禄十三年正月に所領を割譲して降伏し、島津氏は薩摩一国の統一を実現する。

薩摩統一を見届けた貴久は、日新斎の居城であった加世田別府城に移って余生を過ごし、元亀二年（一五七一）六月二十三日、加世田にて没している（享年五十八）。貴久の死因については、キノコの毒に当たって亡くなったとの説〔『薩州旧伝記』〕があるほか、平田《ひらた》安房介宗茂《むねしげ》が毒を盛ったとの説もある。

（新名一仁）

【主要参考文献】

伊集守道「戦国期本田氏地域権力化の一側面―近衛家との交流を中心に」（『富山史檀』一五五、二〇〇八年）
大山智美「戦国大名島津氏の権力形成過程―島津貴久の家督継承と官途拝領を中心に―」（新名一仁編著『薩摩島津氏』戎光祥出版、二〇一四年、初出は二〇〇九年）
窪田頌「大永年間の九州南部情勢と大内氏・大友氏」（『古文書研究』九三、二〇二二年）
桑田忠親『戦国武将の生活』（角川書店、一九六九年）
小瀬玄士「『島津家文書』所収「年中行事等条々事書」をめぐって」（遠藤基郎編『生活と文化の歴史学2 年中行事・神事・仏事』竹林舎、二〇一三年）
五味克夫「『島津家物語―日我上人自記―』について」（同著『戦国・近世の島津一族と家臣』戎光祥出版、二〇一八年、初出は一九七五年）
新名一仁『島津貴久―戦国大名島津氏の誕生』（戎光祥出版、二〇一七年）
宮地輝和「永禄期足利義輝による伊東氏・島津氏間の和平調停」（『九州史学』一九〇、二〇二二年）
山口研一「戦国期島津氏の家督相続と老中制」（新名一仁編著『薩摩島津氏』戎光祥出版、二〇一四年、初出は一九八六年）

島津義久
―「六か国太守」を自認した島津氏全盛期の当主

日新斎からの教え

島津《しまづ》義久《よしひさ》は、父貴久《たかひさ》が島津薩州家《さっしゅうけ》実久《さねひさ》との抗争に入る直前、天文二年（一五三三）二月九日、入来《いりき》院重聡《いんしげさと》の娘との間に誕生した。生誕地は伊作《いざく》城（鹿児島県日置市）とされる。同母弟に、次弟義弘《よしひろ》（天文四年生まれ）・三弟歳久《としひさ》（天文六年生まれ）、異母弟に家久《いえひさ》（天文十六年生まれ）がいる。祖父日新斎《じっしんさい》（忠《ただ》良《よし》）・父貴久は、守護家たる島津奥州家《おうしゅうけ》勝久《かつひさ》から家督を奪おうとして失敗した直後であり、島津相州《そうしゅう》家《け》・伊作氏の本領である伊作・日置《ひおき》から田布施《たぶせ》（同南さつま市）にかけての薩摩半島西岸域を領する島津氏御一家《ごいっか》にすぎなかった。

幼い頃の義久（幼名虎寿丸《とらじゅまる》）は、弟義弘と共に加世田《かせだ》（南さつま市）にあった祖父日新斎の教育を受けたとも、父貴久と同じく坊津《ぼうのつ》一乗院《いちじょういん》（南さつま市）に入って、同寺住持から教えをうけたとも伝えられる。日新斎からは仏教・儒教に基づく帝王学を授けられたようであり、後年、義久・義弘ともに日新斎から得た教訓を、家臣を説得する際に援用している。「日新公いろは歌」に代表される日新斎の教えは、戦国島津家中に通底する道徳・行動指針となっており、義久はこれを領国支配・政策決定の基礎としたが、逆にこれに縛られることにもなる。

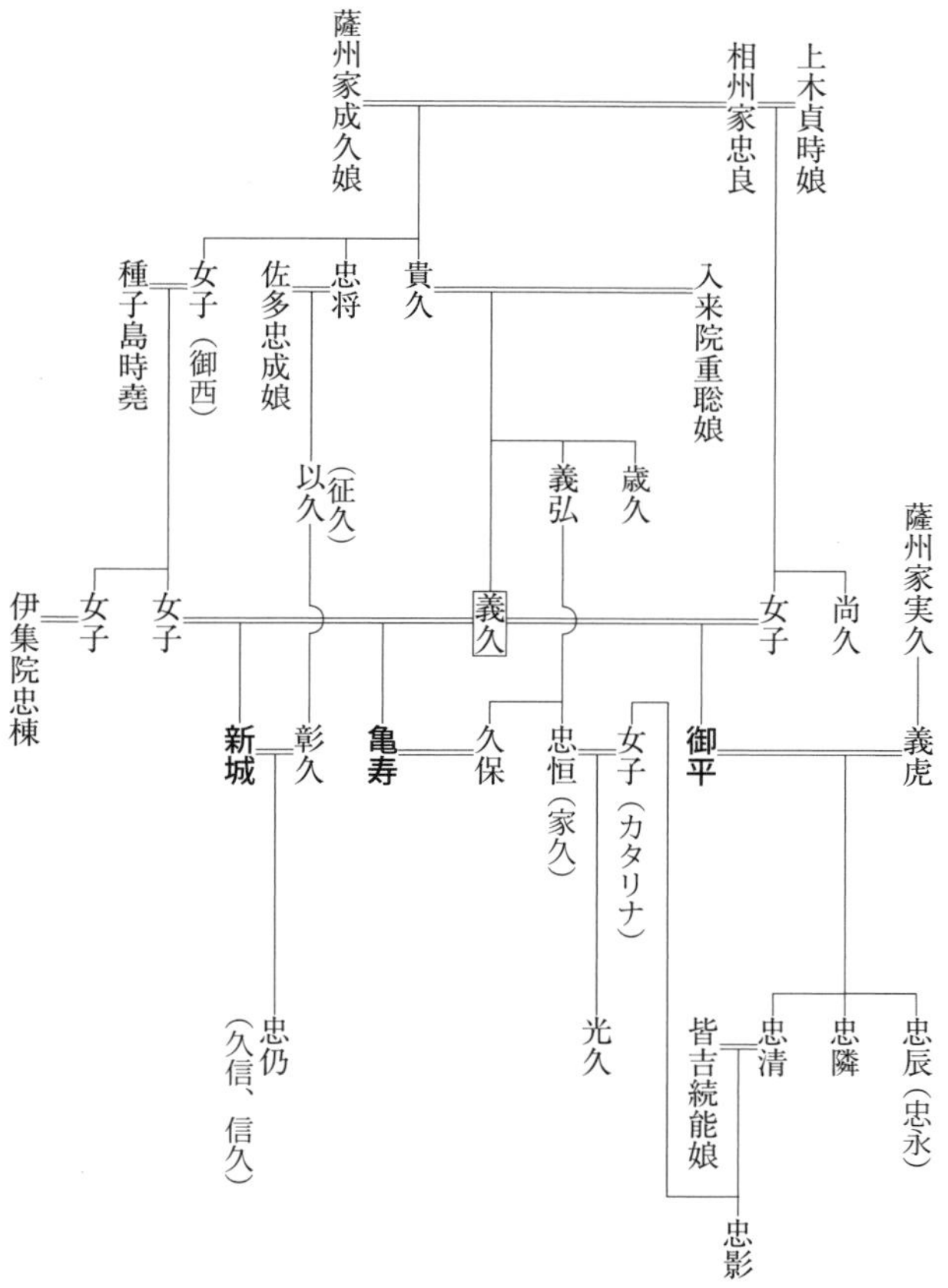

島津義久婚姻関係図

義久の元服と初陣、家督継承

義久の元服は天文十五年（一五四六）で、日向庄内領主北《ほん》郷《ごう》忠相《ただすけ》の加冠《かかん》という。又三郎忠良《またさぶろうただよし》と名乗り、まもなく正室を迎える。最初の室は父貴久の異母妹であり、天文二十年八月には長女御平（のち島津薩州家義虎《よしとら》室）を生んでいるが、永禄二年（一五五九）十一月に没している。

初陣は天文二十三年九月のことであり、父貴久と弟義弘・歳久とともに大隅国始羅郡《しらぐん》に出陣し、祁答院良重《けどういんよししげ》方の岩剣城《いわつるぎじょう》（鹿児島県始良市）攻めに参戦している。帖佐《ちょうさ》攻略後の蒲生城《かもう》（始良市）攻めでは、最前線で指揮も取っており、弘治三年（一五五七）三月二十二日の合戦では乱戦となり、自ら太刀を振るい、兜の鉢に蝿尾《やじり》（鏃の一種）が命中している。こののち、義久が最前線で指揮を取ることはほとんどない。この点、弟たちとは対照的である。

永禄四年（一五六一）十月、島津日新斎は義久に五か条の教訓状を授ける。島津家当主としてのあり方・心構えを記したもので、この時点で義久への家督継承が想定されていたのだろう。永禄五年からは国衆との起請文取り交わしでも、義久単独のものがあり、次第に権限が貴久から義久に譲られていった。

永禄七年三月十四日、貴久は「陸奥守」に、義久は「修理大夫」に朝廷から任じられる。貴久が任じられていた修理大夫が義久に移ったことで、義久が後継であることをアピールしたのであろう。

そして永禄九年二月、貴久は出家して「伯囿《はくゆう》」となのり、家督を義久に譲る。天文十五年五月、貴久は家督の証として「時雨軍旗《しぐれぐんき》」を作成しており、これも義久に譲られたとみられる。

薩摩・大隅・日向三か国統一戦

義久が家督を継承した頃、日向国では飫肥《おび》（宮崎県日南市）の島津豊州家《ほうしゅうけ》忠親《ただちか》が伊東《いとう》勢に包囲され、真幸院《まさきいん》では飯野城《いいの》（同えびの市）に入った弟義弘が、三之山《みつのやま》（同小林市）で伊東勢と対峙し、肥後人吉《ひとよし》の相良頼房《さがらよりふさ》と大隅菱刈《ひしかり》の菱刈隆秋《たかあき》が伊東氏と連携して背後から脅かされている。永禄九年（一五六六）十月、義久は弟歳久とともに飯野に出陣し、三之山城を攻め落とそうとしたが撃退されている。翌永禄十年十一月、父貴久（伯囿）も加わって菱刈に進攻し、大口城《おおくち》（鹿児島県伊佐市）攻防戦が始まる。足かけ三年の攻防ののち、永禄十二年九月に大口城は開城し、翌永禄十三年正月、渋谷《しぶや》一族の入来院重豊《しげとよ》・東郷重尚《とうごうしげひさ》が降伏し、薩摩国統一が実現する。この前後、祖父日新斎・父貴久が没し、薩摩・大隅・日向三か国統一という父祖の悲願は、義久ら四兄弟に託される。

菱刈氏や渋谷一族が島津氏に従属したことで、反島津方国衆による包囲網は西部で崩壊し、残された日向伊東氏と肝付氏《きもつき》ら大隅国衆らに焦りが生じる。特に肝付氏は、肝付兼続《かねつぐ》が永禄九年に、その嫡男良兼《よしかね》が元亀二年（一五七一）に亡くなっている。跡を継いだ良兼の弟兼亮《かねすけ》は、起死回生の策を採らざるを得なくなり、元亀二年十一月、肝付・祢寝《ねじめ》・伊地知《いじち》・伊東の軍船三百余艘を集めて鹿児島の奇襲を試みるが、島津家久らに撃退されている。翌元亀三年五月、伊東義祐《よしすけ》も起死回生を狙って大軍を真幸院に派遣し、義弘が守る飯野城の支城加久藤城《かくとう》（宮崎県えびの市）の攻略を図ったが、逆に義弘の奇襲を受け大敗を喫してしまう（木崎原《きざきばる》の戦い、覚頭《かくとう》合戦）。こうした敵失もあって、義久は庄内の北郷氏と連携して攻勢に転じる。

元亀三年、三弟歳久を大将とする島津勢は向島《むこうじま》（桜島《さくらじま》）から伊地知領の下大隅（鹿児島県垂水市）に進攻し、橋頭堡を築く。これに呼応して庄内の北郷時久《ときひさ》は肝付領に進攻し、元亀四年正月、末吉《すえよし》（同曽於市）住吉原《すみよしばる》の戦いで肝付勢を撃破する。肝付氏の弱体化を受け、同年二月、反島津同盟の一角祢寝重長《しげなが》は調略に応じ、島津氏に従属する。そして天正二年（一五七四）、義久は重臣新納忠元《にいろただもと》らに肝付・伊地知両氏を説得させる。同年四月、伊地知重興《しげおき》は所領を献上して降伏し、肝付兼亮も廻《めぐり》・市成《いちなり》（同鹿屋市）を島津氏に割譲して和睦するに至った。これにより大隅統一が実現する。残すは日向の伊東氏のみとなった。

この直前の天正元年七月、最後の将軍足利義昭《あしかがよしあき》は織田信長《おだのぶなが》によって京都から追放され、信長は近衛前久《このえさきひさ》を薩摩に派遣する。伊東義祐と義久の和睦仲介が目的だったとみられるが、飯野の次弟義弘はすでに伊東領進攻に向けて調略活動を進めており、前久とは古今伝授《こきんでんじゅ》など文化交流だけ行い、体よく帰洛させている。

天正四年八月、義久は三人の弟をはじめ薩隅二か国の総力を挙げて出陣し、伊東領の西端に位置する高原城《たかはる》（宮崎県高原町）を包囲する。島津勢は伊東氏の後詰との決戦を覚悟していたが、伊東義祐は高原城を見殺しにしてしまう。高原城が開城すると、真幸院の三之山城・須木《すき》城（同小林市）も相次いで開城し、島津氏が接収する。伊東氏の抵抗姿勢が少ないことを察した家臣の一部は、島津側の調略に次々と応じ、伊東氏は内部から崩壊する。天正五年十二月、伊東義祐は一族と側近のみを連れて本拠の佐土原《さどわら》城（宮崎市）・都於郡《とのこおり》城（宮崎県西都市）から退去し、豊後の大友宗麟《おおともそうりん》を頼って没落していった。

十二月十八日、義久は弟たちと都於郡城に入り、伊東氏の本領である山東《さんとう》（宮崎平野）を占拠する。

高城・耳川合戦と日向統一

豊後に亡命した伊東義祐支援を大義名分として、大友宗麟・義統《よしむね》による日向進攻が始まる。日向北部の国衆土持親成《つちもちちかしげ》は、大友氏の従属国衆であったが、伊東氏を倒した島津氏の「幕下」となることを望み、大友氏進攻の口実となった。

日向北部の伊東氏旧臣を蜂起させた大友氏は、天正六年（一五七八）三月、義統みずから国境まで出陣し、四月には土持氏の居城松尾《まつお》城（宮崎県延岡市）を攻略する。同年六月には伊東氏旧臣が新納院石《にいろいんいしの》城（同木城町）で蜂起し、島津勢はこれを攻めあぐねる。同年九月、大友宗麟はみずから数万ともいわれる軍勢を率いて日向に進攻し、務志賀《むしか》（延岡市）に本陣を置き、田原紹忍《たわらじょうにん》ら率いる先鋒は、十月末までに島津家久・山田有信《やまだありのぶ》らが籠もる新納院高城（木城町）を包囲する。義久は義弘・歳久らと共に高城の後詰めに出陣し、十一月十二日、高城麓の小丸川にて決戦となった。これが高城《たかじょう》・耳川《みみかわ》合戦である。

大友勢は島津勢先鋒の挑発に乗って突出したところ、義弘らの伏兵に遭って敗走する。そこに島津家久らが高城から打って出て耳川まで追撃する。大友勢は年寄《としより》（加判衆《かはんしゅう》）三人を含む有力武将の多くが討ち取られ、大友宗麟も豊後に撤退した。翌日以降、島津勢は掃討戦に入り、日向全域の制圧に成功する。

十二月、義久は毛利輝元《もうりてるもと》やその庇護下にあった将軍足利義昭に、「六ヶ国凶徒《きょうと》」（大友宗麟は北部九州六か国守護職を兼務していた）を誅伐したと伝えるともに、毛利氏が九州進攻の際は、龍造寺隆信《りゅうぞうじたかのぶ》と連携して協力する旨を伝えている。この時点では大友包囲網の構築を意図していたようである。さらに、天正八年までに義久は、伊東義祐の居城だった佐土原城に末弟家久を、宮崎城に老中上井覚兼《うわいかくけん》を、都於郡城に鎌田政近《かまたまさちか》を配置するなど、伊東氏旧領に信頼の置ける武将たちを配置し、大友氏の再進攻に備えた。ただ、義久の思惑を超えて島津氏は北部九州情勢に巻き込まれていく。

肥後進出と豊薩和平

高城・耳川合戦の結果、大友氏の九州北西部への影響力は大きく低下し、有力国衆が自立化していく。最も大きく勢力を拡大したのが龍造寺隆信であり、筑後・肥後国衆の一部はその従属下に入った。一方、大友・龍造寺両氏に対抗すべく島津氏への従属を選択する国衆も現れる。肥後の城親賢《じょうちかまさ》・名和《なわ》（宇土《うと》）顕孝《あきたか》、筑後の田尻鑑種《たじりあきたね》、肥前の有馬鎮貴《ありましげたか》（のちの久賢《ひさかた》・晴信《はるのぶ》）らである。まず、城・名和両氏が派兵を要請するが、義久は当初消極的であったという。しかし、「自他国之覚《じたこくのおぼえ》」（自領・他国での島津家の評判・名誉）を重視すべきという重臣らの意向で、天正七年（一五七九）十一月に肥後派兵が始まる。

しかし、これに肥後南部の三郡を領する相良義陽《よしひ》は協力せず、翌天正八年八月、島津側は龍造寺氏に有明海の相良氏支援ルートの封鎖を要請するが、隆信はこれを拒否するとともに島津氏に肥後からの撤退を促す。龍造寺氏との抗争は不可避となった。折しも同年八月、本願寺《ほんがんじ》を下して毛利家との抗争を本格化させる織田信長は、大友家と島津家の和平調停に乗り出す。信長は近衛前久に仲介を命じ、家司伊勢貞知《せさだとも》が下向して交渉にあたった。和睦の条件として義久は、相良氏の軍事討伐を大友側に認めさせる代わりに、大友氏に敵対する秋月《あきづき》・龍造寺両氏に与しないことを約束したようであり、天正九年八月に「豊薩和平」が成立する。

天正九年八月、義久は三人の弟らと肥後に進攻し、相良氏の支城水俣《みなまた》城（熊本県水俣市）を包囲する。相良義陽は龍造寺隆信に支援を求めるが間に合わず、九月末頃、島津氏に降伏する。義久は相良氏に従属の証として阿蘇大宮司《あそだいぐうじ》家領への攻撃を求め、十二月二日、相良義陽は阿蘇領に進攻するが響野原《ひびきのはら》の戦いで甲斐宗運《かいそううん》の奇襲を受けて討ち死にする。義久は義陽の遺児忠房《ただふさ》に肥後国球磨《くま》郡のみを安堵し、八代《やつしろ》・芦北《あしきた》両郡を接収する。以後、八代古麓《ふるふもと》城（同八代市）を拠点として、肥後・肥前への進出を図る。

龍造寺隆信の敗死と肥薩和平成立

去就を明らかにしない阿蘇大宮司家とその重臣甲斐宗運に対して圧力を加えるべく、天正十年（一五八二）十一月、義久は弟義弘・家久を肥後に出陣させるが、家久は独自に甲斐宗運との和睦交渉を始めてしまう。同じ頃、肥前日野江《ひのえ》城（長崎県南島原市）の有馬鎮貴が島津氏への従属と軍事支援を要請し、島津勢は島原半島に兵を送る。重臣らは阿蘇家との和睦は甲斐宗運の偽計であるとして、翌天正十一年九月、独断で阿蘇領に奇襲を掛けるが失敗している。これに対し義久は、敵対するなら「請太《うけだ》刀《ち》」になるように、つまり阿蘇家から攻撃させるよう仕向けるべきであり、阿蘇社に弓を引くのは神仏を重視する祖父日新斎の考えに背くと叱責している。勢力拡大に積極的な重臣たちに比べて、義久にしろ義弘にしろ、戦線の拡大には消極的であった。さらに同じ頃、筑前国衆秋月種実《たねざね》が龍造寺氏との和睦仲介を持ちかける。これでいったんは肥前・肥後から兵を引くが、和睦は成立しなかったか、もしくは短期間で破綻したとみられる。

天正十二年三月、龍造寺氏による有馬氏、肥後国衆合志《こうし》氏への圧力が強まり、支援のため義久自ら肥後に出陣する。島原半島には末弟家久や島津忠長《ただたけ》・新納忠元《ただもと》ら兵三千が出陣し、三月二十四日、沖田《おきた》畷《なわて》の戦い（島原合戦）で龍造寺隆信を討ち取り、大勝する。これにより九州における〝三氏鼎立〟の状況が崩れ、島津家中では早期北上論が浮上し、また大友家では筑前の戸次道雪《べっきどうせつ》・高橋紹運《たかはしじょううん》が筑後奪回に動き出す。

同年六月、重臣らの談合では早速、肥後北部の龍造寺氏従属国衆の制圧を決定したが、同時に秋月種実も、龍造寺隆信の子政家《まさいえ》と和睦し、共同で大友家に対抗すべきと義久に説いた。八月、島津義弘率いる肥後進攻軍に対して義久は使者を派遣し、秋月氏の提案にのって条件が不十分であっても龍造寺家と和睦すべきと説き、〝十分ではない状況こそ一番よい〟との祖父日新斎・父貴久の教えを持ち出している。義久は龍造寺勢への勝利は偶然であり、これ以上の戦線拡大は無理と判断していたようで、好戦的な家中とは異なる認識を持っていた。九月末に肥後北部を制圧し、高瀬に在陣した義弘らは、龍造寺政家からの起請文提出をうけて協議し、龍造寺家との和平を受け入れ、肥薩和平が成立する。

これより前、大友勢が豊後・筑前両国から筑後に進攻し、九月には高瀬の義弘に共闘を持ちかけている。一方、島津家に従属した龍造寺政家も、筑後の拠点柳川城《やながわ》（福岡県柳川市）に大友勢が迫ってきたことから、義弘に援軍派遣を要請している。島津家中の「自他国の覚」を重視する立場からは、従属した龍造寺家を支援する必要があったが、義久は豊薩和平維持を基本方針としており、豊薩和平と肥薩和平は矛盾を生じる事態となった。

義弘の「名代」指名

義久は永禄二年（一五五九）に前室が亡くなったのち、叔母と種子島時堯《たねがしまときたか》との間に生まれた娘を後室に迎えており、永禄六年には二女新城、元亀二年（一五七一）には三女亀寿を生んでいるが、男子を儲けることなく元亀三年十二月に没している。その後、義久は正室を迎えていない。

病気がちだった義久は、天正十二年（一五八四）から重臣らにみずからの後継について協議させており、天正十三年二月末、義弘を「名代」とすることを決定して、本人を説得する。固辞していた義弘であったが、四月にようやくこれを受諾する。この「名代」とは、「国家之儀御裁判」にあたる立場であると同時に、義久の次期当主となることを意味していた。龍造寺氏の従属と肥後国中制圧により、薩隅日三か国に肥後・肥前・筑後の三か国を加えた〝六か国太守〟となったと認識しているが、鹿児島から北部三か国に指示を出すことは不可能と考え、義弘を八代に移し、政策判断を任せようとしたようである。天正十三年初頭には、将軍足利義昭と毛利輝元・吉川元春《きっかわもとはる》・小早川隆景《こばやかわたかかげ》の使者が鹿児島に到着し、毛利・龍造寺・島津の三家で大友家包囲網を敷くことを提案している。高度な政治的判断が求められる状況下、血気に逸る家中を抑え、不拡大方針を理解できるのは次弟義弘しかいないと義久は判断したのであろう。これ以後、義久・義弘兄弟は「両殿《りょうとの》」とよばれる。

肥後統一と筑後派兵、豊後進攻論の台頭

天正十三年(一五八五)七月、関白となっていた豊臣秀吉《とよとみひでよし》は、弟秀長《ひでなが》らを四国に派遣し、八月には長《ちょう》宗我部元親《そかべもとちか》が降伏している。その情報はいち早く島津領にも伝わり、豊臣勢がそのまま九州に進攻するとの噂も流れている。八月五日、義久は日向担当の老中上井覚兼に対し、豊臣勢が進攻してきた場合の対応を島津家久と協議するよう命じている。一方、肥後では七月三日に甲斐宗運が没し、島津家は阿蘇領の一部を割譲するよう圧力を加える。これに対して阿蘇家は大友家に寝返ったようであり、八月上旬、島津家の出城花之山《はなのやま》城(熊本県宇城市)を攻め落とし、島津家と手切れに至る。

名代として八代に駐屯していた義弘は、同年閏八月に出陣し、阿蘇領南部の要衝堅志田《かたしだ》城(熊本県美里町)を攻め落とすと、甲斐氏の居城御船《みふね》城(同御船町)も開城し、同月十九日、阿蘇大宮司惟光《これみつ》は降伏する。こうして肥後統一を実現した義弘らは、阿蘇大宮司家や合志氏が大友家に内通していたことを

知る。豊薩和平の破綻を確信した義弘らは九月六日、軍勢の一部を筑後に派遣し、大友方国衆の攻撃を命じた。その一方で、六月の段階で大友家との合戦を覚悟していた島津家久は、肥後・豊後と境を接する日向北西部に出陣し、高知尾《たかちお》（宮崎県高千穂町）の国衆三田井《みたい》氏を従属させる。家久はこれを御船の義弘に伝えるとともに、このまま肥後の軍勢を高知尾に回し、豊後に攻め込むことを提案する。

御船の重臣たちは家久の豊後進攻論に同調しながらも、これを鹿児島の義久に伝えて判断を仰いだ。義久は大友家との全面抗争に強く反対し、主要な武将を撤退させて談合することを命じる。これを受け諸将は肥後から帰陣するが、御船に残った新納忠元は豊後国内の国衆に対する調略を始める。十月に鹿児島でおこなわれた談合で、義久は大友家への早期開戦に反対するが、新納忠元が豊後南郡の入田義実《にゅうたよしざね》（宗和《そうわ》）調略に成功したとの情報が入ると、老中らは豊後進攻を決定し、肥後・日向両口から豊後に進攻する部隊編成まで始めてしまう。

秀吉の停戦命令発布と義久の対応

天正十三年（一五八五）九月、島津勢の筑後進攻を受けて大友家では、豊臣秀吉に支援を要請したようである。秀吉は十月二日、義久と大友義統双方に対して停戦を命じ、従わない場合「成敗」すると命じる（いわゆる「惣無事令《そうぶじれい》」）。

この停戦命令は十二月頃には義久のもとに伝わった。十二月十三日、義久は毛利輝元に書状を送り、毛利側から提案された大友包囲網がまだ有効なのか確認し、大友家と抗争となった場合、共闘してくれるのか確認した。輝元は、翌天正十四年正月二十五日に返信を出し、すでに小早川隆景・吉川元長《もとなが》を大坂に派遣して秀吉に従属したこと、停戦命令を受諾したこと、秀吉から義久に助言するよう命じられたことを伝える。これで義久は大友包囲網が崩壊しており、豊後への進攻が秀吉の九州進攻を招くことを悟る。

天正十四年正月、鹿児島での談合で、老中ら重臣たちは三月の豊後進攻を決定する。その直後、義久は秀吉からの停戦命令を提示するが、重臣たちは秀吉のような「由来無き仁」を関白扱いする必要はないとして、細川玄旨《ほそかわげんし》（幽斎《ゆうさい》）宛の返信のみを送ることにし、奏者の鎌田政広《かまたまさひろ》を派遣する。正月十一日付の義久の返信は、豊薩和平に島津家が違背したことはなく、大友側が攻撃すれば相応の反撃はするという、はぐらかした内容であった。

しかし、義久は豊後進攻をなんとか避けたかった。二月、諸将を鹿児島に召集した義久は、すでに決定していた豊後進攻を初秋に延期し、その間、肥後支配を固めることを諮問する。この間、義久は老中伊集院忠棟《いじゅういんただむね》を肥後に派遣しており、忠棟は秋月種実と連携して筑前・筑後の国衆懐柔を図っていた。しかし、肥前国衆筑紫広門《つくしひろかど》が大友方に寝返り、その討伐に乗り出すため軍勢の派遣を義久に要請する。三月、義久は義弘に書状を送り、豊後ではなく筑前出陣に方針転換することに同意を求めている。五月には秀吉に拝謁した鎌田政広が帰国し、秀吉の国分案《くにわけ》を持ち帰る。島津家はこのとき六か国を支配していると自認していたが、秀吉が提示したのは薩隅日三か国と肥後半国のみの安堵であった。老中らはこれを黙殺することにしたようであり、六月の談合で義弘は、義弘領内の今宮社《いまみや》のご宣託により、七月中の豊後進攻を強く主張する。いったんはこれが承認されるが、義久は霧島社《きりしま》の鬮《くじ》を引き直し、筑前進攻を強行する。義弘を名代に指名しながら、豊後進攻をめぐって兄弟に溝ができたようである。

筑前制圧の失敗と豊後進攻への転換

天正十四年（一五八六）七月、義久みずから肥後に出陣し、筑前進攻が始まる。老中伊集院忠棟・島津忠長率いる軍勢は、七月十日に筑紫広門の勝尾城《かつお》（佐賀県鳥栖市）を攻略すると、同月二十六日までに高橋紹運の籠もる筑前岩屋城《いわや》（福岡県太宰府市）を包囲し、翌日大きな犠牲を出しながらこれを攻め落とす。しかし、この時点で秀吉の命令で毛利勢の先鋒がすでに九州上陸を果たしていた。伊集院忠棟らは、立花統虎《たちばなむねとら》（宗茂《むねしげ》）の籠もる立花山城《たちばなやま》（福岡県新宮町・久山町・福岡市東区）に迫ったが、毛利勢の支援を受けていた統虎は降伏せず、八月末までに島津勢は筑前から撤退していった。

肥後に撤退した諸将は、八月末から九月初頭、義久に当初の予定通り豊後に進攻することを迫るが、義久は筑前進攻に失敗し、捕縛していた筑紫広門にまで逃げられた重臣たちの失態を厳しく指摘し、豊後進攻を前提とする鬮引きに反対する。しかし、重臣たちは九月七日に鬮で豊後進攻を決定し、義久もこれを承認せざるを得なくなる。この間、溝が生まれた義弘との関係改善を図りたい義久は、義弘に改めて起請文を送り、名代としていずれ家督を譲ることに変更はないことを誓っている。

十月の豊後進攻が決定する一方で、義久は豊臣側との決戦回避に動く。九月末、義久は秀吉・秀長や、石田三成《いしだみつなり》・施薬院全宗《やくいんぜんそう》といった秀吉側近に書状を送り、停戦命令には違反していないと釈明する。鹿児島出陣前日の十月二十日にも、義久は秀長に書状を送り、秀吉への取りなしを依頼するが、同月末までに豊後進攻が始まる。

義久は日向国塩見《しおみ》城（宮崎県日向市）まで出陣し、家久が日向口から、義弘が肥後口から豊後南部に進攻する。家久勢は調略した入田氏・志賀《しが》氏の協力もあって順調に北上し、十月末までには大友宗麟の居城丹生島《にうじま》城（大分県臼杵市）に迫り、十二月上旬には大野川《おおのがわ》沿いの鶴賀《つるが》城（大分市）を包囲する。そして十二月十二日、戸次川《へつぎがわ》の戦いで仙石秀久《せんごくひでひさ》・長宗我部元親率いる四国勢を撃破した家久は、翌日、大友氏歴代の守護所府内《ふない》（大分市）を制圧する。一方、義弘は志賀親善《ちかよし》（親次《ちかつぐ》）が籠もる岡《おか》城（大分県竹田市）を攻め落とせず、苦戦が続いた。なお、十月三日には毛利輝元が吉川元春・小早川隆景と共に豊前に上陸し、島津方国衆の掃討作戦が始まる。

秀吉への降伏、豊臣政権下の義久

毛利勢の九州進攻が本格化すると、毛利領内に寄寓していた足利義昭が和睦仲介に乗り出す。十二月四日、義昭は側近一色昭秀《いっしきあきひで》を派遣し、義久・義弘に和睦を促す。これに応じた義久は、天正十五年

（一五八七）正月十九日、豊臣秀長・石田三成に書状を送り、戸次川の戦いは正当防衛であると釈明した上で、和睦を希望している。義昭の御内書《ごないしょ》に対して、義弘も和睦に前向きな回答をしたようであり、二月二十六日、義昭は再度義弘に御内書を送り、一色昭秀と高野山の木食応其《もくじきおうご》が派遣されている。義昭の御内書には「秀長存分」とあり、豊臣秀長の意向をふまえており、木食応其は秀長の使者とみられる。

秀長勢は二月末に下関《しものせき》（山口県下関市）に到達し、和睦の使者木食応其・一色昭秀は三月十五日に府内に入る。島津義弘・家久は豊後からの撤退を決断し、義弘は三月二十日に日向都於郡城にて義久と面会している。四月五日には筑前で抵抗していた秋月種実が降伏し、秀長勢は同月六日に日向国に進攻し、同月上旬、山田有信らが籠もる新納院高城を包囲する。四月十二日には木食応其・一色昭秀が都於郡に至り、義久は降伏勧告に応じたという。しかし、義弘・家久は新納院高城救援のため出陣し、四月十七日、根白坂《ねじろざか》（宮崎県木城町）の南条元続《なんじょうもとつぐ》・宮部継潤《みやべけいじゅん》ら因幡・伯耆勢の陣城《じんじろ》を襲撃するが、島津歳久の養子忠隣《ただちか》ら三百余名が討ち死にして敗退する。これが最後の組織的抵抗となった。

四月下旬、島津家久と老中伊集院忠棟が談合して、義久・義弘に降伏を上申。義久はこれを受け入れ、鹿児島に撤退する。四月二十二日、伊集院忠棟は秀長の陣所に入り、義久の赦免を願い出て、新納院高城・財部《たからべ》（宮崎県高鍋町）両城をひき渡したという。これは義久の指示によるものとみられ、島津家降伏の意思ははっきり伝えられた。

五月一日に鹿児島に戻った義久は、同月六日、母の菩提寺である伊集院雪窓院《せっそういん》（鹿児島県日置市）にて剃髪する。そして五月八日、川内泰平寺《せんだいたいへいじ》（同薩摩川内市）に布陣していた豊臣秀吉のもとに出頭し、三女亀寿を人質に出して降伏する。翌五月九日、秀吉は降伏した義久を赦免し、薩摩国一国のみを宛行う。徹底抗戦の姿勢を見せていた義弘も、五月十九日に秀長に見参し、同月二十五日以前に秀吉のもとに出頭し降伏した。五月二十五日、秀吉は義弘に大隅国、義弘の嫡男久保《ひさやす》に「日向国真幸院付一郡」を宛行い、島津家への処置を終えた。

豊臣政権下の義久

秀吉に認められた島津領が義久・義弘に分割されたことで、「両殿」体制は維持されたが、秀吉が優遇したのは義弘であった。遅れて上洛した義弘は六月十五日、従五位下侍従に叙任され、豊臣姓を賜る。これ以後、義弘は「羽柴薩摩侍従」と呼ばれるが、義久は「島津修理大夫入道」（「龍伯《りゅうはく》」と号す）のままであった。豊臣政権は義弘を島津家の代表とみなしたようであるが、島津家中は島津氏当主をあくまでも義久と認識していた。以後、豊臣政権の指示に応えることで豊臣大名として脱皮を図ろうとする義弘と、家中のボトムアップによる政策決定を重視する義久の対立が広がっていくが、家中の多くは義久派であった。

天正十七年（一五八九）九月、島津家と政権の取次である石田三成の画策もあって、秀吉は義久に対して三女亀寿と義弘嫡男久保の縁組みと家督相続を命じ、義久もこれを受け入れる。久保は次期家督として、小田原攻めや文禄の役に出陣する。文禄の役に際して、義久は肥前名護屋《なごや》(佐賀県唐津市)への出陣が遅れたばかりか、義久派家中の多くが軍役に応じず、義弘・久保は「日本一之遅陣」という大失態を犯す。さらに天正二十年六月には、朝鮮に渡海するはずだった重臣梅北国兼《うめきたくにかね》が肥後佐敷《さしき》城(熊本県芦北町)を乗っ取るという「梅北一揆」が起こり、責任を取る形で義久は三弟歳久の誅伐を命じられ、七月十八日に歳久は討ち取られる。

さらに文禄二年(一五九三)、石田三成とその重臣安宅秀安《あたぎひでやす》は、朝鮮在陣中の義弘に迫って、秀吉の命により強制的に義久を隠居させ、久保に家督を譲るよう迫ったが、九月八日、久保は朝鮮巨済島《チェジュとう》にて陣没してしまう(享年二十一)。石田三成はその後継にも介入し、老中伊集院幸侃《こうかん》(忠棟)に指示して久保の弟忠恒《ただつね》(のちの家久)を後継とし、久保未亡人亀寿との縁組みを実現する。文禄三年九月から、石田三成の主導で実施された太閤検地の結果、文禄四年六月、秀吉は島津領五十五万九千石余すべてを義弘に宛行う。義久は蔵入地《くらいりち》十万石を与えられたが、その所領は大隅・日向が中心であり、守護所鹿児島から逐われ、大隅富隈《とみくま》城(鹿児島県霧島市)に移っている。そして、秀吉没後の慶長三年(一五九八)十二月、義弘・忠恒父子が無事朝鮮から帰国すると、豊臣家五大老は翌慶長四年正月、泗川《シセン》の戦いの軍功により忠恒に対して五万石を宛行い、忠恒を「少将」に叙任した。これを受け二月二十日、義久は本宗家家督の証である「時雨軍旗」を忠恒に譲り、隠居する。

隠居後も義久は領国内では隠然たる勢力を誇り、庄内の乱、関ヶ原の戦いでは義久・忠恒を差し措いて外交交渉の主導権を握り続けた。そして慶長十六年正月二十一日、大隅国分新城《こくぶしんじょう》（霧島市）にて没している（享年七十九）。（新名一仁）

【主要参考文献】

尾下成敏「九州停戦令をめぐる政治過程―豊臣『惣無事令』の再検討―」（『史林』九三―一、二〇一〇年）
島津顕彰会編『島津歴代略記』（島津顕彰会、一九八五年）
新名一仁『島津四兄弟の九州統一戦』（星海社新書、二〇一七年）
新名一仁『「不屈の両殿」島津義久・義弘』（角川新書、二〇二一年）
畑山周平「木崎原の戦いに関する基礎的研究―日向伊東氏の〈大敗〉を考えていくために」（黒嶋敏編『戦国合戦〈大敗〉の歴史学』（山川出版社、二〇一九年）

島津義弘――兄義久を支える立場から「両殿」へ

北郷氏との縁組みと初陣

島津義弘《しまづよしひろ》は、天文四年（一五三五）七月二十三日、島津貴久《たかひさ》と入来院重聡《いりきいんしげさと》の娘との間に生まれた。兄義久《よしひさ》が生まれてから二年後のことである。幼名は伝わっていない。「御家譜《ごかふ》」によると、天文十五年に父貴久の加冠《かかん》により元服したといい、「又四郎忠平《またしろうただひら》」となのった。その後、天正十三年（一五八五）に足利義昭《あしかがよしあき》の偏諱《へんき》を賜り「義珍《よしまさ》」、天正十五年、豊臣秀吉《とよとみひでよし》に降ったのち「義弘」と改名し、息子忠恒《ただつね》の家督継承後は出家して「維新《いしん》」・「惟新」と号するが、便宜上「義弘」で統一する。

天文二十三年、北郷忠孝《ほんごうただたか》の娘との間に長女御屋地が誕生している。北郷忠孝は、兄義久の烏帽子親《えぼしおや》北郷忠相《ただすけ》の二男であり、北郷氏との同盟関係を強化したい父貴久の意向で、北郷一族の娘を室に迎えたのであろう。なお、長女御屋地は、のちに忠相の曾孫相久《すけひさ》の室となっている（天正七年に相久とは死別）。

初陣は、兄義久・次弟歳久《としひさ》と同じく、天文二十三年九月の大隅岩剣《いわつるぎ》城（鹿児島県姶良市）攻めである。一連の戦いで義弘は早くも武将としての才能の片鱗を見せ、落城後の岩剣城を預けられている。続く天文二十四年三月、帖佐本城《ちょうさほん》（平山城《ひらやま》、姶良市）の祁答院良重《けどういんよししげ》勢との決戦では、一軍の将として戦い勝利

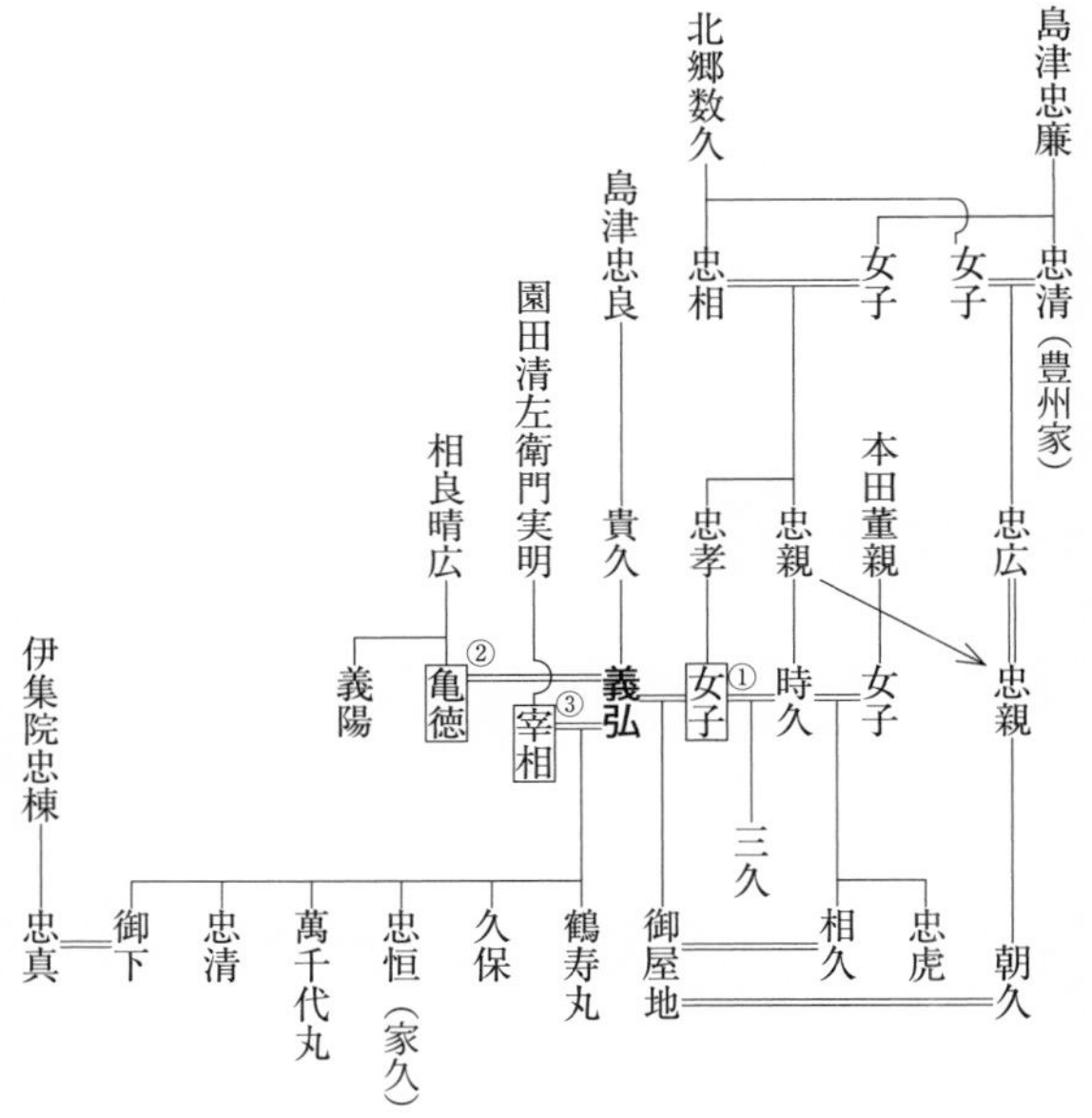

島津義弘婚姻関係図　※数字は夫人の婚姻順

を得ている。さらに、同年四月からの蒲《かも》生《う》城（姶良市）攻防戦では、獅子奮迅の働きを見せる。蒲生城の守りは堅く、まず支城を潰して周辺からの補給ルートを断とうとした。まず、祁答院とのルート上の松坂《まつざか》城（姶良市）の攻撃を開始する。

弘治二年（一五五六）十月、義弘は叔父忠将《ただまさ》・尚久《なおひさ》らと共に松坂城に攻め入り、三尺の太刀を振るって初めて敵将の首を獲ったという〔維新公御自記〕。その後、義弘は蒲生城南側に荒比良陣を築き、兄義久らとともに包囲網を築く。しかし、蒲生氏に与する大隅北端の国衆蒲生重州は後詰めの軍勢を派遣し、蒲生城の北西に陣を築き（菱刈陣《ひしかり》）、島津勢を苦しめた。弘治三年四月、義弘は菱刈陣に攻め寄せ、菱刈権頭（重豊《しげとよ》カ）ら敵三百を討ち取って陣を奪う。このとき義弘は、敵将楠《くす》原《はら》氏との一騎打ちで勝利している。この勝利により、四月二十日、蒲生範清《のりきよ》は下城し、大隅国始羅郡《しらぐん》統一が実現する。

飫肥城救援と撤退、真幸院領主抜擢

始羅郡での攻防が続くなか、日向国飫肥《おび》・櫛間《くしま》（宮崎県日南市・串間市）を領する島津豊州家《ほうしゅうけ》忠親《ただちか》は、伊東義祐《いとうよしすけ》と肝付兼続《きもつきかねつぐ》から挟撃を受け、苦境に陥っていた。永禄元年（一五五八）十月には肝付氏が志布志《しぶし》（鹿児島県志布志市）を攻撃し、同年十一月には伊東勢が忠親の居城飫肥城を見下ろす要衝新山城《にいやま》（日南市）を攻略する。新山城の守将は、忠親の実弟、義弘の舅北郷忠孝であり、このとき討ち死にしている。島津貴久は豊州家を救援すべく、永禄三年三月頃、義弘に宿老伊集院忠朗《いじゅういんただあき》を付けて飫肥に派遣している。一説には、忠親の養嗣子として入城したともいう。

しかし永禄四年五月、伊東氏と共闘する肝付兼続は、祢寝清年《ねじめきよとし》・伊地知重興《いじちしげおき》と連携して大隅国府近隣の廻城《めぐり》（鹿児島県霧島市）を奇襲し、攻略してしまう。廻城は大隅国府から庄内《しょうない》（都城《みやこのじょう》盆地）や大隅中部から志布志方面へと繋がるルート上の要衝であり、ここを押さえられた島津氏は、豊州家への陸上からの救援ルートを失った。急遽、貴久・忠将兄弟はその奪回を図るが、同年七月十二日、忠将が廻城を力攻めしようとして討ち死にしてしまい、戦線は膠着してしまう。これにより豊州家忠親は、伊東氏との和睦を模索するようになり、義弘は帰国を余儀なくされる。この頃、最初の室は義弘と離縁しており、まもなく忠親の長男時久《ときひさ》に再嫁している。

義弘が飫肥から戻った直後の永禄五年、日向西端の真幸院《まさきいん》の国衆北原兼守《きたはらかねもり》が死去し、後継問題に伊東義祐が介入したことで内紛となる。父島津貴久は相良頼房《さがらよりふさ》（のちの義陽《よしひ》）と連携して北原兼親《かねちか》を擁立するが、相良氏が伊東氏と結んで敵対したことで混乱が広がり、貴久は真幸院西部を島津領とする決断を下す。北原兼親は伊集院《いじゅういん》（鹿児島県日置市）に移封され、飯野城《いいの》（宮崎県えびの市）に入ったのが義弘であった。このの ち、同城は天正十八年（一五九〇）まで二十六年にわたって義弘の居城となる。

飯野は伊東領となった真幸院東部の三之山《みつのやま》（宮崎県小林市）と境を接し、十数年にわたり伊東勢との攻防を繰り広げる。この間、父貴久、家督を継承した兄義久らは、相良氏と通じて島津包囲網に加わった菱刈氏を討つべく、永禄十年八月、菱刈院（鹿児島県伊佐市）に進攻し、相良・菱刈両氏が籠もった大口城《おおくち》（伊佐市）攻防戦がはじまる。この間、永禄十一年六月には、豊州家忠親が伊東氏の攻撃に耐えられず、飫肥城を明け渡しており、八月には三之山から伊東勢が桶比良《おけひら》（えびの市）に出陣し、やむなく義弘は大口城攻めから外れ、飯野城守備に戻っている。

伊東氏との攻防、高城・耳川合戦

永禄十二年（一五六九）九月、末弟家久《いえひさ》らの奮闘により大口城が開城し、島津包囲網の一角が崩れると、日向から大隅にかけての伊東氏・肝付氏らに焦りが生じる。ハイリスク・ハイリターンの戦略を採らざるを得なくなり、無謀な攻撃を仕掛ける〔畑山二〇一九〕。元亀二年（一五七一）十一月、肝付・伊地知・

祢寝・伊東四氏の兵船が鹿児島襲撃を図って撃退され、翌元亀三年五月には、伊東勢が義弘領への攻撃を仕掛ける（木崎原《きざきばる》の戦い・覚頭《かくとう》合戦）。伊東新次郎・同加賀守・又次郎らが率いる伊東勢は、義弘の妻子がいたとされる支城加久藤《かくとう》城（宮崎県えびの市）に奇襲をかけたが攻め落とせず、川内川《せんだいがわ》南側の鳥越《とりごえ》城（えびの市）に撤退・休息中に義弘の反撃に遭う。義弘は愛馬「膝付栗毛《ひざつきくりげ》」で指揮を取り、敵将柚木崎丹後守を討ち取ったという。伊東勢は大将分五人を含む三百前後が討ち取られる大敗を喫した。この戦いを転機として、義弘は伊東領への攻勢に転じる。

なお、義弘の妻子とは、三番目の室である宰相とその長男鶴寿丸（一五六九～七六）のことであり、天正元年（一五七三）には二男久保《ひさやす》、天正四年には三男忠恒《ただつね》（家久）が誕生している。

義弘は元亀四年四月、三之山の湯前正吉・米良重直《めらしげなお》といった伊東氏家臣の調略に成功しており、天正二年九月には、北郷時久と伊東氏との合戦について談合をおこなっている。そんななか、天正三年末、織田信長《おだのぶなが》の命を受けて近衛前久《このえさきひさ》が薩摩に下向する。伊東氏との和睦仲介が目的だったとみられるが、義弘は前久接待のための鹿児島入りを拒否している。前久の狙いを知って、接触を避けたのだろう。

そして天正四年八月、義弘は兄義久、弟歳久・家久らと共に日向国高原《たかはる》（宮崎県高原町）に出陣し、伊東氏の支城高原城を包囲する。伊東勢の後詰めをおびき寄せ、決戦を考えていたようであるが、伊東義祐は同城を見殺しにした。同月二十三日に高原城が開城すると、真幸院の三之山・須木《すき》両城も開城する。これにより、急激に求心力を失った伊東義祐は天正五年十二月、一族・近臣を連れて日向国から出奔し、豊後の大友宗麟《おおともそうりん》に庇護を求めた。十二月十八日、義久・義弘らは無人の都於郡城《とのこおり》（宮崎県西都市）に入城している。

しかし、これにより伊東氏旧臣の多くは島津氏に従属し、大友氏の従属国衆だった日向国縣《あがた》（宮崎県延岡市）の土持親成《つちもちちかしげ》が島津氏に従属したことで、大友氏の介入を招く。天正六年に入ると、大友氏は日向国内の伊東氏旧臣に蜂起を促すと、四月には大友義統《よしむね》自ら国境まで出陣し、縣の土持親成を攻め滅ぼす。九月には、大友宗麟が自ら日向国に出陣し、十月末までに田原紹忍《たわらじょうにん》ら本隊が島津家久・山田有信《やまだありのぶ》らが籠もる新納院高城《にいろいんたか》（同木城町）を包囲する。大友勢は小丸川《おまるがわ》左岸の河岸段丘上に陣を築き、十一月に義弘ら後詰めの島津勢は右岸に布陣した。十一月十一日、義弘らは前哨戦で大友陣の一部を焼き打ちし、翌十二日の本戦で大友勢に大勝する（高城《たかじょう》・耳川《みみかわ》合戦）。

翌十一月十三日、兄義久は義弘に感状《かんじょう》を出し、「隅州岩剣干戈以来」の軍忠を賞している。同じ兄弟の家久宛の感状が高城攻防戦のみを対象としていたのとは違い、この戦いが義久・義弘兄弟にとって宿願であった薩隅日三か国統一のための最終決戦であったことを物語る。その後の掃討戦で、島津氏は日向国全域を支配下に収めた。

肥後への進出と義弘への期待

高城・耳川合戦の勝利により、肥後以北の国衆が相次いで島津氏の従属を申し出て、北部九州へと進出していく。天正七年（一五七九）九月末には肥後南部の相良義陽が降伏し、十二月に肥後響之原《ひびきのはら》の戦いで甲斐宗運《かいそううん》に敗死すると、島津氏は肥後八代《やつしろ》・芦北《あしきた》両郡を直轄領とし、八代古麓《ふるふもと》城（熊本県八代市）を拠点とする。兄義久は八代への義弘の移封を要請し、義弘もこれを受諾して、天正十年十一月、諸将とともに八代に出陣している。このときの出陣は、いまだ従属しない阿蘇大宮司《あそだいぐうじ》家とその宿老甲斐宗運に圧力をかけるのが目的であったが、家久が勝手に阿蘇家と和睦してしまい、さらに龍造寺隆信《りゅうぞうじたかのぶ》から圧力を受けていた有馬鎮貴《ありましげたか》（のちの晴信《はるのぶ》）から救援要請があり、一部の島津勢は島原半島西北部の千々《ちぢ》石釜蓋《わかまぶた》城（長崎県雲仙市）まで攻めのぼっている。さらに、国衆城一要《じょういちよう》の要請により隈本《くまもと》城（熊本市中央区）に在番していた吉利忠澄《よしとしただずみ》・新納忠元《ただもと》らも、肥後北部の龍造寺方国衆への攻撃を開始していた。八代在陣の老中らは義弘に、阿蘇家・甲斐宗運の和睦は偽りだと訴えるが、義弘は「日新斎《じっしんさい》は、合戦に持ち込む場合、相手に非法を重ねさせ、自らに〝理〟（道理・大義）があるようにすれば、勝利できる」と祖父の教えを挙げ、和睦を優先してひとまず撤退するよう説得する。さらに、義久から依頼されていた八代移封も、真幸院に比べて田数が不足しているという理由で辞退している。

義弘の前半生の目的は、宿敵伊東氏を倒し薩隅日三か国を統一することにあった。それ以上の勢力拡大に、義久・義弘ともに消極的であり、特に義弘は島津家の「覚《おぼえ》」・「外聞《がいぶん》」（評判）を維持することだけを重視していた。そのため、島津家に従属する国衆への支援は必要と考えていたが、積極的に戦う気はなかった。この点、龍造寺家や大友家との戦いに邁進する末弟家久とは対照的であった。

肥後制圧と「名代」就任

天正十二年（一五八四）三月、沖田畷《おきたなわて》の戦いで末弟家久らは龍造寺隆信を敗死させ、大友・島津・龍造寺三氏鼎立の状況が崩れる。島津家中ではこのまま龍造寺氏を討つべしとの機運が高まるが、義久は筑前国衆秋月種実《あきづきたねざね》の提案に応じて、龍造寺氏との和平受諾を選択する。六月、老中らは肥後北部の龍造寺支配地域の制圧を決定する。義弘を総大将とする島津勢は、大隅馬越《まごし》（鹿児島県伊佐市）に集結するが、ここで義久は和睦受諾を説いた。

義弘らは九月に肥後国中（肥後北部の菊池《きくち》氏旧支配地域）に進攻し、隈部《くまべ》氏をはじめとする龍造寺方国衆を次々と帰順させ、九月二十三日には龍造寺氏の拠点であった海陸交通の接点高瀬《たかせ》（熊本県玉名市）を制圧する。その直前には、龍造寺隆信の子政家《まさいえ》が、島津家に従属する旨の血判起請文を提出する。一方、筑後に進攻していた大友氏家臣の戸次道雪《べっきどうせつ》・高橋紹運《たかはしじょううん》からも、豊薩和平に基づき共に龍造寺氏を討つことを提案してきた。

高瀬在陣の諸将は連日談合をおこない、九月二十七日に龍造寺・秋月両氏に和平受諾を回答する。これにより肥薩和平が成立し、龍造寺側は柳川《やながわ》城（福岡県柳川市）に迫った大友勢を撃退するよう義弘に要請する。十月十五日、義弘らは豊薩和平維持の方針を確認し、戸次・高橋ら大友勢に筑後からの撤退を要請し、撤退しない場合、島津家への敵対とみなすと通告することを決定し、十月末までに八代へと撤退していった。

天正十二年夏頃から、義久はみずからの後継問題を老中らに諮問し、天正十三年正月の談合では、義弘を「名代」とすることを決定し、義弘の説得にあたった。義弘は何度かこれを断ったが、四月にこれを受諾する。「名代」の役割とは「国家之儀御裁判《こっかのぎごさいはん》」であり、肥後以北に広がった領国支配（軍事・外交上の政策決定）を義弘に担わせるというものであると同時に、次期島津本宗家当主になることを意味していた。これと同時に、義弘の八代入城と、一部の老中・地頭を八代周辺に移封することも決定している。これ以後、義久・義弘兄弟は「両殿《りょうとの》」と呼ばれている。

「名代」となった義弘は同年閏八月、島津家に敵対した阿蘇大宮司家討伐のため出陣する。同月十一日、隈庄《くまのしょう》城（熊本市南区）に迫った島津勢は、十三日に一気に甲佐《こうさ》（熊本県甲佐町）・堅志田《かたしだ》（同美里町）を攻略し、十五日には甲斐氏の居城御船《みふね》城（同御船町）を接収する。さらに十九日には、阿蘇惟光《これみつ》が降伏し、肥後一国の制圧に成立する。御船城中に残された書状から、甲斐氏や合志《こうし》氏が大友家に内通していたことが発覚し、義弘らは肥薩和平の破綻を確信する。九月六日、義弘は伊集院久信《ひさのぶ》らに肥後国衆勢をつけて筑後に派遣し、大友方国衆の攻撃を命じる。

同じ頃、日向北西部の豊後・肥後国境付近に進攻していた末弟家久は、高知尾《たかちお》（宮崎県高千穂町）の国衆三田井《みたい》氏の帰順を伝えるとともに、このまま肥後在陣の軍勢を高知尾に移し、豊後に進攻することを提案する。この提案に老中らは前向きだったようであるが、義弘は慎重姿勢だったようであり、鹿児島に残った義久にこれを伝え、家久には「神慮次第」と回答している。この連絡を受けた義久は、大友家との即時開戦に反対し、義弘を含む諸将の肥後からの撤退を要請する。これは名代義弘に任せた「国家之儀御裁判」を否定するものであり、二人の間に溝が生まれていく。

豊後進攻論の台頭と迷走

帰国した義弘ら諸将は、天正十三年（一五八五）十月に鹿児島にて談合をおこない、豊後攻めの可否を協議する。義久は来春まで出陣の是非の神慮を問うこと（鬮《くじ》を引くこと）を延期するよう提案するが、その直後、肥後御船に残った新納忠元から、豊後南郡の国衆入田義実《にゅうたよしざね》が内応したとの連絡が来る。これで老中らは豊後進攻の流れとなり、肥後・日向両口から豊後に進攻することを決定してしまう。折しも十月二日、大友家の要請を受けた関白豊臣秀吉《とよとみひでよし》は、島津義久・大友義統双方に停戦を命じ、応じない場合は「成敗」すると明言した（いわゆる「惣無事令《そうぶじれい》」）。十二月までにこれを知った義久は、豊後進攻を回避すべく画策する。

天正十四年正月、老中が三月の豊後進攻を決定した直後、義久は秀吉の停戦命令を提示して対応を協議させたが、決定は覆らなかった。この頃肥後に在陣していた老中伊集院忠棟《ただむね》は、筑前・筑後の国衆懐柔を行っていたが、肥前東部の国衆筑紫広門《つくしひろかど》が人質提出に応じなかったことから、義久に派兵を求める。三月、義久は義弘に対して、豊後進攻から筑前進攻への方針転換に同意するよう求めている。しかし、肥後在陣中に大友家の敵対を知り、諸将の豊後進攻論を聞いていた義弘は、家久ら日向衆の立場にたち、豊後進攻論を支持する。

秋月氏の要請により筑前進攻を優先すべきとする伊集院忠棟らと、豊後進攻を優先すべきとする家久ら日向衆とで家中が分裂するなか、六月に義弘は談合の開催を求め、義弘領内の今宮社《いまみやしゃ》の御宣託があったと称して、七月中の豊後進攻を強く主張し、老中らはこれを承認する。しかし、義久は霧島社《きりしましゃ》の鬮でこの決定をひっくり返し、筑前進攻を強行する。天正十四年七月、義久はみずから肥後八代に出陣し、老中伊集院忠棟・島津忠長《ただたけ》らは筑紫広門を捕縛すると、そのまま筑前に進攻した。義弘も八代に在陣したが、筑前進攻には参加していない。八月末に島津勢は筑前から撤退し、筑前進攻は失敗するが、老中らは豊後進攻を主張する。このときの義弘のスタンスははっきりしないが、義久との溝は深まっていたのであろう。八月末、義久は老中本田親貞《ほんだちかさだ》・上井覚兼《うわいかくけん》に対し、義弘に家督を譲る件につき義弘が疑念を抱いていると相談し、義弘に起請文を呈している。

豊後進攻の失敗、根白坂の戦いでの敗戦

天正十四年（一五八六）十月、義弘は弟歳久らと肥後国南郷野尻《なんごうのじり》（熊本県高森町）から、末弟家久は日向口から豊後に進攻した。家久率いる軍勢が順調に北上するなか、義弘勢は志賀親善《しがちかよし》（親次《ちかつぐ》）の籠もる岡城《おか》（大分県竹田市）を攻め落とせず、進撃が止まってしまう。十二月末、義弘は家久が制圧した府内《ふない》（大分市）に移動しようとしたが、岡城からのゲリラ攻撃もあって朽網《くたみ》（竹田市）で越年し、そこに家久を

呼び寄せてから、自身は秋月種実の要請に応じて玖珠《くす》郡攻略に乗り出す。こうした状況に、日向国塩見《しおみ》城（宮崎県日向市）まで出陣していた兄義久は、義弘が勝手気ままな陣替えで味方を混乱させていると見ていた。天正十五年二月七日、義弘は義久近くにいた喜入季久《きいれすえひさ》に書状を送り、選択に迷うたびに重臣に談合させ、霧島社の鬮を引いて判断していたと釈明していた。名代としての立場にとらわれ、武将としての判断力が鈍ったのであろう。

三月、義弘はようやく府内に入り、足利義昭と豊臣秀長《ひでなが》が派遣した使者一色昭秀《いっしきあきひで》・木食応其《もくじきおうご》から、豊臣勢の進攻が近いこと、そして和平条件を提示されたようである。三月十五日、義弘・家久は豊後撤退を決断し、諸将は大友勢の追撃により多大な被害を出しつつ、肥後・日向へと撤退していった。義弘も日向に撤退し、三月二十日に都於郡城に入って、兄義久と面会している。

兄義久はすでに義昭の提案に応じて和平を受け入れると返答していたが、義弘・家久は最後の決戦を挑む。四月に日向国に進攻した豊臣秀長勢は、山田有信らが籠もる新納院高城を包囲する。四月十七日、義弘率いる島津勢は、高城から小丸川を挟んで南側の段丘上に築かれた豊臣方の陣城根白坂《ねじろざか》の陣（宮崎県木城町）に夜襲をかけた。しかし、宮部継潤《みやべけいじゅん》・黒田孝高《くろだよしたか》らの反撃にあい、島津歳久の養子忠隣《ただちか》をはじめ三百余の戦死者を出して撤退を余儀なくされている。これで島津勢の組織的抵抗は終結する。

義弘の降伏と領国確定交渉

五月八日、兄義久は剃髪の上豊臣秀吉に見参・降伏するが、義弘は飯野城に籠もって徹底抗戦を唱えていた。しかし、野尻（宮崎県小林市）まで南下した豊臣秀長の説得により、同月十九日に秀長に見参。同月二十五日以前には、薩摩国鶴田《つるた》（鹿児島県さつま町）で秀吉に見参・降伏する。秀吉は二十五日、義弘に大隅国を、その嫡男久保に「日向国真幸院付一郡」を宛行う。問題は後者であり、島津側は真幸院を含む諸県《もろかた》郡全域が島津領と解釈し、これを豊臣政権に認めさせるべく奮闘する。義久は日向国の国分《くにわけ》を担当した豊臣秀長配下のものに賄賂を贈り、義弘は地頭らに城に籠もるよう指示を出し、諸県郡支配を既成事実化しようとした。

兄義久は六月、秀吉の命により老中三人と共に上洛し、残された義弘は大きく領国が削減され混乱する家臣たちを統制しつつ、肥後国衆一揆の鎮圧にも出陣し、諸県郡の確保に苦心した。その甲斐あって、翌天正十六年七月末までに諸県郡が島津領であることが確認され、八月四日・五日に、日向国内の諸大名に秀吉の領知宛行状が出され、日向国諸県郡は義弘領となっている。

そして、天正十六年六月に上洛した義弘は、秀吉の意向で「従五位下侍従」に叙任されて豊臣姓を賜り、「羽柴薩摩侍従」と呼ばれることになる。以後、豊臣政権は義弘を島津家の代表と扱うようになり、あくまでも島津本宗家当主であった兄義久と対立することになる。

文禄・慶長の役、関ヶ原での奮闘

天正二十年（一五九二）三月、「唐入り」を目指し、諸将が朝鮮に渡海していった。義弘は毛利吉成《もうりよしなり》率いる第四軍に属したが、前線基地である肥前名護屋《なごや》城（佐賀県唐津市）に島津勢は揃わず、搭乗する船もまったく来なかった。第四軍は、四月十七日に島津勢を待たずに朝鮮に進攻し、義弘は遅れること十七日後の五月三日に釜山《プサン》に上陸する。義弘は国元に書状を送り、「日本一之遅陣」と自嘲したうえで、支援を怠る国元への不満をぶちまけている。国元は秀吉の国分以後の混乱が続いており、政権からの軍役を負担できる状況にはなかった。

義弘は政権との取次である石田三成《いしだみつなり》に絶大なる信頼を寄せ、支援を依頼する。三成は改革が進まない背景に義久があるとみて、強制的に本宗家家督を義弘の嫡男久保に譲らせるよう助言するが、義弘がためらううちに、文禄二年（一五九三）九月八日、久保は朝鮮で陣没してしまう。三成は、久保の弟忠恒を伊集院忠棟と組んで後継に擁立し、久保未亡人亀寿との婚姻にこぎつける。さらに、義弘の要請で太閤検地を断行し、文禄四年六月二十九日、一時帰国した義弘に対し秀吉は、薩摩・大隅・日向諸県郡五十五万九千石余のすべてを義弘に宛行う。これにより、名実ともに島津家の代表は義弘となり、兄義久は代々の本拠鹿児島から大隅富隈《とみくま》（鹿児島県霧島市）に移されている。義弘は鹿児島に入るよう指示されていたが、義久への遠慮から、大隅帖佐（同始良市）に屋形を築いて本拠とし、鹿児島には後継忠恒を入れることとした。しかし、朝鮮に残った忠恒は、太閤検地を石田三成と共に主導した伊集院忠棟への不満を募らせる。

秀吉死後の慶長三年（一五九八）十月、義弘・忠恒が守る泗川《シセン》城に明・朝鮮連合軍が押し寄せ、合戦となる（泗川の戦い）。これに大勝利した義弘は、政権に大きくアピールすることに成功し、帰国した忠恒に対して五大老は、慶長四年正月九日、恩賞として五万石を加増するとともに、無位無官であった忠恒を「少将」に任じ、義弘は参議となる。同年二月二十日、義久は娘聟忠恒に島津本宗家家督を譲り、帰国する。しかし、帰国直後の三月九日、忠恒は伊集院忠棟を伏見で斬殺したため、忠棟の子忠真《ただざね》は国元で挙兵し、慶長五年三月まで激しい戦いとなった（庄内の乱）。この戦いのため、伏見に残った義弘の手勢は少なく、寡勢のまま関ヶ原の戦いへの参戦を余儀なくされる。

慶長五年六月、徳川家康《とくがわいえやす》が会津攻めのため江戸に下向する際、義弘は伏見城入城を依頼されたというが、七月に石田三成らが挙兵すると、義弘は西軍に付いている。石田三成への信頼と恩義があったとみられるが、国元の兄義久と忠恒は石田憎しで一致しており、再三の義弘の援軍要請を無視した。九月十五日の本戦では西軍諸将が早々に敗走し、取り残されるなか正面突破により戦線を離脱し、わずかな側近のみで堺までたどりついている。いわゆる「島津の退き口《の》」である。十月に帰国すると、すでに兄義久主導で戦後交渉が進んでおり、義弘は桜島で蟄居する。実際は家臣や忠恒にさまざまな指示を出しており、同じく関ヶ原から脱出した宇喜多秀家《うきたひでいえ》も匿っている。最終的には慶長七年十二月、忠恒が伏見で家康に見参して本領安堵となり、ようやく戦後処理を終えた。これ以降、義久・義弘・忠恒が権力を分有する「三殿」体制から忠恒への権力集中が徐々に進んでいった。

義弘は、慶長十三年十一月に帖佐から加治木《かじき》（鹿児島県姶良市）に居所を移し、元和五年（一六一九）七月二十一日、同地にて没した（享年八十五）。木脇祐秀《きわきすけひで》ら十三名が殉死している。島津奥州家《おうしゅうけ》の菩提寺福昌寺《ふくしょうじ》に葬られ、菩提寺の伊集院妙円寺《みょうえんじ》と加治木本誓寺《ほんせいじ》に御影像が祀られた。（新名一仁）

【主要参考文献】
桐野作人『関ヶ原島津退き口　義弘と家康―知られざる秘史』（ワニブックス、二〇二二年）
島津修久『島津義久の軍功記 増補改訂版』（島津顕彰会、二〇〇〇年）
新名一仁『島津四兄弟の九州統一戦』（星海社新書、二〇一七年）
新名一仁『「不屈の両殿」島津義久・義弘』（角川新書、二〇二一年）
畑山周平「木崎原の戦いに関する基礎的研究―日向伊東氏の〈大敗〉を考えていくために」（黒嶋敏編『戦国合戦〈大敗〉の歴史学』（山川出版社、二〇一九年）
松迫知広「戦国末期における島津義弘の政治的位置」（『九州史学』一六六、二〇一四年）
義弘公三百年記念会編『島津義弘公記』（一九一八年、『島津中興記』青潮社、一九七九年に再録）

島津家久——四兄弟随一の武篇者

家久の出生から初陣、大口城攻防戦

島津家久《しまづいえひさ》は、天文十六年（一五四七）に島津貴久《たかひさ》の四男として誕生した。三人の兄（義久《よしひさ》・義弘《よしひろ》・歳《とし》久《ひさ》）とは母が異なり、本田《ほんだ》丹波守親康《ちかやす》の娘橋姫《はしひめ》（少納言《しょうなごん》）である。父本田親康は橋姫が幼くして亡くなり、叔父肱岡《ひじおか》佐兵衛尉頼明《よりあき》に養育されたという〔本城家由緒之覚〕。肱岡氏は肥後相良《さがら》氏の庶流とされ、後年、家久の子豊久《とよひさ》がこの一族のため相良頼房《よりふさ》に相良名字の使用許可を求め、相良氏を名乗るようになる。

家久の初陣は、永禄四年（一五六一）七月、十五歳のときである。大隅国衆肝付兼続《きもつきかねつぐ》・伊地知《いじち》重興《しげおき》・祢寝清年《ねじめきよとし》が大隅廻《めぐり》城（鹿児島県霧島市）を奪取し、島津氏に反旗を翻す。島津貴久が弟忠将《ただまさ》とともに廻城を包囲した際、家久も従軍していたようである。この戦いで忠将は討ち死にするが、家久は敵将工藤《くどう》隠岐守を討ち取り、父貴久から褒美として腰物・鑓を与えられたという。

家久が武将として名を挙げたのは、永禄十年十一月の菱刈《ひしかり》進攻に始まる大口《おおくち》城攻防戦である。菱刈重《しげ》猛《たけ》は相良氏の支城大口城（鹿児島県伊佐市）に籠もり、島津勢は包囲網を築く。このとき家久は、樺山《かばやま》善久《よしひさ》（玄佐《げんさ》）・忠助《ただすけ》父子と平泉《ひらいずみ》城（伊佐市）の在番となり、永禄十二年正月には横川《よこかわ》城（霧島市）に入っ

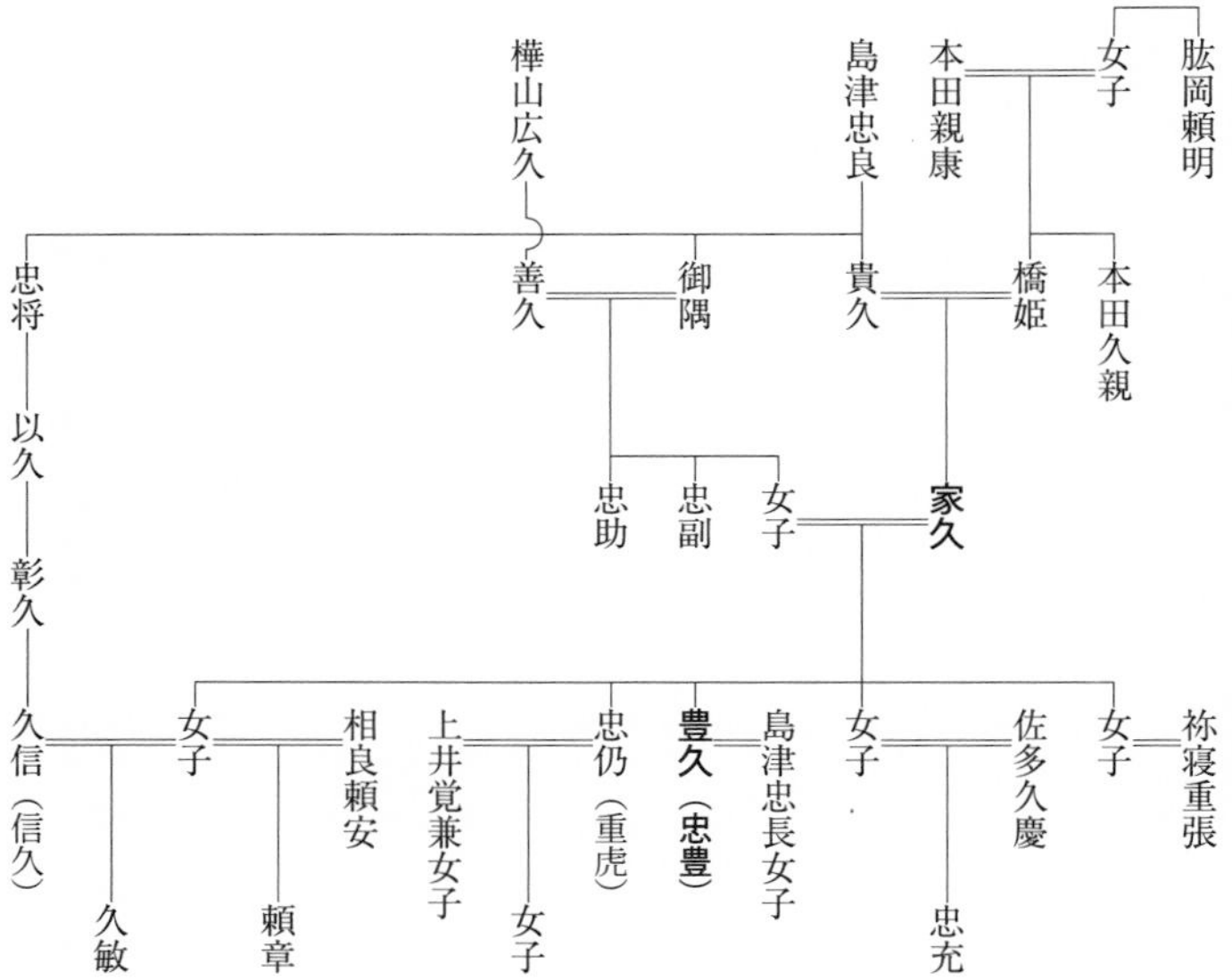

島津家久関係系図

たという。この年五月、家久は羽月《はづき》城在番の肝付兼寛《かねひろ》・新納《にいろ》忠元《ただもと》と協議し、五月六日、家久は兵二百に蓑笠を着せて兵糧を山野《やまの》城（伊佐市）に運び込む振りをして、大口城の麓路を通過する。大口城の菱刈・相良勢は、兵糧を奪おうと打って出て、家久勢は平泉に向けて逃走する。そして家久は、「戸神ヶ尾」（伊佐市）の西で立ち止まり、反撃に転じる。それをきっかけに伏兵の肝付・新納勢らが菱刈勢を包囲し、敵首百三十六を打ち取る大勝をあげた（戸神尾の戦い）。後年〝釣り野伏《のぶせ》〟とよばれる戦法である。この勝利により、九月十日、菱刈勢が降伏し大口城は開城する。さらに永禄十三年正月、東郷重尚《とうごうしげひさ》・入来院重嗣《いりきいんしげつぐ》が所領を献じて降伏し、薩摩統一が実現する。

串木野拝領と長男豊久の誕生、大隅進攻

戦後、家久は串木野《くしきの》（鹿児島県いちき串木野市）領主となるとともに、入来院氏の旧領隈之《くまの》城（同薩摩川内市）地頭を兼務した。

元亀元年（一五七〇）六月十一日、家久と樺山善久（玄佐）の娘との間に長男豊久（初名忠豊《ただとよ》）が誕生する〔本城家家譜〕。大口城攻防戦のときに樺山善久と同陣した前後に、婚姻関係が成立したのであろう。家久の母は決して有力な氏族出身ではなかったが、樺山善久は島津貴久の姉婿であり、家久・豊久父子は一貫して樺山氏の後援を得ることになる。

薩摩統一を成し遂げた島津家は、大隅の反島津方国衆への反撃を開始し、家久もその一翼を担った。元亀二年十一月、肝付・伊地知・祢寝・伊東《いとう》連合軍の兵船三百余艘が鹿児島を襲撃しようとしたが、向島《むこうじま》（桜島《さくらじま》）にいた家久が迎撃している。翌元亀三年九月、島津歳久（大隅吉田《よしだ》領主）を大将とする島津勢が、下大隅郡（鹿児島県垂水市）に進攻し、小浜《おばま》・早崎《はやさき》（ともに垂水市）両城を攻略し、伊地知・肝付両氏との攻防が始まる。早崎城に入った家久は、天正元年（一五七三）七月二十四日、肝付・伊地知勢三千から奇襲を受けるが、家久は三尺余（百センチ弱）の太刀を振るい、八か所に疵を負いながらもこれを撃退している。翌天正二年四月、伊地知重興は下大隅五か所を進上して降伏し、肝付兼亮も市成《いちなり》・廻・恒吉《つねよし》の三か所を返上して和平が成立した。これで大隅統一も実現する。

これにより暫時の平安がもたらされるが、串木野に戻った家久は、周囲との軋轢を生んでいる。天正

二年七月、入来院重豊《しげとよ》に謀叛の噂が流れ、重豊は身の潔白を示すべく、山田《やまだ》・天辰《あまたつ》・田崎《たざき》（いずれも薩摩川内市）の三か名《みょう》を返上する。すると八月十六日、家久は入来院氏が返上した三か名と自領の隈之城の交換を老中に要求する。その際、家久はこの所領が欲しくてこうした噂を流したと見られるのは困るとも述べており、噂の出所は家久だったようである。なおこのとき、兄義久は家久の要求を却下し、「今でさえ歳久が家久の分限をみて訴えている。さらに城と所領を加増したなら、いよいよ歳久からの訴えが尽きることがなくなる」と説得している〔上井覚兼日記〕。家久の軍功とそれに対する褒賞に、兄歳久は嫉妬していたようである。

家久の上洛

薩摩・大隅二か国を統一して暫時の安定が訪れるなか、島津家中で上洛希望者が増えていった。このため義久は、四男家久、三男歳久の上洛を認め、これに多くのものが同行した。家久は道中日記を記しており、彼の行程や見学先、畿内での人的交流がうかがえる〔中書家久公御上京日記〕。その冒頭で上洛の目的を、「薩隅統一が神慮によるものは間違いないので、大神宮（伊勢神宮）・愛宕山《あたごやま》その外諸仏諸神参詣を遂げるため」と記しているが、これはあくまでも表向きの理由であろう。

天正元年（一五七三）七月、将軍足利義昭《あしかがよしあき》は織田信長《おだのぶなが》によって京都から追放される。島津氏は近衛家《このえ》を通じて朝廷・幕府と繋がっていたが、近衛前久《さきひさ》は足利義昭によって追放されていた。足利義昭失脚後の中央情勢分析の意味もあって、義久は弟の家久・歳久の上洛を許可したのであろう。

　天正三年二月八日に居城の串木野を発った家久は、四月十七日に愛宕山参詣ののち、織田信長の支配下にあった京都に入る。連歌師《れんがし》里村紹巴《さとむらじょうは》の世話になりながら京都や近江の名所旧跡をまわり、同月二十一日には馬上の織田信長を見物し、五月十五日には明智光秀《あけちみつひで》と面会し、茶をふるまわれている。六月一日には大神宮に参詣し、奈良では廃城直前の多聞山城《たもんやま》（奈良市）の城内を見学している。目的のひとつであったろう近衛前久との面会は果たせなかったが、織田政権中枢との接触に成功し、七月二十日に串木野に戻っている。

　なお、家久と入れ違いで兄歳久も上洛を果たしており、こちらは帰洛した近衛前久と面会している。歳久の上洛は弟家久への嫉妬も背景にあろうが、近衛前久との接触を果たすためだった可能性もあろう。この結果、織田信長は島津家の存在を認識し、九月には近衛前久を薩摩に派遣している。

佐土原領主抜擢と沖田畷の戦い

　天正四年（一五七六）三月、家久は三人の兄とともに日向国高原城《たかはる》（宮崎県高原町）攻めに参戦し、翌天正五年十二月には、伊東義祐《よしすけ》の豊後出奔により、山東《さんとう》とよばれた宮崎平野一帯を制圧する。天正六年六月、家久は佐土原城《さどわら》（宮崎市）在番を命じられていたが、十月に大友《おおとも》勢が南下してくると、山田有信《ありのぶ》が在番していた新納院高城《にいろいんたか》（同木城町）に援軍として入り、大友勢の包囲に耐えた。義久・義弘らは高城の後詰めのために出陣し、十一月十二日、高城城下の小丸川《おまるがわ》にて大友勢を撃破する。家久は高城から打って出て、大友勢を耳川《みみかわ》まで追撃したという（高城・耳川合戦）。

戦後の論功行賞により家久は佐土原領主となり、天正七年三月、佐土原城に入城している。歴戦の家久を佐土原に配置したのは、いまだ大友家の脅威があって臨戦態勢を維持するためとみられるが、天正九年八月に織田信長の仲介で「豊薩和平」、つまり大友家との和睦が成立する。これにより、主戦場は九州西部に移っていった。

天正九年八月、相良義陽《よしひ》の支城水俣城《みなまた》（熊本県水俣市）攻めに家久も従軍し、相良氏は降伏する。この頃から、筑後・肥後に進出しつつあった龍造寺隆信《りゅうぞうじたかのぶ》との対立が表面化する。天正十年十一月、兄義弘率いる大軍が肥後に出陣し、阿蘇大宮司《あそだいぐうじ》家の重臣甲斐宗運《かいそううん》に圧力をかけるが、家久は日向国山間地域の阿蘇社勢力圏を通じて和睦交渉を独自におこない、和睦をまとめてしまう。折しも、肥前国日野江城《ひのえ》（長崎県南島原市）の有馬鎮貴《ありましげたか》（のちの晴信《はるのぶ》）は、家久を窓口として島津家への従属を誓う。家久の狙いは自分を頼ってきた有馬氏の支援にあり、そのため阿蘇家との和睦を急いだのだろう。十二月十八日には、家久みずから島原《しまばら》半島に出陣すると言いだして、老中らを困らせている。

家久自身の出陣は、天正十二年に実現する。龍造寺勢が肥後に出陣したとの連絡を受けた島津義久は、同年三月、みずから肥後佐敷《さしき》（熊本県芦北町）に出陣し、家久は川上久隅《かわかみひさずみ》、平田光宗《ひらたみつむね》、新納忠元、川上忠智《ただとも》、山田有信、樺山規久《のりひさ》ら兵三千を率いて島原半島に出陣する。このときの出陣は、龍造寺方の島原浜の城（長崎県島原市）攻略が目的であったとみられるが、これを知った龍造寺隆信はみずから二万数千とされる軍勢を率いて島原の後詰めに出陣する。家久らは佐敷の本軍に援軍を要請するがまにあわず、三月二十四日、森岳（現在の島原城）北側で合戦となる（沖田畷《おきたなわて》の戦い、島原合戦）。島津・有馬連合軍は寡勢であったが、川上忠堅《ただかた》が龍造寺隆信を討ち取り、大勝利を収めた。

なお、この合戦は家久の嫡男豊寿丸（十五歳）の初陣でもあり、新納忠元の後見で敵将を討ち取ったという。この勝利ののち、家久勢は肥後八代《やつしろ》（熊本県八代市）に帰陣し、豊寿丸は元服し、「又七郎忠豊」となのる。おそらく亡くなる直前まで忠豊となのり続けたようであるが、本書では一般的に知られる「豊久」と表記する。

戸次道雪・高橋紹運の家久評と家久の謀略

龍造寺隆信が戦死したことで、九州の〝三氏鼎立〟状況が崩れ、島津一強の状況が生まれる。天正十二年（一五八四）四月十六日、筑前駐在の大友家重臣戸次道雪《べっきどうせつ》・高橋紹運《たかはしじょううん》は、筑後国衆五条鎮定《ごじょうしげさだ》に書状を送り、島津勢を率いる義弘・家久の人となりについて記している（五条家文書）。戸次・高橋両氏は前年から飛脚を派遣して、義弘・家久の情報を収集してきたといい、「何様於武篇者、被取覚たる人躰」（なんといっても軍事に関してはめざましい人物）であるとし、「就中家久御事者、大酒其外徒之遊覧ヲ礑停止候而、武方計ニ被入精、殊外尖人躰」（特に家久は、大酒などむだな遊びを一切せず、軍事のみに注力する、とてもとがった人物）であると評している。家久の戦好き、武闘派ぶりをふたりはよくわかっており、警戒していた。

同年九月、龍造寺家との「肥薩和平」が成立するが、筑後に進攻した戸次・高橋勢は撤退せず、島津家中に豊後進攻論が浮上する。その急先鋒が家久であった。天正十三年六月、関白となっていた豊臣秀吉《よし》は、弟秀長《ひでなが》らを四国に派兵し、八月には長宗我部元親《ちょうそかべもとちか》が降伏している。この情報はリアルタイムで日向国内に伝わっており、家久は豊後進攻に前のめりになっていく。八月、家久は大友家が阿蘇大宮司家や日向高知尾《たかちお》（宮崎県高千穂町）の国衆三田井《みたい》氏を調略しているとの情報、さらには四国を平定した豊臣勢が大友家を支援しているといった情報を、老中上井覚兼《うわいかくけん》に伝えている（上井覚兼日記）。これらの情報がどこまで真実かは不明だが、これより前の六月には、上井覚兼と島津領北端の三城（門川《かどかわ》・塩見《しおみ》・日智屋《ひちや》）を所管する吉利忠澄《よしとしただずみ》に対し、大友家との開戦にそなえて熟談したいと持ちかけている。家久の情報をうけて、八月末に上井覚兼らは縣《あがた》（宮崎県延岡市）に集まり、家久と大友勢進攻に備えて協議している。

同年閏八月、島津義弘は反旗を翻した阿蘇大宮司家討伐のため肥後に出陣するが、家久は出陣しなかった。義弘らが堅志田《かたしだ》城（熊本県美里町）などを攻略しているとき、家久は「山内・山中」とよばれる、日向北西部の山間地域に出陣する。そして、豊後から阿蘇大宮司家の本拠矢部《やべ》（同山都町）のルート上に位置する、三ケ所（宮崎県五ヶ瀬町）を制圧し、高知尾の三田井氏を帰順させている。家久はこれを御船城《みふね》（熊本県御船町）に駐屯していた義弘らに報じるとともに、九月十日には、このまま肥後出陣勢を高知尾に移し、そのまま大友家の本国豊後に進攻することを提案している。老中らは大友家との開戦は不可避と判断していたが、兄義久はこれに反対の立場で、諸将に帰陣を命じる。

天正十三年十月、鹿児島で豊後進攻についての談合が開催され、家久も参加する。老中らは豊後進攻を決定するが、義久は独断専行気味の家久を警戒し、家久家臣と老中島津忠長《ただたけ》家臣の刃傷沙汰を理由に、家久を蟄居させる。しかし、豊後進攻を急ぎたい家久は家臣を使って策を弄《ろう》する。大友家の敵対がはっきりして以降、肥後御船駐在の新納忠元と家久は、豊後南郡（大野《おおの》・直入《なおいり》両郡）の国衆に対する調略を進めていた。まず応じたのが入田義実《にゅうたよしざね》（宗和《そうわ》）である。同年十一月、家久家臣田中筑前守は、「入田氏が二十四日の挙兵を決めたので、島津勢の援軍派遣を要請してきた」との情報を宮崎の上井覚兼や島津義久に伝える。しかし、これは家久の蟄居を解除して早期豊後進攻を実現するためのフェイクニュースであった。上井覚兼はこれを見抜いて義久に通報し、豊後出陣は中止となったが、これに怒った義久は、覚兼に対して国境からどんな情報が来ても、鹿児島で談合することなく出陣することのないよう釘を刺している。なお、家久はバチが当たったのか、年末に豊久共々疱瘡に罹っている。

豊後進攻と戸次川の戦い

最終的に豊後進攻は、天正十四年（一五八六）十月に実現する。義久は日向国塩見城（宮崎県日向市）

まで出陣し、家久が日向口、義弘が肥後口から豊後に進攻した。豊後南郡の入田・志賀《しが》両氏を調略していた家久は、同月二十六日までに三重松尾城《みえまつお》（大分県豊後大野）に入り、大野川流域を制圧ししつつ豊後府内《ふない》（大分市）を目指した。家久は兵を分け、一部を大友宗麟が籠もる臼杵《うすき》（大分県臼杵市）と佐伯《さいき》（同佐伯市）に派遣すると、自身は十二月六日頃、鶴賀城《つるが》（大分市）を包囲する。

九月中旬には豊後渡海勢の先鋒として仙石秀久《せんごくひでひさ》・長宗我部元親ら四国勢が豊後に上陸していた。秀吉は、島津勢を北部九州に引き付けたままにして自身の出陣を待つよう指示していたが、仙石秀久らは鶴賀城の後詰めに出陣してしまう。十二月十二日、四国勢は大野川を渡河したところ、島津勢の奇襲を受ける。長宗我部元親の嫡男信親《のぶちか》、十河存保《そごうまさやす》ら七百余人が討ち死にして四国勢は敗走した（戸次川《へつぎがわ》の戦い）。翌十二月十三日、家久は府内を制圧する。

一方、肥後口から進攻した義弘勢は、志賀親善《ちかよし》（親次《ちかつぐ》）が籠もる岡城《おか》（大分県竹田市）を攻め落とせず、苦戦していた。義弘は玖珠《くす》郡攻略を目指したが朽網《くたみ》（竹田市）で年を越すことになる。翌天正十五年正月、家久は義弘の依頼により朽網守備を押しつけられている。正月十日頃、家久は義兄樺山忠助を密かに呼び、「兄義弘の戦果がぱっとせず、自分に嫉妬して総大将とは思えない振る舞いをしている」と愚痴っている〔樺山紹劔自記〕。豊後進攻は行き詰まっていた。

豊臣勢が続々と九州上陸を果たすなか、前将軍足利義昭と豊臣秀長の使者一色昭秀《いっしきあきひで》・木食応其《もくじきおうご》が和平勧告のため豊後入りする。三月十五日、両使と対面した義弘・家久は協議し、豊後からの撤退を決断する。

翌日、三重まで撤退した義弘・家久は、追撃する大友勢により多大な被害を出しつつ、日向に撤退した。

根白坂の戦いと家久の降伏、不可解な死

天正十五年（一五八七）四月三日の段階で、義久は和睦受け入れを回答していたが、豊臣秀長率いる大軍は日向に進攻し、山田有信らの籠もる新納院高城を包囲し、小丸川を挟んで南側の河岸段丘上に強固な陣城《じんじろ》を構築した。四月十七日、義弘・家久らは宮部《みやべ》継潤《けいじゅん》・南条元継《なんじょうもとつぐ》ら因幡・伯耆勢が籠もるこの陣城を奇襲するが、鉄砲の反撃にあい島津忠隣《ただちか》ら三百余人が戦死し、撤退を余儀なくされる。これで島津勢による組織的抵抗は終結した。

家久と伊集院《いじゅういん》忠棟《ただむね》は義久に降伏を進言し、義久は鹿児島に撤退する。四月二十二日、伊集院忠棟は秀長の陣所に赴き、降伏の意向を伝え、高城・財部《たからべ》両城をひき渡す。四月下旬、豊臣勢は家久の居城佐土原城を包囲するが、家久は秀長の家臣藤堂高虎《とうどうたかとら》の説得を受け、下城する。五月九日には義久も秀吉に降伏しており、秀吉は義久に薩摩一国を安堵する。五月二十五日以前に義弘も秀吉に降伏し、二十五日、大隅国を義弘に、「日向国真幸院《まさきいん》付一郡」を義弘の嫡男久保《ひさやす》に安堵した。翌二十六日付の義弘宛秀吉朱印状には、降伏した家久が、秀長とともに上洛し、上方に「似合之扶持《にあいのふち》」をもらって奉公したいと申し出たといい、そうした姿勢を「神妙」だとして、佐土原城と付随する所領を安堵するつもりだと伝えている。実際、翌二十七日付で豊臣秀長は、家久に「佐土原城并本知《ほんち》」を安堵している。

上洛したいとの家久の意向は、兄義久にも伝わっており、二十六日付で義久は家久に書状を送って不安を吐露するとともに、「公界《くがい》」に背かないよう分別を求めている。この公界が、豊臣の公儀を示すのか、島津家を指すのか判断が難しい。

これ以前、家久は秀長に随行して野尻《のじり》(宮崎県小林市)まで来ていたが、出されたお膳を食した直後に「重病」となり、佐土原城まで戻ったが、六月五日に急死する(享年四十一)。近世の家譜類は秀長に毒殺されたとし、同時代人であるルイス・フロイスの『日本史』も、秀長が酒に毒を入れて殺害したと記している。

豊久の家督継承と永吉島津家

父が急死したとき、豊久は十八歳になっていた。毒殺が疑われるなか、豊臣秀長は六月十日付で豊久に書状を送り、分別を求めるとともに藤堂高虎に諸事談合し、覚悟次第では取り立てると説得している。家中には豊臣側に反旗を翻す動きもあったのだろう。しかし、豊久は藤堂高虎の説得に応じたようであり、人質として母少納言を差し出している。そして翌天正十六年八月五日、豊久は秀吉から「於日向国所〻知行方都合九百七拾九町」を宛行われ、豊臣大名となった。

その後、豊久は文禄・慶長の役、庄内の乱、関ヶ原の戦いと、休む暇なく戦いに明け暮れた。豊久は父家久の生前、老中島津忠長の娘を室に迎えていたが、豊臣大名となってからはほとんど陣中にあり、子どもも生まれていない。慶長五年(一六〇〇)九月十五日、関ヶ原の戦いに叔父義弘とともに参戦した豊久は、乱戦のなか討ち死にした(享年三十一)。佐土原など豊久領は、戦後徳川家康《とくがわいえやす》に没収され、後年、父家久の従兄弟にあたる島津以久《もちひさ》に与えられている。豊久には弟忠仍《ただなお》がいたが、病気のため豊久の跡は忠仍の娘聟である忠栄《ただなが》が継ぎ、その死後は、寛永十一年(一六三四)六月、薩摩藩初代藩主家久(忠恒《ただつね》)の八男久雄《ひさお》が継承し、永吉《ながよし》島津家として続いてく。

(新名一仁)

【主要参考文献】

桐野作人「知られざる猛将 島津家久」(同『さつま人国誌 戦国・近世編』南日本新聞社、二〇一一年)
新名一仁『島津四兄弟の九州統一戦』(星海社新書、二〇一七年)
新名一仁『「不屈の両殿」島津義久・義弘』(角川新書、二〇二一年)
新名一仁「島津家久の上京旅——京都での交流で得たもの」(『歴史研究』七〇六、二〇二二年)
丸島和洋『戦国大名の「外交」』(講談社、二〇一三年)

島津実久・義虎
――本宗家になれなかった最有力御一家

島津薩州家の立場と実久の誕生

島津《しまづ》薩州《さっしゅう》家《け》は、島津奥州《おうしゅう》家《け》忠国《ただくに》の弟持久《もちひさ》（好久《よしひさ》・用久《もちひさ》）を祖とする島津氏御一家《ごいっか》である。薩摩国和泉《いずみ》（鹿児島県出水市）・阿久根《あくね》（同阿久根市）・川内《せんだい》の一部（同薩摩川内市北西部）、加世田《かせだ》（同南さつま市）、川辺《かわなべ》郡（同南九州市、南さつま市南部）を代々領した。実久《さねひさ》の父忠興《ただおき》は、持久の曾孫にあたる。

実久の祖父成久《しげひさ》（重久《しげひさ》）の頃から、積極的に有力国衆・島津氏御一家と婚姻関係を結び、忠興の長姉は大隅北端の有力国衆菱刈《ひしかり》重副の室、次姉御東は島津相州《そうしゅう》家《け》忠良《ただよし》の室となっており、御東は長男貴《たか》久《ひさ》・二男忠将《ただまさ》を産んでいる。忠興も子供に恵まれ、長女は島津奥州家忠兼《ただかね》（のちの勝久《かつひさ》）の室に、次女は祢寝清年《ねじめきよとし》の室、三女は種子島恵時《たねがしましげとき》の室、四女は新納忠茂《にいろただしげ》の室となっている。二女以下は九州南部の要港を支配する有力国衆・御一家に嫁いでいるのが特徴であり、薩摩半島南端の要港坊津《ぼうのつ》・泊津《とまりのつ》（南さつま市）を掌握していた薩州家は、婚姻関係を通じて海上流通の掌握を図ったとみられる。

実久は忠興の嫡男として、永正九年（一五一二）に生まれている。生母は相良《さがら》氏とされ、隣国肥後南部の有力国衆相良氏とも婚姻関係を結んでいたことがうかがえる。折しも薩摩・大隅・日向三か国は守

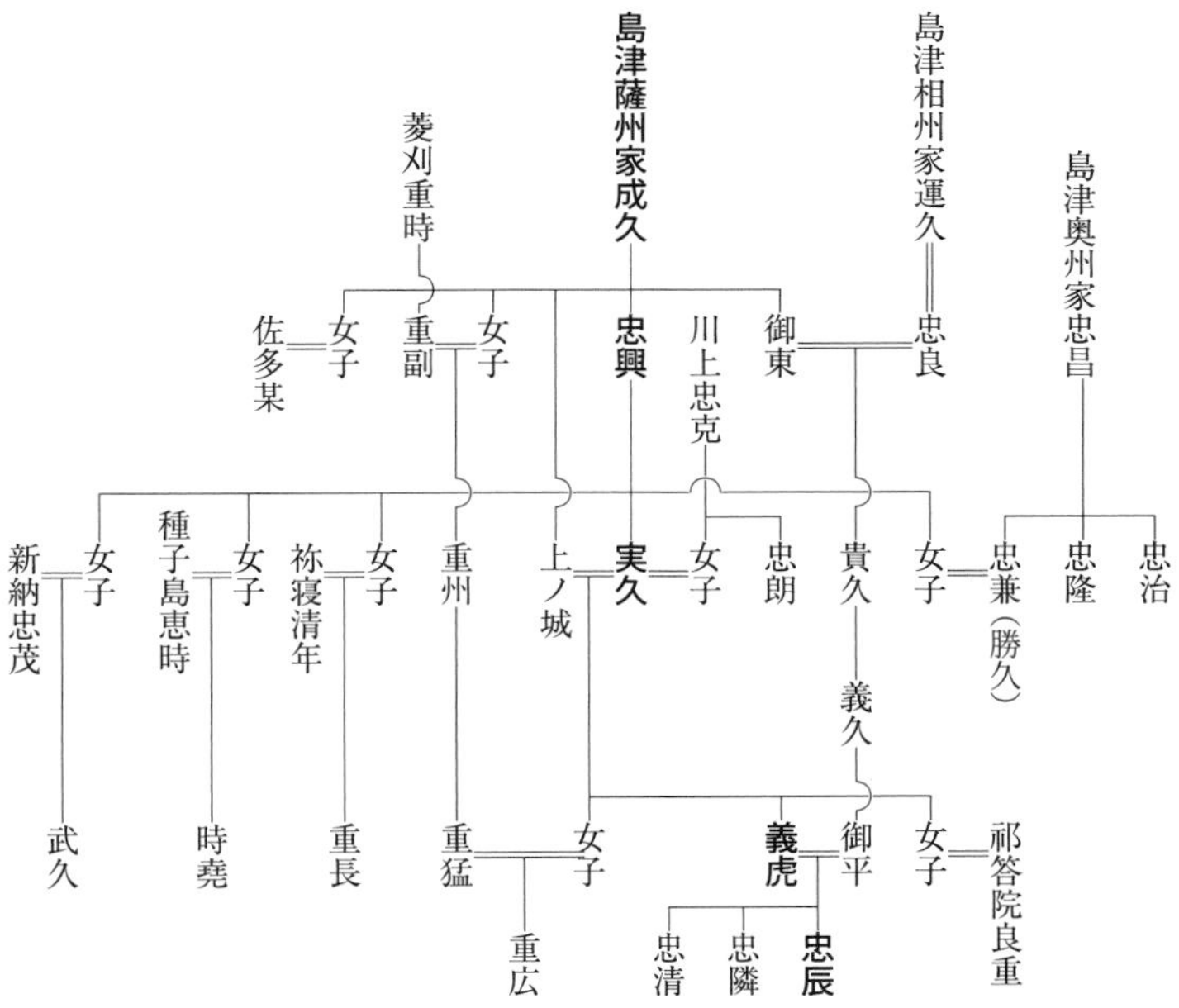

島津薩州家略系図

護家たる島津奥州家の権威低下により、慢性的争乱状態にあり、有力国衆らは独自の政治秩序形成を図ろうとしていた。守護島津奥州家忠兼に敵対する国衆たちのリーダー格だった祁答院《けどういん》嵐浦《らんぽ》（重武《しげたけ》）は、大隅国衆肝付兼興《きもつきかねおき》に対して、島津相州家忠良と「初千代殿《はっちよどの》」（実久の幼名）を挙げ、この二人との関係強化を歓迎している。ポスト奥州家として、相州家と薩州家への期待が大きかったことがうかがえる。

おそらくこうした実力を背景に、忠興は娘（実久長姉）を守護奥州家忠兼の室とする。忠兼としては最有力御一家の娘を室とすることで、その庇護、敵対勢力との調停を期待し、忠興としては生まれた男子の外戚《がいせき》となることを望んだのだろう。しかし、忠興は男子の誕生を見ることなく、大永五年（一五二五）十月九日に没してしまう。

島津相州家のクーデター失敗と実久の守護継承

父忠興が亡くなったとき、実久はまだ十四歳であり、政治力は未知数であった。この少し前から、守護忠兼は庇護者を薩州家から相州家忠良に替えつつあり、忠兼周辺は相州家派に固められていった。そんななか、大永六年（一五二六）秋頃、薩州家方の大隅帖佐《ちょうさ》地頭辺川忠直《へがわただなお》が蜂起する。相州家忠良は辺川討伐を条件に、嫡男虎寿丸《とらじゅまる》（のちの貴久）を忠兼の養嗣子にすることを認めさせ、同年十一月、辺川氏を討つ。そして翌大永七年三月頃、虎寿丸へ家督を譲渡した忠兼は、四月中旬に伊作《いざく》（鹿児島県日置市）に隠居を余儀なくされる。ここで、十六歳になっていた実久が挙兵する。

同年五月、大隅加治木《かじき》（鹿児島県姶良市）の伊地知重貞《いじちしげさだ》、帖佐（姶良市）の島津昌久《まさひさ》が挙兵し、その討伐のため相州家忠良は再び出陣する。この隙に実久は伊集院《いじゅういん》（日置市）に出陣し、伊作から忠兼を救出する。実久は忠兼を擁して鹿児島に入り、忠兼を守護に復帰させる。これで相州家忠良の守護家奪取クーデターを阻止したのである。

しかしほどなく、守護に復帰した忠兼改め勝久の側近と、実久派家臣の対立が表面化する。天文二年（一五三三）、実久派の川上昌久《かわかみまさひさ》ら十六名が連判して勝久に諫言するが、勝久は側近の排除を拒否する。

このため、川上らは翌天文三年十月、側近の末弘《すえひろ》伯耆守綱秀《つなひで》を殺害する。一説には、実久が殺害したともいい、実久の意向によるものだろう。驚いた勝久は、後室の実家である祢寝清年のもとに出奔する。このときは、島津豊州家《ほうしゅうけ》忠朝《ただとも》らの仲介と実久の説得により鹿児島に復帰するが、このとき勝久は、実久と「今後国政を実久に任せる」旨の起請文を交わしたようである〔樺山玄佐自記〕。

しかし、天文四年三月、勝久は居城を東福寺城《とうふくじ》（鹿児島市）に移して臨戦体制に入った上で、四月三日、川上昌久を自害させる。実久への宣戦布告であった。勝久は大隅帖佐を領していた祁答院重武らを鹿児島に招き、実久勢に対抗する。同年十月頃、両勢は合戦となり、祁答院勢はいったん谷山《たにやま》神前城（鹿児島市）まで攻め寄せるが、反撃にあい敗走する。鹿児島に入った実久は、勝久に先の起請文を持ち出して糾弾し、勝久は帖佐へと退去していった〔樺山玄佐自記〕。これで実久は事実上、守護家を継承したようであり、有力御一家である豊州家忠朝や北郷忠相《ほんごうただすけ》もこれを支持する〔山口一九八六〕。

実久と相州家忠良・貴久の抗争

祁答院氏を頼って鹿児島から出奔した勝久は、般若寺《はんにゃじ》（鹿児島県湧水町）に逃れて再起を期した。大隅・日向の御一家・国衆の多くが実久を支持するなか、日向国志布志《しぶし》（同志布志市）を本拠とする新納忠勝《ただかつ》は勝久を支持し、天文五年（一五三六）三月、勝久に相州家忠良と連携し、祁答院重武・樺山善久《かばやまよしひさ》・肝付兼演・蒲生範清《かもうのりきよ》らを結集し、実久に対抗することを説いた。新納氏は翌天文六年七月、実久方諸将の攻撃を受け没落するが、勝久はこの献策どおり相州家と連携し、実久との抗争に突入する。

薩州家はこれ以前から川内川下流域の領有をめぐって、渋谷《しぶや》一族の東郷《とうごう》・入来院《いりきいん》両氏と対立していた。享禄元年（一五二八）以降、入来院重聡《しげさと》は薩州家領百次城《ももつぎ》（鹿児島県薩摩川内市）を繰り返し攻撃しており、入来院重聡の娘聟東郷重朗《しげあき》は、天文元年十月に中郷《ちゅうごう》（薩摩川内市）で薩州家勢と交戦し、同年十二月には入来院重朝《しげとも》（重聡長男）が薩州家領の平佐城《ひらさ》（薩摩川内市）を攻略している。そんななか、天文二年二月には入来院重聡の娘と相州家貴久との間に長男義久《よしひさ》が誕生しており、両氏の婚姻関係が確認できる。薩州家への共同戦線が成立しており、実久は薩摩北部と薩摩半島両方面での戦闘を余儀なくされた。

天文五年に伊集院を攻略していた相州家忠良・貴久父子は、勝久との連携で実久攻撃の大義名分を得て、入来院氏との婚姻関係により薩摩半島制圧に邁進する。天文六年二月には鹿児島近郊の犬迫栫（鹿児島市）を奪取し、薩州家勢は鹿児島から谷山への退去を余儀なくされる。この頃、相州家忠良は、薩州家領加世田・川辺と伊集院・鹿児島・吉田《よしだ》を交換し、実久を守護と認めることで和睦をもちかけるが、実久はこれを断ったという（『貴久記』）。天文七年十二月、忠良・貴久父子は薩摩半島における薩州家方の拠点加世田別府城《べっぷ》（鹿児島県南さつま市）を攻略する。これで南北の海上ルートを断たれた薩州家方は劣勢となり、天文八年三月、紫原《むらさきばる》の戦いで貴久勢に敗れた谷山の薩州家勢は、三月末に降伏している。同時期、最後の拠点川辺（同南九州市）も忠良の攻撃を受け、陥落している。

さらに、天文八年閏六月からは、実久の叔父島津筑前守忠房《ただふさ》らが籠もる市来城《いちき》（鹿児島県日置市）が貴久勢の攻撃を受け、この戦いにはそれまで薩州家方であった種子島氏らも貴久方として参戦している。八月、実久側室の父である川上忠克《ただかつ》が串木野《くしきの》城（同いちき串木野市）から退去すると、市来城は孤立し、八月二十九日に開城している。同時期に入来院・東郷両氏も川内川下流域を制圧しており、実久は川内川以南をすべて失い、事実上抗争に敗れ去った。翌天文九年三月、島津貴久は奥州家継承を宣言し、三《さん》州太守《しゅうたいしゅ》を自認するに至る。

実久の対京都外交と義虎の長島進出

島津貴久との抗争に敗れた実久は、幕府に接近することで活路を見出そうとし、天文二十二年（一五五三）閏正月には上洛して、将軍足利義輝《あしかがよしてる》に拝謁したという（本藩人物誌）。『言継卿記《ときつぐきょうき》』同年五月二日条によると、等持寺《とうじじ》の祥瑞会《しょうずいえ》に「島津薩摩守入道」とあり、これは実久に比定されている（屋良二〇一二）。相州・薩州両家の抗争が始まった天文五年四月、島津家からの援助を期待していた近衛《このえ》稙家《たねいえ》は、「島津八人方」に書状を送って状況を探ろうとしており、その八人には実久が含まれていたとみられる。天文十四年には稙家の使者参議町資将《さんぎまちすけまさ》が、貴久のもとに使者として下向している。しかし、貴久は無位無官のままであり、天文二十一年、種子島時堯《ときたか》の家臣古市実清《ふるいちさねきよ》が上洛し、貴久の官位獲得を働きかけている。こうした動きに実久も対抗しようとしていたとみられる。しかし、天文二十二年閏七月に和泉に帰国した実久は、同月二十二日に病死する（享年四十二）。

実久の嫡男義虎《よしとら》は、天文五年（一五三六）五月一日に誕生する。母は薩州家成久の娘、つまり父実久の叔母であった。初名は三郎太郎晴久《さぶろうたろうはるひさ》、のちに陽久《はるひさ》となのる。義虎も父にならい、幕府との関係により自立性を保とうとしていた。永禄六年（一五六三）、陽久は上洛して将軍足利義輝から偏諱《へんき》を拝領し、義俊《よしとし》と改名したという。さらに後年、義虎と改名している。永禄十年二月から翌年五月頃の成立とされる「光源院殿御代当参衆并足軽以下衆覚」には、将軍家に仕えた「外様衆《とざましゅう》」として、「島津陸奥守貴久」「同修理大夫義久」とは別に、「島津薩摩守義俊」の名が見える。義虎は島津義久に従属後も、幕府との関係においては対等の立場にあったのだろう。

帰国した義虎は、北への勢力拡大を図る。和泉に隣接する長島《ながしま》（鹿児島県長島町）は、天文二十三年七月、長島鎮真《しげざね》が没落して和泉に亡命し（八代日記）、以後相良氏が領有していた。永禄八年三月、義虎は長島を奪取する（八代日記）。背景には、天草五人衆の栖本《すもと》・志岐《しき》両氏と、相良氏に与する大矢野《おおやの》・上津浦《こうつうら》・天草の三氏の抗争があったという（上天草市史）。天正元年（一五七三）～同二年には、長島に隣接する久玉《くたま》（熊本県天草市）をめぐって天草鎮尚《しげひさ》と義虎が対立し、天草氏は島津義久に接近して和睦仲介を依頼している。すでに義久に従属していた義虎はこれを受け入れざるを得なかったとみられる。

島津義久への従属、その後の本宗家との関係

義虎の姉は、時期ははっきりしないものの、島津貴久・義久と対立していた祁答院良重《よししげ》に嫁いでいた。

しかし、永禄九年（一五六六）正月十五日、良重室は夫を殺害し、その場でみずからも殺されている（本藩人物誌）。これで祁答院氏嫡流は絶えている。おそらく背景に、弟義虎と島津本宗家との関係改善があったのだろう。

義虎と島津義久の和睦時期ははっきりしないが、近年、義久の長女御平と義虎の婚姻関係成立時期がわかってきた。義虎の長男忠辰《ただとき》（初名忠永《ただなが》）には、天文二十二年（一五五三）誕生説と、永禄九年誕生説があり、前者の場合、生母が御平の可能性は低かった。しかし、阿久根《あくね》の霧島《きりしま》神社で発見された棟札《むなふだ》に「天正二年甲戌十二月藤原朝臣義虎・同菊千代丸《きくちよまる》」とあり、菊千代丸とは忠辰の幼名とみられる。これから、忠辰の生年は永禄九年であり、義久の長女御平が十六歳のときだった可能性が高くなった（桐野二〇二二）。つまり、遅くとも永禄八年には、義虎と義久の和睦と婚姻関係が成立していたことになる。このため、義虎と祁答院良重の関係が悪化し、義虎の姉による夫殺害につながったとみられる。

ただ、従属後も義久との間には、一定の緊張関係があった。天正二年（一五七四）八月、義虎と東郷重尚の間で境界紛争が続くなか、九月、義虎に「雑説《ぞうせつ》」（謀叛の噂）が流れる。義虎は義久に長文の書状を送り釈明したようであるが、義久はさらなる釈明を求めている。また、義虎側は、今回の「雑説」は串木野領主だった島津家久《いえひさ》が流したものであり、家久が義虎に釈明を求め脅したと主張している（上井覚兼日記）。家久は事実無根と否定したが、三年後に家久の二男が東郷重尚の養嗣子になることを考えると、義虎と対立する東郷氏と家久が義虎を陥れようとした可能性はあろう。この時期、大隅の肝付兼亮《かねすけ》との和睦は成立していたが、伊東義祐《いとうよしすけ》との決戦をひかえ、義虎の動向に本宗家側はかなり神経を尖らせていた。

ただ、その後の義虎は、義久の日向制圧、肥後進攻に積極的に協力していく。日向統一直後の天正七年、肥後南部の相良義陽《よしひ》との関係が悪化するなか、本宗家は義虎に天草五人衆の調略を命じ、その仲介により島津氏の幕下（従属下）に入ったという〔勝部兵右衛門聞書〕。さらに天正八年夏、肥後隈本城《くまもと》（熊本市中央区）の城親賢《じょうちかまさ》が島津家に援軍を要請すると、本宗家は義虎に海上からの援軍派遣を命じる。この頃、義虎の娘が肥後志岐城（熊本県苓北町）の志岐麟泉《りんせん》の養子親重《ちかしげ》に嫁いでおり、志岐氏を通じて矢崎城《やざき》（同宇城市）攻めに協力している。

天正九年八月、相良義陽との全面抗争に突入すると、義虎は相良氏の支城水俣城《みなまた》（熊本県水俣市）を包囲し、同月二十日には一族の西川《にしかわ》忠陽が討ち死にするなど奮戦し、相良氏降伏後には水俣一帯を宛行われている。その後は、島津家の肥後制圧、肥前進攻に協力し、天正十年十二月以降、たびたび肥後隈本城在番を命じられ、天正十二年五月には、沖田畷《おきたなわて》の戦い後に制圧した島原半島北部を確保するため、肥前三会（寺中城《てらなか》カ、長崎県島原市）在番をつとめている。同年九月には、肥後国中（肥後北部の菊池《きくち》氏旧支配領域）攻略に参戦している。この頃には、島津家の勢力拡大の一翼を担っていたが、天正十三年七月二十五日、四十二歳で没している。

義虎の子孫

義虎の二男忠隣《ただちか》（永禄十二年〈一五六九〉生まれ）は、義久の三弟歳久《としひさ》の養嗣子となっている。その時期ははっきりしないが、天正十四年（一五八六）、島津勢の筑前進攻には大将格として出陣し、翌天正十五年四月十七日、根白坂《ねじろざか》の戦いで討ち死にしている（享年十九）。

一方、義虎の跡を継いだ長男忠辰は、天正十五年四月二十七日、島津家討伐のため肥後水俣まで南下した豊臣秀吉《とよとみひでよし》に降伏する。そして、秀吉は忠辰の案内で阿久根、川内泰平寺《たいへいじ》へと入ったという。義久は秀吉に降伏し、薩摩一国を安堵されるが、忠辰は秀吉から直接朱印状によって和泉・阿久根を安堵され、義久の「与力《よりき》」となる。しかし、忠辰は島津本宗家からの自立を図り、文禄の役が始まると島津家から独立して軍役を果たそうとし、秀吉の不興を買う。忠辰は島津義弘《よしひろ》と共に朝鮮渡海を命じられたが従わず、文禄元年（一五九二）十二月末、激怒した秀吉は、忠辰の母（義久長女）と妻子に名護屋《なごや》城（佐賀県唐津市）への出頭を命じ、翌文禄二年五月一日、忠辰は改易となった。忠辰はその直後の八月二十七日、朝鮮加徳島《カドクとう》にて病死した（享年二十八）。

小西行長《こにしゆきなが》預かりとなった義虎の三男忠清《ただきよ》は、小西行長の家臣皆吉続能《みなよしつぐよし》の娘を妻とし、慶長五年（一六〇〇）に娘堅野《たての》カタリナ（永俊尼《えいしゅんに》）をもうける。このカタリナは、初代薩摩藩主島津忠恒《ただつね》（家久）の正室亀寿《かめじゅ》の目にとまり、忠恒の側室となって元和二年（一六一六）に嫡男光久《みつひさ》（薩摩藩二代藩主）を生んでいる。

義虎五男忠富《ただとみ》も、小西行長預かりとなっていたが、慶長二年に島津義弘のもとに参陣し、そのまま仕え、関ヶ原の戦いでも奮戦して義弘の帰国に貢献している。その後、関ヶ原の戦いで討ち死にした入来院重時《しげとき》の娘聟となり、入来院重高《しげたか》と名乗っている。

（新名一仁）

【主要参考文献】

桐野作人「『かごしま街道見聞記』第四十二回『薩州家に嫁いだ義久娘』」（『南日本新聞』二〇二二年二月七日朝刊掲載）

黒嶋敏「足利義昭の政権構想―「光源院殿御代当参衆并足軽以下衆覚」を読む」（同著『中世の権力と列島』高志書院、二〇一二年）

新名一仁『島津貴久――戦国大名島津氏の誕生』（戎光祥出版、二〇一七年）

屋良健一郎「中世後期の種子島氏と南九州海域」（『史学雑誌』一二一―一一、二〇一二年）

山口研一「戦国期島津氏の家督相続と老中制」（新名一仁編著『薩摩島津氏』戎光祥出版、二〇一四年、初出は一九八六年）

『上天草市史 大矢野町編２ 大矢野氏の活躍』（上天草市、二〇〇七年）

肝付兼続・良兼・兼亮
――島津氏と渡り合った大隅最大の国衆

戦国初頭の肝付氏

肝付《きもつき》氏は、島津《しまづ》荘を開発した平季基《たいらのすえもと》の娘聟伴兼貞《とものかねさだ》の子兼俊《かねとし》を祖とし、長元九年（一〇三六）に大隅国肝付郡弁済使職《べんざいししき》に任じられて以降代々相伝し、名字としたという。南北朝期に南朝方として島津氏らを苦しめた肝付兼重《かねしげ》が有名である。兼重の孫兼氏《かねうじ》、あるいはその子兼元《かねもと》の頃に大隅国守護である島津奥州家《おうしゅうけ》に従属するが、十五世紀末以降、奥州家と肝付氏は抗争に突入する。

ただ、気をつけておきたいのは、この段階の肝付氏の勢力圏は意外と狭い。南北朝期の肝付兼重の活動範囲、あるいは十六世紀中期の島津本宗家と互角に争った時代のイメージから、肝付氏が一貫して強大な勢力であったかのように理解すべきではない。文明六年（一四七四）六月頃の成立である「行脚僧《あんぎゃそう》雑録《ざつろく》」によると、肝付氏の持城は高山本城《たかやまほんじょう》（鹿児島県肝付町新富）以外に、富山《とみやま》（同町富山）・野峰《のみね》（同町野崎カ）・宮下《みやした》（同町宮下）・柿瀧沢の四城のみである。柿瀧沢は現在地不詳であるが、おそらくこの時期の勢力圏は肝付郡内（現在の肝付町・鹿屋市吾平町付近）に収まる範囲であろう〔濱・横手二〇二〇〕。要港があった肝属川河口《きもつきがわ》の波見《はみ》（鹿児島県東串良町新川西）、大隅半島東海岸の内之浦《うちのうら》（同郡肝付町北方・

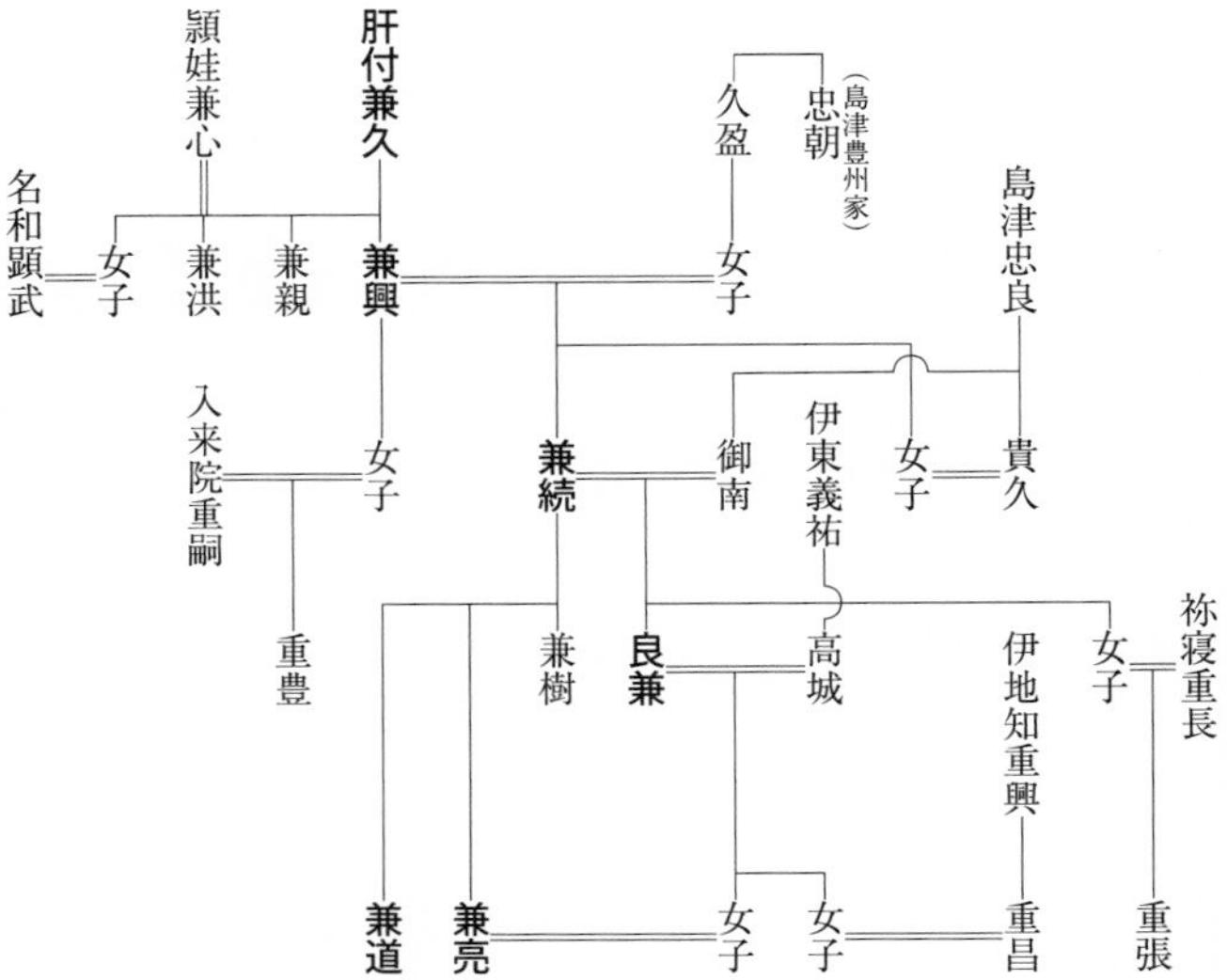

肝付氏略系図

南方）は、肝付氏庶流の支配下にあったようである。

明応三年（一四九四）夏、守護島津忠昌《ただまさ》が肝付兼久《かねひさ》の居城高山城を包囲したことをきっかけに、争乱が勃発する。兼久は志布志《しぶし》（鹿児島県志布志市）を領する新納《にいろ》氏と重縁を結んでおり、新納忠武《ただたけ》を通じて北郷《ほんごう》氏・祁答院《けどういん》氏・祢寝《ねじめ》氏・北原《きたはら》氏らが肝付方に付き、薩摩・大隅・日向三か国で大きな争乱となる。これにより、島津忠昌による肝付氏討伐は失敗に終わった。

肝付氏勝利の背景には、島津氏御一家や有力国衆間の婚姻関係に基づく地域的結集があった。肝付兼久の二人の妹は隣接する祢寝院南《みなみ》俣《また》（同南大隅町）を領する祢寝尊重《たかしげ》と、新納氏に嫁ぎ、兼久の室は日向国飫肥《おび》領主島津豊州家忠朝《ただとも》の叔父加治木満久《かじきみつひさ》の娘であった。彼らは守護の下知よりも地縁的結合を重視するようになり、守護島津氏の権威は低下していった。それでも島津忠昌は軍事力行使による守護権威の回復を目指し、永正三年（一五〇六）八月、再び肝付兼久討伐のため高山城を包囲するが、結局失敗して十月に撤退している。その二年後に、分国経営の行き詰まりを苦にして、忠昌は自害している。

肝付兼久の長男兼興《かねおき》のとき、肝付氏の勢力拡大が始まる。兼興は大永四年（一五二四）十二月に串良《くしら》（鹿屋市）を知行し、享禄三年（一五三〇）五月には鹿屋《かのや》（鹿屋市）を領有したという〔新編伴姓肝属氏系譜〕。兼興は、弟兼洪を男子のいなかった薩摩半島南端の国衆頴娃《えい》兼心の養嗣子にしたほか、妹は妻の実家である相良長毎《さがらながつね》の猶子《ゆうし》として、相良氏と対立していた肥後宇土《うと》（熊本県宇土市）の国衆名和武顕《なわたけあき》の室となっている。九州南部沿岸部だけでなく、遠く肥後沿岸部の領主とも関係を強化しており、海上流通での結びつきを重視していたとみられる。

守護家である島津奥州家は、忠昌の自害後、長男忠治《ただはる》・二男忠隆《ただたか》が相次いで亡くなり、永正十六年（一五一九）四月、一時頴娃氏の養嗣子となっていた三男忠兼《ただかね》（のちの勝久《かつひさ》）が継承する。しかし、多くの御一家・国衆は奥州家を見限りつつあった。大永三年頃の二月から三月、忠兼と距離を置く北原久兼《ひさかね》（日向国真幸院《まさきいん》領主）・祁答院嵐浦《らんぽ》（重武《しげたけ》、薩摩国祁答院領主）・東郷重朗《とうごうしげあき》（薩摩国東郷領主）・蒲生良清《かもうよしきよ》（大隅国蒲生領主）・名和武顕（肥後国宇土領主）の六人から肝付兼興に宛てた書状が残っている〔肝属氏系図文書写〕。薩摩・大隅国境から肥後南部・日向西部の有力国衆が連携し、領主間紛争を調停し、守護忠兼を軸としない新たな政治秩序構築を目指していたことがうかがえる。そうした秩序のなかに肝付氏を取り込もうとしており、肝付氏は大隅南部の中心的存在に浮上していた。

肝付兼続の勢力拡大

肝付兼続《かねつぐ》は、永正八年（一五一一）に兼興の嫡男として生まれた。兼興の室は、はじめ肥後南部の有力国衆相良長毎の娘であったが、兼続の母は後室の豊州家忠朝の弟久盈《ひさみつ》の娘である。天文二年（一五三三）四月五日、父兼興が亡くなると、兼興の弟兼親《かねちか》が謀叛を起こしており、順調に家督を継承できたわけではなかったが、天文四年には長男良兼《よしかね》が誕生している。良兼の母つまり兼続室は島津相州家忠良の長女御南であり、これ以前には婚姻関係が成立していた。なお、兼続の妹は忠良の長男貴久《たかひさ》の室となっていたが、二十歳で亡くなっており、子はいない。折しも、相州家は奥州家勝久と連携して薩州家との抗争に突入しようとしていた時期であり、兼続は相州家と連携することになる。

ただ、薩摩半島で相州家と薩州家が争うなか、兼続は薩州家方の豊州家忠朝らと連携していたようである。天文七年正月には、高岳（のちの高隈《たかくま》カ、鹿児島県鹿屋市）、天文十一年二月には百引《もびき》、さらには平房《ひらぼう》（ともに鹿屋市）、日向国大崎《おおさき》（鹿児島県大崎町）、同年四月には安楽《あんらく》（同志布志市）、同年七月には蓬原《ふつはら》（志布志市）・恒吉《つねよし》（鹿児島県曽於市）を領するなど、急激に勢力を拡大している〔新編伴姓肝属氏系譜〕。これらの地域は、天文六年七月、豊州家忠朝・北郷忠相《ただすけ》らの攻撃で没落した新納忠勝《ただかつ》の旧領とみられる。

併呑した地域の内、安楽は新納氏から志布志を奪った豊州家忠朝に割譲されており、広大な新納氏旧領を豊州家らと分割接収したのであろう。

さらに天文十三年十二月末には、西俣《にしまた》・野里《のざと》（ともに鹿屋市）、天文十五年二月には大姶良《おおあいら》（鹿屋市）を制圧し、錦江湾《きんこうわん》沿岸部への進出を果たす。ここから北上し、天文十七年四月には、牛根《うしね》・辺田《へた》・二河（いずれも鹿児島県垂水市）を領するに至ったという〔新編伴姓肝属氏系譜〕。こうして、兼続は家督継承から十五年で、肝付郡から北は現在の垂水市北部・鹿屋市輝北町、西は錦江湾沿岸の高須町付近、東は志布志市有田町付近まで勢力を拡大し、大隅随一の有力国衆に成長していった。

なお、天文十三年八月には出家して「省釣《しょうちょう》」と号し、光厳院門跡（光照院門跡のことか）の執奏で権大僧都《ごんのだいそうず》に任じられたという〔新編伴姓肝属氏系譜〕。この頃から近衛《このえ》家に接近しており、天文十九年閏五月十四日には、前関白近衛稙家《たねいえ》から書状をもらい、その子前久《さきひさ》にも使者を派遣している。そして弘治二年（一五五六）十月五日、権大僧都省釣は朝廷から「法印《ほういん》」に転任（昇進）されている〔肝属氏系図文書写〕。

島津氏との敵対

天文末から弘治年間、島津貴久は大隅始羅《しら》郡で祁答院・蒲生両氏との抗争を繰り広げており、兼続は重臣伊集院《いじゅういん》三河守竹友を援軍として派遣している。表向き島津家との同盟を維持していた。その一方で、肝付郡周辺を制圧したことで、庄内《しょうない》（都城《みやこのじょう》盆地）から南下していた北郷氏や志布志を領した島津豊州家と争いが生じるようになる。天文十七年（一五四八）正月には、北郷忠相が肝付領の恒吉城を奪取しており、天文二十三年八月には、大崎《おおさき》龍相《りゅうそう》城（鹿児島県大崎町）をめぐって豊州家勢との抗争が起きている。

兼続の長男良兼は、島津忠良の長女御南を母としており、天文十六年には忠良の加冠で元服し、その偏諱《へんき》をもらっているが、その室には日向国山東《さんとう》（宮崎平野）の有力国衆伊東義祐《いとうよしすけ》の長女高城を迎えている。天文二十四年十二月十九日付の若宮八幡社棟札写には、「大檀那伴棟梁前河内守兼続今隠居沙弥省釣公并当主君良兼同男児満寿麿」とあり、満寿麿は良兼と高城の間に生まれた嫡男とみられる。伊東義祐は、北郷氏や島津豊州家と抗争を繰り広げており、伊東氏との婚姻関係により北郷・豊州家連合を挟撃しようとしていたのは間違いない。

一方、島津貴久は北郷忠相やその嫡男忠親《ただちか》が養嗣子となった豊州家との関係強化を図っており（「島津忠良・貴久」の項参照）、肝付兼続との間に溝が生じていく。天文十七年六月、島津貴久と北郷忠相が交わした契状《けいじょう》には、「肝付に対し隔心御同前」とあり、兼続に対抗していく密約がすでに成立していた。兼続と貴久の手切れについて、永禄四年（一五六一）正月、兼続が鹿児島に赴いた際、貴久老中伊集院忠朗《ただあき》と兼続重臣薬丸兼将《やくまるかねまさ》（孤雲斎《こうんさい》）の口論が発端だった、との説が近世の家譜類に散見されるが、実際はもっと根深い政治的対立が原因であった。

伊東義祐による島津豊州家の居城飫肥城（宮崎県日南市）への攻撃が激化するなか、永禄元年三月、恒吉城近くの宮《みや》ケ《が》原《はら》（鹿児島県曽於市）で、肝付勢は北郷・豊州家連合軍に大勝し、六月には豊州家領志布志に進攻している。これに呼応して、伊東義祐は飫肥への攻勢を強め、同年十一月、飫肥城を見下ろす支城新山城（宮崎県日南市）を攻略し、豊州家忠親の実弟北郷忠孝《ただたか》が討ち死にしている。これに対し、島津貴久は飫肥城救援に乗りだし、北郷忠孝の娘聟である二男忠平《ただひら》（のちの義弘《よしひろ》）を、永禄三年三月頃飫肥城に派遣する。これにより、肝付氏との敵対も決定的になったとみられる。

この頃、兼続の長女は祢寝重長《しげなが》に嫁いでおり、永禄九年には嫡男重張《しげひら》を生んでいる。また、祢寝重長の叔母は大隅下大隅郡（鹿児島県垂水市）の国衆伊地知《いじち》重興《しげおき》の室であり、その嫡男重政《しげまさ》（重昌《しげまさ》）は、肝付良兼の長女を室としている。大隅半島の有力国衆三氏が婚姻関係に基づく同盟を結び、伊東義祐とともに島津包囲網を構築する。そして永禄四年五月、肝付・祢寝・伊地知連合軍は、島津方の廻《めぐり》氏の居城廻城（同霧島市）を攻略する。廻城は、大隅国府から庄内（都城盆地）・大隅中部へと繋がる街道の入口亀割坂《かめわりざか》に位置する要衝であり、ここを奪われることは、島津家から北郷氏・豊州家への支援ルートが断たれることを意味していた。同年六月、島津貴久・忠将《ただまさ》らは出陣して廻城を包囲するが、七月十一日、忠将が肝付勢に討たれるなど大敗を喫する。これは飫肥城攻城戦にも影響し、飫肥城に入っていた島津忠平は退去し、翌永禄五年五月までに豊州家忠親は飫肥城を開城している（同年九月には忠親が奪回）。

永禄五年四月、伊東義祐は肝付兼続に援軍を要請し、肝付勢は豊州家領の松山《まつやま》城（鹿児島県志布志市）

を攻略し、五月には志布志城を接収している。永禄七年には兼続が志布志城に移り、飫肥と志布志の間に位置する豊州家領福島《ふくしま》（宮崎県串間市）攻撃の指揮を取っている。しかし、永禄九年十一月十五日、兼続は志布志で病死する（享年五十六）。

肝付良兼の死と島津家への降伏

父兼続没後、福島攻撃は良兼が引き継ぐ。永禄十一年（一五六八）五月、伊東勢に呼応して良兼は福島を攻撃し、六月には豊州家忠親・北郷時久《ときひさ》が伊東氏と和睦し、忠親は飫肥城から下城する。七月には福島にいた忠親の嫡男朝久《ともひさ》も都城に出奔し、福島は肝付領となった。肝付氏も北郷時久と和睦が成立し、暫時の平安が訪れる。この頃が肝付氏の全盛期であろう。

しかし、永禄十年には島津包囲網の一角を担う大隅北端の国衆菱刈《ひしかり》氏が島津氏の攻撃を受け、大口《おおくち》城（鹿児島県伊佐市）に籠城していた。永禄十二年五月、菱刈・相良連合軍は戸神尾の戦いで島津家久《いえひさ》らに大敗を喫し、九月には島津家に降伏している。良兼の叔母が嫁いだ入来院重嗣《いりきいんしげつぐ》は、島津包囲網の一角を担っていたが、菱刈氏の降伏で孤立すると、翌永禄十三年正月月末、東郷重尚《しげひさ》とともに島津義久《よしひさ》に降伏している。

島津包囲網の西半分が崩壊したことで、島津家と大隅の反島津方との戦闘が再開し、元亀二年（一五七一）春には、島津勢が伊地知重興領の下大隅郡に進攻を開始している。そんななか、元亀二年七月晦日（三十日）に良兼は死没する（享年三十七）。良兼の男子は夭折したようであり、良兼と高城の間に生まれた娘が良兼の弟兼亮《かねすけ》（兼輔《かねすけ》）に嫁いで、兼亮が家督を継承した。

元亀二年十一月、兼亮は伊東義祐・祢寝重長・伊地知重興と形勢逆転を狙い、四氏の兵船百余艘を集めて桜島ついで鹿児島を襲撃するが、島津勢に撃退されている。翌元亀三年正月にも、家臣岸良《きしら》氏が大隅国府の小村（鹿児島県霧島市）を襲撃し、祢寝重長も同年二月、兵船で錦江湾を渡り、指宿摺ヶ浜《いぶすきすりがはま》（同指宿市）を襲撃するが、いずれも撃退されている。さらに元亀三年五月には、伊東勢が島津義弘の守る真幸院西部（宮崎県えびの市）に進攻するが、撃退され有力武将を数多く失っている（木崎原《きざきばる》の戦い）。

反島津方が連敗を重ねるなか、島津勢の反攻が始まる。元亀三年九月二十六日、島津歳久《としひさ》率いる軍勢は、伊地知重興領の小浜城（鹿児島県垂水市）を攻略し、以後、下大隅郡での攻防が始まる。これに呼応して肝付氏と手切れした庄内の北郷時久は、九月末、肝付領月野《つきの》（同曽於市）を攻撃する。肝付兼亮は北郷氏を討つべく、末吉住吉原《すえよしすみよしばる》（曽於市）に軍勢を派遣するが、北郷勢に迎撃され、重臣伊集院三河守竹友ら四百名以上が戦死する大敗を喫する。このタイミングで島津義久は、島津包囲網の一角祢寝重長を調略し、重長は同年二月末、島津家と和睦する。兼亮は祢寝氏を討つべく兵を出し、高須・西俣（ともに鹿児島県鹿屋市）で祢寝・島津連合軍と交戦するが、討ち死にした島津忠将の子征久《ゆきひさ》らに撃退されている。七月には、島津家久の守る早崎城《はやさき》（垂水市）を襲撃するが、これも撃退されている。そして、十一月には安楽兼寛《かねひろ》が守る牛根城が島津勢に包囲され、翌天正二年（一五七四）正月に開城している。

天正二年二月、島津義久は家臣新納忠元と時宗僧其阿西嶽を派遣して、伊地知重興に降伏を勧告する。伊地知重興は肝付兼亮に和平を説き、自身は剃髪の上、所領を献上して島津家に降伏する。兼亮も同年四～五月、島津家老中伊集院忠朗と起請文を交わし、廻・市成《いちなり》両所を島津氏に割譲し、それ以外の当知行分を安堵することを条件に和睦を受け入れる。義久は兼亮に伊東義祐と手切れし、自身が鹿児島に出頭することを求めたが、兼亮はなかなか応じなかったようである。ここで、故良兼の母御南と良兼未亡人高城が大胆な行動にでる。天正三年十一月、島津側の要求に応じない兼亮とその兄兼樹を追放し、良兼の末弟与一《よいち》（兼盛《かねもり》、兼道《かねみち》、兼護《かねもり》、母は肝付兼好《かねよし》娘）と良兼娘を再婚させ、家督を継がせると島津家に通告している〔上井覚兼日記〕。

肝付氏のその後

追放された兼亮は、その後伊東義祐を頼って亡命したが、伊東氏も天正五年（一五七七）に没落し、各地を漂泊したという。兼亮の跡を継いだ兼道は、天正四年八月の日向高原城攻めに従軍し、十月には伊東領の南郷城《なんごう》（宮崎県日南市）に派兵するが敗退しており、天正五年春に高山のみを安堵され、ほかの所領を収公されている。さらに天正八年には、薩摩国阿多《あた》（鹿児島県南さつま市）に移封される。良兼の母御南は天正九年九月三日に亡くなっている（享年七十一）。良兼の未亡人高城は、天正四・五年頃に実家に戻ったが、伊東氏の没落後は都於郡《とのこおり》照覚院《しょうかくいん》に隠棲し、慶長十一年（一六〇六）六月十八日、摂津大坂で亡くなっている。阿多に移封された兼道は、妻（良兼の娘）との不和で家臣が妻側に付いているとの理由で、天正十一年十月、阿多の所領も召し上げられている。その後は島津義弘に仕えたようであり、文禄・慶長の役に従軍後、関ヶ原の戦いで討ち死にしている（享年四十）。

（新名一仁）

【主要参考文献】

窪田頌「大永年間の九州南部情勢と大内氏・大友氏」（『古文書研究』九三、二〇二二年）

新名一仁『島津貴久——戦国大名島津氏の誕生』（戎光祥出版、二〇一七年）

新名一仁「戦国期の日隅国境情勢―その①十五世紀後半～十六世紀初頭」（『恒吉城跡調査報告書Ⅱ』曽於市教育委員会、二〇一六年）

畑山周平「木崎原の戦いに関する基礎的研究―日向伊東氏の〈大敗〉を考えていくために」（黒嶋敏編『戦国合戦〈大敗〉の歴史学』（山川出版社、二〇一九年）

濱久年・横手伸太郎「肝付氏の拠点」（『九州の中世Ⅱ 武士の拠点 鎌倉・室町時代』高志書院、二〇二〇年）

種子島忠時・恵時・時堯
——島津家と距離をとった種子島島主

種子島氏の出自、守護島津氏との関係

中世から近世末まで「種子島島主《たねがしまとうしゅ》」として君臨した種子島氏は、文化二年（一八〇五）成立の『種子島家譜』によると、平清盛《たいらのきよもり》の孫行盛《ゆきもり》の孫であり、北条時政《ほうじょうときまさ》の養子として育てられた肥後守時基《ときもと》を初代とする。ただ、これはあくまでも伝承にすぎず、史料上確認できるのは第五代時基からである。南北朝期、同氏は肥後《ひご》氏を名乗っている。肥後氏は、鎌倉初頭に島津《しまづ》氏に代わって多祢島を含む島津庄大隅方地頭となった北条氏一門の名越《なごえ》氏の被官で、鎌倉末には地頭代として史料上散見される。南北朝中期の文和五年（一三五六）三月、祢寝道種《ねじめみちたね》から「多祢島現和村」を押領したと訴えられている「肥後中《なか》務太郎《つかさたろう》」が、種子島時基に比定されている〔五味一九九四〕。

大隅国守護島津氏（奥州家《おうしゅうけ》）との関係が明確になるのは南北朝末以降で、応永十五年（一四〇八）十月八日、島津元久《もとひさ》が「肥後左近将監《さこんしょうげん》入道」（種子島清時《きよとき》）に対し「薩摩国内屋久《やく》・恵良部《えらぶ》両島」を「料《りょう》所《しょ》」として与えている〔種子島家譜など〕。島津氏が自らの所領と認識する両島を給地として宛行ったものであるが、室町・戦国期に種子島氏が本領たる種子島の安堵を島津氏に求めたことはない。島津分

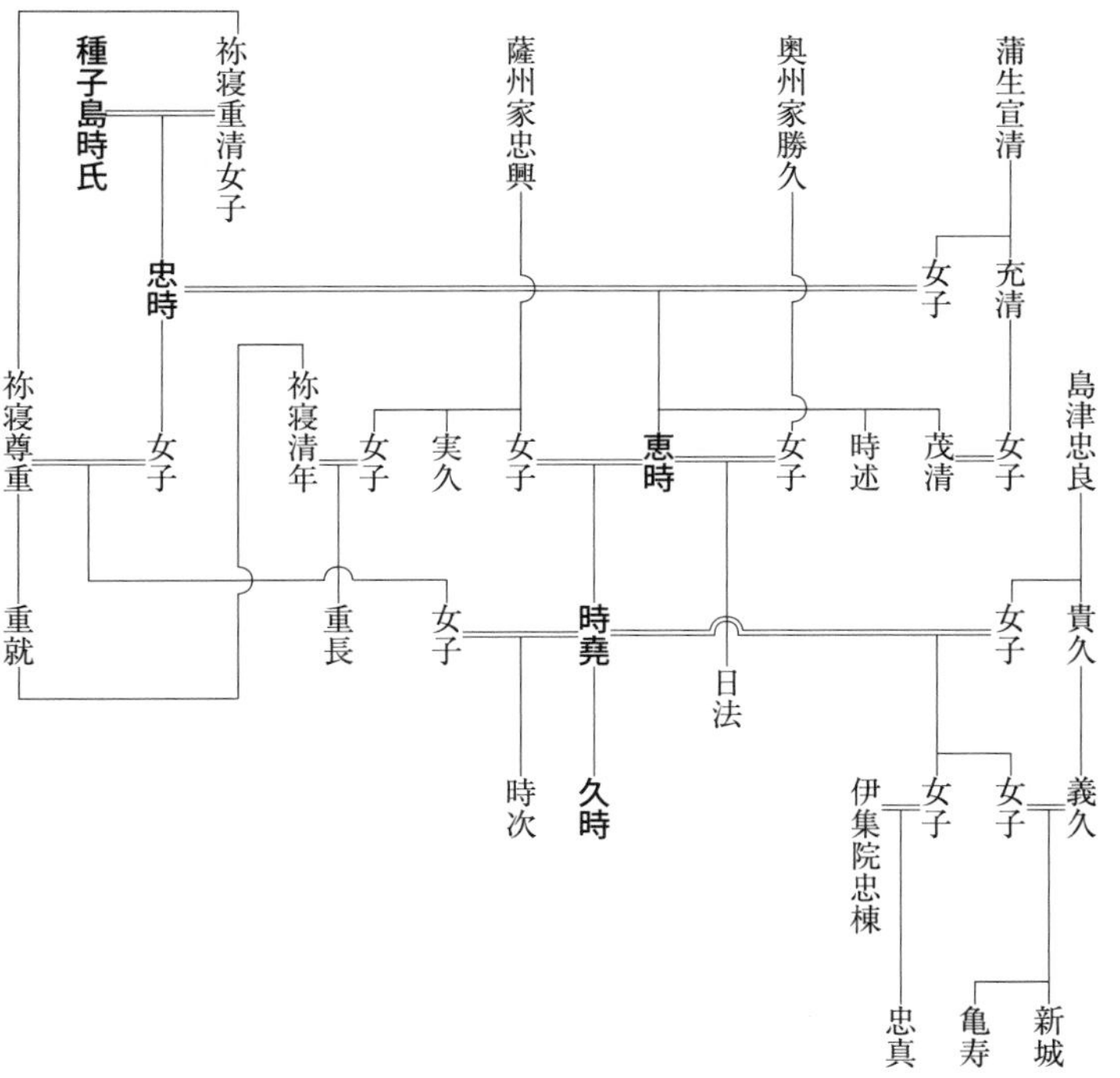

種子島氏略系図

国内の種子島氏の立場は、肝付《きもつき》氏や祢寝氏と同様に「国衆」とよばれる自立した存在であった。

種子島忠時の上洛と遣明船建造

種子島氏にとって大きな画期となったのは、応仁・文明の乱を契機とする遣明船《けんみんせん》寄港であろう。室町幕府と明王朝の正式な交易船である遣明船は、中国海路（瀬戸内海航路）から博多を経由して東シナ海を渡り寧波《ニンポー》に向かうルートが一般的であったが、応仁・文明の乱で、遣明船派遣主体の細川《ほそかわ》氏と大内《おおうち》氏が対立するようになり、南《なん》海路《かいろ》（土佐沖）から九州東海岸を経由して南西諸島経由で福建《ふっけん》に向かう南島路《なんとうろ》も利用されるようになった。また、大内氏も遣明船貿易品の南海産物を確保するため、琉球との交易を重視しており、その中間に位置する九州東海岸・種子島の諸港とこれを支配する領主たちとの関係も重視された。

そうした背景のもとで、日向南部・大隅国沿岸部の領主や種子島氏は、細川・大内両氏との関係が深まっており、文明元年（一四六九）、種子島氏支配下にあった種子・屋久・口之恵良部の三島が、種子島時氏《ときうじ》の主導で一斉に法華衆に改宗したのも、法華衆を庇護する細川氏や堺商人の要請があったとみられている〔宮脇一九九三〕。

種子島忠時《ただとき》は、時氏の嫡男として応仁二年（一四六八）に生まれた。母は祢寝重清《しげきよ》の娘である。祢寝氏は南北朝期以来、種子島島内の領有権をめぐって種子島氏と争っていたが、この頃から重縁を結んでいる。忠時は家督を継ぐ前の明応五年（一四九六）秋に上洛し、翌明応六年三月十六日には朝廷から武蔵守に任じられ、四月には飛鳥井宗世《あすかいそうせい》（雅康《まさやす》）から蹴鞠の免状をもらっている。おそらく、細川氏や京都の法華衆寺院本能寺《ほんのうじ》との関係によるものだろう。

忠時は永正元年（一五〇四）に家督を継ぐが、この頃島津氏の分国では争乱が続いており、守護島津氏は忠時にも軍事動員をかけていたとみられる。永正八年十二月末には、守護島津忠治が忠時《ただとき》の「今度之弓箭」における「懇志《こんし》」（何らかの貢献）に対して、恩賞として給地百町を約束しており、翌年三月、守護家老中は忠時に指宿《いぶすき》郡内の土地を宛行っている。肝付氏ら大隅国衆と対立していた守護家は、鹿児島以外に港をほとんど持っておらず、種子島氏はなんとか味方に付けておきたい存在であった。

大永度遣明船は永正十年頃から準備が進められ、永正十六年十月、将軍足利義稙《あしかがよしたね》は守護島津忠兼《ただかね》に遣明船警固を命じており、翌永正十七年十一月には、細川高国《たかくに》の使者吉河《よしかわ》出雲守が種子島に下向し、忠時に遣明船派遣の協力（遣明船建造もしくは艤装《ぎそう》）を依頼している。また、正徳十六年（一五二一＝大永元年）六月十五日、琉球王国三司官《さんしかん》（宰相）は、忠時の要請に応じ、この年から「御船一艘之荷口」を「免許」している。これは貿易船の許可とも船荷に課される税の免除ともされるが、種子島氏に貿易特権が与えられたのは間違いない。こうして種子島氏が琉球との貿易で得た物品が、大永度遣明船に船載されたと推測される。さらに、この三司官書状は種子島を「貴国」と称しており、琉球王国側は種子島氏を島津氏から独立した存在と理解するとともに、琉球王国に忠節を尽くす臣下の「国」と位置づけたとされている〔屋良二〇一二b〕。

種子島恵時と島津氏の関係

種子島忠時の室は、守護島津氏の被官で大隅国蒲生《かもう》領主の蒲生宣清《のぶきよ》（一四四四〜九七）の娘であり、文亀三年（一五〇三）に嫡男恵時《しげとき》が誕生している。永正二年（一五〇五）に生まれた二男茂清《しげきよ》は、男子のいなかった蒲生宣清の嫡男充清《みつきよ》の養嗣子となっている。恵時の室は、島津薩州家《さっしゅうけ》忠興《ただおき》の三女であり、長女は守護島津忠兼《ただかね》（勝久《かつひさ》）の室、二女は祢寝清年《きよとし》の室となっている。薩州家はこの頃、要港坊津《ぼうのつ》（鹿児島県南さつま市）を支配しており、九州南部の要港を支配する諸氏と婚姻関係を結んで海上流通の掌握を図ろうとしたのだろう。その忠興は、大永五年（一五二五）十月九日に没する。守護島津忠兼は島津相州《そうしゅう》家《け》忠良《ただよし》に接近したため、恵時の次弟蒲生茂清は、帖佐《ちょうさ》（同始良市）の辺川忠直《へがわただなお》らと共に忠兼に反旗を翻す。大永六年、忠良はその鎮圧を条件に嫡男貴久《たかひさ》を養嗣子とするよう忠兼に迫り、家督継承を実現しようとした。このクーデターは翌大永七年、薩州家忠興の嫡男実久《さねひさ》（恵時義兄）が忠兼改め勝久を擁して鹿児島に入り、守護に復帰させたため、失敗に終わる（「島津忠良・貴久」の項参照）。

大永八年二月十日には、恵時と実久妹との間に長男時堯《ときたか》（幼名犬楠丸《いぬくすまる》）が誕生している。翌享禄二年（一五二九）六月、薩州家実久と相州家忠良の和睦が成立しているが、天文三年（一五三四）に守護島津勝久と薩州家実久は決別し、勝久は鹿児島を退去し、実久が事実上の守護として振る舞うようになる（「島津実久・義虎」の項参照）。天文五年、島津勝久と相州家忠良・貴久父子は連携し、薩州家実久との抗争が勃発する。この状況に、恵時は当然実久を支持したとみられる。

天文七年十二月、相州家忠良・貴久は薩州家領加世田《かせだ》（南さつま市）に進攻し、万之瀬川《まのせがわ》で合戦になった。『種子島家譜』はこの戦いで恵時の家臣に軍功があったと記すが、どちらの立場だったかを記さない。しかし、天保十五年（一八四四）成立の「種子島家歴史譜写録抄」の記述から、種子島氏の家臣は実久方として参戦していた可能性が高いことが指摘されている〔屋良二〇一二a〕。

しかし、この戦いは相州家の勝利に終わり、加世田別府《べっぷ》城は落城する。そして、天文八年三月までに鹿児島をはじめとする薩摩半島の薩州家拠点は忠良・貴久父子によって制圧される。同年閏六月、相州家貴久は残る薩州家の拠点市来城《いちき》（同日置市）攻略に乗り出す。この戦いには恵時みずから貴久方として参戦している。この時点で恵時は、坊津を含む川辺郡を失った薩州家を見限り、相州家に寝返ったのであろう。

種子島氏の内訌と鉄砲伝来

『種子島譜』（延宝五年〈一六七七〉成立）によると、天文九年（一五四〇）頃、種子島恵時の「乱行」により、家臣たちは恵時の同母弟時述《ときのぶ》に諫言を求めた。時述は諫言するが、かえって時述を讒言するものが現れ、兄弟関係が悪化したという。天文十二年三月、種子島時述は祢寝重長の兵を招きクーデターを起こし、恵時は種子島に逃れ、その嫡男時堯（このときは直時《なおとき》）が内城《うち》（赤尾木城《あかおぎ》、鹿児島県西之表市）に籠もって抵抗したという。

一方、「箕輪伊賀入道覚書《みのわいがにゅうどうおぼえがき》」など島津側の史料によると、天文十一年三月、恵時・時堯父子が義絶し、恵時は島津貴久に支援を求めて屋久島に逃れ、時堯は祢寝重長に援軍を要請したという。翌閏三月、貴久は市来地頭新納康久《にいろやすひさ》を大将とする二百余の軍勢を屋久島に派遣する。ただ、この島津勢の動きは、種子島側の史料にはまったく出てこない。

『種子島譜』によると、祢寝重長と種子島時堯が協議し、屋久島を祢寝氏に割譲することで和睦し、父恵時の種子島帰島が実現する。そして、五月十五日に種子島時述が誅殺され、翌天文十三年正月に屋久島を祢寝氏から奪回したという。種子島側の史料は、恵時・時堯父子の対立、島津貴久による恵時支援を隠したかったのだろう。

両者の史料を総合すると、親島津貴久の恵時と対立する弟時述と嫡男時堯が、反貴久＝親薩州家実久の祢寝重長と結託して、恵時追放を画策したのだろう。しかし、貴久の介入もあって恵時が時堯と和睦し、時述を誅殺して時堯が実権を握ることに成功したというのが実態ではないだろうか。なお、恵時は永禄十年（一五六七）三月十四日に亡くなっている（享年六十五）。

この混乱状態にあった天文十二年八月二十五日、「大明儒生五峯」（倭寇《わこう》の頭目王直《おうちょく》）の大船が西村浦に来航し、時堯はこれに同乗していた「南蛮種之賈人」（ポルトガル人）二人から鉄砲を購入する（鉄炮記ほか）。この鉄砲伝来年については、天文十一年説も有力であり、いまだ決着をみていない。むしろ重要なのは、種子島の刀鍛冶たちが、短期間に鉄砲製造技術を学び、国産化に成功したことである。天文十四年もしくは同十六年に明に渡った大友義鑑《おおともよしあき》派遣の遣明船には、国産化された鉄砲を携行した種子島氏の家臣松下五郎三郎《まつしたごろうさぶろう》が同乗している。

鉄砲の国産化に成功した時堯は、鉄砲外交を推進していく。家督継承前の天文十年四月七日に朝廷から「弾正忠《だんじょうのちゅう》」に任じられていた時堯は、京都とのパイプを持っていた。官位獲得時には、管領細川晴元《はるもと》に鉄砲を献上している。また、近衛《このえ》家経由で鉄砲と「鉄砲薬」（火薬）を将軍足利義輝《よしてる》に献上しており、近衛稙家《たねいえ》からその調合方法を他言しないよう求められている。さらに、弘治四年（一五五八）二月十七日には、近衛晴嗣《はるつぐ》（稙家嫡男、のちの前久《さきひさ》）の執奏により、左近衛将監に任じられる。永禄三年にはみずから上洛もしている。

こうした京都との太いパイプを支えたのは法華衆である。京都における法華宗の拠点だった本能寺は、天文五年の天文法華の乱で焼失し、一時堺に移っていたが、日承《にっしょう》上人（伏見宮邦高《ふしみのみやくにたか》親王の子）の尽力により、天文十四年、四条西洞院《しじょうにしのとういん》に再建されている（天正十年〈一五八二〉の本能寺の変で焼失）。日承上人は、天文六年八月に種子島に下向、天文八年六月まで滞在し、本能寺再建費用の支援を種子島氏に求めたものとみられる。種子島氏は本能寺にとって大事な檀家であった。種子島時堯の弾正忠任官も、日承上人が近衛ルートで朝廷工作を行っている。種子島氏の財政支援への見返りであろう。

種子島時堯の後継問題と島津氏との関係強化

種子島氏の京都とのパイプを、島津本宗家も利用しようとした。無位無官であった島津貴久は、種子島氏に官位申請の仲介を依頼したようである。天文二十一年（一五五二）に種子島時堯の家臣古市《ふるいち》長門守実清《さねきよ》が上洛し、近衛前久を通じて朝廷工作を行っており、六月十一日、島津貴久は「従五位下修理大夫」に叙任されている。これ以外にも、種子島氏は貴久からの要請に応じて軍勢をたびたび派遣しており、弘治三年（一五五七）三月の蒲生城をめぐる攻防では、貴久父子が苦戦を強いられるなか、種子島氏の番衆が「手火箭」（鉄砲）を数多く放って、危機を脱している。

　種子島氏は島津本宗家に対し、外交・軍事両面で大いに貢献しているが、それは決して家臣化を意味しない。天文二十一年、古市実清は上洛の途上、豊後の大友義鎮《よししげ》（宗麟）のもとを訪れ「南蛮小銃筒」を贈っており、義鎮は時堯に礼状を送っている。鉄砲を中心とする交易を重視する種子島氏としては、島津家の家臣化するのではなく、多方面との関係を保つことこそ重要だったろう。

　時堯は、島津忠良の三女（貴久の同母妹）を室に迎えていた。二人の娘をもうけているが、男子には恵まれなかった。時堯には祢寝尊重《たかしげ》の娘との間に男子が生まれていたが、永禄五年（一五六二）に七歳で夭折している。永禄十一年、時堯は使者を大友宗麟に派遣し、宗麟の庶子林殿（二男親家《ちかいえ》、このとき八歳）を養嗣子に迎えたいと要請するが、同年十月二十八日に嫡男久時《ひさとき》（母は側室黒木道純《くろきみちずみ》の娘）が誕生して沙汰止みとなっている。当時南蛮貿易を積極的におこない、種子島氏とも関係の深かった大友氏に要請したことは、島津本宗家と一定の距離を保ちたいという意識のあらわれであろう。

　側室との間に男子が生まれたからなのか、忠良の三女は時堯と離縁し、実家に戻って肝付兼盛《かねもり》に再嫁している。しかし、島津家との関係悪化は避けたかったのか、時堯の長女を島津家老中筆頭の伊集院《いじゅういん》忠棟《ただむね》の室に、二女を島津義久《よしひさ》の後室としている。長女は長男忠真《ただざね》を生んだのちに亡くなったようであるが、義久後室は永禄六年に義久の二女新城、元亀二年（一五七一）に三女亀寿を生んでいる。男子が生まれなかった義久は三女亀寿を溺愛し、その夫（久保《ひさやす》・忠恒《ただつね》）が島津本宗家の後嗣となることを考えると、種子島氏と島津本宗家のパイプは結果的に太くなった。

時堯が関係強化を望んだ大友宗麟は、天正五年（一五七七）に日向の伊東義祐《いとうよしすけ》が没落し、宗麟のもとに亡命したことを契機として島津家と対立するようになり、翌天文六年十一月の高城《たかじょう》・耳川《みみかわ》合戦で大敗を喫する。その翌年天正七年十月二日、時堯は没している（享年五十二）。

時堯の嫡男鶴袈裟丸《つるけさまる》は、父の死後、島津義久の加冠で元服し「克時」となのり、天正八年十月にはみずから望んで義久から偏諱《へんき》を賜り、「久時」と名乗っている。久時は島津氏御一家の豊州家《ほうしゅうけ》朝久《ともひさ》の娘を室に迎えており、徐々に島津家家臣としての性格を強めていく。

（新名一仁）

【主要参考文献】

伊藤幸司「大内氏の琉球通交」（『年報中世史研究』二八、二〇〇三年）
大山智美「戦国大名島津氏の権力形成過程―島津貴久の家督継承と官途拝領を中心に―」（新名一仁編著『薩摩島津氏』戎光祥出版、二〇一四年、初出は二〇〇九年）
五味克夫「解題」（『鹿児島県史料 旧記雑録拾遺 家わけ四』鹿児島県、一九九四年）
新名一仁『島津貴久――戦国大名島津氏の誕生』（戎光祥出版、二〇一七年）
橋本雄「『鉄砲伝来』と禰寝侵攻一件」（『日本歴史』八一八、二〇一六年）
宮脇（柳田）さゆり「中世種子島における法華改宗について」（『隼人文化』二六、一九九三年）
屋良健一郎「天文七・八年の種子島氏と島津氏」（『法政大学沖縄文化研究所報』七〇、二〇一二年ａ）
屋良健一郎「中世後期の種子島氏と南九州海域」（『史学雑誌』一二一―一一、二〇一二年ｂ）

【執筆者一覧】（掲載順）

新名一仁　別掲

八木直樹

一九七八年生まれ。現在、大分大学福祉健康科学部准教授。

【主な業績】『戦国大名大友氏の権力構造』（戎光祥出版、二〇一一年）、『豊後大友氏』（編著、戎光祥出版、二〇一四年）

佐藤凌成

一九九六年生まれ。現在、北九州市立自然史・歴史博物館歴史課学芸員。

【主な業績】「十六世紀後半の大名領国周縁における国人の動向―豊前長野氏を事例に―」（『九州史学』一九〇、二〇二二年）、「十六世紀後半の小倉に関する研究状況と展望」（『北九州市立自然史・歴史博物館研究報告 B類歴史』二〇、二〇二三年）

中村知裕

一九七四年生まれ。現在、筑紫女学園高等学校教諭。

【主な業績】「島津氏の日向沿岸部支配と海上交通」（『七隈史学』一九、二〇一七年）、「秋月種実考」（『戦国史研究』八〇、二〇二〇年）、「永禄天正期九州の争乱と秋月種実」（『古文書研究』九五、二〇二三年）

中山 圭
一九七六年生まれ。現在、天草市観光文化部文化課参事（学芸員）。
【主な業績】岡寺良・浦井直幸・中山圭編『九州の名城を歩く　熊本・大分編』（吉川弘文館、二〇二三年）、「近世天草陶磁器の海外輸出」（『世界とつなぐ　起点としての日本列島史』清文堂出版、二〇一六年）、「有明海の世界　―中世前期を中心として―」（大庭康時・佐伯弘次・坪根伸也編『九州の中世Ⅰ　島嶼と海の世界』高志書院、二〇二〇年）

丸島和洋
一九七七年生まれ。現在、東京都市大学共通教育部准教授。
【主な業績】『戦国大名武田氏の権力構造』（思文閣出版、二〇一一年）、『戦国大名の「外交」』（講談社、二〇一三年）、「慶応義塾大学所蔵相良家本『八代日記』の基礎的考察」（『古文書研究』六五、二〇〇八年）

柳田快明
一九五一年生まれ。現在、熊本中世史研究会代表。
【主な業績】『中世の阿蘇社と阿蘇氏』（戎光祥出版、二〇一九年）、「鎌倉期肥後国野原荘の名体制と小代氏」（工藤敬一編『中世熊本の地域権力と社会』高志書院、二〇一五年）、「足利直冬の九州（肥後）下向と河尻氏」（『乱世を駆けた武士たち』熊本日日新聞社、二〇〇三年）

宮地輝和
一九八二年生まれ。現在、宮崎県総合博物館学芸員。
【主な業績】「中世日向伊東氏関係文書の基礎的研究」（『九州史学』一六四、二〇一二年）、「永禄期足利義輝による伊東氏・島津氏間の和平調停」（『九州史学』一九〇、二〇二二年）、「伊東家臣壱岐加賀守上京行程の復元」（『宮崎県総合博物館研究紀要』四三、二〇二三年）

【編者略歴】

新名一仁（にいな・かずひと）

1971 年生まれ。現在、南九州大学非常勤講師。

主な業績に、『日向国山東河南の攻防―室町時代の伊東氏と島津氏』（鉱脈社、2014 年）、『薩摩島津氏』（編著、戎光祥出版、2014 年）、『室町期島津氏領国の政治構造』（戎光祥出版、2015 年）、『島津貴久―戦国大名島津氏の誕生』（戎光祥出版、2017 年）、『島津四兄弟の九州統一戦』（星海社、2017 年）、『中世島津氏研究の最前線』（編著、洋泉社、2018 年）、『現代語訳上井覚兼日記 1』（編著、ヒムカ出版、2020 年）、『現代語訳上井覚兼日記 2』（編著、ヒムカ出版、2021 年）、『「不屈の両殿」島津義久・義弘』（KADOKAWA、2021 年）などがある。

戦《せん》国《ごく》武《ぶ》将《しょう》列《れつ》伝《でん》11 九《きゅう》州《しゅう》編《へん》

2023 年 7 月 10 日　初版初刷発行

編　者　新名一仁

発行者　伊藤光祥

発行所　戎光祥出版株式会社

〒 102-0083 東京都千代田区麹町 1-7 相互半蔵門ビル 8F

TEL：03-5275-3361（代表）　FAX：03-5275-3365

https://www.ebisukosyo.co.jp

制作協力　株式会社イズシエ・コーポレーション

印刷・製本　モリモト印刷株式会社

装　丁　堀 立明

ISBN：978-4-86403-450-0